中川牧師の一日一章

第1巻　モーセの五書

中川健一

イーグレース

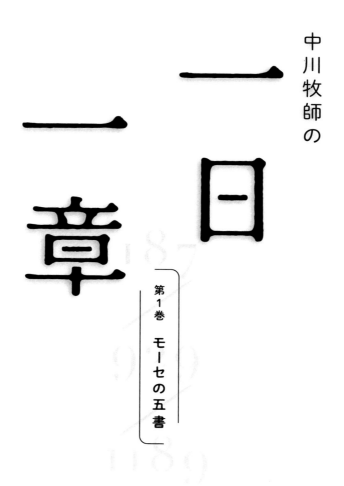

はじめに

この度、キリスト教出版社「イーグレープ」様のご厚意により、『中川牧師の一日一章』を出版させていただくことになりました。この企画は、これまでの執筆活動の集大成になるのではないかと考えています。

執筆の動機は、毎日聖書を1章ずつ読んで静思の時を持つための助けとなる本を出版したいということです。聖書通読の重要性は言うまでもありませんが、十分な聖書知識がないままで通読に取り組んでも、思うような祝福に与れないというのが一般のクリスチャンの体験ではないでしょうか。本書が、豊かな静思の時を持ちたいと願っておられる方々の助けになるなら、これほど嬉しいことはありません。

本書では、日々の解説を１８００字以内に収めました。また、各章の冒頭で「この章から、以下のことを学びましょう」という項目を設け、要点を簡単にまとめました。このような体裁になっていますので、一日分の解説は、普通に読めば5分前後で読み終わると思います。もちろん、じっくり時間をかけて読んでいただいでも結構です。

執筆に際して、次の2点に注意しました。①字義通りの解釈にこだわる。つまり、著者が何を意図したかを探ることに重点を置いたということです。私的解釈や比喩的解釈は、極力排除しました。②ヘブル的視点からの解釈にこだわる。字義通りの解釈とヘブル的視点からの解釈は、コインの裏表です。

『中川牧師の一日一章』は、旧約聖書4巻、新約聖書1巻の全5巻のシリーズになる予定です。筆者は、「聖書研究から日本の霊的覚醒（目覚め）が」というモットーを掲げ、それに基づいて活動しています。本書が、「日本の霊的覚醒（目覚め）」に少しでも寄与することができるなら、幸いです。

２０２１年12月

中川健一

目　次

創世記1章

はじめに神が天と地を創造された。

（創世記1・1）

この章から、以下のことを学びましょう。（1）愛に満ちた全知全能の神は、すべての被造物を完璧に創造し、人間を被造物の冠とされました。（2）人間には、神との交流を楽しむ能力が与えられました。（3）また、エデンの園を管理せよとの命令が与えられました。（4）神と対話できるのは人間だけであることを覚え、神に感謝しようではありませんか。

本書のヘブル名は、「ベレシート（初めに）」です。日本語名の「創世記」は、七十人訳が採用した「Geneseos（経緯）」を基にしたものですが、本書の内容を表すことばとしては、「ベレシート（初めに）」の方が優れています。著者・編集者は、モーセです。彼は、それまでに存在していた11種類の文書（口伝情報や文書化された情報）をまとめ、編集しています。

創世記1章には、宇宙の始まり、地球の始まり、いのちの始まり、人類の始まりなど、あらゆる「始まり」が記録されています。「はじめに神が天と地を創造された」とあります。「はじめに（ベレシート）」は、宇宙の始まりを表しています。「創造した（バラ）」という動詞は、神だけに適用されるものです。無からの創造でも、有からの創造でも、神の御業に関しては「バラ」という動詞が使われます。ここでの「バラ」は、無からの創造を表わしています。「神（エロヒム）」ということばは複数形で、神が「三位一体の神」であることを暗示しています。「天（ハシャマイム）」もまた複数形です。神は、第1の天（鳥が飛ぶ空間）と第2の天（宇宙空間）を、また人類が住むための「地（ハアレツ）」を、創造されました。

創世記1章1節は、あらゆる誤った世界観や人生観を論破する力を持っています。神を「はじめに」置く人は、知恵ある人、幸いな人です。

カオス（混沌）から秩序へ

1節では創造された天と地は完璧なものでした

が、2節になると被造世界が突如カオス（混沌）状態に陥っています。何が起こったのでしょうか。ヘブル語の「トーフー・ワ・ボーフー」（カオスを表すことば）をどう理解するかで、解釈が決まってきます。「トーフー・ワ・ボーフー」は、この箇所以外にイザヤ書34章11節とエレミヤ書4章23節に出てきます。両方とも、文脈は「神の裁き」です。つまり、カオスの出現は、サタンの堕落に対する神の裁きの結果だということです。ところが、2節後半になると、「神の霊がその水の面を動いていた」という希望のことばが登場します。神は、被造世界の再生に取り組まれます。

「光、あれ」（3節）。このことばから、創造の6日間が始まります。第1日目は光の創造。第2日目は天と地の創造。第3日目は陸と海の創造。第4日目は太陽と月、星の創造。第5日目は海の生き物と空の鳥の創造。第6日目は動物と人類の創造。それぞれの被造物は、同じステップを経て創造されました。

しかし、第6日目になると、神は、「さあ、人をわれわれのかたちとして、われわれの似姿に造ろう」と言われました。「人」はヘブル語で「アダム」です。ここでは「アダム」が普通名詞として使われています。人間の創造は、6日間の創造のわざのクライマックスとなりました。

神と人類の最初の契約「エデン契約」

神は人をご自身のかたちとして創造されました。「神のかたち」を外面的に見ると、ことばを使用する、顔に表情がある、恥を感じることができる、自然界を支配する能力がある、などの特徴を挙げることができます。内面的に見ると、知性、感情、意思、そして霊性、などの特徴を挙げることができます。

神はアダムと最初の契約を結ばれます。それがエデン契約です。この契約には、7つの条項がありますが、ここでは4つ出てきます。（1）地に増え広がれという命令。（2）地を管理せよという命令。（3）生物界を管理せよという命令。（4）食物が与えられるという約束。将来的には、アダムはこの契約を破ることになります。

創造を終えて

１章の最後に、神の評価が下ります。「非常に良かった」。この評価は第６日目だけにあるものですので、この日がいかに特別な日であったかがわかります。神は人間に、地とそこに住むものを支配・管理する特権をお与えになりました。この特権は、堕落前のサタンに与えられていたものですが、今やそれが人間に与えられたのです。

人間は、被造物の冠です。神を「はじめに」置く人は、なんと幸いな人でしょうか。

創世記2章

神である主は、その大地のちりで人を形造り、その鼻にいのちの息を吹き込まれた。それで人は生きるものとなった。（創世記２・７）

この章から、以下のことを学びましょう。（１）人は、肉体（外面）と魂（内面）から成っています。肉体は、「大地のちり」から造られました。魂は、「いのちの息」を吹き込まれて生き始めました。（２）女は、アダムのあばら骨から造られました。（３）エデン契約に基づいて、アダムに「善悪の知識の木からは、食べてはならない」という命令が与えられました。（４）この命令は、アダムに祝福を与えるためのものでした。神の命令は、神の命令に従うことの祝福を覚えようではありませんか。

第7日目

神は、７日目にすべてのわざを休まれました。「休まれた」という動詞は、ヘブル語では「シャバット」です。安息日は「シャバット」ですが、ここでの「シャバット」は動詞です。安息日という概念は、まだ存在していません。「安息日を守れ」という命令は、出エジプト記に入ってからイスラエルの民に与えられるものです。

ヘブル人への手紙4章は、第7日目の安息は、信者が経験する「神の安息」を予表していると教えています。それは、地上生涯における安息であると同時に、終末的な概念でもあります。私たちは、「神の安息」に招かれています。ハレルヤ！

経緯（トルドット）と再記述の法則

「これは、天と地が創造されたときの経緯である」（創2・4）。「経緯」（ヘブル語でトルドット。家系、系図、子孫、歴史を意味する）は、創世記を理解するためのキーワードです。意訳すると、「○○のその後の展開」となります。創世記は、「トルドット」によって11区分されます。第1のトルドットの冒頭に、人間の創造の記事が出てきます。

ヘブル文学には、一度記述したことを再度取上げる「再記述の法則」という文学手法があります。ここに登場するのは、「人間の創造」の再記述です。神は大地のちりで人を形造り、その鼻にいのちの息を吹き込まれました。「大地」はヘブル語で「アダマー」であり、「人」はアダムです（ことば遊びです）。「形造る」（ヤッツァー）は、陶器師が粘土をこねて土器を造ることを表す動詞です。人間は、大地のちりから造られたがゆえに自然界の一部であると同時に、「いのちの息」が吹き込まれたがゆえに崇高な存在です。「いのちの息」の実態が「神のかたち」です。

エデンの園

「エデン」というのは、メソポタミアのどこかの地名です。神は、エデンの東側に1つの園を設けました。そこでの生活環境は、完璧なものでした。園の中央には、「いのちの木」が生えていました。「いのちの木」は、新約聖書ではヨハネの黙示録に出て来ます。さらに、「善悪の知識の木」も生えていました。この木から取って食べると、「知識の総体」を得るようになります。それは、何が良いか自分で決定すること、つまり、人間が神のように振る舞うことを意味しています。

エデン契約の残り３つの条項

エデン契約の残り３つの条項が出てきます。（５）エデンの園を耕し、守る。（６）園のどの木からでも思いのまま食べて良いが、善悪の知識の木からは取って食べてはならない。（７）善悪の知識の木から取って食べるその時、必ず死ぬ。「必ず死ぬ」とは、霊的な死、つまり神との断絶のことです。神の命令に違反した瞬間に霊的死が人を襲いますが、肉体的な死は、徐々にやってきます。

女の創造

18節で、「良くない」ということばが初めて出てきます。「未完である」、「満たされていない」という意味です。そこで、人の助け手として女が造られます。「助け手」ということばは、価値が低いということではありません。人と女の間に契約が結ばれます。「男は父と母を離れ、その妻と結ばれ、ふたりは一体となるのである」。「父と母を離れ」は、両親からの精神的な独立を意味し、「一体となる」は、肉体的結びつきを指します。堕落以前の世界には、理想的な夫婦関係がありました。

この箇所から、私たちは人類のルーツを知ることができました。私たちは、「大地のちり」から造られた無価値な存在であるという自己認識と、「神のかたち」として造られた尊い存在であるという自己認識の両方を持つ必要があります。私たちは、偶然の産物ではなく、目的をもって創造されました。その目的とは、神の栄光をほめたたえ、神との交流を楽しむことです。

創世記3章

そこで、女が見ると、その木は食べるのに良さそうで、目に慕わしく、またその木は賢くしてくれそうで好ましかった。それで、女はその実を取って食べ、ともにいた夫にも与えたので、夫も食べた。（創世記3・6）

この章から、以下のことを学びましょう。（1）エバは、蛇（悪魔）の誘惑に屈しました。（2）アダムは、意図的に神との契約を破りました。（3）ひとりの人によって罪と死がこの世に入ってきました。（4）神は、救い主（女の子孫）を送ると約束されました。（5）神は、人をエデンの園から追放する前に、皮の衣を作って彼らに着せられました。この皮の衣は、義の衣の象徴です。

堕落とその結果

サタンの誘惑のステップは、次のようなものです。（1）神のことばを曖昧に解釈する。（2）神のことばを全面的に否定する。（3）神への反抗は良い結果をもたらすと嘘を言う。サタンは、神のようになりたいと思ったために堕落しましたが、人間もまた、同じ理由で堕落します。

エバは蛇によって欺かれました。それに対してアダムは、十分な知識を持っていながら罪を犯しました。2人は、それまで持っていた無垢な性質（神を慕い求めるという性質）を失いました。腰の覆いを作って生殖器を隠したということは、人間の命の源が罪によって汚されたことを示しています。

神からの問いかけ

神は、「あなたはどこにいるのか」とアダムに呼びかけます。その声を聞いて、アダムは恐れました。自分は神の前に裸であるという霊的認識を持ったからです。彼は、「あなたが与えてくださったこの女が、あの木から取って私にくれたので、私は食べたのです」と答えます。これは、責任転嫁であり、間接的に神の責任を問うものです。次に、神が女に問いかけると、女は蛇に責任をかぶせました。

アダム契約

最初の契約（エデン契約）は破棄され、別の契約（アダム契約）が結ばれます（創３・14〜19）。アダムは人類の代表としてこの契約を結んでいますので、この契約の条項は私たちにも適用されます。この契約は、４つの部分から成っています。（１）蛇に対して呪いが宣言されました。蛇がサタンに悪用されたので、動物界全体の中で蛇が一番呪われました。（２）サタンに対して裁きが宣言されました。それが「原福音」と呼ばれるものです。①サタンと女の間に敵意が置かれます。救い主が女から誕生するからです。②「サタンの子孫」(反キリスト)と「女の子孫」（キリスト）の間に敵意が置かれます。「彼はおまえの頭を打ち、おまえは彼のかかとを打つ」は、十字架の死と復活の預言です。（３）女に対して裁きが宣言されました。「わたしは、あなたの苦しみとうめきを大いに増す」。これは命令ではなく、そうなるという宣言です。女は男の助け手として造られたのに、堕落以降は、夫に反抗し、夫を支配したいと思うようになります。（４）男に対して裁きが宣言されました。土地は呪われ、労働が苦役となります。また、肉体的な死が人の生活の中に入り込みます。

皮の衣

神はアダムと妻のために皮の衣を作り、それを彼らに着せています。皮の衣は、動物の命を殺して作るものです。この時に殺された動物は、血の犠牲の最初のものです。皮の衣は、いくつかの霊的教訓を教えています。（１）神に近づくためには、神ご自身が用意された衣を着る必要があります。（２）その衣は、血の犠牲によって得られるものです。（３）アダムとエバは、エデンの園から追放される前にこの衣を着せられました。

もし彼らが「いのちの木」から取って食べれば、彼らは罪を持ったまま永遠に生き続けることになります。その悲惨な状況を避けるために、神は彼らを園から追放されます。入り口には、ケルビム（天使）と「輪を描いて回る炎の剣」(シャカイナグローリー)が置かれました。そして、この状態は、洪水によってエデンの園が破壊されるまで続きます。

私たちに与えられた「義の衣」は、主イエスのいのちの犠牲によって作られたものです。聖書は、アダムというひとりの人によって罪と死がこの世に入り、死が全人類に広がったと教えています。その悲惨な現実から私たちを救うことのできるお方は、イエス・キリストだけです（ロマ5・15）。クリスチャンになるとは、アダムとのつながりを断ち、信仰によって主イエスとつながることです。主イエスから義の衣を受け取った私たちは、本当に幸いです。

創世記4章

「もしあなたが良いことをしているのなら、受け入れられる。しかし、もし良いことをしていないのであれば、戸口で罪が待ち伏せている。罪はあなたを恋い慕うが、あなたはそれを治めなければならない。」（創世記4・7）

この章から、以下のことを学びましょう。（1）アダムに息子たち（カインとアベル）が誕生します。（2）カインは嫉妬のゆえにアベルを殺します。（3）カインは神から離れ、この世の栄華を求める方向に進みます。（4）カインの子孫から最初の文明が広がります。（5）アベルに代わる息子としてセツが誕生します。彼から信仰者の系譜が始まります。

カインとアベル

「私は、主によって一人の男子を得た」。この文は、「私は男子を得た、ヤハウェ（主）を」とも訳せます。エバは、「女の子孫」が誕生するという創世記3章

15節の約束を理解していたので、最初の息子が「女の子孫」ではないかと考え、「ヤハウェ（主）を得た」と叫んだのです。

次に生まれたのは「アベル」です。これには「はかなさ、むなしさ、空虚、息」などの意味があります。次男にこの名を付けたのは、この段階で罪の影響が深まり、アダムとエバがそれを実感するようになっていたからです。

弟のアベルは羊を飼う者となり、兄のカインは農夫となりました（父アダムの職業と同じ）。「しばらく時が過ぎて」、カインは地の作物から主へのささげ物を持って来ました。ここでの「ささげ物」はヘブル語で「ミンハ」で、血が伴わないささげ物です。このままでは神には受け入れられません（モーセの律法でも、穀物のささげ物は、血のささげ物といっしょに献げなければならないとされています）。さらに、彼のささげ物は、初穂でも最高のものでもありませんでした。単なる「宗教的儀式」は、神に喜ばれるものではありません。一方アベルは、初子の羊の中から最良のものを持ってきました。つまり、血のささげ物を献げたということです。

主は、アベルのささげ物を受け入れ、カインのささげ物を退けられました。アベルとカインの差は、単なる態度の違いではなく、血の犠牲を献げたかどうかにあります。

最初の殺人（兄弟殺し、神の裁き）

怒ったカインは、アベルを人目につかない所に誘い、そこで彼を殺します。これが、人類史上最初の殺人となりました。カインは、自分も誰かに殺されるのではないかと恐れますが、主はカインを守ると約束されました。神は、カインとその子孫が生き延びて、悔い改めに至ることを願われたのです。今も神は、罪人が悔い改めて神に立ち返ることを待っておられます。

カインのその後と子孫

神の前から去ったカインは、エデンの東、ノデの地に町を建てて住みつきます。神の前から去るとは、なんという悲劇でしょうか。やがてカインに、エノクという息子が与えられます（生きたまま天に上げられたエノクとは別の人物です）。エノクの子孫にレメクという人物が出ます（アダムから数えて7代目)。レメクは、人類史上初めて2人の妻(アダとツィラ）をめとります。前者からヤバルとユバルが生まれ、後者からトバル・カインと娘ナアマが生まれます。レメクの子孫たちを通して、地上に文明が広がり始めます。これは、神なき文明の始まりです。

4章には、対句3連から成るヘブル語の詩が出てきます（作者はレメク）。聖書に記された最初の詩ですが、その内容は神に対する反抗で、レメクの堕落した人間性の反映となっています。

セツの家系（セツの誕生、エノシュの誕生）

アベルの死後、アダムとエバにセツという男の子が与えられます。セツには、「定める」、「土台」などの意味があります。セツと命名した理由は、彼から新しい家系、メシアを輩出する家系が始まると考えたからです。エバがこの段階で理解した内容とは、アベルに代わる息子が与えられたこと、また、その息子は「女の子孫」を輩出する家系の始まりとなる、ということです。エバは霊的に成長しました。

4章で、創世記の第1のトルドット（経緯）が終わります。この段階で、人類の中に2つの流れが明確に現れてきました。神から独立した道を歩もうとするカインの流れと、神と共に歩もうとするセツの流れです。この2つの流れは、現代に至るまで続いています。クリスチャンである私たちは、セツの流れに属しています。このことを神に感謝し、さらに御霊によって歩むことを志そうではありませんか。

創世記5章

これはアダムの歴史の記録である。神は、人を創造したとき、神の似姿として人を造り、男と女に彼らを創造された。彼らが創造された日に、神は彼らを祝福して、彼らの名を「人」と呼ばれた。
（創世記5・1～2）

この章から、以下のことを学びましょう。（1）ここには、アダムからノアに至るまでの10代の系図が記されています。（2）これは信仰者の系譜に連なる人物の系図です。（3）特筆すべきは、7代目のエノクです。彼は、生きたまま天に上げられました。（4）神には死に打ち勝つ力があります。これは、私たちにとっては大いなる希望です。

アダムの歴史

ここから、創世記の第2区分が始まります。第2区分は、「セツの流れ」（信仰者の系譜）を、アダムから10代目のノアまで追っています。この系図には、省略や欠落はありません。「生んだ」ということば以外に、具体的な年数が入っているからです。「〇〇年」と記された「年」は、文字通りの「年」です。

系図の中で、定型の文言が繰り返されます。（1）「約束の子孫（種）」を生んだ年齢。（2）生まれた子の命名。（3）それから何年生きたか。（4）さらに息子、娘たちを生んだ。（5）死んだ年齢。しかし、定型の文言以外に、非定型の説明が付加される人物が4人います。アダム、7代目のエノク、9代目のレメク、そして、10代目のノア。

アダムの定型文は、以下のようなものです。（1）アダムは１３０年生きて、子を生んだ。（2）その子を、セツと命名した。（3）それから、８００年生きた。（4）息子、娘たちを生んだ。（5）９３０歳で死んだ。

アダムには、「彼の似姿として、彼のかたちに男の子を生んだ」という非定型の要素も付加されています。彼の子は、「彼のかたち」と表現されています。人は「神のかたち」を保持していますが、同時に、アダムの堕落した性質を相続するようになったということです。

「セツ（2代目）～エノク（7代目）」

2代目のセツから6代目のエレデまでは、定型の記述が続きます。7代目のエノク（奉献という意味）には、非定型の部分が出てきます。エノクは、メトシェラを生んで後、神とともに歩み始めました。彼は、父のエレデよりも先にいなくなっています。また、「神が彼を取られたので、彼はいなくなった」と書かれています。つまり、彼は生きたまま天に上げられたのです。

「メトシェラ（8代目）～レメク（9代目）」

メトシェラは、エノクの子で、アダムから数えて8代目です。メトシェラは「槍の人」という意味ですが、もう一つ、「彼が死ぬとそれは送られてくる」という預言的意味もあります。父親のエノクは、メトシェラが死ぬ年に洪水が襲ってくることを預言したのです。そして、その預言どおりに洪水がやってきます。メトシェラの生涯は969年で最も長寿ですが、この年数は、大洪水の前に人類に与えられた「悔い改めの期間」であり、神の忍耐の期間でもあります。

9代目のレメクは、「兵士、征服者」という意味です（カインの家系のレメクとは別人）。レメクに関する非定型の要素とは、以下のことばです。「この子は、主がのろわれたこの地での、私たちの働きと手の労苦から、私たちを慰めてくれるだろう」。レメクは息子を、ノアと名付けました。ノアとは「慰め」という意味です。レメクは、アダム契約の呪い（労働の苦痛）から解放され、慰めを得るとの希望を表明しています。つまり彼は、ノアをメシアと間違えたのです（エバがカインをメシアと間違えたのと同じ）。

「ノア（10代目）」

アダムから数えて10代目がノアです。「ノアは五百歳になった。そしてノアはセム、ハム、ヤフェテを生んだ」。セムは「名前」、ハムは「熱い」、ヤフェテは「美しい」、という意味です。セツの家系から誕生したノアは、エノクに続く第2の希望の光です。彼は大洪水を生き延び、人類の歴史を再スタートさせる器となります。

以上の人たちが実在の人物であることを、聖書は認めています（１歴１・１～４、ルカ３・36～38参照）。神は、「約束の種（子孫）」を守り、その記録を残されました。その家系から、メシアであるイエスが誕生します。「女の子孫の約束」（創３・15）は、イエス・キリストの十字架の死と復活において成就しました。私たちの神は、約束を守る神、不思議を行う神です。その神をたたえながら、地上生涯を歩もうではありませんか。

創世記６章

しかし、ノアは主の心にかなっていた。（創世記６・８）

この章から、以下のことを学びましょう。（１）神の方法によらなければ、救いはありません。（２）神の約束を信じ、その命令に従うのが、信仰です。（３）ノアの一家を洪水から救った箱舟は、キリストの型です。

サタンの謀略 ― 雑婚 ―

第２の区分（トルドット）の後半では、「洪水が起こった理由」が説明されます。６章１～２節に記されているのは、堕天使と人間の女との雑婚です。「神の子ら」（ベネイ・ハエロヒム）ということばは、ヘブル語聖書（旧約聖書）では、常に天使を指します（良い天使にも堕天使にも用いられます）。堕天使と人間の女の雑婚という解釈は、昔からあるユダヤ人の解釈です。ユダヤ人の歴史家ヨセフスも、「ユダヤ古代史」（１・73）の中で、「神の子ら」（ベネイ・

ハエロヒム）を「天使」と解釈しています。

なぜサタンは、この雑婚を仕組んだのでしょうか。その背景には、創世記3章15節の「女の子孫（種）」の約束があります。サタンは、人間の女の「かたち」を悪霊との雑婚によって破壊することで、「女の子孫」、つまりメシアの誕生を妨害しようとしたのです。

ノア―神の恵みを受けた人―

神は、「わたしの霊は、人のうちに永久にとどまることはない。人は肉にすぎないからだ」と言われました。「わたしの霊」とは聖霊のことです。聖霊は「人を生かす霊」ですが、それが人のうちにとどまらないとは、人は死ぬということです。さらに神は、「だから、人の齢は百二十年にしよう」と言われました。この120年という年数は、人の寿命のことではなく、洪水が起こるまでの期間のことです。つまり、神はこの時点から120年間、人が悔い改めることを待たれたのです。神がいかに忍耐深いお方であるかが分かります。

ノアは、神とともに歩みました。しかしそれは、ノアには罪がなかったということではありません。彼は、神の恵みのことばをいただき、それを信じて行動に移しました。その結果、信仰による義を得ることができたのです

第3区分（トルドット）

9節に「これはノアの歴史である」とあります。この箇所から、創世記の第3区分（トルドット）が始まります。神が地をご覧になると、それは堕落していました。「すべての肉なるものが、地上で自分の道を乱していたからである」。サタンの妨害がいかに成功していたかが分かります。

神はノアに命令されます。「あなたは自分のために、ゴフェルの木で箱舟を造りなさい。箱舟に部屋を作り、内と外にタールを塗りなさい」（創6・14）。箱舟は原語では「テイバー」（エジプト語からの借用）で、意味は、船ではなく箱です。さらに「テイバー」は、赤子のモーセが入れられたかごでもあります。ノアの箱舟とモーセのかごには、共通した教訓がありま す。それは、溺死から守られた者には、他の人に救いをもたらす使命があるという点です。

箱舟には、内と外に「タール」が塗られました。「タール」の原語は「カファー」ですが、「覆い」「贖い」などの意味があります。これによって、箱舟は物理的に沈まないようになりました。これと同じことが、私たちにも起こりました。イエスの十字架は、私たちを永遠の滅びから救うための「箱舟」です。

ノア契約の予告

神は、「わたしは、今、いのちの息のあるすべての肉なるものを天の下から滅ぼし去るために、地上に大水を、大洪水をもたらそうとしている。地上のすべてのものは死に絶える」(17節)と言われました。「大洪水」と訳されている言葉は、ヘブル語では「ハ・マブール」(The Flood)です。これは、ノアの洪水だけを指すことばで、これが全世界を覆う特別な洪水であることを示しています。

神はノアに、「しかし、わたしはあなたと契約を結ぶ。あなたは、息子たち、妻、それに息子たちの妻とともに箱舟に入りなさい」と言われました。

ノアの洪水は必然的に起こったことです。しかし、ノアが選ばれたのは、必然ではなく、神の恵みです。彼は神の恵みに応答し、人類の歴史を再スタートさせる人物となりました。ノアは、いつの時代にも存在する「残れる者(真の信仰者)」の型です。クリスチャンは、ノアのように「主の前に恵みを得た」人たちです。自らの上に、神の恵みがどのように注がれたかを思い起こし、父なる神をほめたたえようではありませんか。

創世記7章

こうして、主は地の上の生けるものすべてを、人をはじめ、動物、這うもの、空の鳥に至るまで消し去られた。それらは地から消し去られ、ただノアと、彼とともに箱舟にいたものたちだけが残った。（創世記7・23）

この章から、以下のことを学びましょう。（1）ノアの一家8人が救われた理由は、神のことばに従ったからです。（2）箱舟の扉を閉めたのは、主でした。これによって、箱舟の中にいる人間や動物の安全が保証されました。（3）箱舟には天窓が作られていましたので、中にいる人はいつでも神を見上げることができました。（4）箱舟は、キリストの型です。

箱舟に入れという命令

主はノアに、「あなたとあなたの全家は、箱舟に入りなさい。この世代の中にあって、あなたがわたしの前に正しいことが分かったからである」とお語りになりました。ノアの一家8人は、その招きに応答して箱舟に入りました。驚くべきことに、この時代にあっては､全人類の中でたった一家族だけが｢信仰による義人」であったのです。

動物を箱舟に入れるようにとの指示が下ります。清い動物は7つがいずつ、清くない動物は1つがいずつ、鳥は7つがいずつ。清い動物とは、犠牲のささげ物にも、また食用にもなる動物で、牛、羊、ヤギなどがそれです。

ノアは、神と事の善し悪しを論じることなしに、聞いたままを実行に移します。これこそ、「信仰による義人」の姿です。私たちも、神のことばに対する従順を学ぼうではありませんか。

箱舟に入るノアの一家

神の語りかけがあってから7日後に、雨が降り始めました。これは、歴史上初めて降る雨です。この時ノアは、600歳になっていました。彼は家族を連れ、箱舟に入りました。その後を、清い動物、清くない動物、鳥、地をはうすべてのものたちの行列が、延々と続きました。

注目すべき点は、ノアが動物たちを集めたのではなく、神がそれを行われたということです。神の計画が進展するためには、神の御業と人間の行為の２つが同時進行する必要があります。

全世界を覆う洪水

大洪水の水は、２つの水源から来ました。１つは地下の水源、もう1つは天からの雨です。大雨は、40日40夜、降り続きました。大洪水によって、創世記1章6～7節に記録された「2日目の創造」が破壊され、地は、創世記1章2節の状態に戻りました。「地は茫漠として何もなく、闇が大水の面の上にあり、神の霊がその水の面を動いていた」

水かさが増したので、箱舟は浮かび上がりました。「水は地の上にますますみなぎり、」というのは、ヘブル語で「メオッド、メオッド」（とても、とても）です。これは、この洪水が全世界を覆う普遍的な洪水であったことを示しています。箱舟は、元置かれていたメソポタミア地方からアララテ山（ロシアの南部からトルコにかけて）にまで漂流します。さらに水かさが増したので、天の下にあるどの高い山々も、すべて覆われました。その上にさらに15キュビト（6・6メートル）も水かさが増し加わりました。

普遍的な洪水

この洪水が地域限定的なものなら、人も動物も、安全な地域に避難できたはずです。もしそうなら、これほど大規模な箱舟を造る必要はなかったのです。また、これほどの種類の動物を集める必要もありませんでした。水が引くまでに要した時間を考えても、これが普遍的な洪水であったことが分かります。次の8章で、神は2度と洪水をもたらさないと約束されますが、地域的な洪水なら、それ以降も起こっています。つまり、この洪水を普遍的なものだと理解しなければ、神の約束は成就しなかったことになるということです。現在の人類がノアの３人の息子から出ているという説明も、普遍的洪水を前提として初めて成り立つものです。

雨は40日40夜降りましたが、その後１１０日間、水は増し続け、地上のどの山々もすべて覆われました。神の裁きが徹底的であったことが表現されています。

箱舟の戸を閉めたのは、主ご自身でした。その瞬間から、箱舟の中と外とが明確に区別されました。箱舟の中には主の臨在がありましたが、外には裁きがありました。中にいる人は安全でしたが、外にいる人は滅亡の危機にさらされました。神が心を留めていてくださることこそ、最大の守りです。人生の嵐の中を漂流するとき、神が心を留めていてくださることを思い起こそうではありませんか。

創世記8章

神は、ノアと、彼とともに箱舟の中にいた、すべての獣およびすべての家畜を覚えておられた。神は地の上に風を吹き渡らせた。すると水は引き始めた。（創世記8・1）

この章から、以下のことを学びましょう。（1）時が来れば水は引き、箱舟の外に出られるようになります。（2）箱舟から出たノアが最初にしたことは、主への祭壇を築くことでした。（3）ノアは、箱舟（手段）を礼拝するのではなく、主（手段を提供したお方）を礼拝しました。

神の守り

「神は、ノアと、彼とともに箱舟の中にいた、すべての獣およびすべての家畜を覚えておられた」。「覚えておられた」とは、単に「忘れていない」ということではなく、心に留めている対象に対する「行動」を指しています。つまり神は、箱舟の中の人間と動物を守るために、行動を起こされたということです（創19・29、出2・24、エレ2・2、31・20、ルカ1・54～55など参照）。

「覚えておられた」は、契約関係を前提として語られることばでもあります。この時点では、ノア契約はまだ結ばれていませんが、その預言は創世記6章18節で与えられていました。「しかし、わたしはあなたと契約を結ぶ」。神はノア契約のゆえに、箱舟の中にいた人間と動物をお守りになりました。私たちも、イエス・キリストにあって神との契約関係に入りました。それゆえ、神は私たちを心に留めていてくださいます。

水が引き始める

神が地の上に風を吹き渡らせると、水が引き始めました。8章1節の内容は、創世記1章2節とよく似ています。「地は茫漠として何もなく、闇が大水の面の上にあり、神の霊がその水の面を動いていた」。創世記8章は、創世記1～2章に記された「天地創造のテーマ」の再現です。つまり、乾いた土地が現れ、そこに植物が生長するというテーマです。2節に入ると、地下の水源が閉ざされ、天からの雨がとどめられます。3節に入ると、水はしだいに地の上から引いていきます。

箱舟は、第7の月の17日に、アララテ山の上にとどまりました。水はますます減り続け、最初は高い山々が、次に低い山々が姿を現しました。

烏と鳩

ノアは、40日の終わりになって、烏を放ちました。烏は、「清くない鳥（汚れた鳥）」です。「すると烏は、水が地の上から乾くまで、出たり戻ったりした」とありますが、それは烏が箱舟から出たり戻ったりしたという意味でなく、動物の死体の上に留まり、あちこち飛び回ったということです。

次に、鳩を放ちます。鳩は、「清い鳥」です。鳩は烏とは異なり、水の上に浮かんだ動物の死骸を食べることはありません。また、烏のように頂上を好むのではなく、谷に生息することを好みます。最初に放った鳩が帰って来たことは、まだ水が地表を覆っていたことを示しています。2度目に放った鳩は、オリーブの若葉をくわえて帰ってきました。それによって、高地には水がなくなっていることが分かりました。３度目に放った鳩は、戻ってきませんでした。つまり、谷間の地区も乾いたということです。

箱舟を出るノア

箱舟を出たノアが最初にしたことは、祭壇の建築でした。神の臨在が現れていたエデンの園は、洪水で滅びました。そこで、神の臨在に出会う場として、祭壇が必要になりました。「祭壇」ということばは、ここで初めて出てきます。

彼は、すべての清い動物や鳥のうちからいくつか取り、祭壇の上で全焼のいけにえとして献げました。主は、再びこの地を呪うことはしないと約束されました。その理由は、「人の心が思い図ることは、幼いときから悪であるからだ」というものです。かつては、これが地を滅ぼす理由となったのですが、ここでは、それが地を滅ぼさない理由となっています。大洪水は、神の義を示すために起こりました。もし人間が罪を犯すたびに大洪水が起こるとするなら、神は何度も同じことをしなければならなくなります。それゆえ、神のあわれみと恵みのゆえに、大洪水によって地が滅びることはないという約束が与えられたのです。

ノアの生涯の６０１年の第1の月の1日に地上の水は乾きました。箱舟の覆いを取り去り、外を眺めると、地の面は乾いていました。それでもノアは、さらに57日を箱舟の中で過ごし、神のことばを待ちました。第2の月の27日、地は乾ききりました。ノアが箱舟の中にいた期間は、３７１日、ちょうど53週でした。ノアの従順から、教訓を学ぶ人は幸いです。

創世記9章

「見よ、わたしは、わたしの契約をあなたがたとの間に立てる。そして、あなたがたの後の子孫との間に。」（創世記9・9）

この章から、以下のことを学びましょう。（1）神は、ノアと契約を結ばれます。それがノア契約と呼ばれる無条件契約です。（2）虹はノア契約のしるしであり、神が与える平和のシンボルです。（3）神が約束されたことは、必ず成就します。（4）ノアは恥ずべき姿をさらし、それを見たハムは罪を犯します。

ノア契約

神は、箱舟を出たノアとその息子たちを祝福されました。ここでは、ノアは第2のアダムとして位置づけられています。神は、ノアと契約を結ばれます。これが、「ノア契約」と言われるものです。聖書は、契約という概念を前提に読まないと、その深い意味は理解できません。

ノア契約には、５つの条項があります。（1）「生めよ。増えよ。地に満ちよ」。この条項は、エデン契約の条項の確認でもあります。（2）「神は、動物の中に人への恐れを入れた」。大洪水以降、人類は肉食を始めますので、この条項は動物たちを守るためのものです。人は動物界に対する権威を保持しますが、ノア契約には「地を従えよ」という命令はありません。アダムの堕落以降、サタンが地の支配者となったからです。（3）肉食の許可。エデン契約とアダム契約の下では、人間は菜食主義者でしたが、ノア契約によって、動物と青草が食物として許可されます。（4）血を食することの禁止。「肉のいのちは血の中にある」という原則が確認されます。この規定は、モーセの律法にも採用されます。（5）死刑制度の創設。このためには、人間の政府の存在が必要となります。計画的な殺人だけが死刑に該当する罪です。死刑を認める理由は、「人は神のかたちに造られている」からです。

ノア契約の「しるし」として、虹が与えられました。この契約によって、人類は神との新しい関係に導かれました。

呪われるカナン

ノアの3人の息子たちから全人類が広がることになります。彼らの名前は、セム、ハム、ヤペテです。「さて、ノアは農夫となり、ぶどう畑を作り始めた。彼はぶどう酒を飲んで酔い、自分の天幕の中で裸になった」（創9・20～21）。洪水後ノアは農夫となりました。ぶどう酒を作ること自体は罪ではありませんが、ぶどう酒に酔うことは罪です。

カナンの父であるハムは、寝ている父の裸を見て、外にいる2人の兄弟（セムとヤペテ）に告げました。「父の裸を見て」とは、否定的な目で見たことを指しますが、これは領域の侵害です。ハムの罪は、3つあります。①父の裸を見ながら、それを覆わなかったこと。②言いふらしたこと。③父をあざけったこと。ハムとは対照的に、セムとヤペテは後ろ向きに歩いて行って、裸を見ないで着物で父を覆いました。

酔いから覚めたノアは、呪いのことばと、祝福のことばを語ります。ハムの4番目の息子カナンが呪われます（これは、ハムが呪われているのと同じです）。カナンが呪われている理由は、彼が父ハムと同じように行動したか、あるいは、彼の性格が父と同じように悪いものであったかのいずれかです。カナン人は、カナンの子孫たちです。彼らは、父祖の悪い性質を受け継ぎ、それを発展させました。

セムには祝福のことばが語られます。「ほむべきかな、セムの神、主」。セムは、真の神に関する知識を所有するようになります。女の子孫（メシア）は、セムの家系から出てきます。

ヤペテにも祝福のことばが与えられます。彼の子孫は、最も広い地域に広がります。「セムの天幕に住む」とは、セムと交わりを持つということです。ヤペテはユダヤ人を肉体的に征服しますが、霊的にはユダヤ人がヤペテを征服するようになります。

ノアの生涯

ノアは、大洪水の後、350年生きて死にました。ノアの一生は950年でした。人類を代表する「第2のアダム」の役割を果たしたノアは、間違いなく信仰の偉人でした。彼は、その信仰によって、「不信仰な世」を罪に定めました。つまり、神のことばを信じなかった人々は、その罪が明らかになり、神の裁きを受けたのです（ヘブ11・7参照）。

今の時代の雰囲気は、「ノアの日」のようになりつつあります。ノアの日と同じように、裁きの日は突如この地を襲って来ます。私たちにとっての箱舟は、イエス・キリストご自身です。イエスに信頼を置く者は幸いです。

創世記10章

以上が、それぞれの家系による、国民ごとの、ノアの子孫の諸氏族である。大洪水の後、彼らからもろもろの国民が地上に分かれ出たのである。

（創世記10・32）

この章から、以下のことを学びましょう。（1）すべての民族は、セム、ハム、ヤペテから派生したものです。（2）神は、すべての民族の領土を、ご自身の主権によってお定めになりました。（3）女の子孫は、セムの家系から登場します。

諸国の誕生と発展

10章1節から、創世記の第4の区分（トルドット）が始まります。この章が書かれた目的は、神の摂理によって地上に諸国が配置されたことを示すためです。「いと高き方が、国々に相続地を持たせ、人の子らを割り振られたとき、イスラエルの子らの数にしたがって、もろもろの民の境を決められた。主は、測り縄で割り当て地を定められた。ご自分の民、ヤコブへのゆずりの地を。」(申32・8～9)。
各民族（氏族）は、4つの要因（地理的、言語的、部族的、民族的）によって区分されていきます。

ヤペテの系図

創世記10章では、ヤペテから14の氏族、ハムから30の氏族、そして、セムから26の氏族、合計70の氏族が出てきます。

ヤペテには、ゴメル、マゴグ、マダイ、ヤワン、トバル、メシェク、ティラスの7人の息子が生まれました。その中で、ゴメルとヤワンが取り上げられています。それ以外の5人には、子孫が与えられなかったのでしょう。

ゴメルに3人の息子が生まれ、ヤワンに4人の息子が生まれました。彼らは、エーゲ海からカスピ海にかけて広がり、さらにその外側の地区、ヨーロッパ、ペルシア、インド、そして、アジア地区にまで拡大して行きました。ヤペテの子孫の拡大は、創世記9章27節の成就です。つまり、彼らは「セムの天幕」に住むようになります。つまり、セムの霊的資質から祝福を受けるようになるということです。キリスト教が西洋に広がっているのは、この預言の成就です。

ハムの系図

ハムには4人の息子が生まれ、その中で、クシュ、ミツライム、カナンが取り上げられています。その中で重要なのはクシュには6人の息子が生まれました。クシュが6番目の息子のニムロデです。その名前の意味は、「反逆する」です。彼は、地上で初めて王国を建てる者となりました。1つはシヌアル（バビロニア）に、もう1つはアシュル（アッシリア）に。この時に、後の時代にイスラエルの民が経験するバビロン捕囚とアッシリア捕囚の種が蒔かれたのです。ミツライムには、7人の息子が生まれました。ミツライムとは、エジプトのことです。カナンには11人の息子が生まれました。カナンはノアの預言によって呪われた民となりました。彼らは、後にイスラエルの民を攻撃する民となります。

セムの系図

21節から、セムの子孫の記述が始まります。先ず、エベルが特筆されます。エベルは、「ヘブル人」ということばの語源です。つまり、セム↓エベル↓ヘブル人と続くわけです。

セムの5人の息子たちの中で、アラムとアルパクシャデが詳細に取り上げられています。アラムには、4人の息子が生まれました。セムの息子たちの中では、アルパクシャデが一番重要です。それが、メシアの家系につながるからです。アルパクシャデ↓シェラフ↓エベル（ヘブル人の父）↓2人の息子（ペレグとヨクタン）とつながっていきます。ペレグとは、「分ける」という意味です。恐らくこれは、バベルの塔でのことばの混乱を指すのでしょう。ペレグは、バベルの事件と同時代に生きた人物です。ヨクタンからは13人の息子たちが誕生しますが、すべてアラビア人として広がって行きます。

人類の統一性

創世記10章は、セム、ハム、ヤペテを起源として発展した70の部族（氏族）名をリストアップしています。つまり、この章は「人類の統一性」を確認しているわけです。また、この章は「人類の対立」をも描いています。人類が対立するようになった原因は、バベルの塔事件にあります。これをきっかけに、互いの言葉が通じなくなり、人類の対立と各地への拡散が進展しました。

神が創世記3章15節で約束された「女の子孫（メシア）」は、確実にこの世に誕生します。そのために用いられるのが、ノア↓セム↓アルパクシャデ↓シェラフ↓エベル↓ペレグという家系です。神の計画は偉大です。私たちも、聖書的世界観と歴史観を確立し、人類の歴史を支配しておられるイスラエルの神をほめたたえようではありませんか。

創世記11章

彼らは言った。「さあ、われわれは自分たちのために、町と、頂が天に届く塔を建てて、名をあげよう。われわれが地の全面に散らされるといけないから」（創世記11・4）

この章から、以下のことを学びましょう。（1）ノア契約の下でも人は失敗します。（2）人は、神の領域に迫るために高い塔を建てます。（3）この罪に対して裁きが下り、人は地の全面に散らされます。（4）信仰の父アブラムの先祖が紹介されます。

再記述の法則

聖書の記述法に、「再記述の法則」というものがあります。創世記11章の前半の内容は、10章に書かれていた「人類の全地への離散」がどのようにして起こったのかの再記述です。つまり、時間的には11章1～9節のほうが、10章よりも先だということです。

町と塔の建設

人類は、ノアの箱舟が留まったアララテ地方から、シンアルの地へ移動して来ました。シンアルの地とはバビロンのことで、エデンの園があった辺りです。人類はアダムから始まり、大洪水で滅ぼされ、再びノアから新しい歴史を刻み始めました。ノアの3人の息子たちから出た人々は、ここで、人類の歴史が始まった地に戻って来たのです。

その地に定住した人々は、石の代わりにレンガを作り、モルタルの代わりに瀝青（アスファルト）を用いるようになりました。やがて彼らは、町と塔を建てようとしました。ここでの町とはバビロン（「神の門」という意味）のことです。彼らは、占星術を行うために天に届く塔を建てようとしました。つまり、神の領域に届こうとしたのです。

神の裁き

塔の建設は、神に対する挑戦です。人類が神の高みにまで届くことは不可能であり、そう考えること自体が傲慢です。

この時代には、全人類が1つのことば（1つの唇）、1つの話しことば（同じ語彙）で意思疎通を行っていました。神は、ことばを混乱させることで、人類を地の全面に散らされました。

「バベル」という名前の背後には、ことば遊びがあります。それには、「散らす」という意味と「神の門」という意味があります。さらに、「バラル（混乱させる）」ということばとも似ています。バベルということばは、「神の門」が「混乱の門」になったことを示しています。

アブラムが登場するための序曲

創世記11章の系図は、アブラムが登場するための序曲です。11章27節から第6の区分（トルドット）、「テラの歴史」が始まります。

ここから創世記の内容は大きく変わります。話題が、全人類の歴史から特定の民族の歴史へ、また、多くの土地から1つの土地へ移行します。その移行は、アブラムの選びをきっかけに起こります。

創世記10章には、セム→アルパクシャデ→シュラフ→エベル→2人の息子ペレグとヨクタンという系図が展開されていました。ヨクタンには13人の息子が誕生し、その全員の名がすでに紹介されましたが、ペレグに関しての記述はありませんでした。その理由は、彼がメシアの系図につながる人物であるため、最後にその系図を取り上げるという法則があるからです。ペレグ以降の系図は、ペレグ→レウ→セルグ→ナホル→テラ→3人の息子のアブラム、ナホル、ハランとなります。

セムの系図の中で注目すべき人物が3人います。（1）エベル（「渡る、過ぎる、境を超える」という意味）は、ヘブル人の先祖となる人物です。イスラエル人たちは他国人に自分を紹介するときには、ヘブル人という呼称を用いましたが、「川向こうから来た民」という意味があったのでしょう。（2）ペレグ（「分ける」という意味）は、バベルの塔事件と同じ時代に生きていた人物です。（3）テラ（「月」という意味）は元々、月神を礼拝する偶像礼拝者でした（ヨシ24・2参照）。

神の裁きの影響

時代が下るに従って寿命が短くなっていることに注目しましょう。特に興味を引くのは、セム（第

1世代）とアルパクシャデ（第2世代）の間に見られる大幅な寿命の減少です。ここには、大洪水以降の地球環境の激変があると思われます。次に、エベル（第4世代）とペレグ（第5世代）の間の寿命の減少も見落とせません。この減少は、バベルの塔の裁き以降に起きています。罪の進展とともに、神の祝福が奪われていくのが分かります。

今も、神に反抗して自分の名を上げようとする人は、自らの身に破滅を招きます。私たちに関しては、バベルの塔を建てるのではなく、アブラハムのように信仰によって歩もうではありませんか。

創世記12章

「そうすれば、わたしはあなたを大いなる国民とし、あなたを祝福し、あなたの名を大いなるものとする。あなたは祝福となりなさい。」

（創世記12・2）

この章から、以下のことを学びましょう。（1）アブラムの召命をもって、神の人類救済計画が新しい段階に進みます。（2）アブラムは、神のことばに信頼し、行き先を知らずして出て行きました。（3）祭壇は、彼が礼拝者であることを示し、天幕は、彼が寄留者であることを示しています。

アブラハム契約

この章で、アブラハム契約が初めて登場します。この契約は、聖書全体を理解するための鍵です。

1～3節の構文を見ると、命令が2つ、それに付随した祝福がそれぞれ3つ出てきます。1番目の命令は、「あなたは、あなたの土地、あなたの親族、あなたの父の家を離れて、わたしが示す地へ行きなさい」です。「行きなさい」を直訳すると、「自分のために行け」となります。これは、あなたのためになるから、今までの生活環境から分離せよという命令です。この命令には、（1）アブラムは大いなる国民となる、（2）アブラムは神の祝福を受ける、（3）アブラムの名は大いなるものとなる、という3つの祝福が伴っています。

2番目の命令は、「祝福の源となるように」（新共同訳）です。この命令には、（1）「あなたを祝福する者をわたしは祝福する」、（2）「あなたを呪う者をわたしは呪う」、（3）「地上のすべての民族は、あなたによって祝福される」という3つの祝福が付随しています。

約束の地を巡る

カナンの地には、先住民たちが住んでいました。彼らは、偶像礼拝者たちであり、道徳的に堕落していました。そこでアブラムは、カナン人とは距離を置きながら生活しました。

カナンの地に入ると、神から2度目の語りかけがありました。「わたしは、あなたの子孫にこの地を与える」。この約束は、アブラムにではなく、彼の子孫に与えられたものです。主の顕現に対するアブラムの応答は、祭壇の建築でした。これ以降、祭壇を建築することは、族長たちの習慣となっていきます。

次にアブラムは、ベテルの東にある山のほうに移動し、そこで天幕を張りました。彼は祭壇を築き、主の御名によって祈りました。これは、カナンの地で公の礼拝を始めたことを意味しています。さらに彼は、ネゲブ（南）へ移動しました。アブラムは、エフライムの山地からユダの山地、さらにネゲブへ移動することで、カナンの地の所有権を主張しているのです。

エジプトに下るアブラム

激しい飢饉がその地を襲ったので、アブラムは、一時的にエジプトに下る決心をします。この時代のエジプト人は、他人の妻を略奪することで有名でした。アブラムの妻サライは、65歳になっていましたが、見目麗しい女でした。身の危険を感じたアブラムは、異母妹であった妻サライを妹だと偽りました。

これは半分だけ真実ですが、このことが、思わぬ出来事を招きます。ファラオがサライを宮廷に召し入れたのです。アブラムは、多額の花嫁料をファラオから受け取りました。

サタンの攻撃と神の介入

この出来事の背後には、サタンの暗躍があります。サライがファラオの妻となれば、アブラムに与えられた子孫の約束が成就しないことになります。神の解決法を見てみましょう。(1)悪いのはファラオではなくアブラムですが、神はファラオを裁かれました。アブラハム契約が無条件契約であるからです。その理由は、「あなたを呪う者をわたしは呪う」というアブラハム契約の付帯条項に基づいて、ファラオが罰を受けました。(2)「大きなわざわいで打たれた」とあります。ユダヤ教の伝承では、この「大きなわざわい」は、重い皮膚病だとされています。皮膚病のために、男女の交わりが不可能になったのです。

ファラオは、サライがアブラムの妹であることを発見しますが、アブラムの神を恐れ、彼らをすべての所有物とともにエジプトから去らせます。アブラムがカナンの地に戻った時点で、子孫の約束が成就し得る状態に戻りました。

アブラムの選びは、イスラエルの民の選びの始まりですが、同時に、異邦人である私たちが祝福を受けることの始まりでもあります。大いなる計画を立て、それを実現へと導かれる神は、なんと素晴らしいお方でしょうか。エジプトで裕福に暮らすよりは、カナンの地で苦しむほうが、より祝されていることを覚えようではありませんか。

創世記13章

「立って、この地を縦と横に歩き回りなさい。わたしがあなたに与えるのだから。」（創世記13・17）

この章から、以下のことを学びましょう。（1）アブラムはカナンの地に帰還し、祭壇を築きました。これは、完全な立ち返りを示す行為です。（2）アブラムは、ロトと分離することによって「この世」と分離しました。（3）ロトは、自分に都合のよい地を選んだ結果、信仰が後退していきました。（4）ロトは、信仰の世界とこの世に二股をかける信者の型です。

アブラムの移動

エジプトを発ったアブラムは、妻のサライ、すべての所有物、そしてロトを伴って、ネゲブ（カナンの地の南部）、そして、ベテル（中央高原にある緑の多い町）へ移動しました。ベテルは、カナンの地で最初に公の礼拝を献げた場所です。彼は、以前に築いた祭壇の前で、主の御名によって祈りました。エジプトでの失敗から教訓を学び、初めの信仰に立ち返ったということです。

紛争の勃発

アブラム同様、ロトも裕福になっていました。ロトが物質的に祝福されたのは、アブラハム契約のゆえです。しかし、富の増加は新しい問題をもたらしました。アブラムの牧者とロトの牧者の間に、争いが起こったのです。当時、カナンの地には多くの都市国家が存在していましたので、アブラムとロトが自由に移動できる地域は限定されていました。

問題解決の唯一の方法は、それぞれ別の道を行くことです。ここで、アブラムとロトの性質の違いに注目しましょう。アブラムは、エジプトでの失敗を通して霊的に成長していました。彼は多くの富を所有していましたが、富に所有はされていなかったのです。アブラムは、土地の選択権をロトに譲りました。アブラムとは対照的に、ロトには物質的なこだわりがありました。

ロトの選び

ロトは、何が自分の益になるかを判断するために、ヨルダンの低地を見渡しました。信仰の目ではなく、肉の目を上げたのです。ヨルダンの低地は、エデンの園のように潤い、魅力的に見えました。今日そこは乾燥地帯ですが、当時はソドムとゴモラが滅ぼされる前でしたので、緑で潤っていました。ロトは、アブラムを選び、すぐに東に移動して行きました。ンの低地を選び、アブラムに敬意を表することもなく、ヨルダ

「ところが、ソドムの人々は邪悪で主に対して甚だしく罪深い者たちであった」（13節）とは、ソドムに対する神の評価です。ロトがソドムの堕落に気付いていたかどうかは、分かりません。

アブラハム契約の再確認

ロトが去って後、主からの3度目の語りかけがありました。「さあ、目を上げて、あなたがいるその場所から北、南、東、西を見渡しなさい」。「さあ」はヘブル語の「ナー」で、嘆願、勧め、丁寧な言い回し、などを表わします。ここ以外には、アブラムの息子の誕生に関する約束、イサクを犠牲にせよという命令、エジプト人から贈り物を集めよという命令、などに出てきます。すべて、神が人間に対して理解を超えたことをするように求めておられる箇所です。

この時アブラムは、4方向を見るように命じられました。それは、ロトが選んだ地も含むカナンの地全体でした。その地を、神はアブラムとその子孫に約束されました。さらに、アブラムに子孫が与えられるという約束もされました。アブラムは、その地を縦と横に歩き回りました。これは、未来完了的な行為です。この約束は、メシア的王国（千年王国）において成就します。

ヘブロンへの移動

アブラムは、ヘブロンにあるマムレの樫の木のそばに住みました。そこは偶像礼拝の場でしたが、彼は祭壇を築き、そこに神の臨在があることを宣言しました。これは、実質的な所有権は自分にあるという宣言です。先に行ってから、アブラムはここでソドムのために執りなしをするようになります。さらに彼は、この近くにマクペラの墓地を購入するよう

になります。

この町に、新しい名前が付けられました。神の友アブラムにちなんで、ヘブロンとなりました。ヘブロンは、ヘブル語の「友人」（ハベル）という言葉から出たものです。

アブラムの立ち返りから、教訓を学びましょう。失敗したときのキーワードは、「立ち返り」です。アブラムは、地理的にも霊的にも、最初の場所に立ち返りました。そして、神の約束が将来必ず実現することを信じて歩き回ることで、その土地に対する所有権を主張しました。神の約束は、神の時が来たなら必ず成就します。

創世記14章

アブラムは、自分の親類の者が捕虜になったことを聞き、彼の家で生まれて訓練された者三百十八人を引き連れて、ダンまで追跡した。

（創世記14・14）

この章から、以下のことを学びましょう。（1）この世から分離して生活したアブラムは、この世の一部となっていた甥のロトを救出することができました。（2）アブラムは、ソドムの王の申し出を拒否しました。この世との妥協を拒否したのです。（3）キリストの型である祭司メルキゼデクが、信仰の人アブラムを祝福しました。

王たちの戦争

14章は、聖書に出て来る最初の「王たちの戦争」です。旧約聖書には、いくつかの弱小国が同盟を結び、大国に反乱を起こすという記事がよく出てきますが、ほとんどの場合、返り討ちに遭っています。ここでもそれと同じことが起こります。

ヨルダンの低地に侵略して来たのは、４人の王たちです（シンアルの王アムラフェル、エラサルの王アルヨク、エラムの王ケドルラオメル、ゴイムの王ティデアル）。迎え撃つのは、５人の王たちです（ソドムの王ベラ、ゴモラの王ビルシャ、アデマの王シンアブ、ツェボイムの王シェムエベル、ベラの王、すなわち、ツォアルの王）。この５人の王たちは、12年間ケドルラオメルに仕えていましたが、13年目に背きました。そのため、報復攻撃を受けたのです。

戦いは、５人の王たちの敗北で終わります。ソドムの王とゴモラの王は、瀝青（アスファルト）の穴に落ち込み、残りの３人の王たちは、山の方に逃げました。侵略者の王たちは、ソドムとゴモラの全財産と食糧全部を奪っていきました。ロトも、捕虜として連行されました。

ロトは、ソドムに住むことなど考えてもいなかったのでしょうが、徐々に感覚が麻痺し、そこに住みつくようになりました。その結果、このような悲劇に遭遇したのです。

平和の人から戦士へ

13章では、アブラムは甥のロトに選択権を譲る平和の人として描かれ、14章では、勇気ある戦士として描かれています。両方に共通しているのは、ロトに対する責任感です。

アブラムは、訓練を受けたしもべたち３１８人を招集し、最北の地ダンまで追跡しました。アブラムと盟約を結んでいた3人のエモリ人の族長たち（マムレ、エシュコル、アネル）も、参戦しました。

アブラムは、ロトとすべての財産を取り戻し、捕虜たちを解放しました。解放された町々の住民たちは、大いに喜んだことでしょう。しかし彼らは、霊的な応答を忘れていました。つまり、誰一人、罪を悔い改めてアブラムの神に立ち返ることをしなかったのです。そのため19章に入ると、全員が裁かれ、死んでいきます。ソドムの人たちの愚行から、教訓を学ぼうではありませんか。

アブラムと2人の王

２人の王が、凱旋するアブラムを出迎えます。最初がソドムの王です。ソドムの王は瀝青の穴に落ちて死んでいますから、この王は後継者である息子でしょう。彼はシャベの谷でアブラムを出迎え、こう言います。「人々は私に返し、財産はあなたが取ってください」。当時の習慣から言うと、戦利品はすでにアブラムの所有物となっていますので、この提案は狡猾なものです。しかしアブラムはその提案を拒否し、自発的に戦利品を返しました。それはソドムの王に、「アブラムを富ませたのは私だ」と言わせないためです。但し、ともに行動した3人の盟友たちが手に入れた物は例外としました。

次に登場するのが、サレム（平和という意味）の王メルキゼデク（義なる王という意味）です。サレムとは後のエルサレムのことで、当時はエブス人の町でした。その町の王であるメルキゼデクは、いと高き神の祭司、つまり真の神の祭司でした。このことから、当時、アブラムの家系以外にも真の神を礼拝していた人々がいたことが分かります。

メルキゼデクは、パンとぶどう酒をアブラムに与え、彼を祝福しました。アブラムは、メルキゼデクの祝福を受け入れ、すべての物の10分の1を彼に与えました。メルキゼデクに関しては、その系図が存在していないので、両親が誰なのかも、誕生と死の時も分かりません。しかし彼は、詩篇110篇では、「とこしえに祭司である人物」としてメシアの予表となり、ヘブル人への手紙7章では、キリストの型となっています。

目に見えるところに従ったロトと、信仰によって歩んだアブラムの違いについて黙想してみましょう。この世から分離すればするほど、この世に打ち勝つ力が与えられます。

創世記15章

「アブラムは主を信じた。それで、それが彼の義と認められた。」（創世記15・6）

この章から、以下のことを学びましょう。（1）ここで、アブラハム契約が締結されます。（2）この契約は、神だけが切り裂かれたものの間を通過されましたので、片務契約です。（3）片務契約であるということは、無条件契約だということです。（4）アブラハム契約の内容は、すべて成就します。

アブラムの義認

アブラムが戦いに勝利した直後に、神から4度目の語りかけがありました。最初のことばは、「アブラムよ、恐れるな」です。恐れなくてもいい理由は、「わたしはあなたの盾である」というものです。このことばによって、アブラムは、4人の王から自分を守ってくださったのは、神ご自身であることを知ります。次に神は、「あなたへの報いは非常に大きい」と言われました。

アブラムは、「神、主よ」と呼びかけ、「あなたは私に何を下さるのですか。私は子がないままで死のうとしています」と応じました。アブラムの恐れは、相続人がいないことからきていました。

神は、アブラムを天幕の外に連れ出し、こう言われました。「さあ、天を見上げなさい。星を数えられるなら数えなさい。あなたの子孫は、このようになる」。アブラムはこのことばを信じたので、義と認められました。これが信仰義認の原則です。

アブラハム契約の準備

アブラハム契約は、12章と13章で何度か出てきましたが、ここで正式に締結されます。契約を結ばれる方は、「主（ヤハウェ）」です。「この地をあなたの所有としてあなたに与える」という約束を聞いてアブラムは、「神、主よ。私がそれを所有することが、何によって分かるでしょうか」と応答します。彼は、子孫が罪を犯したなら、約束の地に入れなくなるのではないかと恐れたのです。つまり彼は、この契約が無条件契約であることの確認を求めているのです。

神はアブラムに、3歳の雌牛と3歳の雌やぎ、3歳の雄羊と山鳩とそのひなを持って来るように言われました。通常は1頭の家畜を犠牲にしますが、ここでは5種類の動物が用意されています。これは、この契約が最も厳粛な血の契約であることを示しています。切り裂かれた動物の間を当事者が通過すると、契約が締結されたことになります。

3つの預言

犠牲の動物を並べ終わると、アブラムは深い眠りに陥りました。神は、眠りの中にあるアブラムに、3つの預言をお与えになりました。①アブラムの子孫たちはエジプトで奴隷となるという預言、②アブラム個人に関する平安の約束、③子孫たちが400年後に約束の地に戻って来るという預言。なぜ彼の子孫たちは、400年間もエジプトに滞在することになるのでしょうか。その理由は、「アモリ人の咎が、そのときまでに満ちることはないから」です。

アブラハム契約の締結

通常、血の契約では、2人の当事者が切り裂かれた動物の間を歩きますが、ここでは、シャカイナグローリーだけが通過しています。これは、アブラハム契約を理解するために極めて重要なポイントです。当事者は神のみで、アブラムはこの契約の恩恵を受けているだけです。このことから、アブラハム契約が片務契約であり、無条件契約であることが分かります。つまり、アブラムとその子孫が失敗しても、この契約は継続するということです。

土地に関する預言

次に主は、土地の約束を再確認されます。約束の地は、アブラム個人にだけでなく、彼の子孫にも与えられます。ここで初めて、約束の地の境界線が明らかになります。南の境界線は、「エジプトの川」です。これは、ナイル川ではなく、その支流の中の東端の川です。北の境界線は、ユーフラテス川です。

アブラムに約束された土地には、先住民たちが住んでいました。彼ら（総称はアモリ人）は、十分な悔い改めの時が与えられても、神の恵みに応答しない民です。従って、彼らに申し開きの余地はありません。

アブラムの子孫たちがいかに失敗しようとも、アブラハム契約のゆえに、彼らが選びの民であるという事実は変わりません。イエス・キリストを通して私たちに与えられる救いもまた、無条件契約（新しい契約）に基づくものです。私たちは、キリストの福音を信じた時点で、その契約書にサインをしました。もちろん罪を犯せば神からの裁き（訓練）が下りますが、それにもかかわらず、私たちの救いは必ず完成します。

創世記16章

サライはアブラムに言った。「ご覧ください。主は私が子を産めないようにしておられます。どうぞ、私の女奴隷のところにお入りください。おそらく、彼女によって、私は子を得られるでしょう。」アブラムはサライの言うことを聞き入れた。（創世記16・2）

この章から、以下のことを学びましょう。（1）サライは人間的な手段を提案し、アブラムはそれを受け入れました。（2）アブラムは、イシュマエルという息子を得ますが、それは約束の子ではありませんでした。(3)神の約束を忍耐して待てない人は、肉的な方法を考え出し、結果的に大いに苦しむことになります。

サライとハガル

息子が生まれるという約束が、アブラムに与えられました。しかし、その子を産むのはサライであるという啓示はありませんでした。サライにはエジプト人の女奴隷がいて、その名をハガルと言いました。ハガルというヘブル語には、「逃亡者となる」、「逃げる」などの意味があります。おそらく、エジプトでの体験にちなんでその名が付けられたのでしょう。

不妊の女であったサライは、「私の女奴隷のところにお入りください」と夫に提案します。この提案は、ハムラビ法典やヌジ文書の規定に則っています。不妊の妻は、夫に女奴隷を与え、彼女によって子を得るのが義務だとされていました。誕生した子は、正妻の子と見なされます。

「アブラムはサライの言うことを聞き入れた」。彼は、神の声ではなく、サライの声を聞いたのです。その結果、ハガルはアブラムの妻（そばめ）となり、やがて身ごもります。

身ごもったハガルは、女主人サライを見下すようになります。この件で、サライが夫に苦情を申し立てると、アブラムはこう応答しました。「見なさい。あなたの女奴隷は、あなたの手の中にある。あなたの好きなようにしなさい」。サライがハガルを苦しめたので、ハガルはサライのもとから逃げ去ります。

ハガルと主の使い

ハガルはエジプトに戻ろうとして、ネゲブとシナイ半島の境の辺りをさ迷いました。その彼女に、主の使いが語りかけます。主の使いとは、受肉前のメシアのことです。主の使いは、2つの質問をしました。「サライの女奴隷ハガル。あなたはどこから来て、どこへ行くのか」。彼女は、最初の質問にだけ答えます。「私の女主人サライのもとから逃げているのです」。すると主の使いは、「あなたの女主人のもとに帰りなさい。そして、彼女のもとで身を低くしなさい」と諭します。

この時、主の使いはハガルに預言をお与えになりました。ハガルが身ごもっている子は、大いに増え、数え切れないほどになる。ハガルは男の子を産むので、その子をイシュマエルと名付けよ。

「彼は、野生のろばのような人となり、その手は、すべての人に逆らい、すべての人の手も、彼に逆らう。彼は、すべての兄弟に敵対して住む」。これは、イシュマエルの性質に関する預言ですが、将来的には、この預言はすべて成就します。現在も、イシュマエルの子孫であるアラブ人とイサクの子孫であるイスラエル人の民族間の葛藤は続いています。

ハガルは、主の使いが神ご自身であることを認識し、その方の名を「エル・ロイ」と呼びました。「エル・ロイ」とは、「ご覧になる神」という意味です。ハガルの窮状に目を留められた神は、私たちの歩みの上にも目を注いでおられます。

イシュマエルの誕生

主の使いの預言どおりに、ハガルは男の子を産みました。注目すべきは、ハガルは実母ですが、法的な母はサライだということです。イシュマエルと命名したのは、アブラムです。ハガルが自らの荒野での体験をアブラムに告げ、その子の名をイシュマエルにすべきだと進言していたことが分かります。

この時のアブラムの年齢は、86歳です。この年齢になって、やっと息子が与えられたわけですが、問題はイシュマエルが約束の子でないということです。アブラムの信仰と忍耐心が試される年月が、これ以降も続きます。アブラムは、さらに14年間も待たされることになります。

神は、アブラムを試したように、私たちをも試されます。「神の約束」は、人間の手によってではなく、神ご自身の時と方法によって成就します。その原則を理解することが、祝された信仰生活の秘訣です。神よりも前に出て歩くようなことがあってはなりません。

創世記17章

「あなたがたは自分の包皮の肉を切り捨てなさい。それが、わたしとあなたがたとの間の契約のしるしとなる。」（創世記17・11）

この章から、以下のことを学びましょう。（1）アブラムの名がアブラハムに変更されます。アブラムとは「高く上げられた父」、アブラハムとは「諸国民の父」という意味です。ここに神の計画に進展が見られます。（2）アブラハム契約が再確認され、契約のしるしとして割礼が命じられます。（3）人間は失敗しますが、神はご自身の約束に常に忠実です。

契約の更新

最初の約束を受けてから24年が経過し、アブラムが99歳になった時、主からの語りかけがありました。これは、アブラハム契約の4度目の確認です。

「わたしは全能の神（エル・シャダイ）である」。「全能の神」という御名は、旧約聖書に48回出てきますが、ここがその最初です。アブラハム契約に、いくつかの新しい条項が付け加えられます。（1）アブラムは、ラムの名がアブラハムに変わる。（2）アブラハムの家系から将来多くの国の父となる。（3）アブラハムの家系からメシアが出る。（4）この契約は、アブラハムだけではなく、彼の子孫とも結ばれる。（5）カナンの全土が、アブラハムとその子孫の所有となる。ちなみに、土地の約束が完全に成就するのは、千年王国においてです。

アブラハム契約のしるし

アブラハム契約は、神が一方的な恵みによってアブラハムとその子孫を祝福される無条件契約です。アブラハムは、神の恵みに対し、全人的に応答しなければなりません。そういう文脈の中で割礼を理解する必要があります。

「あなたがたの中の男子はみな、代々にわたり、生まれて八日目に割礼を受けなければならない。家で生まれたしもべも、異国人から金で買い取られた、あなたの子孫ではない者もそうである。」（12節）。

割礼は、アブラハム契約の「しるし」です。割礼を行うタイミングは、生まれて8日目です。割礼を受けるのは男子のみで、女子の割礼は除外されています。一方で、非ユダヤ人の奴隷にも、割礼によって契約に加えられる道が開かれました。

割礼を施さないことは、契約違反です。出エジプト記には、モーセが息子に割礼を受けさせていなかったために、神の裁きを招きそうになった出来事が記されています（出4章）。

サラへの約束

アブラハムは、イシュマエルこそ約束の子であると思い込んでいましたが、啓示によって、サライから生まれる子が約束の子であることを知らされます。（1）アブラハムの妻の名が、サライ（私の王女）からサラ（王女）になる。（2）彼女は、国々の母となる（事実彼女は、ユダ、イスラエル、エドムの母となりました）。

この啓示が与えられたとき、アブラハムは心の中で笑いましたが、これは極めて人間的な反応です。アブラハムは、イシュマエルの上に祝福があるようにと願いました。イシュマエルが跡取りになることが現実的だと思ったからです。

それに対する神の応答は、以下のようなものでした。（1）サラこそ約束の子を産む母である。（2）生まれる子の名は、イサク（イツッハク）である。イサクとは、「笑う（彼は笑った）」という意味です。（3）イシュマエルは、12部族の父となり、彼から大いなる国民が出るようになる。（4）イサク誕生の時期は、一年後である（約束の子は、アブラハムが割礼を受けた後に身ごもる必要があった）。

割礼の実施

神の語りかけが終わると、アブラハムはその日のうちに割礼を実行しました。この日以来、アブラハムの子孫にとって割礼は、神との契約を確認する「しるし」となりました。

主イエスの十字架によって新しい契約に入れられた私たちにとって、割礼はどのような意味を持っているのでしょうか。アブラハムは、割礼を受けたから義とされたのではありません。彼は信仰によって義とされました。そして、義とされたことのしるしとして、割礼を受けたのです。ユダヤ人にとっては、今も割礼はアブラハム契約の「しるし」として有効です。この点では、メシアニックジューも例外ではありません。しかし、割礼を救いの条件にしてはなりません。

異邦人クリスチャンは、割礼を受ける必要はありません。私たちにとって大切なのは、肉の割礼ではなく心の割礼です。大事なのは、「新しい創造」（ガラ6・15）です。私たちは、イエス・キリストを信じる信仰によって、義とされました。

創世記18章

「また彼は言った。『わが主よ。どうかお怒りにならないで、もう一度だけ私に言わせてください。もしかすると、そこに見つかるのは十人かもしれません。』すると言われた。『滅ぼしはしない。その十人のゆえに。』」（創世記18・32）

この章から、以下のことを学びましょう。（1）約束の子が1年後に誕生するとのお告げを聞いたサラは、「笑い」ます。（2）神とともに歩むアブラハムは、「神の友」と呼ばれます。（3）神に近づけば近づくほど、神の御心を理解するようになります。（4）アブラハムは、ソドムのために執りなしの祈りを献げます。

3人の客をもてなすアブラハム

ある時、天幕の入口に座っていたアブラハムの目の前に、3人の旅人が立ちました。アブラハムは、ささやかなもてなしを申し出ます。実際に彼が行ったもてなしは、豪華なものでした。彼はサラに命じて、3セア（約20リットル）もの上等の小麦粉でパン菓子を作らせています。次に、最上の子牛を取って、それをしもべに料理させています。さらに、自身自身が木の下に立って給仕しています。これは、しもべとしての姿です。

前後の文脈を確かめながら、この食事の場面を思い描いてみましょう。アブラハムとその家族は、契約のしるしとしての割礼を身に受けました。その傷の癒やしが進行している過程で、3人の訪問を受け、ともに食事をするようになりました。これは、ヘブル的概念で言うと、「契約の食事」であり、「親しい交わりの食事」です。契約の食事という概念は、新約聖書では、主イエスの最後の晩餐にも見られます。

サラの笑い

アブラハムがもてなした3人の客は、1人が神で、2人が天使です。その中の1人がこう告げます。「わたしは来年の今ごろ、必ずあなたのところに戻って来ます。そのとき、あなたの妻サラには男の子が生まれています」。アブラハムは、サラが男の子を産むという神の約束を信じていましたが、サラにはまだその信仰がありませんでした。約束のことばを聞いた時の彼女の反応は、「不信仰の苦笑」でした。彼女は、老人の自分には出産は不可能だという理性的な判断を下していたのです。

主は、彼女の「不信仰の苦笑」を見抜かれました。「なぜサラは笑って、『私は本当に子を産めるだろうか。こんなに年をとっているのに』と言うのか。主にとって不可能なことがあるだろうか」。それを聞いたサラは、恐ろしくなり、「私は笑っていません」と打ち消しました。サラの恐れは、主が彼女の心の中を見通しておられることからくる恐れです。ここで彼女は、人間を超越した全知全能の神に触れたのです。

裁きの啓示とアブラハムのとりなしの祈り

その後、3人の人たち（神と2人の天使）は、ソドムを見下ろす方へと上って行きました。アブラハムは、当時の習慣に従って途中まで客人たちを見送ります。神は、ソドムとゴモラの裁きを、アブラハムに啓示されました。神は、アブラハムの霊的状態をご存じで、これから下ろうとしている裁きを彼に啓示されたのです。

裁きが迫っていることを知らされたアブラハムは、ソドムに住んでいるロトのことを思い、執りなしの祈りを始めます。彼は大胆かつ謙遜に、また執拗に願いました。義人の数を最初は50人から始め、最後は10人まで下げました。なぜ彼は、10人で止めたのでしょうか。それで十分だと思ったからです。ロトの家族は、ロトを含め10人になっていました。しかし問題は、この10人がすべて義人だというわけでなかったことです。

アブラハムの祈りは、単にロトの家族だけを救おうとしたものではありません。彼は、ソドムとゴモラの住民すべてのためにも祈ったのです。ここに、アブラハムの高潔さが見られます。この高潔さには、自己犠牲の愛が含まれています。そのような愛こそ、「地上のすべての民族を祝福するという役割」を与えられたアブラハムにふさわしいものでした。

神はアブラハムの祈りをどのように聞かれたのでしょうか。結果的に、ソドムとゴモラは滅ぼされましたので、アブラハムの願いどおりにはならなかったことになります。しかし神は、アブラハムの祈りを覚えておられました。その証拠に、次の19章ではロトが破壊から逃れることができています。これと同じことが、私たちの祈りについても言えます。私たちの願いどおりにならない場合でも、私たちの祈りの動機や精神は、聞き届けられています。

創世記19章

彼らを外に連れ出したとき、その一人が言った。「いのちがけで逃げなさい。うしろを振り返ってはいけない。この低地のどこにも立ち止まってはならない。山に逃げなさい。そうでないと滅ぼされてしまうから。」（創世記19・17）

この章から、以下のことを学びましょう。（1）ロトはこの世で影響力を増そうとした結果、真の影響力を失いました。（2）彼は、自分の家族からも信用されない人間になってしまいました。（3）人は、神とこの世に同時に仕えることはできません。（4）ロトが滅びから救われたのは、神の恵みとアブラハムの執りなしの祈りのゆえです。

ソドムを訪問する2人の天使

2人の御使いが夕暮れにソドムに着きます。ロトはかつて、遊牧民として町の外に住んでいましたが、いつしかソドムの町に住むようになり、ついにソドムの門のところに座るようになっていました。これは、彼が町の長老の1人になり、社会的地位と権威を持つようになったことを示しています。

ロトは、2人の天使を家に招きますが、天使たちは、最初はその誘いを断っています。その理由は、ロトを試すためでした。町の広場は非常に危険な場所です。もしロトが広場で夜を過ごすことを認めるなら、それは無責任な行為です。ロトがしきりに勧めたので、天使たちはロトの家に入ります。これでロトは、テストに合格しました。

当時は、旅人を守ることは最高の徳とされていました。同性愛という罪が、ソドムに蔓延していました。町の人々はロトの家を取り囲み、「彼らをよく知りたいのだ」と叫びました。つまり、同性との肉体関係を求めたということです。ロトは、旅人たちを助けるために、2人の未婚の娘たちを差し出そうとしました。同性愛の罪よりも、レイプ（強姦）の罪のほうがまだ軽いと考えたからです。なんとグロテスクな光景でしょうか。

ロトの家族の救出

2人の天使はロトに、身内の者たちをこの町から連れ出すように命じます。ロトは婿たちを説得しますが、彼らは応じませんでした。ロトの言うことが、冗談のように思えたのです。

夜が明ける頃、御使いたちはロトを促し、家にいる者だけでも逃げよと語ります。しかしロトは、ためらいます。まだ家族全員が集まっていなかったからです。そこで天使たちは、ロトとその妻、そして2人の娘たちの手をつかんで、町の外に連れ出します。これは、アブラハムの祈りのゆえに起こったことです。天使たちは、ロトに命がけで山へ逃げるように命じますが、ロトは近くにある小さな町に逃げさせて欲しいと懇願します。この願いは、聞き届けられました。

ソドムとゴモラの滅亡

悪夢のような一夜が明けました。ロトは、家族を救おうとして労しましたが、助かったのはロトを含めて4人だけでした。逃げる途中で、ロトの妻が死にます。彼女は、ソドムの生活に未練を感じて後ろを振り返ったために、塩の柱になりました。

アブラハムは、とりなしの祈りをした場所に行きました。彼は、町々が滅ぼされる様子を見て、町に10人の義人がいなかったことを悟りました。

モアブ人とアンモン人の起源

ロトは、山に逃げることを恐れてツォアルに住むことを願い、それが許されました。しかし後に、彼はツォアルを出て、ほら穴に住むようになります。ツォアルは、ロトと娘たちが安心して住める町ではなかったようです。

ロトの2人の娘たちは、父によって子を残すことを決意します。娘たちの内側にソドムの影響が残っていたと思われます。ロトとその娘たちを通して、滅びたはずのソドムが、モアブ人とアンモン人という形で再生します。モアブとは「父から」という意味、アンモンとは「私の民の子」という意味です。この箇所を最後に、ロトの名前は聖書から消えますが、彼の子孫モアブ人とアンモン人は、後に、イスラエルの民に対して、イスラエル史上最悪の姦淫と偶像礼拝の罪を犯させる原因を作ります。

「神が低地の町々を滅ぼしたとき、神はアブラハムを覚えておられた。それで、ロトが住んでいた町々を滅ぼしたとき、神はロトをその滅びの中から逃れるようにされた」（創19・29）。この聖句には、罪に対する神の裁きの厳しさと、アブラハムの祈りのゆえに、神がロトを救われたことが記されています。

ロトの失敗から教訓を学びましょう。小さな選びのミスが、大きな悲劇につながります。神のことばを信じる道を選ぼうでありませんか。

創世記20章

神は夢の中で彼に仰せられた。「そのとおりだ。あなたが全き心でこのことをしたのを、わたし自身もよく知っている。それでわたしも、あなたがわたしの前に罪ある者とならないようにした。だからわたしは、あなたが彼女に触れることを許さなかったのだ。」（創世記20・6）

この章から、以下のことを学びましょう。（1）アブラハムは、ゲラルにおいて再び、妻のサラを自分の妹だと偽ります。信者の内には、強さと弱さが同居しています。（2）罪を犯せば、その結果は自分に戻って来ます。（3）悪魔は、私たちの罪を利用して、神の計画を破壊しようと企てます。（4）アブラハムとサラが守られたのは、アブラハム契約のゆえです。

アビメレク事件の背景

アビメレク事件は、イサクが誕生する前の年に起こりました。つまり、約束の子の誕生を妨害する事件だということです。

アブラハムは、ヘブロン（マムレの樫の木の所）からネゲブ地方（ペリシテ人の地）に移住します。そこで彼は、エジプトに寄留していた時と同様に、妻サラを自分の妹だと偽ります。ゲラルの王は、アビメレクです。これは個人名ではなく、王のタイトルです。エジプトの王が「ファラオ」と呼ばれたのと同じです。彼は、サラがアブラハムの妹だと思い込み、彼女を召し入れます。もし神の介入がなかったなら、イサクの誕生は歴史上なかったことになります。また、メシアの誕生も実現しなかったことになります。

アビメレクと神

神はこの事件に直接介入し、アビメレクに警告のことばをお語りになります。アビメレクに罪はありませんが、それでも彼は呪い（不妊という呪い）を受けています。その理由は、アブラハム契約が無条件契約だからです。

アビメレクは神に、自分の無実を主張します。神は、アビメレクが無実であることを認め、サラをアブラハムに返していのちを得るようにと指示されます。創世記20章で初めて「預言者」（ナビ）ということばが出てきます。アブラハムは神からの啓示を受けていたので、預言者です。アビメレクがこの指示に従えば、彼には祝福が与えられますが、もし従わないなら、裁きがアビメレクの全家に下ります。

アビメレクとアブラハム

翌朝早く、アビメレクはアブラハムを呼び寄せて詰問します。アブラハムは、自分にはこの土地に対する恐れがあったと弁明します。また彼は、サラとの関係を詳しく説明します。サラを妹として紹介することは、アブラハムのポリシーでした。従って、聖書に書かれている回数よりも頻繁に、彼はサラを妹と紹介していたはずです。このポリシーがうまく機能しなかったのが、エジプトでのファラオ事件と、このアビメレク事件です。

呪いの除去

アブラハムの弁明を聞いたアビメレクは、直ちに行動を起こします。神からの警告のことばを真剣に受け止めたからです。彼は、羊、牛および男女の奴隷を取ってアブラハムに与え、その妻サラを彼に返しました。さらに、アブラハムがその地に住むことを許可しました。

アビメレクは、サラに対してこう告げました。「わたしは、銀一千シェケルをあなたの兄上に贈りました。それは、あなたとの間のすべての出来事の疑惑を晴らす証拠です。これであなたの名誉は取り戻されるでしょう。」（新共同訳）。彼はアブラハムのことを「あなたの兄上」と呼んでいます。つまり、アブラハムが夫であったことは知らなかったという点を強調しているのです。これで、この事件はアブラハムの側から見て、一件落着となりました。

アビメレクの側では、アブラハムのとりなしの祈りを必要としていました。アブラハムが祈ると、アビメレクとその妻、および、はしためたちは癒され、再び子を産むようになりました。ここでは、アブラハムは預言者、また、祭司としての役割を演じています。「再び子を産むようになりました」とあるので、アビメレク事件には相応の時間の経過が伴っていたことが分かります。その間、サラの安全が守られていたとは、驚くべきことです。

この事件は、アブラハム契約が無条件契約であることを私たちに教えています。アブラハム契約は、人間の失敗や罪によって破棄されるものではありません。アブラハムを祝福する者は祝福され、呪う者は呪われます。ユダヤ人の救いを祈るのは、アブラハムの子孫を祝福する行為です。ユダヤ人伝道は、すべてのクリスチャンの使命です。イスラエルを愛する者は、神から祝福されます。

創世記21章

サラは言った。「神は私に笑いを下さいました。これを聞く人もみな、私のことで笑うでしょう。」また、彼女は言った。「だれがアブラハムに、『サラが子に乳を飲ませる』と告げたでしょう。ところが私は、主人が年老いてから子を産んだのです。」（創世記21・6～7）

この章から、以下のことを学びましょう。（1）神の約束は、時が来たなら必ず成就します。（2）イサクの誕生の背後には、神の意図と力が隠されています。（3）ハガルとイシュマエルを追放するのは、アブラハムにとっては苦渋の決断でしたが、神の計画が前進するためには、人間の計画は破棄されなければなりません。

イサクの誕生とイシュマエル

アビメレクの家の胎を開かれた主は、サラの胎も開かれました。アブラハムは、生まれた子をイサクと命名し、8日目に割礼を施しました。割礼は、アブラハム契約のしるしです。その時、アブラハムは100歳になっていました。

数年後、アブラハムは、イサクの乳離れの日（3歳から5歳）に、盛大な宴会を催しました。この宴会に、ハガルとイシュマエル（17歳から20歳）の母子も参加していました。サラは、イシュマエルがイサクをからかっているのを見ました。危機感を覚えたサラは、ハガルとイシュマエルを追放して欲しいとアブラハムに迫ります。当時の法律では、正妻の息子は、妾の息子に優先して跡取りとなりました。しかし、妾の息子を追放してはならないという規定もありましたので、アブラハムは躊躇したのです。神は、サラの言うとおりに聞き入れよとアブラハムに語りかけます。

イシュマエルの追放

アブラハムは、翌朝直ぐに行動しました。サラは、この母子を「追い出してください」（ヘブル語でガラッシュ）とアブラハムに言いました。これは敵意を持って追い出すことですが、アブラハムの行為を表す「送り出した」（ヘブル語でシャラッハ）という動詞は、中立のことばです。これと同じ動詞が、神がアダムとエバをエデンの園から追放した時にも使われています。つまりアブラハムは、敵意ではなく、憐れみの心をもってハガルとイシュマエルを追放したのです。

アブラハムが与えたパンと水は、次のオアシスにたどり着くまでのものですが、ハガルは道に迷い、死の危険に直面します。彼女は息子を日陰に置き、自分は「弓で届くぐらい離れた」ところに退きました。息子の最期を見たくなかったのです。彼女は声を上げて泣きました。

そのハガルに、神の使いが語りかけます。「立って、あの少年を起こし、あなたの腕でしっかり抱きなさい。わたしは、あの子を大いなる国民とする」。これは、2人とも生き延びるという約束です。換言すれば、アラブ民族が誕生するという約束です。次の瞬間、ハガルの目が開かれ、そこに井戸があるのを発見します。かくして、ハガルとイシュマエルは、生き延びることができました。イシュマエルもまた、アブラハム契約の祝福に与るという約束が成就したのです。

ベエル・シェバでの契約

そのころ、アブラハムと契約を結びたいという人物が現れました。ゲラルの王アビメレクと、その将軍ピコル（個人名ではなく、タイトル）です。彼らは、アブラハムが力を増していることに、恐れと戸惑いを感じていました。アブラハムは、アビメレクのしもべたちが井戸を奪い取ったと抗議します。アビメレクは、この事件については何も知らなかったようです。アブラハムは、アビメレクの弁明を受け入れ、羊と牛を取ってアビメレクに与え、2人は「平和の契約」を結びます。普通は、これでよいのですが、アブラハムはさらに7匹の雌の子羊を与えました。その理由は、「私がこの井戸を掘ったという証拠となるように」です。これ以降、その場所はベエル・シェバと呼ばれ、アブラハムとイサクの活動の中心地となります。

パウロはガラテヤ人への手紙の中で、イシュマエル追放の出来事を比喩として用いています。ハガルによって子を得る道は、「業による救い」の象徴です。

この道を追求するなら、奴隷の子を得ることになります。一方、サラによって子を得る道は、「信仰と恵みによる救い」の象徴です。この道を追求するなら、自由の子を得ることになります。

私たちの前には、2つの道が用意されています。女奴隷ハガル（シナイ契約と律法主義）の道と、自由の女サラ（アブラハム契約、信仰義認）の道です。自由の女サラの道を選ぶ人は幸いです。

創世記22章

御使いは言われた。「その子に手を下してはならない。その子に何もしてはならない。今わたしは、あなたが神を恐れていることがよく分かった。あなたは、自分の子、自分のひとり子さえ惜しむことがなかった。」（創世記22・12）

この章から、以下のことを学びましょう。（1）神は、私たちの信仰を育てるために、試練を用意されることがあります。（2）アブラハムは、試練を通して復活信仰に導かれました。（3）アブラハムは父なる神を、イサクは子なる神を象徴しています。（4）アブラハムがイサクを取り戻したエピソードは、復活の型です。

神の命令

神はアブラハムに、「ひとり子」イサクを連れてモリヤの地に行き、全焼のささげ物として献げよとお命じになりました。「ひとり子」とは、「かけがえがない子」という意味です。

アブラハムはすぐに行動を起こし、モリヤの地に向います。山の麓で、アブラハムは若者たちにここで待つようにと指示を出します。「私と息子はあそこに行き、礼拝をして、おまえたちのところに戻って来る」。主語は複数形なので、アブラハムには、2人とも戻って来るという信仰があったことが分かります。この時アブラハムは、イサクは死んでも必ず復活するという信仰を持ったのです。

イサクの縛り

山を上って行く途中で、イサクはいけにえの所在についてアブラハムに尋ねます。この時点では、イサクは自分が全焼のささげ物になることをまだ知りません。アブラハムの答えは、神ご自身が全焼のささげ物の羊を備えてくださるのだ、というものでした。

アブラハムとイサクは、神が示す地に到着しました。アブラハムはイサクを縛り、祭壇の上のたきぎの上に置きました。イサクはすでに30代になっていましたので、父に抵抗できる力が備わっていましたが、彼は父に従順でした。その理由は、父の信仰に信頼を置き、父の愛を疑わなかったからです。

神の介入とアブラハム契約の追認

イサクを殺そうとするアブラハムに、神からの語りかけがありました。「あなたの手を、その子に下してはならない。その子に何もしてはならない。今わたしは、あなたが神を恐れることがよくわかった」。神は、アブラハムが神を恐れていることを知っておられましたが、イサク奉献という行為を通して、それが体験的知識となりました。

アブラハムは、角をやぶにひっかけている1頭の雄羊を見つけ、それを取って息子の代わりに全焼のささげ物として献げました。アブラハムが全焼のささげ物を献げ終わった時、主の使いがアブラハムに語りかけます。これは5回目の語りかけで、アブラハム契約の追認の最後のものとなっています。「わたしは自分にかけて誓う」。この誓いは、神にとって考え得る最も厳粛な誓いです。神が誓われる理由は、アブラハムがひとり子を惜しまずに神に献げたからです。アブラハムは、その生涯における最大のテストに合格しました。

ナホルの家族

アブラハムの子孫がイサクを通して増え広がるとするなら、イサクもまた結婚し、子を残さねばなりません。このままで行けば、イサクは土地の女と結婚することになるでしょう。そんな折、遠方から親族の近況が伝えられました。

ナホルはアブラハムの兄弟で、ハランの娘ミルカと結婚していました。ちなみに、ロトはハランの息子ですから、ロトとミルカは兄と妹の関係にあります。ナホルはミルカによって8人の子どもを得ました。ここで大切なことは、「ベトエルはリベカを生んだ」と書かれていることです。実は、ナホルの子ベトエルは、ラバンという息子も生んでいるのですが、ここには彼の名が出てきません。その理由は、創世記24章に入ると、リベカが重要な役割を演じるようになるからです。

アブラハム契約は、創世記以降の歴史を導く大原則となります。またそれは、聖書解釈のための鍵ともなります。（1）出エジプトの出来事は、アブラハム契約のゆえに起こるものです。（2）モーセがイスラエルの民のために執りなしの祈りを献げるのは、アブラハム契約があるからです。（3）新約聖書では、マリアがイエスの誕生とアブラハム契約を結び付けています。（4）ガラテヤ人への手紙は、シナイ契約とアブラハム契約を比較し、前者は一時的であるが、後者は永遠であると教えています。

アブラハム契約は、聖書全体を貫く大原則です。ご自身の契約を守られる神の御名をたたえましょう。

創世記23章

その後アブラハムは、マムレに面するマクペラの畑地の洞穴に、妻サラを葬った。マムレはヘブロンにあり、カナンの地にある。（創世記23・19）

この章から、以下のことを学びましょう。（1）アブラハムが手に入れたのは、約束の地のほんの一部、マクペラの墓地だけでした。（2）神の約束は、時が来たなら成就しますが、それまでは信仰が試されます。（3）信仰者は、神の約束に導かれて前進するのみです。

サラの死

サラが生きた年数は１２７年でした。聖書の中で、死んだ時の年齢が記されている女性は、サラだけです。その理由は、彼女の果たした役割が非常に大きかったからです。サラが死んだ時、アブラハムは１３７歳、イサクは37歳でした。

サラは、キルヤテ・アルバ（４人の村という意味）で死にました。そこは、後にヘブロン（友だちという意味）と呼ばれるようになります。アブラハムが「神の友」と呼ばれたために、アブラハムにちなんでヘブロンとなったのです。

サラが死んだ時、アブラハムはベエル・シェバに住んでいたようです。アブラハムはサラを埋葬するために、約40㎞の距離を移動し、ヘブロンまでやって来ました。

墓地の購入

アブラハムは墓地を購入するために、土地の住民であるヒッタイト人たちと交渉します。彼は自分を、「私はあなたがたの中に居留している異国人です」と自己紹介しています。この時のアブラハムは、「約束の地」に住みながら、妻の遺体を葬る地さえ持たない寄留者でした。

アブラハムの申し出に対するヒッタイト人たちの答えは、「好きな墓地を選んで、遺体を埋葬してもよい」というものでした。これは、あくまでも交渉の第一段階ですので、額面どおりに受け取ってはなりません。アブラハムは時間をかけて、「私の言うことをお聞き入れくださり、ツォハルの子エフロンに頼んでいただきたいのです」と、謙遜で丁寧な交渉を続けます。つまり、ヒッタイト人たちに、契約の証人になってくれるように頼んだのです。また、「十分な価の銀と引き換えに、あなたがたの間での私の所有の墓地として、譲っていただけるようにしてください」と、申し出ました。

アブラハムが購入を希望したマクペラの墓地は、エフロンというヒッタイト人の有力者の所有地でした。集まって来たヒッタイト人たちが証人となり、取引の交渉が始まりました。エフロンの最初の回答は、土地を無償で提供をするというものでした。しかし、これを額面どおりに受取るのは、危険なことです。アブラハムは無料提供を断り、支払いを申し出ます。最終的に、その土地は銀四百シェケルで売買されますが、これは当時の時価の10倍ほどの値段でした。驚いたことに、アブラハムは値下げ交渉をせずにこれを了承し、衆人の前でその価格を支払いました。

銀の支払によって、契約が締結されました。墓地以外に「畑地」まで含まれている理由は、当時のヒッタイト人の法律によるものです。その法律では、土地の所有者は、王に対して税を納める義務を負うとされていました。エフロンは、納税の義務を負いたくなかったので、墓地と畑地を一括して売却したのです。

サラの埋葬

なぜアブラハムは、そこに墓地を買い、その墓地にサラを葬ることに固執したのでしょうか。アブラハムには、ハランに住む家族の情報が耳に届いていました。アブラハムは75歳でハランを出たのですが、もし希望すれば、そこにある家族の墓地にサラを葬ることも可能でした。しかしアブラハムは、サラをマクペラの墓地に葬ることを選択しました。それは、アブラハムの視点からすると、故郷であるハランを放棄したことを意味しています。アブラハムは、子孫の将来はカナンの地にしかないことを信仰によって認めたのです。

私たちは、イエスをメシアと信じ、クリスチャン生活を始めました。しかし、一度確認した方向性を再吟味しなければならない時がやって来ます。ヨハネの福音書21章には、イエスの弟子たちでさえも漁師に戻ろうとした瞬間があったことが記されています。彼らは、湖畔で復活のイエスと食事をともにし、再献身の思いを新たにしました。アブラハムの場合は、サラを約束の地に葬ることによって、信仰には「一方通行しかない」ことを確認したのです。

私たちもまた、自らの方向性を再確認し、確認したことを行動に移さなければならない時がやってきます。私たちは、地上では寄留者です。私たちの国籍は、天にあります。

創世記24章

しもべがまだ言い終わらないうちに、見よ、リベカが水がめを肩に載せて出て来た。リベカはミルカの子ベトエルの娘で、ミルカはアブラハムの兄弟ナホルの妻であった。（創世記24・15）

この章から、以下のことを学びましょう。（1）神は、信者の生活の細部に至るまで導きを与えてくださいます。（2）しもべエリエゼルは、主人に対する忠実さのゆえに、リベカとの出会いに導かれます。（3）リベカは、信仰によって神の導きに従う道を選びました。（4）信者の結婚において最も重要な要素は、霊的資質です。

アブラハムとしもべの契約

老年（１４０歳）になったアブラハムの最大の関心事は、イサクの結婚相手をどうするかという問題でした。そこで彼は、家の最年長のしもべであるダマスコのエリエゼルを呼び、彼にイサクの嫁探しという使命を与えます。「あなたの手を私のももの下に入れてくれ」（婉曲法）とは、契約を結ぶための儀式です。生殖器に触れて誓約することで、厳粛な契約が成立するのです。契約不履行の場合、子どもたちが復讐するという意味も込められています。誓いの内容は、「カナン人の娘の中から、イサクの妻を見つけてはならない」、「生まれ故郷（アラム）の親族のもとに行き、そこから嫁を迎える」というものです。カナン人の娘を避けた理由は、アブラハム契約を継承する血筋を守りたかったからです。この契約には、免責条項がひとつ設けられました。イサクの嫁にふさわしい娘であっても、カナンの地に来ることを拒むなら、エリエゼルに責任はないというものです。

エリエゼルは、10頭のらくだを取り、あらゆる貴重な品々（花嫁料となる）を積んで出発しました。アラム・ナハライムまでは、短い旅ではありません。目的地に到着したエリエゼルは、主人アブラハムの祝福を願いながら、しるしを求めて祈りました。「水を求めた時に、自発的に10頭のらくだにも水を飲ませてくれる娘」というのが、その「しるし」です。

リベカとラバン

エリエゼルがまだ祈り終らないうちに、リベカが水がめを肩に載せてやって来ました。彼女は、エリエゼルが祈ったとおりの善行を行いました。彼女は、アブラハムが示した諸条件とも合致しました。さらに、この出会いの背後に、神の摂理の御手が見えます。

リベカは家族にこのことを知らせようと走って帰りますが、対応したのは、両親ではなく兄のラバンでした。ラバンは、妹が身に付けている飾り輪と2つの金の腕輪を見て、直ぐに泉のところにいるアブラハムのしもべのもとへ走って行きました。ラバンの貪欲な性質は、この時点ですでに表れています。ラバンは、エリエゼルを家に招待します。

ラバンに招かれたしもべ

豪華な食事が始まる前に、しもべは用件を述べます。それは、食事よりも重要な事があるからです。エリエゼルは、事の経緯を語り終えると、イエスかノーかの答えを要求しました。彼には、このことが神の御心であるとの確信がありましたが、それが明らかになるまでは安心できなかったのです。ラバンとベトエルは、この出会いは主の導きであることに同意しました。エリエゼルは神を礼拝し、次に花嫁料を払いました。これで正式な婚約が成立しました。

リベカの決断力

一日も無駄にしたくないエリエゼルは、翌朝、すぐに帰国したいと申し出ます。リベカの家族にしてみれば、あまりにも性急過ぎる話です。そこで彼らは、リベカの意見を聞くことにしました。リベカは、直ぐに旅立つことに同意しました。そこで家族は、その日のうちに、リベカをその乳母とともに送り出しました。リベカは信仰の人、決断の人です。

契約の成就

夕暮れ時、イサクは黙想するために荒野に出ていました。彼が目を上げて見ると、遠方からキャラバン隊が近づいてくるのが見えました。エリエゼルは、イサクに事の次第をすべて報告しました。この報告によって、イサクは、同行していた娘が自分の妻であることを知りました。すべてが、アブラハムとエリエゼルの誓約どおりになったのです。

私たちは、エリエゼルの忠実な姿勢から、何を学ぶべきでしょうか。彼には、「私はアブラハムのしもべです」という自己認識がありました。使徒パウロもまた、同じような自己認識を持っていました。彼は自分のことを、「キリスト・イエスのしもべ」と呼んでいます。キリストのしもべとしての自己認識を持って、忠実に歩む人は幸いです。

創世記25章

アブラハムは幸せな晩年を過ごし、年老いて満ち足り、息絶えて死んだ。そして自分の民に加えられた。（創世記25・8）

この章から、以下のことを学びましょう。（1）アブラハムはケトラを妻に迎え、彼女によって6人の息子たちを得ます。（2）アブラハムが跡取りに選んだのは、イシュマエルでも、ケトラの息子たちでもなく、約束の子イサクでした。（3）イサクに双子が誕生します。兄のエサウは肉的な人の型、弟のヤコブは霊的な人の型です。（4）霊的な人だけが、神が与えてくださる祝福の価値を理解することができます。

第6のトルドット

アブラハムの歴史が、終わりを迎えます。サラの死後、彼はケトラを妻に迎え、彼女によって6人の息子たちを得ます。アブラハムは、自分の死後のことを考え、財産分与を実行します。先ず、イサクに自分の全財産を与え、彼をアブラハム家の相続人としました。次に、そばめの子ども7人（イシュマエルとケトラの6人の息子たち）には、相当の贈り物を与えました。その上で、彼らをイサクから遠ざけました。彼らが住んだ地は、ヨルダン川の東側、アラビヤ地方でした。

父が生きている間は、イサクはその家族の一員であるがゆえに、神からの祝福を受けました。しかし、父の死後、彼は神から直接祝福を受けるようになります。

アブラハムは、175歳で死にました（当時、イサクは75歳、エサウとヤコブは15歳）。「自分の民に加えられた」とは、霊的に先祖たちがいるところに移ったという意味です。彼の遺体は、イサクとイシュマエルによって、マクペラの墓地に葬られました。

第7のトルドット―イシュマエルの歴史―

第7のトルドットは、非常に短いものです。これは、イシュマエルの子孫の歴史です。イシュマエルに対して示された神の真実に注目しましょう。彼から、12部族が出ました。これは、創世記17章20節の成就です。イシュマエルは１３７歳で死に、彼の子孫たちは、アラビヤ半島全域に渡る地域に広がっていきました。

第8のトルドット　―イサクの歴史―

「イサクの歴史」とは、イサクの息子たちの記録です。イサクは40歳でリベカと結婚しましたが、彼らには20年間子が与えられませんでした。イサクは主に祈願し、その結果、リベカは妊娠しました。子どもたちが胎内で押し合ったので、リベカは不安に駆られ、主に祈りました。すると、「二つの国民があなたから分かれ出る」、「一つの国民はもう一つの国民より強く、兄が弟に仕える」という答えがありました。これは、誕生の前から弟（ヤコブ）がアブラハム契約の継承者に選ばれていたことを意味します。

双子の誕生と成長

最初に出て来た子は、赤くて、全身毛衣のようであったため、エサウ（「毛深い」という意味）と名づけられました。民族名のエドムは、赤い毛の色から付けられた名です。

その後で弟が出て来ましたが、その手は兄エサウのかかとをつかんでいました。それでその子は、ヤコブと名づけられました。「ヤコブ」の第一義的な意味は、「かかとをつかむ者」で、第二義的な意味は、「追い出す者」です。

成人したエサウは、家族の絆の外で生きることを選びました。一方、ヤコブは、天幕に住みました。家族の絆の中で、責任を果たして生きることを選んだのです。つまり、羊飼いという家業を継いだということです。この一家には、両親の偏愛という問題がありました。父はエサウを愛し、母はヤコブを愛していました。

長子の権利の売り渡し

エサウに関しては、ヘブル人への手紙の中で、「俗悪な者」という評価が下されていますが、この章に書かれているレンズ豆の煮物を巡るエピソードからも、彼の粗野な性質が見えてきます。

煮物を巡って、ヤコブはエサウに長子の権利の売買を提案します。長子の権利には、物質的祝福、霊的祝福、メシアの系図に連なるという祝福、土地の所有などが含まれていました。ヤコブは長子の権利のための代価（レンズ豆の煮物）を払い、エサウはそれを受け取りました。この取引に関して、ヤコブが不正を働いたという表現はどこにもなく、むしろ聖書は、エサウの非を責めています。エサウは長子の権利を売っただけでなく、それを蔑んだのです。

神の選びは、実に不思議です。それは、人間の側の資質ではなく、神の主権によるものです。私たちもまた、キリストにあって選ばれた者です。自分が神の選びの中にあることを認め、信仰によって応答しましょう。

創世記26章

主はその夜、彼に現れて言われた。「わたしは、あなたの父アブラハムの神である。恐れてはならない。わたしがあなたとともにいるからだ。わたしはあなたを祝福し、あなたの子孫を増し加える。わたしのしもべアブラハムのゆえに。」

（創世記26・24）

この章から、以下のことを学びましょう。（1）アブラハム契約がイサクとの間で更新されます。（2）イサクは、父と同じ過ちを犯します。（3）アブラハムやイサクは、私たちと同じように、弱点を持った不完全な器です。（4）神は、不完全な者に恵みを示し、彼らを用いてご自身の計画を実行に移されます。

アブラハム契約の再確認

イサクは、族長たちの中では一番長寿（１８０歳）ですが、彼に関する記録は最少です。彼は、その生涯のほとんどの期間をネゲブ砂漠で過ごしました。

父の時代の飢饉とは別の飢饉が、約束の地を襲いました。彼は、ゲラルの王アビメレクのもとに身を寄せました。ゲラルは、約束の地の中にある都市国家ですが、飢饉がより厳しくなった場合は、エジプトに下るつもりでいたのでしょう。

そのタイミングで、イサクへの初めての主の顕現がありました。主は、イサクがエジプトへ下ることを禁じます。約束の地こそ、主からの祝福が下る地だからです。約束の地に留まったイサクに対して、アブラハム契約の再確認が行われます。

アビメレクとの関係

ゲラルに滞在中に、イサクは父と同じ罪を犯します。彼は、妻のリベカを自分の妹だと偽ったのです。その嘘は、長い間ばれなかったようですが、やがて真実が発覚します。アビメレクは、イサクの嘘を激しく追求します。アビメレクは、直ちに「この人と、この人の妻に触れる者は、必ず殺される」との勅令を出します。民族の記憶として、「イサクを呪うことは、自らが呪われることである」との認識が広まっていたのでしょう。

ゲラルに留まったイサクは、種々の恵みを経験します。100倍の収穫、個人的繁栄、そして富などなど。イサクの成功をねたんだ人たちは、アブラハムの代にしもべたちが掘ったすべての井戸を埋めるという暴挙に出ました。乾燥地帯で水の源が断たれたのですから、相当な痛手です。これ以上の混乱を避けるために、アビメレクはイサクに、その地を去るよう要請します。

平和の人イサク

ゲラルを去ったイサクは、新しい地で井戸を掘ります。イサクは、父がつけた井戸の名を覚えていました。つまり、井戸の場所をすべて覚えていたということです。最初の2つの井戸は、土地の者との争いによって手放さざるを得なくなります。しかし、3番目の井戸では争いが起らなかったので、彼はその井戸に、「レホボテ（広い場所という意味）」という名を与えます。これには、「今や、主は私たちに広い所を与えて、この地で私たちが増えるようにしてくださった」という神への感謝の思いが込められています。

神からの祝福

その後、イサクは、以前住んでいた地ベエル・シェバに戻ります。そこに到着した夜、主の顕現があり、2度目のアブラハム契約の確認が行われます。イサクこそアブラハム契約の継承者です。

そのころ、アビメレクが友人アフザテと将軍ピコルを連れて、イサクのところへやって来ました。彼らは、イサクが主に祝福されているのを見て恐れたのです。彼らが求めていたのは、不可侵条約の締結です。イサクは敵から恐れられ、尊敬される人物に成長したのです。

契約を結んだその日、イサクのしもべたちが新しい井戸を掘り当てました。これは、神がこの契約を喜んでおられる証拠です。

エサウの結婚

イサクの息子エサウは、40歳で2人の女性を妻に迎えました。ヒッタイト人ベエリの娘ユディトと、ヒッタイト人エロンの娘バセマテです。土地の娘たちとの結婚は、両親にとって悩みの種となりました。土地の娘たちと結婚は、霊的資質の欠如を示しています。アブラハム、イサクと2代続けて継承されてきたアブラハム契約は、単にイサク一家の将来を決するだけでなく、人類全体の将来にかかわるものです。エサウには、その重要性が理解できなかったのです。

アブラハム契約は、イサクが約束の地（神の臨在）に留まり続けたときに、再確認されました。約束の地に留まっている限り、どこに行こうとも、主はイサクとともにおられました。私たちもまた、神の御心（約束の地）の中を歩む限り、神の臨在を経験することができます。

創世記27章

「神がおまえに天の露と地の肥沃、豊かな穀物と新しいぶどう酒を与えてくださるように。諸国の民がおまえに仕え、もろもろの国民がおまえを伏し拝むように。おまえは兄弟たちの主となり、おまえの母の子がおまえを伏し拝むように。おまえを呪う者がのろわれ、おまえを祝福する者が祝福されるように。」（創世記27・28〜29）

この章から、以下のことを学びましょう。（1）ヤコブは、「神の御心」を成就するために欺きを行った結果、長年の労苦を刈り取ることになります。（2）さらに、兄エサウとの関係が断絶します。（3）人間が策を弄さなくても、神の計画は必ず成就します。（4）自分の計画に固執しなくなればなるほど、私たちは自由になり、神とともに歩む幸いを知るようになります。

イサクの罪

盲目になったイサクは、死期が近いことを自覚したようです。そこで彼は、死ぬ前に祝福したいから、獲物を捕ってきて好物のものを作って欲しいと、エサウに願います。

この願いには、いくつかの問題がありました。兄のエサウを祝福することは、リベカに与えられた神の啓示に反する行為です。また、長子の権利がすでにエサウからヤコブに売り渡されているという事実を無視する行為でもあります。結局のところ、この愚行によってイサクが得ようとしたのは、好物の鹿肉料理だけです。

リベカの罪

イサクの家庭は、分裂状態にありました。父は兄のエサウを、母は弟のヤコブを偏愛していました。イサクがエサウに話しかけるのを聞いたリベカは、策略を練ります。ここでのリベカの罪とは、族長が与えようとしている祝福をエサウから奪おうとしたことではなく、イサクを欺こうとしたことです。リベカの愚かな行動の原因は、信仰の欠如です。彼女は、神の時と神の介入を待つべきでしたが、それができませんでした。

リベカはヤコブに、兄のふりをして父に近づき、祝福を受けるようにと助言します。ヤコブが躊躇していると、リベカは、自分が呪いを引き受けるから大丈夫だと説得します。かくして、リベカとヤコブの母子は、イサクを見事に欺きます。

リベカは、呪いは自らの身に引き受けると豪語しましたが、果たしてそのとおりになります。この事件の直後に、ヤコブは逃れるようにして家を出ますが、リベカにとってはそれが、愛する息子ヤコブとの今生の別れとなりました。神の約束されたことを人間的な計画で実現させようとするのは、実に愚かなことです。

ヤコブの罪

ヤコブは、父イサクに対して4つの嘘をつきます。①自分が長男のエサウだという嘘。②獲物を早く仕留めることができたのは、神の助けがあったからだという嘘。神の御名を使ったので、これは重大な嘘です。③疑いをぬぐえないイサクに対して、「私です（自分はエサウである）」と答えた嘘。④父に口づけした嘘。

イサクは勘違いしたまま、ヤコブを祝福します。イサクは誤ってヤコブを祝福したのですが、実はこれが神の計画でした。その内容は、①農業の祝福、②兄弟たちの主となるという祝福（国々の上に立つ）、③祝福と呪いのことばです。

エサウの罪

ヤコブが去った後、エサウも父イサクのもとに料理を持って来ます。騙されたことに気づいたイサクは非常に驚き、激しく身震いしますが、これは怒りではなく神の御心がなったことへの恐れの表現です。

エサウは大声で泣き叫び、ひどく悲しみます。悲しんだ理由は、物質的祝福を失ったからです。エサウの認識は、ヤコブに長子の権利を奪われたというものです。しかし、これは誤っています。エサウはすでに長子の権利を売り渡していました。祝福は、長子の権利に伴うものですから、それを売り渡した時点で、祝福も手放したことになります。エサウの罪とは、長子の権利の霊的祝福を軽蔑し、同時にアブラハム契約そのものを軽蔑したことにあります。

エサウはヤコブに対して殺意を抱きます。それを聞いたリベカは、ヤコブの命を救うために、リベカの故郷パダン・アラムのハランへと彼を送り出します。ヤコブは、エサウに知られないうちに、急いで旅立ちました。

本来は愛し合うべき家族の間に、亀裂が走っています。問題の原因は、各人が、神の時と方法によらずに、人間的に行動を起こしたことにあります。しかし、人間の罪や失敗の裏側では、神の計画が着々と進展しています。まさに、「恥はわがもの、栄光は主のもの」です。主権者である主をほめたたえようではありませんか。

創世記28章

ヤコブは眠りから覚めて、言った。「まことに主はこの場所におられる。それなのに、私はそれを知らなかった。」（創世記28・16）

この章から、以下のことを学びましょう。（1）アブラハム契約がヤコブとの間で更新されます。（2）ヤコブは、魂が砕かれた時に主の臨在に触れることができました。（3）ベテルは、すべての信者にとって神との出会いを象徴する場所です。（4）クリスチャンとは、イエス・キリストを通して神の臨在に触れた人々のことです。

エサウの結婚

エサウは、父イサクがヤコブを祝福し、彼をパダン・アラムに送り出したことを知りました。また、その地に住むリベカの親戚の中から妻をめとるように、ヤコブに命じたことも知りました。エサウは、両親の期待を裏切って土地の娘たちと結婚しました。しかし、弟のヤコブは、両親の期待に沿うような歩みを始めています。本来であれば、これはエサウにとって悔い改めの機会となるものでしたが、彼は正反対の行動を起こします。つまり、両親が嫌がることを積み重ねたということです。彼は、イシュマエルの家に行き、その子孫の中から、3人目の妻を迎えます。ネバヨテの妹マハラテがそれです。

ベテルでの一夜

旅に出た時のヤコブの心境を考えてみましょう。彼は失望し、自責の念にかられていたでしょう。さらに、将来への不安もあったでしょう。そういう心境の中で、彼は神が用意された場所に着きました。

そこは、ヤコブが初めて霊的な体験をする場所となります。それまでは、神は「アブラハムの神」「イサクの神」ではあっても、「ヤコブの神」とはなっていなかったのです。つまり、ヤコブには個人的な神体験がなかったということです。ヤコブが着いたのは、祖父のアブラハムが約束の地で最初の祭壇を築き、公の礼拝をした場所です。

そこで寝ている時に、ヤコブは、御使いたちが天に届くはしごを上り下りしている夢を見ます。はしごは「階段」と訳した方が意味が鮮明になります。ヤコブは地におり、神は天におられます。天と地をつなぐ階段を、天使たちが上り下りしています。これは、ヤコブには天に近づくことが許されているということを意味しています。ヤコブが見た天と地をつなぐ階段は、主イエスを予表しています。私たちは、主イエスを通して父なる神に近づくことができます。

アブラハム契約の再確認

主は階段の一番上に立っておられました。この時ヤコブが見たのは、神の臨在を表す「シャカイナグローリー」です。主は、「わたしはあなたの父アブラハムの神、イサクの神、主である」と言われました。これは、神の自己宣言、契約の神の御名の宣言です。神が、失意の中にいるヤコブに現れたのは、アブラハム契約のゆえです。神は、アブラハムとイサクに対して約束されたことを、ヤコブにも約束しようとしておられるのです。

神の自己宣言に続いて、契約の4つの条項が再確認されます。それは土地の約束、子孫の約束、異邦人の祝福、そして、ヤコブへの個人的約束でした。
以上の4つの条項は、アブラハムやイサクが受けてきた祝福と同じものです。つまり、アブラハム契約が正式にヤコブに継承されたということです。ヤコブは、神がともにおられるという約束と、カナンの地に帰還することができるという保証を受け取りました。

ヤコブの応答

眠りから覚めたヤコブは、恐れおののきながら、自らの無知を告白します。神への畏怖の念が、彼を襲いました。

翌朝早く、ヤコブは自分が枕にした石を取り、それを石の柱として立て、その上に油を注ぎました。石の柱に油を注ぐとは、聖別を示す行為です。それはまた、ヤコブ自身の献身を示す象徴的行為でもあります。彼は、その場所を神の家（ベテル）という名前に改名しました（元はルズと呼ばれていました）。新しい体験の故に、その場所が新しい意味を持ち始めたからです。そして彼は、神に誓願を立てました。

ヤコブは、神がどのようなお方であるかを知的に理解し、知るようになりました。これ以降の彼の人生は、知的に知った神を、経験的に知って行く歩みとなります。

クリスチャン生活もまた、知的に理解したことを、体験的に知って行く歩みです。神を信じましょう。神が生きて働いておられることを体験的に知ることを、熱心に求めましょう。いかなるときも、神は私たちとともにおられます。

創世記29章

ヤコブはラケルのために七年間仕えた。ヤコブは彼女を愛していたので、それもほんの数日のように思われた。(創世記29・20)

この章から、以下のことを学びましょう。(1)神は、人が犯す罪を赦してくださいます。しかし人は、自分が蒔いた種の刈り取りをすることになります。(2)ラバンはヤコブを親切に扱ったので、神から祝福を受けました。アブラハム契約のゆえです。(3)異国で生活するヤコブの上に、アブラハム契約の守りがありました。(4)最終的にヤコブは、約束の地に連れ戻されます。これもまた、アブラハム契約の守りのゆえです。

目的地への到着

夢で神からの語りかけを受けたヤコブは、3つの確信を得ました。①自分がアブラハム契約の継承者になったという確信。②神がともにいて、すべての必要を満たしてくださるという確信。③必ずカナンの地に帰還するという確信。

兄エサウとの確執は、当面の問題ではなくなりました。ヤコブは足取りも軽く、「東の人々の国」に向かい、ある井戸にたどり着きます。井戸に行けば、土地の羊飼いたちから情報を得られると考えたからです。彼らとの会話によって、自分がハランに到着したことと、伯父の身内の者が間もなくやって来ることが分かりました。

未来の妻との出会い

そうこうしているうちに、ラバンの末娘ラケルがやって来ました。ヤコブはすぐ近寄って、彼女が連れていた羊の群れに水を飲ませます。ヤコブが自分の親戚であることを聞かされたラケルは、走って行って、父ラバンにそのことを告げます。それを聞いたラバンは、すぐにヤコブを迎えに行きます。ヤコブはラバンに、事の次第のすべてを話しました。ただし、妻を探しに来たことだけは告げなかったと思われます。花嫁料を持っていなかったからです。かくしてヤコブは、ラバンの家に滞在することになりました。彼は、羊飼いとして忠実に働きました。

2つの結婚

ラバンはヤコブに、正当な賃金を支払うことを申し出ます。ヤコブのような優秀な羊飼いを失いたくなかったからです。ところで、ラバンには2人の娘がいました。妹のラケルと姉のレアです。聖書は、妹が姉よりも容姿端麗であったと記しています。ヤコブが好きになったのは、妹のラケルです。しかし彼には、花嫁料がありません。そこで、7年間働くことを条件に、ラケルとの結婚を許して欲しいと申し出ます。貪欲なラバンは、この提案に同意します。

7年後、ヤコブはラケルを妻に迎えます。ところが、祝宴の夜、大事件が持ち上がります。ラバンが、姉のレアをヤコブのところに送ったのです。父イサクを欺いたヤコブが、ここでは伯父のラバンとその長女のレアに欺かれています。これは、自らが犯した罪の刈り取りです。

ヤコブは、なぜラケルではなくレアを送ったのかと、ラバンに猛然と抗議します。ラバンの罪は重大です。また、レアにも責任があります。しかし、この事件の背後に、神の摂理が働いていることを認めないわけにはいきません。なぜなら、メシアはレアの家系から誕生することになるからです。

1週間の婚礼の祝いが終わった後、ラバンはヤコブに、ラケルと結婚してもよいと提案します。ただしその条件は、ラケルの花嫁料として、さらに7年間仕えるというものでした。ヤコブはその提案を受入れ、さらに7年間働きます。ここに、ヤコブの高潔な人格を見て取ることができます。

レアの息子たちの誕生

レアが産んだ最初の子はルベンです。レアは、これで夫はラケルよりも自分を優先させてくれるだろうとの希望を抱きますが、それは叶いません。2番目の息子は、シメオンです。シメオンとは、「聞く」という意味で、主が自分の願いを聞いていてくださったという感謝が込められています。3番目の息子は、レビです。レビとは、「結ぶ」「近づく」という意味があります。4番目の息子は、ユダです。ユダとは、「ほめたたえる」という意味です。この名前は、レアが夫のヤコブの内にではなく、神の内に慰めを発見したことを示しています。これ以降、レアは子を産まなくなりました。おそらく、ヤコブが彼女のところに入らなくなったのでしょう。

神の摂理を無駄にしない生き方とは、自分の責任を忠実に果たし、与えられた機会を有効に用いることです。神は、私たちが置かれている状況をすべてご存じです。たとえ物事が自分の計画どおりに進まないときでも、神の計画は進展しています。

創世記30章

ラケルがヨセフを産んだころ、ヤコブはラバンに言った。「私を去らせて、故郷の地へ帰らせてください。（創世記30・25）

この章から、以下のことを学びましょう。（1）不完全な家族を通して、神の計画が進展していきます。（2）ラバンとヤコブは、お互いを騙し合いますが、最後に公平な裁きを下されるのは神です。（3）ヤコブの賃金を払ったのは、神です。

女奴隷の息子たち

レアに4人の息子が生まれたのを見て、ラケルは嫉妬を覚えます。ラケルはヤコブに、自分も子どもが欲しいと訴えかけますが、ヤコブは「私が神に代われるというのか。胎の実をおまえに宿らせないのは神なのだ」と答えます。失望したラケルは、彼女の女奴隷のビルハをヤコブに差し出し、その結果、2人の息子を得ます。最初の息子はダン、2番目の息子はナフタリです。この息子たちは、法的にはラケルの子どもになります。

レアも、自分の女奴隷ジルパによって、ガドとアシェルという2人の息子を得ました。こうして、ヤコブは、短期間のうちに8人の息子たちを得ました。

レアの息子たち

ある日、レアの息子のルベンが、「恋なすび」を見つけて来ました。「恋なすび」は、媚薬（精力促進剤）としての効果があるとされていました。ラケルは、恋なすびを食べれば自分も妊娠するのではないかと考え、レアに恋なすびを譲ってくれるように頼みます。レアは、恋なすびとヤコブを交換することを条件に、同意します。この取引によって夫を取り戻したレアは、5番目の息子イッサカルと6番目の息子ゼブルンを産みます。その後、レアは女の子を産み、その子をディナと名づけます。ディナという女の子の名前が出てくる理由は、彼女がある事件の中心人物となるからです。

ラケルの息子

ついにラケルにも、待望の息子が誕生します。それがヨセフです。彼女はさらに第2子が与えられることを望みますが、この願望はベニヤミンの誕生によって叶えられます。しかし、ベニヤミンの誕生は、彼女にとって命取りとなります。

ラバンとヤコブの契約

かくしてヤコブは、2人の妻、2人の女奴隷、11人の息子を得ました。ここに至って彼は、大家族の将来のことが心配になり、カナンの地への帰還を考え始めます。

　ところでラバンは、この14年間、ヤコブとの生活を通してアブラハム契約の祝福を経験してきました。この祝福を失いたくないラバンは、ヤコブを引き留めるために、報酬の支払いを提案します。しかしヤコブは、それとは別の条件を提示します。①ぶち毛と斑《まだら》毛の羊をすべて、②子羊の中では黒毛のものをすべて、③やぎの中では斑毛とぶち毛のもの、この3種類を取り分けて、それらを報酬にして欲しいというのです。これらの家畜は数が少ないので、ヤコブの要求は実に控え目なものでした。ラバンは、自分に有利な条件なので、すぐに同意しました。

ラバンの欺きとヤコブの復讐

ヤコブとの契約に応じたラバンですが、直ぐに汚い手を使ってヤコブに取り分が行かないように画策します。彼は、ヤコブが指定した3種類の家畜を息子たちの手に渡しました。ヤコブは、これらの家畜が産み出すものを自分の賃金にしようとしたのですが、それが不可能になりました。

さらにラバンは、群れと群れとの間に3日の道のりを置き、ラバンの息子たちの群れとヤコブの群れが交配する可能性をなくしました。これでは、いつまで経ってもヤコブが受け取る家畜の群れは誕生しません。ラバンは、ヤコブの財産が増えないようにして、長期に渡って彼を留めようとしたのです。

ラバンに欺かれたことを知ったヤコブは、自分の手で家畜を殖やす努力を始めます。彼は、土地の迷信が効くのではないかと考え、奇妙な方法を実行に移します。その結果、ヤコブは大いに富む者となります。これは、迷信が効果を発揮したということではありません。ヤコブは知らなかったのですが、背後で神の摂理の御手が働いていました。神は、超自然的にヤコブの取り分となる家畜を殖やされました。そういう意味では、ヤコブに正当な賃金を支払ったのは神です。

神の計画を担う家族の中に、異常な形の結婚や、家庭内不和、嫉妬などの諸問題があったことを学びました。しかし、この家族を通して神の計画が進展していきます。神は、摂理を通して人間を公平に扱うお方です。たとえ不当と思う出来事があっても、神はすべてを益としてくださるお方であると信じる人は幸いです。

創世記31章

「わたしは、あのベテルの神だ。あなたはそこで、石の柱に油注ぎをし、わたしに誓願を立てた。さあ立って、この土地を出て、あなたの生まれた国に帰りなさい。」（創世記31・13）

この章から、以下のことを学びましょう。（1）ヤコブはラバンの家から逃れ、ラバンはその後を追います。（2）激しいことばの応酬の後、両者は和解へと導かれます。和解ほど尊いものはありません。（3）神は、悪人の良心に訴えかけることによって、信者を悪人の攻撃から守られます。（4）被害を受けても、自分で復讐してはなりません。復讐は、神の専権事項だからです。

決断の時

ヤコブの財産が増えるに従って、ラバンとその息子たちは危機感を覚えるようになりました。そんなある日、ヤコブに、「生まれ故郷に帰れ」という神からの語りかけがありました（2回目の顕現）。そこでヤコブは、2人の妻を野に呼び寄せ、裕福になった真の原因を説明します。決定的に重要なのは、夢の中の光景です。つまり、ヤコブの群れが増えたのは、神が介入してくださった結果だということです。

妻たちも、父ラバンへの不満を持っていました。また、ヤコブの財産は、神が与えてくださったものだと理解していました。妻たちの同意を得たヤコブは、ラバンの家を出る決心を固めます。

ヤコブ一家の逃亡

ヤコブは、6年間で増やした自分の群れと財産を持って、家族とともに逃げます。向う先は、もちろんカナンの地にいる父イサクの家です。この時ラケルは、父の所有物であるテラフィムを盗み出しました。テラフィムとは、小さな偶像（複数形。家族の守り神）で、当時の法律（ハムラブ法典）によれば、テラフィムの所有者は正当な相続人と認められたのです。ラケルがテラフィムを盗んだ理由は、父ラバンの財産をヤコブに与えるためだと思われます。

ヤコブとラバンの対決

ヤコブの逃亡を知ったラバンは、身内の者たちを率いて、ヤコブ一家の後を追います。ヤコブに追いついたその夜、夢の中でラバンに、「ヤコブと事の善悪を論じないようにしなさい」という神からの忠告がありました。

翌朝、ラバンはヤコブに近づいて彼を糾弾します。ラバンが一番言いたかったのは、「なぜ、私の神々を盗んだのか」ということでした。彼が恐れたのは、ヤコブが将来、テラフィムを持って戻って来ることでした。

ラバンはテラフィムを探すために、それぞれの天幕の中を探しますが見つかりません。最後に残ったのは、ラケルの天幕でした。テラフィムをらくだの鞍の下に隠したラケルは、月のものの期間、女は立ち上がらなくてもよいという土地の習慣を利用し、父の手を退けます。ラバンはかつて土地の習慣を使ってヤコブを欺きましたが、今、同じような土地の習慣によってラケルに欺かれています。ここには、呪いには同じ種類の呪いが返ってくるという原則があります。

テラフィムが見つからないので、今度はヤコブが応酬する番となります。ヤコブは自分の行為を振り返り、いかに忠実に働いたかを申し立てます。彼の主張の内容から、ヤコブの高潔な人格が見えてきます。ヤコブはラバンの数々の不誠実を指摘しました。もし、神の介入がなかったら、ヤコブは来た時のままで（無一物で）去っていたことでしょう。

契約締結

ラバンはヤコブと契約を結ぶことを提案します。境界線を設けることで、将来ヤコブがテラフィムを持参して帰還することがないようにするためです。

この契約では、石の柱と石塚が境界線となりました。次に、場所に名前が付けられました。「エガル・サハドタ」（アラム語）も「ガルエデ」も、「証しの塚」という意味です。さらに、「ミツパ」（見張の塔）という名も与えられました。最後に、神の御名によって契約が結ばれました。

ヤコブは山でいけにえをささげ、一族を招いて食事をともにしました。これは契約の食事ですので、契約の効力は、ヤコブの子どもたちにも及びます。

これ以降、ヤコブの子どもたちがパダン・アラムに嫁を探しに行くことはなくなります。

この出来事を境に、パダン・アラムの家族に関する記録は聖書から消えます。ヤコブとの関係を保持することは、アブラハム契約の祝福にあずかる秘訣ですが、ラバンは、自らの強欲のゆえに、その祝福から離れて行きました。私たちも、同じ過ちを犯すことのないように、しっかりと主イエスにつながろうではありませんか。

創世記32章

すると、その人は言った。「わたしを去らせよ。夜が明けるから。」ヤコブは言った。「私はあなたを去らせません。私を祝福してくださらなければ。」（創世記32・26）

この章から、以下のことを学びましょう。（1）人が生きる道は、自力に頼るか、神に頼るかの2つしかありません。（2）自分の計画に固執するなら、神の祝福を受けることはできません。(3)ヤコブは、神と格闘して自分の肉の力の限界を知った時、神の祝福を受けることができる状態になりました。（4）ヤコブからイスラエルへの名前の変更は、彼の自我が砕かれたことを示しています。

エサウと再会する前の状況

かつてエサウは、ヤコブに殺意を抱きました。それから20年が経過しましたが、エサウの憎しみが消えているかどうか、ヤコブには分かりません。彼の心には、大きな恐れがありました。

ヤコブの一行は、ギルアデの山地を南下していました。その途中で、神の使いたちがヤコブに現れます。兄との対面を恐れていたヤコブにとっては、これは非常に良い知らせとなりました。

次にヤコブは、兄との再会の準備に取りかかります。彼は前もって使者を送りました。使者に委ねたメッセージの内容は、謙遜に満ちたものでした。このことから、ヤコブの内面が大いに成長したことが分かります。帰還した使者たちは、エサウが４００人を引き連れてやって来るとの知らせをもたらします。それを聞いたヤコブは、非常に恐れます。

ヤコブの対策

ヤコブは、持ち物を2つの宿営に分けるという対策を講じます。1つが打たれても、残りの1つは逃れられるだろうと計算したからです。

次に彼は、祈りによる準備をします。「私の父アブラハムの神、私の父イサクの神よ」という呼びかけは、アブラハム契約を意識したものです。①彼は、故郷に帰る理由は神がそう命じられたからであると訴えています。だから守っていただきたいということです。②過去の神の恵みを思い起こし、自分が裕福な者とされたことを感謝しています。これは、謙遜な祈りです。③兄エサウの手から救い出されるようにと願っています。彼は、エサウが自分の家族を殺すのではないかと恐れていました。子孫が増えるという約束を持ち出し、その成就を神に迫っているのは、そういう理由からです。

翌朝ヤコブは、兄エサウへの贈り物として膨大な量の家畜を用意しました。しかし、それだけの準備をしても、不安が去ることはありませんでした。

ヤボクの渡し

ヤコブは夜のうちに起きて、家族と家畜を連れてヤボク川を渡り、その後、ひとりで元の場所に戻りました。これで、神との格闘の舞台ができ上がりました。「ヤコブが一人だけ後に残ると、ある人が夜明けまで彼と格闘した」とあります。「ある人」とあるのは、神が人間の姿を取って現れたからです。実態は、主の御使い、つまり、第2位格の神（受肉前の子なる神）です。その人が夜明けまでヤコブと格闘しました。

遂にその人は、ヤコブに勝てないのを見て取り、ヤコブのもものつがい（股関節）を打ちました。しかし、もものつがいがはずれても、ヤコブは戦うことを諦めませんでした。神からの祝福が欲しかったからです。

あなたの名は

その人は、格闘の終結を願いますが、ヤコブはなおも食い下がります。「私はあなたを去らせません。私を祝福してくださらなければ」。この時ヤコブには、格闘している相手は神であるとの認識が生まれていました。ヤコブは、兄エサウよりもはるかに恐ろしい方と格闘していたのです。

その人がヤコブの名を問います。自分はヤコブだと答えた瞬間、彼は、自分の人生は人と戦ってきた人生であったとの認識を新たにします。それどころか、本当は神と戦ってきたことに気づくのです。

ヤコブに「イスラエル」という新たな名前が与えられました。この名の第一義的な意味は、「ヤコブのために戦ってこられた神は、これからはイスラエルのために戦われる」ということです。イスラエルという名は、神の守りを証言する名となったのです。

ヤコブは祝福を得るために神と格闘し、その結果、願ったものを得ました。イスラエルという名前の意味について黙想してみましょう。神はイスラエルのために戦われます。また、神は私たちのためにも戦ってくださいます。それならば、いったい何を恐れる必要があるでしょうか。そのことに気づく人は幸いです。

創世記33章

こうしてヤコブは、パダン・アラムからの帰途、カナンの地にあるシェケムの町に無事に着き、その町の手前で宿営した。（創世記33・18）

この章から、以下のことを学びましょう。（1）ヤコブがエサウに対して抱いていた恐れは、根拠のないものでした。取り越し苦労は、信仰とは対極にあるものです。（2）人の歩みが主に喜ばれるものであるなら、主はその人の敵とさえも和解させてくださいます。（3）疑いや信仰の停滞を避ける最善の方法は、主との親しい交わりを常に保つことです。

エサウとの再会

ヤコブは、兄エサウとの再会を恐れていましたが、それはあっけない結果に終わりました。エサウは４００人の者を引き連れてやって来ました。ヤコブは、家族の先頭に立ち、地に7回もひれ伏して兄に近づきました（当時の儀礼です）。しかしエサウは、儀礼を無視してヤコブを受け入れました。以前持っていたような怒りは、彼の心からは消えていました。「エサウは迎えに走って来て、彼を抱きしめ、首に抱きついて口づけし、二人は泣いた」とあります。ヤコブは、用意していた贈り物を差し出しましたが、エサウは、ヤコブの申し出を断りました。彼もまた、裕福になっていたのです。それでもヤコブが言い張るので、最後にエサウはそれを受け取りました。

エサウは道案内を申し出ましたが、ヤコブはそれを断ります。部下を案内役に付けようという申し出も断りました。その上、「私は、……ゆっくり旅を続け、あなた様のもと、セイルへ参ります」と約束します。しかし、ヤコブがその後セイルへ行ったという記録はありません。これは、その場を繕うための空約束でしょう。むしろ彼は率直に、「ベテルに上るとの誓願を神に立てたので、セイルには行けない」と言うべきでした。結局彼は、スコテに移動し、そこに家を建て、家畜のために小屋を作りました。しばらくの間、そこに滞在するためです。スコテは、ヨルダン川の東、ヤボク川の北岸、ペヌエルの西8㎞に当たる地域です。ラビ的伝承では、1年、あるいは、1年半そこに住んだとされています。スコテとは、小屋（仮庵）という意味です（スカーの複数形）。仮庵の祭りは、スコットと呼ばれますが、「スコテ」と同じ言葉です。

シェケム到着

スコテに1年半ほど滞在した後、ヤコブはついにカナンの地に入ります。しかし彼は、ベテルに上る前にシェケムに留まります。そしてそこが、悲劇の事件が起る舞台となるのです。

カナンの地に入ったヤコブの一家は、シェケムの町の手前で宿営します。当時のカナン人の共同体は、都市国家です。市民でない遊牧民は、町の外に住むのが当時の習わしです。これは、アブラハム、イサクの生活パターンでした。ソドムの住民になる前のロトもまた、この生活パターンに従っていました。ヤコブは、天幕を張った野の一部を購入しました。売り手は、ハモルの息子たち（ハモルはシェケムの父親）です。価格は100ケシタですが、どれくらいの貨幣価値かは不明です（ケシタは「羊の刻印のある貨幣」と考える人もいます。その場合は、100ケシタは羊100頭分くらいになります）。ヤコブは、族長たちの習慣に則り、そこに祭壇を建設しました。感謝のいけにえを献げるためです。その祭壇は、「エル・エロヘ・イスラエル（「神、イスラエルの神」の意）と名付けられました。ここで、ヤコブの新しい名（イスラエル）が初めて使われています。

ヤコブの行動について、いくつもの疑問が湧いてきます。彼はなぜ、すぐベテルに向かわず、シェケムに滞在したのでしょうか。また、なぜ土地を買う必要があったのでしょうか。神からカナンの地の所有権が約束されていましたが、まだ土地を買う時ではありませんでした。アブラハムやイサクは天幕生活をしましたが、ヤコブは定住生活を望んでいたようです。このように見ていくと、ヤコブの中に、まだベテルに上る霊的準備ができていなかったように感じます。言い換えると、彼の内に、イスラエルという名にふさわしい実質がまだ育っていなかったということです。

彼がベテルに上るのを躊躇し、シェケムに留まったために、ある悲劇が起こります。ここから教訓を学びましょう。神の恵みに全面的に信頼し、最後まで従おうではありませんか。中途半端な信仰は、神に喜ばれるものではありません。シェケム（神の御心ではない計画）を離れ、ベテル（御心の計画）に向かおうではありませんか。

創世記34章

ヤコブの息子たちは野から帰って来て、このことを聞いた。息子たちは心を痛め、激しく怒った。シェケムがヤコブの娘と寝て、イスラエルの中で恥辱となることを行ったからである。このようなことは、してはならないことである。

（創世記34・7）

この章から、以下のことを学びましょう。（1）ディナが辱めを受けたことが原因で、兄たちによる血の復讐事件が起こります。（2）不用意な交友関係も、制御できない怒りも、ともに悲劇的な結果をもたらします。（3）神はヤコブをベテルに導かれましたが、ヤコブはシェケムに留まりました。中途半端な従順は、自分だけでなく家族をも問題の中に投げ込みます。

辱めを受けるディナ

レアの娘ディナが、土地の娘たちを訪ねようと思い、町に出かけました。この行動が悲劇を生むのですが、遠因は、ヤコブがシェケムに留まったことにあります。シメオンとレビは、同じ両親から生まれた妹のディナに対して特別な思いを持っていました。

土地の族長のヒビ人ハモルの息子で、シェケムという若者がいました。シェケムは都市国家ですが、その町と同じ名を持つシェケムは、王家の息子です。そのシェケムが、ディナを無理やり辱めた（レイプした）後で、彼女を妻にしたいと父ハモルに願い出ます。

一方、ディナが辱められたことを知らされヤコブは、息子たちの帰りを待ちます。重要な案件に関しては、息子たちを決定のプロセスに含めるのが当時の習慣です。ヤコブの息子たちは話を聞いて心を痛め、同時に「イスラエルの中で恥ずべきことが行われた」と、ひどく怒ります。「イスラエルの中で」ということばが出てくることから、彼らの中に、イスラエルは他の民族から分離した特別な民であるとの意識がすでに生まれていたことが分かります。

ディナをめぐる交渉

その後、ハモルがヤコブの家に来て、ディナを息子の嫁にしたいと願い出ます。見返りとして、シェケムの市民権の提供を示唆します。市民権は、定住生活に憧れる遊牧民たちが欲しがっていたものです。さらに、土地の所有権まで示唆します。これは、アブラハムやイサクでさえも経験しなかった特権です。ハモルには、いかなる犠牲も払う覚悟があったようです。

当時の習慣では、父親の代わりに息子たちが交渉に当たるのは、決して珍しいことではありませんでした。ヤコブの息子たちは、妹を嫁がせる条件として、割礼を要求します。しかも、シェケム本人だけではなく、町の住民全員が割礼を受けることを要求しました。もし割礼を受けないなら、ここを去るとまで言いました。しかし、割礼の提案は、ヤコブの息子たちが仕掛けた罠でした。

ハモルとシェケムはその提案に同意し、すぐにそれを実行に移します。この親子の説得によって、シェケムの市民全員が割礼を受けました。

シメオンとレビの残忍な行為

シメオンとレビは、割礼を受けた男たちの傷が最も痛む時（3日目）を狙って町を襲い、すべての男子を殺します。さらに、婦人や子ども、また、町の財産を略奪します。非は相手にあるとは言え、これは明らかにやり過ぎです。割礼はアブラハム契約の「しるし」として神から与えられたものですが、シメオンとレビは、その神聖なものを暴虐のために悪用しました。

この地の住民カナン人とペリジ人の復讐を恐れたヤコブは、シメオンとレビを激しく叱責します。彼らが行ったことは、憎しみに満ちた復讐であり、過剰防衛です。このことのゆえに、彼らは罪の刈り取りをするようになります。ヤコブの臨終の床での預言（創49・5～7）によれば、シメオンとレビは土地の権利を剥奪されることになります。そして、この預言は出エジプト後に成就します。

この悲劇はなぜ起こったのでしょうか。ヤコブはペニエルで神の祝福を勝ち取りましたが、まだベテルに上るだけの霊的準備ができていなかったと思われます。彼には地上のもの（土地）へのこだわりがありました。また、家族の中に偶像を持っている者がいました。息子たちの性格も荒削りでした。

信仰者であっても、御心でない地に留まるなら、神を見失ってしまいます。神は、ヤコブに大いなる恐れを与えることによって、先に進むように彼の背中を押されました。次の35章は、神の語りかけで始まります。前進を始めた信仰者には、再び神の声が聞こえ始めます。私たちの場合も、自発的に前進しなければ、試練に背中を押されるようなことになります。

創世記35章

神はヤコブに仰せられた。「立って、ベテルに上り、そこに住みなさい。そしてそこに、あなたが兄エサウから逃れたとき、あなたに現れた神のために祭壇を築きなさい。」（創世記35・1）

この章から、以下のことを学びましょう。（1）ヤコブがベテルに上ると、神との交わりが回復されました。（2）神との完璧なコミュニケーションを回復する条件は、偶像の処分です。（3）神の御心から逸れた場合は、「初めの愛」に戻ることを心がけるべきです。神はいつも私たちを招いておられます。

義務（約束）の履行

シェケムでの悲劇の後、ヤコブは神からの4回目の直接的啓示を受けます。この啓示には2つの命令が含まれていました。①ベテルへ行き、そこに住むこと。②そこで祭壇を築くこと。この2つの命令は、創世記28章でヤコブが誓約した約束の履行を迫るものでした。

そこでヤコブは、一族の者たちに、偶像を取り除き、身を清めるように命じます。特に清めを必要としていたのは、シメオンとレビ、それにシェケムで手に入れた奴隷たちです。そしてヤコブは、ベテルに上り、苦難の日々にともにおられた神のために祭壇を築こうと締めくくります。

ヤコブの語りかけを聞いた者たちは、偶像礼拝に関わるものすべてをヤコブに渡します。ヤコブはそれを、樫の木の下に埋めます。ヤコブの一家は旅立ちますが、カナン人たちがその後を追って来ることはありませんでした。神が彼らに恐怖を与えたからです。

ベテルに到着したヤコブは、そこに祭壇を築きます。彼はそれを「エル・ベテル（ベテルの神）」と呼びました。ここで、母リベカの乳母デボラが死にました。彼女の遺体は、ベテルの下手にある樫の木の下に葬られました。信仰のリバイバルと愛する者の死が、同時にやってきました。

アブラハム契約の再確認

ベテルで、ヤコブは神から5回目の直接的語りかけを受けます。啓示の内容は、アブラハム契約の再確認です。これ以降、彼は、ヤコブとイスラエルという2つの名で呼ばれます。

神はご自身を、「わたしは全能の神（エル・シャダイ）である」と紹介し、ヤコブに命令と約束をお与えになります。「生めよ。ふえよ」とは、ヤコブの子どもたちへの命令です。「一つの国民」とは、イスラエルの民のことで、「諸国の民のつどい」とは12部族のことです。「王たちがあなたの腰から出る」は、創世記17章でアブラハムとサラに与えられた約束でもあります。さらに、土地の約束が続きます。土地はヤコブの子孫に約束されると同時に、ヤコブ個人へも約束されました。この約束が成就するのは、メシア的王国（千年王国）においてです。

ヤコブは感謝のしるしとして、記念の石の柱を立て、その上に油を注ぎますが、新しい要素が1つ付け加わります。それが、注ぎのぶどう酒です。ヤコブはそこを「ベテル」（神の家、礼拝の場）と呼びました。

更なる試練

エフラテへの途上、ラケルは産気づき、ひどい陣痛で苦しみます。かつて、子が与えられなければ死ぬと言ったラケルが、子が誕生する時にいのちを落とすのは皮肉なことです。ラケルは死ぬ直前に、その子を「ベン・オニ（私の苦しみの子）」と命名しますが、ヤコブは「ベニヤミン（私の右手の子）」に改名します。「右の手」は、力、権威、名誉の象徴であり、積極的なイメージがあります。ラケルの遺体は、ヤコブによって埋葬され、墓の上には石の柱が立てられました。

イサクの歴史（トルドット）の終結

ヤコブは旅を続け、ミグダル・エデルまでやって来ました。しかし、その地で悲劇的なスキャンダルが起こります。長子ルベンが、父のそばめビルハ（ラケルの女奴隷）と寝たのです。これは、単なる姦淫ではなく、年老いた父に取って代わって一族の長になろうとした罪です。この罪の故に、ルベンは長子の権利を失うことになります。

遂にヤコブは、ヘブロンのマムレにいた父イサクとの再会を果たします。しかし、母リベカとの再会は叶いませんでした。それから数10年後、イサクは180歳で死に、遺体はアブラハム同様、マクペラの墓地に葬られます。これによって、創世記の第8の区分「イサクの歴史（トルドット）」が終ります。

人生においては、祝福と悲劇が繰返しやって来ます。しかし、私たちクリスチャンは、何が起ろうとも前進するだけです。神に信頼を置く人は、試練の中にあっても、希望を見続けることができます。

創世記36章

エサウは、その妻たち、息子と娘たち、その家のすべての者、その群れとすべての家畜、カナンの地で得た全財産を携え、弟ヤコブから離れて別の地へ行った。（創世記36・6）

この章から、以下のことを学びましょう。（1）エサウの子孫とその定住地について確認しましょう。（2）エドムとは「赤い」という意味です。エサウは、一杯の豆の煮物と引き換えに長子の権利を売り渡しました。この失敗が永遠に彼の名前に刻まれたのです。（3）「人は、たとえ全世界を手に入れても、自分のいのちを失ったら、何の益があるでしょうか」（マコ8・36）

エサウ（エドム）の歴史

35章で第8番目の区分である「イサクの歴史」が終わり、36章から第9番目の区分である「エサウの歴史」と第10番目の区分である「エドム人の先祖エサウの系図」が始まります。

ここにエサウの歴史（トルドット）が記録されている理由は、アブラハムへの約束の成就を示すためです。アブラハムからイシュマエルが誕生し、その子孫がアラブ人となりました。さらに、アブラハムの孫のエサウの子孫がエドム人となりました。つまり、アブラハムから諸国が誕生したということです。

エサウの歴史が記録されているもうひとつの理由は、リベカへの約束の成就を示すためです（創25・23）。リベカから双子が誕生しましたが、兄エサウはエドム人の先祖となり、弟ヤコブはイスラエル人の先祖となりました。ちなみに、アブラハムの子孫だと言うだけではユダヤ人とは言えません。ユダヤ性はアブラハムによってではなく、ヤコブによって規定されるからです。

エサウには、3人の妻と5人の息子が与えられました。彼は約束の地を離れ、他の場所に移動して行きます。約束の地は、遊牧民であるエサウとヤコブが共に住むには、狭過ぎたからです。やがてエサウは、セイルの山地に住み着きます。かつて長子の権を求めてヤコブと争ったエサウでしたが、セイルの山地でようやく自分の居場所を見つけたようです。神はその地をエサウに与えたと宣言されました（申2・5参照）。このことからも、神は約束を守るお方であることを知ることができます。

エドム人の先祖エサウの歴史

ここから第10番目のトルドット（歴史、系図）が始まります。第9番目のトルドットはカナンの地のエサウの歴史ですが、第10番目のトルドットはセイルの山地でのエサウの歴史です。

エサウには子どもが5人、孫が10人与えられました。その中で注目すべきは、エリファズとアマレクです。エリファズは、ヨブの3人の友人の中で中心的な役割を果たす、あのエリファズだと思われます。アマレクは、エジプトを出て来たイスラエルの民と最初に戦った、あのアマレク人の先祖と思われます。

エサウには合計15人の息子たちと孫たちがいましたが、そこから13人の首長(族長)が起こされます。さらにエサウ（エドム）の子たちは、セイルの山地に住んでいたホリ人たちを征服し、雑婚によって勢力範囲を拡大しました。ちなみに、25節にある「アナの娘オホリバマ」は、2節の「ツィブオンの子アナの娘オホリバマ」と同一人物です。これは、エサウが雑婚を実行していた証拠です。

エサウとヤコブの分離

エドムの地を治めた王たちの名が列記されますが、この地の王たちは、世襲ではなかったようです。王たちは、民の総意（選挙）で選ばれていました。そのため、王の住んでいた町が、その王の統治期間、首都となりました。王のリストの最後に出てくるのはハダルですが、この王がモーセの時代に、イスラエルの民の横断を妨害した人物と思われます。

最後に、エサウから出た首長（族長）たちの名が上げられています。ここでは、首長たちが支配していた土地に強調点があります。

エサウとヤコブが分離して以降、エサウは聖書の記録から消え去ります。エドムとは土地の名前ですが、「赤い」という意味でもあります。かつてエサウは、長子の権利を一杯の豆の煮物（赤い煮物）と引換えにしたことがありました（創25章）。エドムという名前は、彼が長子の権利を軽んじたことをいつまでも記念するものとなりました。

エサウとヤコブの分離について、黙想してみましょう。「愛する者たち。このような約束を与えられているのですから、肉と霊の一切の汚れから自分をきよめ、神を恐れつつ聖さを全うしようではありませんか」（2コリ7・1）。汚れた生活からの分離を選ぶ人は、幸いです。

創世記37章

「さあ、今こそあいつを殺し、どこかの穴の一つにでも投げ込んでしまおう。そうして、狂暴な獣が食い殺したと言おう。あいつの夢がどうなるかを見ようではないか。」（創世記37・20）

この章から、以下のことを学びましょう。（1）妬みは人の心を腐らせ、そのまま放置しておくと、殺意を生み出すことになります。（2）ヨセフはキリストの型です。彼は、愛の使命を果たすために、父によって兄弟たちのもとに派遣されます。（3）彼は、兄弟たちに裏切られ、異邦人に売り渡されます。（4）異邦人は、ヨセフのゆえに祝福を受けます。

父の偏愛

創世記37～50章は、第11番目のトルドット（歴史、経緯）に当たります。38章はユダの物語ですが、それ以外の13章はすべてヨセフの物語です。

17歳になったヨセフは、父のそばめの子らとともに、羊飼いの手伝い（見習い）をしていました。父ヤコブがヨセフをそばめの子らの中に置いたのは、レアの息子たちの悪影響を警戒したからです。ヨセフは、兄弟たちの中で起った問題などを父ヤコブに報告していました。その正直さのゆえに、兄たちは彼を恨んでいました。

ヤコブはヨセフを偏愛していました。ヨセフは、「そでつきの長服」（長子が着る長服）を着せられていました。つまり、長子の扱いを受けていたということです。長子ルベンは、父の寝所に上がるという重大な罪を犯しました。次男のシメオンと三男のレビは、シェケム大虐殺（ディナ事件）で暴虐を働きました。四男のユダは、霊的に堕落していました。そばめの子らは、後継者候補からは除外されますので、残っているのは最愛の妻ラケルの長子であるヨセフだけです（弟のベニヤミンはまだ幼少でした）。兄たちは、ヨセフが後継者候補になっていることを妬み、大いに怒りました。

2つの夢

そのころヨセフは、2つの夢を見ます。最初の夢は、「ヨセフの麦の束がまっすぐに立ち上がり、兄たちの麦の束が、その回りに来ておじぎをした」というものでした。ヨセフがこの夢について告げたため、兄たちは、ますます彼を憎むようになりました。

次の夢は、「太陽と月と11の星がヨセフを伏し拝んでいる」というものでした。太陽とは父、月とは母、11の星とは11人の兄弟たちのことです。それを聞いたヤコブはヨセフを叱責しますが、これは、兄たちの怒りを静めるための演技です。むしろヤコブは、この夢を心に留めました。

神の摂理

ヤコブは、シェケム近辺で羊の群れを飼っている息子たちの安否を確かめるために、ヨセフを使いに出します。シェケムは、かつてディナ事件が起こった場所です。しかし兄たちは、シェケムから北に移動し、22キロほど先のドタンで羊を飼っていました。ヨセフが長服を着て近づいて来るのを見た兄たちは、殺意を抱きました。彼らはヨセフのことを「夢見る者」と呼びました。殺人の動機は、ヨセフの夢の成就を妨げることです。

しかしここには、神の摂理的守りがありました。①まず、ルベンの介入です。彼は、ヨセフを穴（水だめ）に投げ込むことを提案します。後で父にヨセフを返すためです。穴に水がなかったのは、神の摂理です。②次に、兄たちがドタンまで移動していたことです。ドタンは隊商街道の要衝の地で、その付近を隊商が往き来していました。イシュマエル人の隊商が通りかかったとき、ユダは、その隊商にヨセフを売渡すという提案をしました。殺さなくても奴隷に売れば、ヨセフの夢を妨害するという目的は達成されます。ユダは後に素晴らしい性格を持つ人物となりますが、この時点ではまだ粗暴で、物質的な益しか考えていません。結局、ヨセフは銀20枚で売られ、エジプトに連れて行かれました。

長子ルベンはその場にいなかったのですが、後にヨセフがいなくなったのを知り、深く悲しみます。ヨセフの兄たちは、自分たちの罪を覆い隠すために、ヨセフの長服を雄やぎの血に浸し、野獣に襲われたように偽装します。血まみれのヨセフの長服を見たヤコブの悲しみは、どれほどのものであったことでしょう。

そのころヨセフは、エジプトで、ファラオの廷臣で侍従長のポティファルに買われていました。兄たちは、偽装によって罪が覆われたと思ったことでしょうが、神の計画は進展していたのです。ヨセフ物語の真の演出家は、神です。いかなる苦難の中でも神の摂理の御手は働いています。人間の悪意さえも用いてご自身の計画を実現へと導かれる神をたたえましょう。

創世記38章

そのころのことであった。ユダは兄弟たちから離れて下って行き、名をヒラというアドラム人の近くで天幕を張った。（創世記38・1）

この章から、以下のことを学びましょう。（1）カナン人と交流をし始めたユダは、道徳的に堕落して行きます。（2）イスラエルの民がこのままカナンの地に留まり続けるなら、カナン人との同化が急速に進むことでしょう。（3）契約の民の霊性を保ちつつその人数を増やすためには、カナン人との分離が必要です。(4)メシアはユダ族から輩出します。ここに、神の恵みを見ることができます。

ユダの堕落の始まり

38章はユダの物語になっていますが、この箇所の主要な目的は2つあります。①ヤコブの一家がエジプトに下らねばならない理由を示すこと。②メシアの家系がどのように発展していくのかを示すこと。ちなみに、38章は20年以上の歳月の流れをカバーしています。

ユダは兄弟たちから離れ、低地にあるアドラムという町に移住します。ユダの堕落は、自分がいるべき場所（家族）を去ることから始まりました。地理的移動の次に来るのが、人的交流です。ユダの場合は、ヒラというアドラム人（カナン人）との交流が始まりました。カナン人は、偶像礼拝の民です。さらにユダは、カナン人でシュアという人の娘と結婚しました。アブラハム、イサク、ヤコブの時代には、族長たちは自分の親族の中から嫁を選んでいましたが、ユダの場合は、あっさりとカナン人と結婚しています。

ユダの3人の息子

ユダはカナン人の女によって、エル、オナン、シェラという3人の息子を得ます。そして、タマルというカナン人の女を長男エルの嫁として迎えます。しかし結婚直後に、エルは子を残さないままで死にます（エルの死は神の罰によるものだと記されています）。当時の習慣（レビラート婚）に従って、次男のオナンがタマルと結婚します。しかしオナンは、弟としての務めを果さなかったため、彼もまた神の怒りに触れて死にます。

ユダは、タマルを不吉な女だと思ったようです。今度は三男のシェラがタマルと結婚すべきなのですが、ユダはシェラが死ぬことを恐れます。そして、彼が成人するまでとの条件で、タマルを実家に送り返します。タマルはユダのことばを信じて実家で待機しましたが、何の音沙汰もありませんでした。

双子の誕生

かなりの年数が経ち、ユダの妻が死にました。その喪が明けたとき、ユダは羊の群れの毛を切るために友人とともに、ティムナに上って行きました。羊の毛を切るのはカナン人の祭りの時期と重なり、性的な雰囲気が強い時期でもありました。カナン人たちの礼拝では、神殿娼婦との性交がその一部となっていたからです。今までにアドラム、ケジブ、ティムナという町の名が上げられてきましたが、先に行くほどユダは山地から遠ざかっています。

一方タマルは、いつまで待っても末の息子のシェラが自分に与えられないのを知って、義父ユダによって子を残そうとします。つまり、義父によってレビラート婚の目的を実現しようとしたのです。

彼女は、やもめの服を脱ぎ、ベールをかぶりました。そしてティムナへの道にあるエナイムの入り口に座っていました。人目に付くところに座るのは、まさに遊女のすることです。ユダは、ベールをかぶり、遊女を装った彼女をタマルだと気づかずに、しるし（印形とひも、そして杖）を与え、肉体関係を結びます。後になってユダは、友人に託してその遊女に子やぎを送りますが、彼はその女を見つけることはできませんでした。ここでのタマルの罪は、姦淫（シェラが夫であるのに、他の男性と関係を結んだ）と近親相姦（義父との交渉）です。

しばらく経って、タマルが売春によって身ごもったという知らせがユダのもとに届き、ユダは激怒します。しかし、タマルから送られたしるしの品を見たとき、彼はすべてを悟り、自分の方が責められるべきであることを認めました。

義父のユダによって、タマルは双子の男子を産みます。助産婦は最初に出てきた長子の手に真赤な糸を結びつけましたが、弟が兄を押しのけて先に出てきました。先に出てきた方は、ペレツ（割りこむの意）と呼ばれ、次に出てきた方は、ゼラフ（輝くの意。おそらく手に結びつけられた糸から出た名）と呼ばれました。この双子のうち、メシアの家系につながるのは弟のペレツです。

ユダのように、ヤコブの一家がこのままカナンの地に留まるなら、彼らはカナン人と同化する可能性がありました。そのためイスラエルの民は、この世（カナン人）と分離する必要がありました。この先に起こるエジプトへの移住は、神からの裁きであると同時に、ヤコブの一家を守る恵みの手段でもあります。この移住のための道備えをするのが、ヨセフです。

創世記39章

主がヨセフとともにおられたので、彼は成功する者となり、そのエジプト人の主人の家に住んだ。彼の主人は、主が彼とともにおられ、主が彼のすることすべてを彼に成功させてくださるのを見た。（創世記39・2〜3）

この章から、以下のことを学びましょう。（1）エジプトに売られたヨセフは、ポティファルの家で試みに遭います。（2）ヨセフは、アブラハム契約の祝福を信じ続けた結果、神の恵みによって勝利することができました。（3）ヨセフは、イエス・キリストの型です。（4）私たちも、外面的な持ち物をすべて奪われたとしても、内面の徳と信仰を奪われてはなりません。

イシュマエル人の商人は、ヨセフを銀20枚で買い取り、エジプトで侍従長のポティファルに売り渡しました。侍従長はヘブル語で「サール・ハ・タバヒム」です。これはボディーガードの長、あるいは、衛兵隊の隊長のことです。

エジプトの地にあっても、ヨセフは決して絶望したり、自暴自棄になったりはしませんでした。この章には、「主がともにおられた」という表現が繰返し出てきます。「主」と訳されたことばは、「ヤハウェ」です。これは、固有名詞であり、契約の神の御名でもあります。アブラハム契約の故に、神はヨセフとともにおられたのです。

ヨセフの信仰に応えて、主は彼のすることをすべて祝福されました。ポティファルは、その祝福がヘブル人の神から来ていることを認めましたが、彼が主を信じたということではありません。祝福の結果を見て、ヨセフの神の偉大さを認めたということです。

ヨセフは、下働きから始め、次第に大きなことを任されて行きました。そしてついに、家の管理と全財産の管理を任されるようになりました。主はヨセフの故に、ポティファルの家を祝福されました。これは、アブラハム契約の付帯条項（イスラエルを祝福する者は祝福される）の成就です。

誘惑に遭うヨセフ

青年ヨセフは容姿においても優れていたようです。そのヨセフに目をつけたのが、ポティファルの妻です。彼女はヨセフを誘惑しますが、ヨセフはそれをはねのけます。彼女はヨセフに言い寄ります。それでもなお、ポティファルの妻はヨセフに言い寄ります。ヨセフは、最大限の努力をし、彼女から距離を取ります。ある日、家の中にヨセフと彼女しかいない状況が訪れました。これは、仕組まれた状況です。彼女は、ヨセフの上着をつかんで、自分と寝るようにヨセフに命じました。ヨセフは、上着を彼女の手に残したままで逃げますが、この状況では、それが最高の対応です。

不当に非難されるヨセフ

ポティファルの妻は、大いに怒りました。彼女は大声を上げ、その家の者ども（しもべたち）を呼び寄せ、夫とヨセフを非難しました。ヨセフの上着が物的証拠となりましたが、彼の上着が嘘のための証拠として利用されるのは、これで2度目です。

妻の報告を聞いたポティファルは、ヨセフを捕らえ、王の囚人が監禁されている監獄に入れました。一連の出来事の背後に、神の摂理の御手が見えます。（1）ポティファルは、妻のことばを全面的に信じたわけではなかったようです。もしそうなら、ヨセフは死刑になっていたことでしょう。（2）ヨセフは王の囚人が監禁されている監獄に入れられますが、結果的には、それが良かったのです。最悪の状況が訪れたと思われた時に、神の計画は大きく進展していました。

獄中のヨセフ

監獄でもポティファルの家で起ったのと同じ事が起こります。ヨセフは監獄の長の信頼を得ました。その結果、ヨセフはすべての囚人の世話を委ねられました。

この時のヨセフの状態を、聖書は次のように描写しています。「ヨセフの足は苦しみのかせをはめられ、その首は鉄のかせに入れられた。彼のことばがそのとおりになるときまで、主のことばは彼を錬った」（詩１０５・18～19）。獄中で、ヨセフの信仰が試された結果、忍耐心が育ちました。この時ヨセフを支えたものは、２つの夢と、主がともにおられるという確信でした。

ヨセフに起こった事は、将来キリストにも起こります。そして、キリストに起こった事は、私たちにも起こります。つまり、ヨセフに起こった事は、私たちにも起こるということです。ヨセフの物語は、遠い昔の話ではありません。今の試練は、次に来ようとしている大きな祝福の序曲であることを覚え、ヨセフのように、また、主イエスのように、忍耐することを学ぼうではありませんか。

創世記40章

二人は答えた。「私たちは夢を見たが、それを解き明かす人がいない。」ヨセフは言った。「解き明かしは、神のなさることではありませんか。さあ、私に話してください。」。（創世記40・8）

この章から、以下のことを学びましょう。（1）いかなる状況にあっても、重荷を負っている隣人に助けの手を差し伸べるべきです。（2）良い夢には良い解釈を与え、悪い夢には悪い解釈を与える。（3）神に従う者には、その選択肢しかありません。神の愛をもって真実を語り続けることが、神のしもべの責務です。

信頼を得る人生

ファラオの献酌官と調理官が、ヨセフが投獄されていた監獄に拘留されました。献酌官長の仕事は、ぶどう酒を注ぐこと、調理官長の仕事は、食事を用意することです。彼らは、毒味役でもあり、政治的相談役でもありました。彼らが投獄された理由は、聖書には書かれていません。

侍従長ポティファルは、ヨセフを彼らの付き人にしました。どうやらポティファルは、ヨセフの無罪を信じていながら、妻の手前もあってヨセフを投獄していたようです。ポティファルは依然としてヨセフを信頼しています。

隣人に関心を示す人生

献酌官長と調理官長の2人が、同じ夜それぞれ夢を見ます。この背後に、神の摂理の働きがあります。ヨセフは彼らの表情の変化を読み取り、「なぜ、今日、お二人は顔色がさえないのですか」と尋ねます。彼には、自分の問題から目を離して、他者を思いやる心がありました。ヨセフは、奴隷でありながら、自由人でもあります。ヨセフの親切が、献酌官長と調理官長の心を開きました。

夢の解き明かしを求める2人

2人は、見た夢の解き明かしをしてくれる人がいないので、悩んでいました。エジプトでは、夢の解き明かしを職業とする占い師がたくさんいました。しかし獄中には、占い師はいません。ヨセフは、「解き明かしは、神のなさることではありませんか。さあ、私に話してください」と答えています。彼は、監獄の中でも、神の権威に対して絶対的な信頼を置いていたのです。ヨセフは、自分に栄光がこないための予防線を張っています。

聖書の中で夢の解き明かしをしている人物が2人います。ヨセフとダニエルです。この2人は、ともに異国の地にあって異教の王に仕えました。ヨセフが住んだエジプトでも、ダニエルが住んだバビロンでも、夢の解き明かしには大きな関心が払われていました。そのような状況下で彼らは、アブラハム、イサク、ヤコブの神だけが、真に権威を持ったお方であることを証言しました。

夢の解き明かしをするヨセフ

献酌官長の夢に対するヨセフの解き明かしは、希望を与えるものでした。献酌官長は、3日のうちに元の地位に復帰するというのです。その解き明かしは、夢の細部を解説したものではなく、中心点のみを解き明かしたものでした。ヨセフはその献酌官長に、幸せになったら自分を思い出して欲しいと願い出ます。この時ヨセフは、自分が「カナン人の国」ではなく、「ヘブル人の国」からさらわれてきたと明かしました。このことから、彼がアブラハム契約の約束を信じていたことが分かります。

調理官長も夢の解き明かしを願い出ます。最初の解き明かしが希望に満ちたものであったからです。しかし、ヨセフの解き明かしは、不吉なものとなりました。調理官長は3日のうちにファラオから呼び出され、木につるされる(斬首される)というのです。

神の時を待つ

それから3日後、ファラオは誕生日を迎えました。彼は盛大な祝宴を催し、献酌官長と調理官長を、すべての家臣たちとともに宴席に呼び出しました。その席で、ヨセフが解き明かした通りのことが成就しました。

例の献酌官長は、監獄から釈放されると、ヨセフのことをすっかり忘れてしまいました。人は、いったん平安を得ると、苦しんでいる人のことを忘れてしまうようです。私たちも忘れ去られるような体験をすることがあるかもしれませんが、落胆してはなりません。神の視点からは、計画が進展しているのです。献酌官長がヨセフのことを思い出さなかったのは、まだ神の時が来ていなかったからです。

この章を読んで驚かされるのは、ヨセフの忠実さです。彼は、神から示されたままを相手に伝えています。私たちには、神の計画やメッセージを「改善」することは許されていません。キリストのしもべとして奉仕をする人には、みことばに対する忠実さが求められています。

創世記41章

ヨセフが言ったとおり、七年の飢饉が始まった。その飢饉はすべての国々に臨んだが、エジプト全土には食物があった。（創世記41・54）

この章から、以下のことを学びましょう。（1）ファラオの夢の解き明かしを行ったことで、ヨセフは高く上げられます。（2）試練を耐え忍ぶ忠実な信仰者には、苦しんだ量の何倍もの祝福が与えられます。（3）神に忠実な者が祝福を受けるとき、神の栄光が表わされます。人々は、神がその人とともにいることを認めざるを得なくなるからです。

ファラオの夢

いよいよ神の時が到来しました。ある夜、ファラオが2つの夢を見、彼の心は騒ぎました。夢の中でファラオは、ナイルのほとりに立っていました。最初の夢は、7頭の肉づきの良い雌牛が7頭の醜いやせ細った雌牛に食い尽くされるというもので、次の夢は、肥えた良い7つの穂がしなびた7つの穂に飲み込まれるというものでした。ファラオはエジプトのすべての呪法師と知恵ある者たちを呼び寄せますが、夢を解き明かすことのできる人はいませんでした。神がその秘密を閉ざされていたからです。

ここに至って、あの献酌官長がヨセフのことを思い出し、自分の夢を解き明かししてくれた人物がいるとファラオに告げます。もし2年前に、彼がヨセフのために動いていたとしたら、ヨセフは、自分の故郷であるカナンの地に戻ることはできたでしょうが、イスラエルの民がエジプトに寄留するための準備をするという神からの使命は全うできなかったでしょう。そうなると、ヤコブの一家をゴシェンの地で一大民族として育てるという神の計画も、挫折していたことになります。献酌官長が2年もヨセフのことを忘れていたのは、神の計画だったのです。

ファラオの夢を解き明かすヨセフ

ファラオの前に出たヨセフは、夢を解き明かすのは神であることを伝え、神に栄光を帰します。ファラオから夢の話を聞いて、ヨセフはこう告げます。①エジプト全土に7年の大豊作がやってくる。②その後に7年の飢饉が襲ってくる。③この飢饉はあまりにも激しいので、先の豊作の跡もわからなくなるほどである。④夢が2度くり返されたのは、神がこれを速やかになさるからである。

エジプトの農業は、ナイル川の水に依存していました。飢饉がくるとは、ナイルの水が欠乏することを意味します。飢饉は、オシリス（雄牛の姿をしているナイルの守り神）とイッシス（雌牛の姿をしている豊穣の神）という2つの偶像神に対する挑戦です。

ここでの飢饉は、神の裁きではなく、人生の営みの中でやってくる試練の1つです。神の裁きが預言された時は、悔い改めが唯一の解決策です。試練が預言された時は、それに対する適切な準備が必要です。ヨセフは、「さとくて知恵のある人を見つけ、その者をエジプトの地の上に置かれますように」とファラオに対策を提案し、間接的に自分を推薦しました。なんという知恵でしょうか。

宰相となるヨセフ

さらにヨセフは、経済的な責任を果たす宰相と、その下で働く監督官を全国で任命するように進言します。ファラオは当然のことのように、ヨセフを宰相に任命しました。この時ヨセフは30歳、エジプトに来て13年が経っていました。彼は、そのほとんどの期間を監獄で過ごしました。ファラオはヨセフに、ツァフェナテ・パネアハ（隠されたことを明らかにする者）という名を与え、さらにオンの祭司ポティ・フェラの娘アセナテを妻として与えました。

無私の心

飢饉の年が来る前に、ヨセフに2人の子どもが生まれました。彼は長子をヘブル名でマナセ（忘れる）と名づけました。その名は、兄たちに苦しめられたことや、エジプトで経験した苦難などは忘れたという宣言です。次男は、エフライム（実り多い）と命名されました。この名は、エジプトの宰相にまで上げられたことを記念する名となりました。ヨセフにとって、いかに祝された生活であっても、エジプトは「苦しみの地」です。彼にとってはカナンの地が依然として故郷でした。彼は、決して「アブラハム、イサク、ヤコブの神」との契約を忘れてはいませんでした。

ヨセフは、宰相になってからもカナンの地を訪問していません。その理由は、「神の時」がまだ来ていないからです。ヨセフは、兄たちが自分のところにやって来るのを待っていました。神の時は必ずやって来ます。その時のために、神に用いられる準備をしておく人は幸いです。

創世記42章

彼は兄弟たちに言った。「私の銀が戻されている。しかもこのとおり、私の袋の中に。」彼らは動転し、身を震わせて、互いに言った。「神は私たちにいったい何をなさったのだろう。」

(創世記42・28)

この章から、以下のことを学びましょう。(1)神に敵対する者は、神が用意される試みを通過するようになります。(2)その試みは、罪人に罪責感と悔い改めの心を与えるためのものです。(3)ヨセフと兄たちの関係は、イエスとユダヤ人たちの関係の予表です。ヨセフが救い主として兄たちの前に現れたように、イエスもユダヤ人たちの救い主としてその姿を現わすようになります(患難期の最後に)。

エジプトへの買い出し

カナンの地でも飢饉が激しくなったので、ヤコブは、穀物を買いに息子たちをエジプトに送る決断をします。しかし、ベニヤミンだけは自分のもとにとどめました。愛妻ラケルが産んだ子は2人いましたが、兄のヨセフはいなくなり、ベニヤミンだけが残されていました。ヤコブは、兄たちがヨセフを殺したのではないかと疑っていたので、ベニヤミンにも同じことが起こるのではないかと警戒したのです。

兄たちをテストするヨセフ

ヨセフと兄たちの対面の時が来ました。兄たちは、エジプトの宰相となったヨセフを、顔を地につけて伏し拝みました。22年前のヨセフの最初の夢が、部分的に成就しました。

ヨセフは兄たちを見て、それと認識しましたが、兄たちにはそれがヨセフだということが分かりませんでした。ヨセフは荒々しく振る舞い、間者（スパイ)ではないかと2度も問い詰めます。その理由は、ベニヤミン不在の理由と、父の様子を確かめるためでした。兄たちの答えは正直なものでしたが、ヨセフは、なおも兄たちを間者呼ばわりし、その説明が真実であることを証明するために末の弟を連れて来いと迫ります。復讐心からではなく、兄たちが悔い改めに導かれることを願って、そう迫ったのです。

兄たちがヨセフを伏し拝んだ時点で、彼の夢は現実のものとなりましたが、家族全員が彼の周りに集められるまでは、夢がすべて実現したことにはなりません。ベニヤミンをエジプトに呼び寄せるのは、そのための策です。ヨセフの使命は、イスラエルの小さな家族集団をエジプトに導くための架け橋となることでした。

罪責感に苦しむ兄たち

ヨセフは、兄たちを3日間監禁所に閉じ込めた後、新しい提案をします。それは、1人を人質として残し、他の9人は穀物を持って帰れというものでした。その後、末の弟を連れて戻って来るなら、スパイ容疑は晴れるだろうというのです。この提案は、一刻も早く飢えている家族に食糧を届けるため、また、父への衝撃をできるだけ和らげるためのものでした。それを聞いた兄弟たちは、22年前にヨセフに行った無慈悲な行為の刈り取りを、今させられていると感じました。歳月が経過しても、彼らの心から罪責感が消えることはありませんでした。兄たちがヘブル語で話している内容をすべて理解したヨセフは、彼らが罪を悔いている姿を見て、1人で泣きます。

故郷への帰還

食糧を買った兄たちは、シメオンを残してきたことを悲しみながら、帰路に就きます。途中で、そのうちの1人が、支払ったはずの銀が自分の袋に返されているのを見つけ、大騒ぎになります。彼らは、ヨセフを奴隷に売ったことで、自分たちは懲らしめを受けているのだと感じました。

帰郷した彼らは、父ヤコブに事の次第をそのまま報告します。彼らは、シメオンがエジプトに残された理由と、今度はベニヤミンを連れてエジプトに下らねばならない理由を説明しました。しかしヤコブは、承服しません。彼らが穀物の袋を空にすると、そこからもめいめいの銀の包みが出てきました。それを見たヤコブはますます恐怖に襲われ、ベニヤミンをエジプトに送ることに猛反対します。ルベンの必死の説得も、父ヤコブの心を変えることはできませんでした。

ヤコブは、ヨセフに続いてシメオンまでも失ったと思い込みました。そして、ベニヤミンまで失うことを恐れました。この時、神は最高の祝福をヤコブとその子孫に与えるために、ご自身の計画を着々と進めておられました。人間的には歓迎できないことが、実は祝福をもたらす神の計画であることが多くあります。試練を乗り越える最大の秘訣は、神は最善を行われると信じることです。

創世記43章

ヨセフは目を上げ、同じ母の子である弟のベニヤミンを見て言った。「これが、おまえたちが私に話した末の弟か。」そして言った。「わが子よ、神がおまえを恵まれるように。」（創世記43・29）

この章から、以下のことを学びましょう。（1）厳しいききんによって、ヤコブの息子たちは、再度エジプトに下ることになります。ここにも神の導きがあります。（2）兄たちはエジプトの宰相がヨセフであることに気づいていませんが、ヨセフは兄たちのことをよく理解していました。（3）ヨセフはキリストの型です。受難を経験した者と解放者は、同一人物です。

2度目のエジプトへの買い出し

エジプトから買ってきた食糧が底をつきます。ヤコブ（イスラエル）は、再び息子たちをエジプトに送ろうとしますが、ベニヤミンもいっしょに送るかどうかで悩みます。父を説得したのは、ユダでした。

ユダは、自分のいのちを保証に差し出し、もしベニヤミンを連れて帰らなかったなら自分がその責任を負うと申し入れました。

イスラエルは、ユダの提案を受け入れましたが、2つの準備をしています。（1）人間的な意味での準備は、土地の名産を贈り物にすることです。この方策は、かつて兄エサウに対して用いたものです。次に彼は、2倍の銀を持たせています。穀物相場がさらに上がっていることを予測したからです。さらに、袋の中に返されていた銀も持って行かせました。（2）もう1つの備えは神への信頼です。困難な決断を迫られて躊躇する時、一歩踏み出すために必要なのは、人間的な意味での準備と、結果は神に委ねるという信仰です。

ヨセフの邸宅への招待

兄たちは、父が命じた贈り物を携え、ベニヤミンを伴って、エジプトの宰相であるヨセフの前に立ちました。ベニヤミンがそこにいるのを見たヨセフは、昼食をともにするために兄弟たちを自分の邸宅に招きます。

罪人は、善意を悪く解釈するものです。彼らは、自分たちの袋に返されていた銀のことで追求され、奴隷に売られるのではないかと恐れ、邸宅の入口で管理者に向かって必死に弁明します。家の中に入ったら大変なことになるという判断が働いたのです。管理者は、「安心しなさい」と言い、すでに清算は終わっていると説明します（代金はヨセフが払っていたのです）。さらに彼らを安心させるために、管理者はシメオンをそこに連れて来ました。兄弟たちにはまだ真実は見えていませんでしたが、彼らは一連の出来事の中に神の介入を感じたに違いありません。

兄たちを試す小テスト

ヨセフが帰宅すると、兄弟たちは贈り物を広げ、地にひれ伏して彼を拝しました。ヨセフは父の安否を気づかい、次に弟のベニヤミンに語りかけます。ヨセフがベニヤミンに直接声をかけるのは、22年ぶりのことです。弟への愛と懐かしさの故に泣きたくなったヨセフは、奥の部屋に籠もり、1人で泣きます。

顔を洗って出てきたヨセフは、依然として兄弟たちには真実を告げず、さらに彼らを試します。食事は、それぞれ別々に出されました。エジプト人は、羊を飼うヘブル人とは食事をともにしませんでした（エジプト人から見るとヨセフはヘブル人ですが、兄弟たちから見るとヨセフはエジプト人です）。ヨセフは、年齢順に兄弟たちを座らせました。それを見て、兄弟たちはさらに深い畏怖の念に襲われたことでしょう。ベニヤミンの分け前は、他の兄弟たちのそれより5倍も多くありました。ベニヤミンを特別扱いすることによって、ヨセフは兄弟たちが嫉妬するかどうかを試したのです。もし彼らがベニヤミンに対して嫉妬するなら、彼らの悔い改めは不十分だということになります。兄弟たちは、このテストに合格しました。彼らは、ベニヤミンに嫉妬することなく、食事を楽しんだのです。

兄弟たちは、ヨセフとともに酒を飲み、酔い心地になりました。これは、飢饉が始まって以来、久しぶりに食べたごちそうです。彼らには、エジプトの宰相と和解できたとの実感がありました。しかし、より厳しいテストが彼らに課されようとしていました。

兄たちがヨセフの邸宅の入口で感じた恐れは、私たちが天国の門の前に立つ時に感じる恐れと同じです。私たちもまた、自らの人生の清算が終わっていないような気になり、不安が心をよぎるのではないでしょうか。その時、「あなたの罪の代価は支払われた」（精算は終わっている）というイエスの声を聞く人は幸いです。

創世記44章

「ですから、どうか今、このしもべを、あの子の代わりに、あなた様の奴隷としてとどめ、あの子を兄弟たちと一緒に帰らせてください。あの子が一緒でなくて、どうして私は父のところへ帰れるでしょう。父に起こるわざわいを見たくありません。」（創世記44・33〜34）

この章から、以下のことを学びましょう。（1）兄たちがヨセフと完全に和解するためには、すべての罪を告白する必要がありました。（2）兄たちを襲った試練は、彼らを悔い改めに導くためのものでした。神は私たちを建て上げるために、私たちを徹底的に砕かれます。（3）ヨセフと兄たちの和解は、キリストとユダヤ人たちの和解の型です。

兄たちを試す最後のテスト（1）

ヨセフが仕組んだテストもクライマックスを迎えます。彼は管理者に命じて次の3つのことをさせました。①兄弟たちの袋を運べるだけの食糧で満たしました。

す。つまり、代価以上の食糧を与えたということです②彼らの銀を各々の袋に返す。③銀の杯を密かにベニヤミンの袋に入れる。

ヨセフの兄弟たちは明け方に、ロバとともに送り出されました。食事のもてなしを受けた彼らは、体力も回復し、意気揚々とカナンの地に向かったことでしょう。ヨセフは頃合いを見計らって、管理者に兄弟たちの後を追わせます。そして管理者は、なぜ主人がまじないのために使っている杯を取ったかと迫ります（アッシリア人、カルデア人、エジプト人のまじないの中には、銀の杯を使ったものがありました。銀の杯に水を入れ、その中に金や銀の小片、宝石などを沈めます。その杯の上で、まじないの言葉で悪魔に呼びかけると、返事があるというのです）。ヨセフがまじないを行うはずはありませんが、ここでは、罪の重さを強調するためにこのような表現が使われています。

袋の中味の吟味は、年長の者から始まり、年齢順に年下の者まで進みました。そして杯は、ベニヤミンの袋から見つかりました。この結末を見た兄弟たちは、自分の着物を引き裂きました。これは、驚愕、悲しみ、絶望などを表す行為です。すぐさま彼らは、ろばに荷を負わせて町に引き返しました。

兄たちを試す最後のテスト（2）

兄弟たちは、ヨセフの前で、顔を地に伏せました。今までは、権威ある者に敬意を表するための拝礼でしたが、この時点では、しもべ（奴隷）として主人に向かって顔を地に伏せています。これでヨセフの最初の夢は成就しました。

ヨセフは銀の杯を盗んだことに言及しますが、これもまたヨセフの演技です。しかしユダは一切申し開きをせず、杯を持っているのを見つかった者を含めて全員がヨセフの奴隷になると申し出ました。しかしヨセフは、全員が奴隷になるというユダの申し出を断り、「杯を持っているのを見つかった者だけが奴隷になり、他の者は父親の元へ帰ればよい」と、兄たちの前に魅力的な提案を示します。ヨセフは、兄たちがベニヤミンを見捨てて故郷に帰るかどうかをテストしているのです。もしヨセフの提案を受け入れて故郷に帰るなら、彼らの悔い改めは不十分で、彼らの本質は昔と変わっていないということになります。

ユダのとりなし

ここでユダが、エジプトの宰相に近づき、語りかけます。これは、勇気ある行為です。ここから、対話ではなく、ユダによる途切れることのない一方的な執りなしが開始されます。

ユダは、自分たちの義の主張は一切しませんでした。彼は、権威ある者の憐れみに一方的にすがっているだけです。彼は自分のことを「あなたのしもべ」と言い、ヨセフのことを「あなたは、パロのようなお方」と言っています。神の前に立つ時の私たちの態度もまた、かくあるべきだと教えられます。

ユダは今までの事の成り行きを順序立てて説明し、宰相の理解を得ようとします。これは、捨て身の執りなしです。ユダは、自分は末の弟の保証人となっているので、自分が奴隷になる代りに、老いた父のために、ベニヤミンを帰らせて欲しいと懇願します。これらのことばは、ユダの内面が大きく変化したことを明らかにしています。

ユダの執りなしは、主イエスの十字架上の祈りを想起させます（メシアはユダ族の家系から出るようになるわけですが、それもうなずけます）。ユダの執りなしの中にある犠牲的な愛が、最も純化した形で十字架上に表わされました。私たちは、どこに神の愛のしるしを求めればよいのでしょうか。十字架を見上げれば、そこに神の愛が見えます。

創世記45章

ヨセフは兄弟たちに言った。「どうか私に近寄ってください。」彼らが近寄ると、ヨセフは言った。「私は、あなたがたがエジプトに売った弟のヨセフです。（創世記45・4）

この章から、以下のことを学びましょう。（1）ヨセフは兄弟たちの前に自分を表わし、自分を奴隷に売った者たちを祝福します。（2）「神はあなたがたより先に私を遣わし、いのちを救うようにしてくださいました」というヨセフのことばは、神の視点から見たヨセフ物語の本質を言い当てています。（3）神を愛する者のためには、神がすべてのことを益としてくださいます。

「私はヨセフです」

ヨセフは、これ以上演技をし続けることが困難になりました。ユダの長い執りなしに対し、ヨセフの応答は驚くほど短く、簡単なものでした。「私はヨセフです」。この短いことばによって、ヨセフは兄たちとの和解を宣言したのです。

兄弟たちは驚きのあまり、答えることができませんでした。彼らは復活したヨセフを目撃したのです。また同時に、自分たちの罪を思い出し、ヨセフの復讐を恐れました。ヨセフは、自分がエジプトに売られたのは、神の御心によるものだと証しします。ヤコブの一家がエジプトで生き延びることが神の御心であり、ヨセフと兄弟たちは、神の計画の中で自分たちの役割を演じているのです。

ききんはさらに5年続きます。ヨセフは兄たちに、父にそれを伝え、すぐにエジプトに移住するよう進言して欲しいと語ります。移住する土地は、「ゴシェンの地」です。そこは都に近く、羊を飼うには最適な地です。

ヨセフはベニヤミンに対して、自分の目でしっかりと見るようにと助言します。もし、父が兄たちを信じなくても、ベニヤミンの言うことなら信じるはずだからです。

パロからの招待

「ヨセフの兄弟たちが来た」という知らせが、パロにもたらされます。それを聞いて、パロと家臣は喜びました。パロはヨセフに、次のように命令しました。（1）兄弟たちは、ろばに荷を積んで、すぐにカナンの地に行くこと。この時、道中の食糧とカナンの地にいる家族への食糧が支給されました。（2）父親と家族を連れて、できるだけ早く、パロのもとに来ること。エジプトの最良の地と最良の産物を与えるとの約束が与えられました。（3）エジプトから車（牛車）を持ち出すこと。それは、子どもたちと妻たちのために用意されたものです。（4）車には、父を乗せて来ること。（5）家財に未練を残さないようにすること。エジプトにはより良いものがあるというのが、その理由です。

パロの命令の実行

パロの命令に従って、ヨセフは兄たちに車と食糧を与え、さらに晴れ着をめいめいに与えました。ここでヨセフは、ベニヤミンを特別扱いしています。彼に、銀３００枚と晴れ着5着が支給されました。さらに、父への贈り物も用意されました。

カナンの地に帰ろうとする兄たちに向かって、ヨセフは「途中で言い争わないように」と忠告しています。この忠告には、優先順位を考えなさいという意味が込められています。何よりも、父を連れてエジプトに移住することが、最優先されるべき課題なのです。また、ヨセフの兄弟たちは、同じ父の息子でありつつ、同じ罪人です。そして、同じ赦しを受けました。言い争う理由は、何もありません。

元気を取り戻すヤコブ

ヤコブの息子たちは、父の待つカナンに帰還し、エジプトで起こったことをそのまま報告します。ヤコブは、シメオンとベニヤミンが帰還したことだけで満足したはずですが、それ以上の良き知らせがもたらされました。死んだはずのヨセフが生きていたのです。ヤコブは、怒りと喜びが入り交じった状態に陥りました。

息子たちは、ヤコブが落ち着いてから、エジプトで起きたことを詳細に話しました。その際、エジプトの牛車が証拠となりました。当時のエジプトの牛車は高価で、カナンの地の住民にとっては、高嶺の花です。ここから、ヤコブという名がイスラエルに変わります。彼が信仰に基づく判断をし始めたからです。

ヨセフと主イエスの相関関係に注目しましょう。主イエスは弟子たちに、良い場所を備えるために去り、用意ができたら迎えに来ると言われました。肉体も含め、地上のものはすべて朽ちます。しかし、新しい場所には、より素晴らしいものが用意されています。私たちもまた、今は自らが地上では寄留者であることを確認し、地上のものにではなく天のものに目を向けましょう。

創世記46章

すると神は仰せられた。「わたしは神、あなたの父の神である。エジプトに下ることを恐れるな。わたしはそこで、あなたを大いなる国民とする。このわたしが、あなたとともにエジプトに下り、また、このわたしが必ずあなたを再び連れ上る。そしてヨセフが、その手であなたの目を閉じてくれるだろう。」（創世記46・3〜4）

この章から、以下のことを学びましょう。（1）ヤコブはエジプトに下り、ヨセフとの再会を果たします。試練の時の後に、祝福の時がやって来ます。（2）イスラエルの民に対する神の御心は、カナンの地に住むことですが、そのゴールに至る過程で、一時的にゴシェンに住むことが許可されました。これは、許容的御心です。（3）私たちの最終ゴールは天にあります。自分が、地上では寄留者であることを覚えて生きる人は、幸いです。

恐れるヤコブ

ヤコブは、家族やしもべとともに旅立ち、最南端の町ベエル・シェバまで来た時に、いけにえを献げました。そこでいけにえを献げる理由は、①神に感謝するため ②神との和解を求めるため ③神の御心を求めるため、などです。

彼には、神に感謝することがたくさんありましたが、中でもヨセフが生きていたという事実は、いくら感謝してもし過ぎることがないほどの祝福でした。また彼には、平安な心でエジプトに行きたいという願いがありました。そこで、自らの人生を振り返り、神の赦しを請うたのでしょう。

ヤコブは、エジプト下りを恐れていました。若い世代の者がエジプト文化と同化し、カナンの地を忘れるのではないかという恐れです。さらに、エジプトでの生活が困難なものになるという予感もありました（アブラハムの子孫が、エジプトで４００年間奴隷生活を送るという預言を知っていた）。

先祖たちは、カナンの地を離れることの危険性を経験してきました。アブラハムはエジプトに下って大失敗を犯しました。イサクは神からのエジプトに下るなという警告を受けました。ヤコブはカナンの地を去って、パダン・アラムに逃れたことがありましたが、これもまた、自分の都合による移動でした。結論を言うと、これまでにカナンの地を離れることについて神からの許可が1度もないのです。

そんなヤコブに、神は夜の幻の中で直接語りかけました（ヤコブへの6回目の顕現）。「エジプトに下ることを恐れるな。そこで、あなたを大いなる国民とする」。このことばに励まされて、ヤコブは本当の意味での旅立ちを果たしました。

全員がエジプトに移住

ヤコブの一家70人全員がエジプトに移住しました。70人というのは、ヤコブと血縁関係にある家族の人数で、実際に移住した人数は、しもべたちも含めて３００人前後だと思われます。ヤコブは、信仰によって約束の地を離れました。ボーダーラインを越えたのです。神の御心であるなら、「約束の地」を離れることもまた祝福です。主がともにいてくださる道こそ、最も安全な道だからです。

出迎えるヨセフ

ヤコブは、自分たちが到着したことをヨセフに伝えるために、ユダを派遣しました。ここには、兄弟たちの中におけるユダの優位性が示されています。ユダはメシアの系図にその名を連ねる人ですが、すでにこの段階で頭角を現しています。父ヤコブの信頼を得ていたのです。

ヨセフはヤコブと再会するために、戦車に乗ってゴシェンの地にやって来ました。ヤコブは感激のあまり、「もう今、私は死んでもよい。おまえがまだ生きていて、そのおまえの顔を見たのだから」と言いましたが、この先、さらに17年間エジプトで生きることになります。

ヨセフは兄弟たちに、パロに会った時には、羊飼いという職業を強調せよと助言します。これによって、一家はゴシェンの地に隔離されて住むことができるようになるはずだからです。ヨセフには、一家は必ずカナンの地に帰還するという確信がありました。今、彼らに必要なのは、エジプト文明からの隔離です。ゴシェンの地に住み、同族内で結婚し、人口を増やすことが当面の課題であることを、彼は理解していたのです。

終わりの時代に生かされている私たちにとって最も必要なものは、洞察力です。政治的視点や経済的視点だけでなく、神の国の視点からも、日本や世界の将来像を描くことが大切です。そして、歴史的文脈の中で、自分はどのような役割を果たすべきかを祈り求める必要があります。主からの洞察力を祈り求めようではありませんか。

創世記47章

さて、イスラエルはエジプトの国でゴシェンの地に住んだ。彼らはそこに所有地を得て、多くの子を生み、大いに数を増やした。（創世記47・27）

この章から、以下のことを学びましょう。（1）ヨセフの知恵ある助言によって、イスラエルの民は、ゴシェンの地で平安な生活を送ることができるようになりました。（2）ヨセフは、自分を苦しめた兄たちの最善を考えて行動しています。これは、偉大な人に共通する特徴です。（3）ファラオはヤコブとその家族を祝福したので、ヤコブから祝福を受けました。

ファラオとの謁見―羊飼いという職業の強調―

ファラオが職業について質問したときに、兄弟たちはヨセフから指示された通りに、「自分たちは先祖の時代から羊飼いである」と答えました。さらに、「この地に寄留しようとして参りました」とも言いました。彼らは、いつか必ずカナンの地に帰還するとの決意を持っていたのです。ゴシェンの地に住むのは、エジプト文化からの隔離を願ったからです。

ファラオの前に立つヤコブ

ヨセフは、すべてが決着してから父ヤコブをファラオに紹介しました。「ヤコブはファラオを祝福した」とありますが、ここには、地上の権威と神の国の権威の対比があります。世的にはファラオが上位にいますが、神の国の視点からはヤコブの方が上位にいます。

ファラオは、ヤコブの年齢を問い、ヤコブは、「わたしの旅路の年月は百三十年です」（新共同訳）と答えました。「旅路」という言葉は、寄留者としての自己認識を表しています。ヤコブは、数々の試練を通過しましたが、永遠の視点から見るなら、130年はわずかな年月です。

ヨセフのビジネス倫理

激しい飢饉のために、全地に食物がなくなりました。しかしヨセフは、豊作の7年の間にエジプト人から穀物を購入し、それを倉庫に貯蔵していました。

飢饉が襲って来た時、人々はヨセフから穀物を買いました。そのようにして集めた銀を、ヨセフはファラオの家に納め、政府の財政基盤を充実させました。ちなみに、ヤコブの息子たちがエジプトに下って来たのは、飢饉の2年目でした。

飢饉の6年目に、ヨセフはエジプト人の家畜を買い取りました。人々は穀物を買う貨幣がなかったので、ヨセフは物々交換を提案したのです。この提案によって、人間も家畜も生き延びることができました。この交換によって、エジプト中の馬、羊の群れ、牛の群れ、ろば、などがファラオのものとなりました。

飢饉の7年目に、人々はヨセフのもとに来て、こう訴えます。銀も家畜も尽き、残されているのは、からだと農地だけである。生き延びるために、農地を買って欲しい。つまり、自分たちがファラオの奴隷となり、種を蒔いて作物を収穫するなら、土地は荒れないという提案です。ヨセフはその提案を受け入れました。その結果、エジプトの全農地がファラオのものとなりました。ここでのヨセフは、決して不道徳なことをしているわけではありません。彼は、民衆の苦境を助けつつ、ファラオの財産を増やしているのです。ただし、祭司たちの土地だけは例外でした。彼らにはファラオから食糧が支給されていました。

土地を買い取ったヨセフは、人口を移動させました。その結果、エジプト人はヘブル人と同様に寄留者となりました。

小作契約が結ばれ、人々に農地と種が供与されました。それを用いて耕作に励み、収穫の中から税を納めるのです。収穫の5分の1が税となり、5分の4は彼らの取り分となりました。次年度の種は、収穫の中から確保すると定められました。この政策はそれ以降も続きました。

ヤコブの信仰

ヤコブは130歳でエジプトに移住し、その後17年生きて147歳となりました。彼は自らの死期が近いことを悟りました。ヤコブはヨセフを呼び寄せて遺言を語りますが、この遺言は契約の形を取っています。ヤコブは、カナンの地こそ自らが帰るべき地であることを知っており、この契約を通して、子孫の将来がカナンの地にしかないことを教えようとしました。その結果、イスラエルの民は、エジプトに寄留しながらも、常にカナンの地への帰還を願い続ける民となりました。

カナンの地は、より優れた都のひな型です。族長たち（アブラハム、イサク、ヤコブ）は、地上では寄留者であることを表明しつつ、天の故郷を慕い求める信仰へと導かれました。私たちもまた、地上では寄留者です。そのことを常に認識し続ける人は幸いです。

創世記48章

イスラエルはヨセフに言った。「おまえの顔が見られるとは思わなかったのに、今こうして神は、おまえの子孫も私に見させてくださった。」ヨセフはヤコブの膝から彼らを引き寄せて、顔を地に付けて伏し拝んだ。（創世記48・11〜12）

この章から、以下のことを学びましょう。（1）ヤコブは臨終の床で、ヨセフの2人の息子を祝福しました。これは、ヤコブがヨセフの2人の息子と養子縁組をしたということです。（2）ヤコブは、兄よりも弟を優先させました。（3）神の選びは、人間の判断とは異なります。神は、この世の弱い者を選び、ご自身の計画をお進めになります。神の恵みがより輝き出るためです。

養子になるエフライムとマナセ

ヤコブの一家がエジプトに移住してから、17年が経過しました。死を目前に控えたイスラエル（ヤコブ）は、力を振り絞ってヨセフの2人の息子（マナセとエフライム）と対面します。臨終の床で、彼らに霊的教訓を与えるためです。

イスラエルは、アブラハム契約の確認から始め、次に、この2人を養子に迎えると宣言します。弟のエフライムが先で、兄のマナセが後になっていることに注目しましょう。本来、ヤコブの長男はルベンであり次男はシメオンなのですが、エフライムとマナセは、ルベンとシメオンが持っていた地位に就くと約束されました。つまり、ルベンが持っていた長子の権利はヨセフに譲り渡され、ヨセフからエフライムとマナセの2つの部族が誕生するということです。愛妻ラケルの死は、あまりにも早すぎた死でしたが、この養子縁組によって、ラケルから3つの部族（エフライム、マナセ、ベニヤミン）が誕生することになりました。

ヨセフの2人の息子を祝福するヤコブ

イスラエルは手を交差させ、右手をエフライムの頭に、左手をマナセの頭に置きました。ヨセフは、父が勘違いをしているのだろうと思い、父の手を元に戻そうとしますが、イスラエルは意図的に手を交差させていることを告げます。つまり、弟のエフライムを兄のマナセに優先させたということです。後にエフライムは、北の10部族を統合する存在となり、後代の預言者たちは、北の10部族をエフライムと呼ぶようになります。それに対してマナセは、ヨルダン川をはさんで、2つの半部族に分かれます。

次にヤコブは、彼らを祝福してこう語ります。「あなたによってイスラエルは人を祝福して言うであろう。『どうか、神があなたをエフライムとマナセのようにしてくださるように』」（新共同訳）。これは、エフライムとマナセの名が、イスラエル人が誰かを祝福する時の決まり文句になるという預言です。今日でも、イスラエル人はこの決まり文句を使っています。

出エジプトを預言するヤコブ

ヤコブは、平安の内に死を迎えようとしています。死に直面しながら平安である理由は、どこにあるのでしょうか。人は、どんなに家族を愛していても、別れの時は必ず来ます。しかし神は、いつもともにいてくださいます。ヤコブは、家族を神の御手に委ねていましたので、平安を得ることができました。そしてヤコブは、自分の家族が将来カナンの地に帰還することを確信していました。アブラハム契約によって、カナンの地はイスラエルの民に約束されていたからです。

次にイスラエルは、シェケムの町をヨセフに与えると約束します。「私が剣と弓をもってエモリ人の手から取った」という修飾句が、シェケムという語の前に付いていますが、「剣と弓」とは、「シメオンとレビ」のことです。創世記34章で、ディナがヒビ人ハモルの子シェケムに辱められた時、シメオンとレビは妹のために暴力的な報復行為に出ました。イスラエルは、シメオンとレビの暴力を嫌い、平和の人であるヨセフにシェケムを与えました。これは、出エジプトの時代に成就し、シェケムはヨセフ族の相続地となります。

ヤコブの姿から、老年の輝きを垣間見ることができます。エジプトに移住してからの17年間は、ヤコブにとっては死の準備をする時間となりました。その間、彼の霊的洞察力は大いに深まりました。その洞察力をもって、彼はヨセフの息子たちの将来を預言しました。これは、夢見る人ヨセフをしのぐ洞察力です。若い頃から神とともに歩んで来たヤコブの信仰が、完成の域に近づいているのです。私たちも、信仰は積み重ねであることを覚え、ヤコブが持っていた霊的洞察力を求めて日々歩もうではありませんか。

創世記49章

これらはすべてイスラエルの部族で、十二であった。これは、彼らの父が彼らに語ったことである。彼らを祝福したとき、それぞれにふさわしい祝福を与えたのであった。（創世記49・28）

この章から、以下のことを学びましょう。（1）臨終の床でヤコブは、イスラエル12部族に関する預言を語りました。（2）神は、それぞれの部族に特別な計画をお持ちです。（3）この預言によって、ヨセフ族とユダ族の優位性が確認されました。

ヤコブが語った預言の内容は、突き詰めれば、①土地の分割と②メシアの家系の2つです。最も長くて重要な預言は、ユダとヨセフに関するものです。シメオンとレビだけは、2人1組で扱われています。

ルベンの将来

長男ルベンは、意志薄弱、自己管理能力の不足、目的意識の欠如などの弱点を有していました。父の寝所を汚した罪によって、彼が持っていた長子の権利は、ヨセフ族とユダ族に移行しました。

シメオンとレビの将来

ディナ事件で暴虐の限りを尽くしたために、シメオン族とレビ族は、呪いを受けます。シメオン族は12部族中最も人数の少ない部族となります。彼らの相続地は、ユダ族の相続地の中に置かれましたが、ダビデの治世以後はユダの相続地に統合され、彼らは国中に離散して行きます。

レビ族は、国中に散らされ、レビ人の町と呼ばれる48の町々に住むことになります。レビ族は幕屋での奉仕に任じられ、モーセの兄アロンの家系は祭司職に召されました。レビ族の歴史は、呪いが信仰によって祝福に変えられた例です。

ユダの将来

ルベンから取り去られた長子の権利の祝福は、ユダとヨセフに二分されます。ユダは12部族の中での優位性（指導者となる立場）を引き継ぎ、ヨセフは長子の権利を引き継ぎました。祝福の預言の中で最も重要なのは、メシア預言です。メシアは、ユダ族の子孫から登場します。

ゼブルン、イッサカル、ダンの将来

ゼブルンが相続する土地は、海辺の近くとなります。相続地は地中海に面していたわけではありませんが、海洋貿易から富を得る民となるという意味でこのように預言されたのでしょう。彼らの活動範囲は、シドンにまで至ります。

イッサカルは、農業に専念し、厳しい労働に耐えることができる民となります。彼らは、「麗しい地」を相続します。その地は、イズレエルの谷と呼ばれる肥沃な平野です。しかし彼らは、安楽を求める怠惰な民であるという欠点を宿していました。

ダンという名には、「かばう」「裁く」という意味があります。ダン族に与えられた召命は、「民を裁くこと」にありました。しかしダン族は、その崇高な召命を全うすることができません。彼らは暴力的で裏切りの民となることが預言されています。

ガド族の将来

ガド族の相続地は、ヨルダン川の東となったため、砂漠の民（モアブ人、アンモン人）の侵略を日常的に受けました。時には、アンモン人の王がガドの町々を支配することもありました。しかし、ガド族からも勇敢な戦士が出て、一時的な敗北を喫しても、彼らは最後には必ず勝利するようになります。

アシェル族とナフタリ族の将来

アシェル族は、フェニキアに隣接する沿岸地帯を相続するようになります。ここは豊かな土地で、豊富な食物に恵まれる土地です。

ナフタリ族は、ガリラヤ湖の西側から北に延びる地域を相続し、山地に住む戦士となります。「美しい小鹿を産む」という文は、「美しいことばを発する」とも訳せ、彼らには雄弁の賜物が与えられます。ちなみに、イエスの弟子たちは、ほとんどがナフタリの出身でした。

ヨセフ族の将来

ヨセフ族には、繁栄の祝福が与えられました。この預言どおりに、12部族の中で最大の人数を擁するようになります。ヤコブがヨセフに与える祝福は、アブラハムやイサクがその子たちに与えた祝福よりも大いなるものです。

ベニヤミン族の将来

ベニヤミンの子孫は、好戦的な部族となります。ベニヤミン族からは、左利きの士師エフデ、初代の王サウル、エステル記に登場するモルデカイとエステルなどが出ています。新約聖書では、使徒パウロがベニヤミン族の出身です。神はパウロの激しい性質を、良き目的のためにお用いになりました。

ヤコブが幸いな死を迎えた理由は、すべてのわざを終えたという安心感があったこと、子孫の将来に確信を得ていたこと、死後のいのちの希望を見ていたことなどです。このような祝された死は、私たちにも約束されています。

創世記50章

息子たちは彼をカナンの地に運び、マクペラの畑地の洞穴に葬った。それはマムレに面していて、アブラハムが私有の墓地にしようと、ヒッタイト人エフロンから畑地とともに買ったものである。

（創世記50・13）

この章から、以下のことを学びましょう。（1）義人の死を悼むことは、神に喜ばれることです。（2）創世記1章には、エデンの園で生かされているアダムの姿がありました。創世記50章には、棺に納められたヨセフの遺体があります。（3）アダムの罪によって死がこの世界に入り込んで来ました。罪と死の問題を解決できるのは、神だけです。

ヤコブの遺体のミイラ化

ヤコブの死は、1つの時代の終わりを告げました。ヤコブは晩年の17年間をヨセフとともに過ごしましたが、2人にとっては幸せな17年だったことでしょう。ヨセフは、父の遺体をヘブロンのマクペラの洞穴まで運ぶために、ミイラにしました。死者のミイラ化は、オシリス（冥界の神、死と復活をつかさどる神）崇拝と密接に結びついていましたので、ヨセフは誤解を避けるために、細心の注意を払いました。彼は、父の遺体のミイラ化を魔術的要素を持った職人たちにではなく、医者たちに命じました。

葬儀

ヨセフは、仲介者を通してファラオに、父を埋葬する許可を申し出ています。ファラオの許可が必要な理由は、ヨセフが重要な地位に就いていたからです。それで彼は、「私はまた帰って来ます」と約束したのです。ファラオの許可を得たヨセフは、ヨルダンの向こうの地ゴレン・ハ・アタデで、荘厳な葬儀を行いました。7日間行われた葬儀を見たカナン人たちは、「これはエジプトの荘厳な葬儀だ」と叫び、そこの地名を、「アベル・ミツライム（エジプトの葬儀の意）」に改名しました。その後、ヤコブの息子たちは、父の遺体をマクペラの墓地に葬りました。すべてヤコブが彼らに命じたとおりでした。

恐れる兄弟たち

父が死ぬと、兄弟たちは再びヨセフを恐れるようになりました。このことから、彼らが本当の意味でまだヨセフと和解していなかったことが分かります。兄たちの言葉を聞いて、ヨセフは泣きました。自分の心が彼らに十分に理解されていなかったからです。ヨセフは再度、兄弟たちに優しく次のことを語ります。「あなたがた（人間）は、私に悪を計った」、「しかし神は、それを良いことに変えられた」、「その結果、多くの人のいのちが助かった」。ヨセフは、イエス・キリストの型です。主イエスは、今も私たちに優しく語りかけておられます。

ヨセフの死

ヤコブの死から54年が経って、ヨセフは110歳で死を迎えました。彼の人生は祝福に満ちたものとなりました。「ヨセフはエフライムの子孫を三代まで見た。マナセの子マキルの子どもたちも生まれて、ヨセフの膝に抱かれた」とあります。誕生の時に「膝」で受けるのは、自分のものであることを表明する行為です。子どもが多く与えられることは、聖書では祝福のしるしです。

ヨセフは、神からの直接的な啓示を受けたことはありませんでしたが、すでに父祖たちに示されていた神の約束（アブラハム契約）を信じて、地上生涯を全うしました。彼は兄弟たちに、神の時が来て、いつか約束の地へ帰るときが来たら、自分の遺体を携え上って欲しいと告げます。この願いが実現するのは、それから４００年以上も経ってからです。

創世記のまとめ

ヨセフの死によって、族長時代は終わりました。これ以降、神はイスラエルを1つの国民として取り扱われます。

創世記は、光と命で始まり、死と闇で終わりました。また、神で始まり、棺で終わりました。祝福が呪いに変わった理由は、アダムを通してこの世に罪が侵入したからです。この問題に対する解決策は、「1人の人を選び、そこから出てくる1つの民族を選ぶ」ということです。それがアブラハムであり、イスラエルの民です。イスラエルの選びは、「全人類を救うための方法の選び」です。イスラエルの民の使命は、祭司の民となることです。そして、イスラエルの民から祭司の中の祭司、メシアが誕生するのです。

創世記の結末は、解放の書である出エジプト記へと私たちを導きます。出エジプト記は、神の物語であり、イスラエルの民の物語です。と同時に、私たちの物語でもあります。私たちもまた、解放を体験する必要があります。神は、メシアを通した解放のプランを用意しておられます。このことを信じる人は幸いです。

出エジプト記1章

イスラエルの子らは多くの子を生んで、群れ広がり、増えて非常に強くなった。こうしてその地は彼らで満ちた。（出エジプト記1・7）

この章から、以下のことを学びましょう。（1）イスラエルの民は、エジプトで一大民族として成長します。（2）エジプトは、人類史上初めて、反ユダヤ主義を公の政策として採用した国となりました。（3）神は、ご自身の栄光を表わすため、神の民が苦難を通過することを許されます。

創世記のまとめ

イスラエルの民は、ゴシェンの地でエジプト文化から隔離されて400年を過ごします。400年間もエジプトに留まる理由は、「アモリ人の咎が、そのときまでに満ちることはないから」です。アモリ人とは、カナン人の総称です。イスラエル人によるカナン征服には、神の裁きとしての側面があります。神は、カナン人の罪が満ちるまでは、裁きを行うことを延期しておられたのです。

エジプトにおいて、イスラエル人はおびただしく増えました。400年の間に、70人からおよそ200万人に膨れ上がりました。これは、エジプトにおいてもアブラハムへの約束は有効であったことを示しています。

苦役に苦しむイスラエルの民

出エジプト記の時代背景について考えてみましょう。外部から侵入して来た異民族がエジプトを支配した時代がありました。第16王朝と第17王朝がそれで、ヒクソス王朝（前1650～1550年）と呼ばれました。エジプト人はハム系ですが、ヒクソス人はセム系です。ヒクソス王朝は、同じセム系の移民を歓迎しました。ヨセフがエジプトの宰相となったのは、このヒクソス王朝時代です。ところがヨセフの死後、エジプト人が王権を回復し、第18王朝が誕生しました（前1540年）。新王朝は、セム系の人々を疑いの目で見ました。これで、イスラエル人を迫害する人種的、宗教的背景が整いました。

イスラエル人に対する迫害は2段階でやってき

ました。第1段階は、苦役をそれまで以上に重くすることでした。過酷な労働を課すことによって、イスラエル人の出生率を減らそうとしたのです。しかし、イスラエル人たちはますます増え広がりました。それを見て、エジプト人はイスラエル人に対する恐れを抱き、さらに過酷な労働を課しました。

民族抹殺におびえるイスラエルの民

第2段階は、計画的な民族抹殺でした。ファラオはヘブル人の助産婦たちに、「産まれたのが男の子なら殺せ。女の子なら生かしておけ」と命じます。古代の法律では、子どもの人種は父親によって決まりました。イスラエル人の女がエジプト人の子を産むなら、その子はエジプト人となり、エジプトの人口増加につながります。あるいは、イスラエル人の女を別の人種の奴隷と結婚させて子を産ませるなら、奴隷の数は増えることになります。しかし、男の子の場合は、そうはいきません。それで、男の子だけを殺せという命令になったのです。

助産婦たちの名は、シフラとプアです。彼女たちは、助産婦の代表です。彼女たちは、エジプトの王を恐れるか、神を恐れるかの選択を迫られました。肉の目は地上の権力者を恐れますが、信仰の目はそれ以上に神を恐れます。助産婦たちは、神を恐れることを選び取りました。

反ユダヤ主義政策

ヘブル人の男の子たちが死なないのを見て、王は2人の助産婦を詰問します。彼女たちは、「ヘブル人の女はエジプト人の女とは違います。彼女たちは元気で、助産婦が行く前に産んでしまうのです」と答えます。この弁明は厳密に言えば嘘ですが、神は、私たちが情報を正確に伝えるかどうかよりも、神に対して従順であるかどうかを問題にされます。神は、助産婦たちの信仰を大いに祝福されました。その結果、イスラエルの民は増え、非常に強くなりました。また、彼女たちにも子どもが生まれ、その家は栄えました。

助産婦を使った迫害がうまくいかなかったので、次にファラオは、国民総動員政策を採用します。「生まれた男の子はみな、ナイル川に投げ込まなければならない。女の子はみな、生かしておかなければならない」

イスラエル人がエジプトを脱出する日は、刻々と近づいて来ました。彼らは自由の民として主を礼拝するためにエジプトを出ます。イスラエル人が体験する出エジプトは、私たちが体験する「霊的出エジプト」のひな形です。私たちは、神の子羊イエスの死によって、罪と死の束縛から解放されました。自由の民として生きることを志そうではありませんか。

出エジプト記2章

その子が大きくなったとき、母はその子をファラオの娘のもとに連れて行き、その子は王女の息子になった。王女はその子をモーセと名づけた。彼女は「水の中から、私がこの子を引き出したから」と言った。（出エジプト記2・10）

この章から、以下のことを学びましょう。（1）神の敵が神の民を破壊しようとするとき、神は摂理の御手を伸ばし、ご自身の民をお守りになります。（2）神は、ご自身の計画が成就するために、敵さえもお用いになります。（3）モーセは、時間をかけて神から訓練されました。

モーセの母の信仰

モーセの両親は、レビ族のアムラムとヨケベデです（甥と叔母の関係）。当時はまだ近親婚に関する禁止令がなかったので、彼らは結婚することができました。両親は、生まれた赤子が特別な子であることを感じ取り、3か月間隠しておきました。

しかし、３か月も経つと隠しきれなくなります。そこで母親は、行動を起こします。彼女は、パピルス製のかごに防水加工を施し、そこに赤子を入れてナイル川に浮かべました。「かご」は、エジプト語で「テイバー」と言います。ノアの箱舟でも同じ言葉が使われています。かごの行方を見守ったのは、姉のミリアムでした。

神の摂理の御手

エジプトの王トゥトモス１世の娘（ハトシェプスト）が、水浴びをしようとナイルに降りて来ました。彼女は葦の茂みにかごがあるのを見つけ、それを持って来させます。その光景を遠くから眺めていたミリアムは、機転を利かせ、ファラオの娘にヘブル人の乳母を紹介します。その結果、母ヨケベデは、ファラオの娘から賃金をもらってモーセを育てることになります。ファラオの娘は、欺かれたわけではありません。彼女は、乳母が実母であることを知っていて、そうしたのです。その後、赤子は５歳前後でファラオの娘のもとに連れて行かれ、王女の養子となりました。彼は、モーセと命名されました。

逃亡者モーセ

モーセは、40歳になるまでエジプトの宮廷で、世界最高峰の教育を受けました。しかし彼は、ヘブル人としての自覚を失っておらず、ヘブル人の解放者となる機会をうかがっていました。虐待されているヘブル人を助けるために、１人のエジプト人を打ち殺したのも、そのためです。しかし、ヘブル人たちはモーセを解放者として認めないばかりか、彼がエジプト人を殺したことをファラオに密告しようとします。事件の発覚を恐れたモーセは、ミディアンの地に逃れます。モーセには、２つの誤解がありました。①神の時を誤解していました。神の時は、それから40年後に訪れます。②ヘブル人たちを解放する神の方法を誤解していました。

ミディアンでの生活

ミディアンの地に逃れたモーセは、その地の祭司の７人の娘たちを助けたことをきっかけに、その内の１人チッポラと結婚します。祭司の名は、レウエル（神の友）と言いました。モーセがミディアンの地で羊飼いとなったのは、神の摂理によることです。

最初の40年間で、モーセはエジプトの王子として最高の教育を受けました。これが後に、多くの民を統治するために役立ちました。次の40年間で、羊飼いとしての体験を積み上げました。これは、荒野の中でイスラエルの民を導くのに役立ちました。

行動を起こす神

神が行動を起こす前に、2つの条件が満たされる必要がありました。①モーセの訓練が完了すること。②モーセを殺そうとしていたファラオが死ぬこと。モーセのいのちを狙っていたトゥトモス3世が死に、アメンホテプ2世が新しい王となりました。彼もまた、反ユダヤ主義政策を継承しました。

新しい王の治世になっても、イスラエルの民の窮状は改善されませんでした。彼らの叫びは神に届きました。神に関する動詞が、4つ出てきます。「聞かれた」、「思い起こされた」、「ご覧になった」、「みこころを留められた」。神は、2つの理由で行動を起こされます。①イスラエルの民の悲惨な姿をご覧になった。②アブラハム、イサク、ヤコブとの契約を思い起こされた。

モーセは長い時間をかけて、神からの訓練を受けました。私たちもまた、神から受ける訓練を軽んじてはなりません。モーセの場合、エジプトでの訓練は知的なものであり、ミディアンでの訓練は実践的なものでした。知的要素と実践的要素がバランスよく組み合わさって初めて、神の器は豊かに用いられるようになります。神からの訓練を、喜んで受ける人は幸いです。

出エジプト記3章

主は、彼が横切って見に来るのをご覧になった。神は柴の茂みの中から彼に「モーセ、モーセ」と呼びかけられた。彼は「はい、ここにおります」と答えた。（出エジプト記3・4）

この章から、以下のことを学びましょう。（1）燃える柴は、イスラエルの民を象徴しています。迫害で燃やされても、燃え尽きることはありません。（2）出エジプトの出来事は、神がアブラハム契約に基づいて行われることです。（3）神から召されたなら、人間的な口実を並べて、その召しを拒否すべきではありません。

栄光の神

空気が乾燥したシナイ半島では、柴が自然発火するのは珍しい現象ではありません。しかしモーセが見たものは、燃え尽きることのない燃える柴でした。燃える柴は、シャカイナグローリー（神の栄光）の現れです。目に見えない神の臨在が、雲、煙、光、火、などの目に見える現象となって現れたものがシャカイナグローリーです。

「ここに近づいてはならない。あなたの履き物を脱げ。あなたの立っている場所は聖なる地である」。「聖なる地」はヘブル語で「アドゥマット・コデッシュ」です。「コデッシュ（聖なる）」は、「区別されている」という意味で、偶像の神々と人間を区別するための言葉です。しかし、神に関連してこの言葉が用いられる場合は、神は創造主であり、人間は被造物であることを示しています。

契約を結ぶ神

「アブラハム、イサク、ヤコブの神」というのは、契約の神の御名です。神はモーセに、「エジプトの手からイスラエル人を救い出し」、「カナンの地に上らせる」と宣言されました。神は、人間を用いてご自身の計画を実行されます。40歳のモーセと80歳のモーセは違います。彼は、自分が無力であることを体験的に学んでいましたので、神は彼を豊かに用いることができたのです。

モーセの言い訳(1)—自分には資格がない—

モーセは、言い訳を並べて神からの召命を断ろうとします。最初の言い訳は、「自分にはその資格がない」というものでした。神は、「わたしが、あなたとともにいる。これがあなたのためのしるしである」とお答えになりました。ここでの「しるし」は、「歴史的しるし」と呼ばれるものです。後になって振り返ってみると、神が介入されたことが分かる、ということです。事実、イスラエルの民はシナイ山で神を礼拝するようになります。これが「歴史的しるし」です。神の存在を証明する最大の「しるし」は歴史です。

モーセの言い訳(2)—自分には知識が足りない(神の御名を知らない)—

モーセは、ファラオよりもイスラエルの民のほうに問題があることに気づきました。モーセが想定しているイスラエルの民からくる質問は、以下の3つです。(1)「お前はどのような権威によって派遣されたのか」。(2)「神は、今度はどういう御名で働かれるのか」。彼らには、神は働きの段階に応じて新しい御名を啓示されるという認識がありました。(3)「お前は、神の力を引き出すマジックワード(まじないの言葉)を知っているか」。これは、古代中近東の一般的な認識です。

神は、「わたしは、『わたしはある』という者である」と言われました。これは、神の本質を啓示する御名です。このお方は、①自立自存の神、②自足している神、③すべてを包含している神、④いかなる限界もない神、です。

次に派遣のことばが語られます。「あなたはイスラエル人にこう告げなければならない。『わたしはあるという方が、私をあなたがたのところに遣わされた』と」。続いて、エジプトで起こることの予告が語られます。(1) イスラエルの民は、モーセの声に聞き従うだろう。(2) 長老たちといっしょにファラオのところに行け。そして、ヘブル人の神、主からのことばをファラオに告げよ。「荒野へ3日の道のりの旅をさせ、主にいけにえをささげさせてほしい」と。(3) ファラオは心をかたくなにするだろう。(4) 神がすべての清算を行うであろう。神は、あらゆる不思議でエジプトを打ち、未払い賃金の支払いを実行されます（創15・14の成就）。

モーセの言い訳は、私たちと無関係ではありません。大切なことは、できない理由ではなく、できる理由を考えることです。また、私たちとともにおられ、私たちを派遣してくださる神がどういうお方であるかを考えることです。否定的人生観を脱却し、神に信頼して歩む人生を送る人は幸いです。

出エジプト記4章

主は彼に言われた。「人に口をつけたのはだれか。だれが口をきけなくし、耳をふさぎ、目を開け、また閉ざすのか。それは、わたし、主ではないか。今、行け。わたしがあなたの口とともにあって、あなたが語るべきことを教える。」

（出エジプト記4・11〜12）

この章から、以下のことを学びましょう。（１）ことばがスムーズに出てこない人でも、主の助けがあれば雄弁な使者となることができます。（２）委ねられたメッセージを忠実に伝えるなら、主が責任を取ってくださいます。（３）アブラハム契約のしるし（割礼）を軽視するなら、出エジプトのリーダーになることはできません。

モーセの言い訳（３）

３番目の言い訳は、「自分には力がない」というものです。この言い訳に対して、神は、客観的な証拠となる３つのしるしを与えると約束されました。

①杖が蛇になる、②皮膚病を支配する、③ナイルの水が血になる。しるしの目的は、モーセの信仰を強めるため、モーセが神の使者であることをイスラエル人に示すため、そして、モーセの神がエジプトの神々よりも強力であることをファラオに示すため、などです。

モーセの言い訳（4）

最後の言い訳は、「私は口が重く、舌が重い」というものでした。「自分よりも弁が立つ人が派遣されたほうがいい」というのです。それに対する神の回答は、「人に口をつけたのはだれか。だれが口をきけなくし、耳をふさぎ、目を開け、また閉ざすのか。それは、わたし、主ではないか」というものでした。

優柔不断なモーセに対して主の怒りが燃え上がります。神は、モーセの兄アロンを介して神のことばを伝えよと、モーセにお命じになります。つまり、①神がモーセに語る、②モーセがアロンに語る、③アロンが民に語る、という方法を実行せよというのです。

モーセの決意

ついにモーセは、エジプトに向かう決心をします。彼には、杖と代弁者アロンが与えられました。出発の前に、モーセはしゅうとイテロの許可を得ます。無断で妻のチッポラと2人の息子たちを連れ出すようなことはしなかったのです。

神からモーセに、追加情報がもたらされました。エジプトでモーセのいのちを狙っていた者たちは皆、すでに死んだというのです。これは、モーセの心から恐れを取り除くための励ましのことばです。

神はモーセが失望しないように、エジプトでどのような事が起こるかを予告されます。ファラオに警告のことばを語っても、ファラオは聞き入れないというのです。「イスラエルはわたしの子、わたしの長子である。……わたしの子を去らせて、彼らがわたしに仕えるようにせよ。もし去らせるのを拒むなら、見よ、わたしはあなたの子、あなたの長子を殺す」。神は「長子」ということばを用いて、ご自身とイスラエルの民との関係を説明されました。その関係とは、アブラハム契約に基づく親子関係のことです。

神からの警告

エジプトへの途上、主はモーセを殺そうとされました。妻のチッポラは、急いで自分の息子（弟のエリエゼル）に割礼を施し、その結果、モーセは死を免れました。割礼は、アブラハム契約のしるしです。エジプトを脱出してカナンの地に向かうという約束は、アブラハム契約を土台として与えられたものです。もしモーセがアブラハム契約のしるしを無視したままでエジプトに向かうなら、彼には出エジプトのリーダーとしての資格がないということになります。

神からの確認

主からアロンへの語りかけがありました。「荒野に行って、モーセに会え」。アロンはそのことばに従い、荒野に出て行きました。モーセとアロンが再会したのは、シナイ山です。

モーセとアロンは、イスラエル人の長老たちをみな集めました。アロンはモーセの代弁者として語り、モーセは、民の前でしるしを行いました。モーセが行ったしるしは、すべて神から命じられたものです。

３つのしるしを見て、民は信じました。彼らは、モーセが解放者として神から派遣された人物であることを信じたのです。彼らは、神が恵みによって働かれたとの認識を持ち、ひざまずいて礼拝しました。

神の召命に対し、モーセは数々の言い訳をして、それを断ろうとしました。私たちも、自分に与えられている賜物を過小評価していることがよくあります。モーセに対する神の忍耐強さを覚えましょう。できない理由ではなく、できる理由を考える習慣を身に付けましょう。

出エジプト記5章

ファラオは答えた。「主とは何者だ。私がその声を聞いて、イスラエルを去らせなければならないとは。私は主を知らない。イスラエルは去らせない。」（出エジプト記5・2）

この章から、以下のことを学びましょう。（1）神が働かれる方法は、人間の期待とは大きくくずれることがあります。（2）モーセは、敵からだけでなく、自分が助けようとしている同胞からも苦しめられます。（3）神は私たちを試練に遭わせることによって、神にのみ信頼するように導かれます。

敵対するファラオ

モーセとアロンはファラオのところに行き、「イスラエルの神、主はこう仰せられます。『わたしの民を去らせ、荒野でわたしのために祭りを行えるようにせよ』」と言います。神がイスラエルの民を救出する理由は、礼拝する民を作り出すためです。ファラオの反応は、「モーセとアロンの言う主という神を、自分は知らない」という否定的なものでした。ここで起こっていることは、世界観の対立です。エジプトにはおよそ80の偶像がありましたが、その頂点に君臨するのがファラオです。ファラオは、どの神が自分よりも力があると言うのかと挑戦しているのです。

モーセとアロンは、ファラオに2度目の申し出をします。この時、「イスラエルの神、主」を「ヘブル人の神」と言い換えています。そのほうがファラオに理解してもらえるだろうと考えたからです。「そうでないと、主は疫病か剣で私たちを打たれます」は、彼らが独自に作り出したことばです。自分たちが死ねば、ファラオの財産（奴隷）がなくなるという警告でもあるのでしょう。2度目の申し出に対しても、ファラオの反応は「否」でした。イスラエルの民は、すぐに解放が実現すると思い込んでいましたが、事態は期待どおりには動きませんでした。神が予告しておられたとおりです。

強化される労働

その日、ファラオはイスラエル人への労働を強化するように命じます。れんがの材料になるわらを与えないで、これまでと同じ量のれんがを作れというのです。ここには、「神の国と神の敵が対決する時に、神の民が苦しむ」という原則があります。私たちにも、これと同じことが起こります。私たちクリスチャンは、御子のご支配の中に移されました。それゆえ、神の敵から苦しめられることがあるのです。

直訴するイスラエル人たち

イスラエル人の人夫がしらたちは、ファラオに直訴します。労役を厳しくせよという命令がファラオから出されていたことを知らなかったのです。彼らは、れんがの生産量が落ちているのは、エジプト人の監督たちの責任であると訴えました。しかし、ファラオからは厳しい回答が返ってきました。人夫がしらたちは、絶望的な思いで宮廷を去ります。

モーセとアロンは、彼らを迎えに来ていました。その理由は、ファラオの様子、そのことば、その対応などを知るためです。ファラオに関する情報を収集してから、次の手を考えようとしたのですが、予想外のことが起こりました。イスラエル人たちの怒りが、モーセとアロンに向けられたのです。

自信をなくすモーセ

最初、モーセはイスラエル人の長老たちから熱狂的な歓迎を受けました。しかし、モーセが救出の提案をファラオにした結果、最悪とも思えるような事態がイスラエルの民を襲いました。さらなる迫害を経験した民は、モーセを疑い、彼に対して敵意さえ抱くようになりました。

ここでモーセの信仰が揺らぎました。イスラエルの神は善なのか、悪なのか。イスラエルの神は約束を守るのか、守らないのか。自分は何のために派遣されて来たのか。そのような疑問がわいてきたのです。

出エジプト記5章は、クリスチャン生活のケーススタディを提供してくれています。ここに書かれているのは、神の約束は与えられているのに、いくら待ってもそれが成就しそうにない時に感じる葛藤です。それは、すべての信仰者が通過する道でもあります。キリストを信じても、自分を取り巻く環境や状況は変化しないことがよくあります。そのような時、人々は失望し、神の愛や力に疑問を抱くようになります。しかしその問題に対する解決策は、神の視点に立ってより広い視野で現状を評価するように努力することです。私たちは、光と闇の戦い（神と悪魔の戦い）の中に突入していることを覚えましょう。私たちの思いどおりにならない時でも、神の計画は確実に進展しています。

出エジプト記6章

「わたしはあなたがたを取ってわたしの民とし、わたしはあなたがたの神となる。あなたがたは、わたしがあなたがたの神、主であり、あなたがたをエジプトでの苦役から導き出す者であることを知る。」（出エジプト記6・7）

この章から、以下のことを学びましょう。（1）人間にとっての絶望的な状況は、神にとってご自身の力を示すチャンスです。（2）神は、契約に基づいて行動を起こされます。神の約束を信じ続ける人は、幸いです。

神の強い手

モーセに信仰の危機が訪れます。自分が活動した結果、イスラエルの民は、より過酷な労役を課され、モーセを憎むようになったからです。神は、モーセの不満の声を聞き、こう言われました。「何もしていないのではない。時が来るのを待っているのである」「やがてファラオは、イスラエルの民に出て行けと命じるようになる」。モーセに欠けていたのは、今しばしの忍耐心でした。

主なる神

「わたしは主である」。この御名の啓示は、「わたしは、『わたしはある』という者である」（出３・14）と大いに関係があります。「わたしはある」という御名は、神が自立自存の神、自足している神、すべてを包含している神、いかなる限界もない神であることを表しています。それと並行して、主（ヤハウェ）という御名は、神が契約を守る神、変わることのない神、常に信頼できる神であることを表しています。「わたしは、アブラハム、イサク、ヤコブに、全能の神として現れたが、」とあります。「全能の神（「エル・シャダイ」）という御名は、神がすべての必要を満たす神であることを表しています。ヘブル的には、名前は本質を表すものです。イスラエルの民は、出エジプト体験を通して、主というお方の力、恵み、本質を新しく知るようになります。

民に語るべき3つの約束

主はモーセに、イスラエルの民に語るべき３つの約束を伝えました。①「あなたがたを重い労働から救い出し、伸ばされた腕と大いなるさばきによって贖う」。「大いなるさばき」とは、将来、エジプトに下ろうとしている10の災害のことです。「贖う」とは、親族が金を払って買い戻すことです。ここでは、ファラオの息子が打たれ、イスラエルの民が解放されることです。②「わたしはあなたがたを取ってわたしの民とし、わたしはあなたがたの神となる」。出エジプトの出来事によって国が誕生し、イスラエルは神の民となります。③「わたしは、アブラハム、イサク、ヤコブに与えると誓ったその地にあなたがたを連れて行き、そこをあなたがたの所有地として与える」。神がカナンの地をイスラエルの民に与える理由は、アブラハム、イサク、ヤコブに誓ったからです。

以上の３つの約束は、「わたしは主である」という宣言で始まり、同じ宣言で終わります。主は、ご自身の栄誉にかけてこの約束を実行に移されます。

元の姿に戻るモーセ

モーセは、神に命じられたとおりにしますが、結果は思わしくありませんでした。民は、モーセに裏切られたと感じていたからです。失意のモーセに、主からの語りかけがありました。イスラエルの民はそのままにして、ファラオに「イスラエル人をエジプトから去らせよ」と語れというのです。しかし状況は、大変厳しいものでした。民は落胆し、不信仰に陥っています。モーセとアロンは民の説得に失敗し、これ以上神の命令に従うのが難しい状態になっています。エジプトの王ファラオも、イスラエルの民に対して以前にも増して敵意を抱くようになっています。しかし、神に不可能はありません。

モーセの系図

14節に入ると、突然系図が出てきます。その目的は、モーセとアロンを紹介するためです。この系図は部分的なものです。ヤコブの12人の息子たちの紹介が、ルベン、シメオン、レビまでとなっています。その理由は、モーセとアロンがイスラエルの系図のどこに位置しているかを示せば、目的が達成されるからです。モーセとアロンは、アブラハム契約の延長線上に登場した神の器です。

モーセが信仰の危機に陥った理由は、モーセの期待（予想）と神の計画の間にギャップがあったからです。クリスチャン生活でも、似たようなことが起こります。しかし、私たちが信じている神は、すべてを可能にされるお方です。自分が置かれている環境や直面している問題から目を離し、全知全能の神を見上げようではありませんか。

出エジプト記7章

彼らがそれぞれ自分の杖を投げると、それは蛇になった。しかし、アロンの杖は彼らの杖を呑み込んだ。（出エジプト記7・12）

この章から、以下のことを学びましょう。（1）ファラオとの戦いが始まります。最初の災害は、水が血に変わることです。（2）悪魔は、偽物を作ることで、神の業を妨害します。（3）今も悪魔は、同じ手法で多くの人たちを欺いていますが、偽物には真の力はありません。

信仰の危機を乗り越える

躊躇するモーセに対して、神は忍耐深く語りかけます。神は、兄アロンが代弁者（預言者）となると言われました。さらに神は、これから起ることを、再度モーセに啓示されました。「ファラオは心を頑なにする。その結果、エジプトは大きな裁きを受けることになる」。エジプト全体に裁きが下る理由は、エジプトが反ユダヤ主義政策を採用し、エジプト人全員がその政策を実行するようになったからです。

主はイスラエル人をエジプトから連れ出されます。そのことによって、エジプト人は「わたしが主であることを知る」ようになるのです。つまり、奴隷の神（イスラエル人の神）の方が、エジプトの神々より強いことを知るようになるというのです。これは非常に重要な預言です。主とは、契約の神の御名です。出エジプトの成就には、主の名誉がかかっています。

信仰の危機を脱する秘訣は、神のことばに焦点を合わせ、そのように行動を起こすことです。モーセとアロンは、主の命令どおりに行動を起こしました。これは、あらゆる時代のクリスチャンに通用する霊的原則です。自分の判断や期待を優先させ、神のことば（計画）を退けているなら、体験的に神を知ることは不可能です。

ファラオとの2度目の対決

モーセとアロンは、再びファラオのところに行き、主が命じられたとおりに行います。アロンが杖を投げると、それは蛇になりました。エジプトの知者や呪術者も、ファラオの命令で、同じように杖を蛇に変えました。しかし、アロンの杖は彼らの杖を飲み込んでしまいました。サタンは神の業に似せた奇跡を作り出すことができますが、神が行う奇跡の方が遙かに優れていることは言うまでもありません。その事実を目撃しながらも、ファラオの心は頑なになりました。しかしモーセは、動揺したり、落胆したりはしませんでした。なぜなら、そうなることは主によって予告されていたからです。モーセは、神のことばに立っていたのです。

最初の災い

モーセは朝、ファラオの前に立ちました。場所は、ナイルの岸です。当時のエジプト人たちは、ナイルを「エジプトの母」として礼拝していました。モーセは杖を持ってファラオに警告します。

アロンが杖を差し伸ばすと、ナイルの水が血に変わりました。被害は広範囲に及び、イスラエル人たちも同じ害を受けました。「木の器や石の器」とは、偶像にささげ物をするための器です。そこにも血が満ちました。これは偶像に対する裁きです。モーセとアロンが、主の命令どおりに行うと、ナイルの水は血に変わり、魚は死に、川は臭くなりました。そのため、エジプト人はナイルの水を飲むことができなくなりました。

この災いの時期は、10月から11月にかけての頃だと推測されます。エジプトの農業は、ナイル川に全面的に依存していました。ナイル川の増水は、毎年定期的にやって来ました。水が引くと、種を蒔く時期になります。第1と第2の災いは、ナイルが増水し、その水が引いて行く時期に行われたのでしょう。10番目の災いは春にやって来ますので、10の災害は6か月という時間をかけて起こったことが分かります。

ここでも、エジプトの呪法師たちは同じ現象を作り出しました。真水を見つけ、それを血に変えたのです。彼らの行為は、すでに苦しんでいるエジプト人にとっては何の助けにもなりません。今回も、ファラオの心は頑なになり、この災いを心に留めませんでした。彼自身は、一般庶民のように飲み水に困るようなことはなかったはずですが、エジプト人たちは、飲み水を求めて井戸を掘りました。その状態が７日間も続きました。

本物の奇跡と悪魔が作り出す偽物とを見分ける目を主からいただきましょう。見分ける目とは、霊的洞察力のことです。そのためにも、聖書を学び、神のことばを心に蓄える必要があります。私たちの神は、大いなることを行うお方です。

出エジプト記8章

「わたしはその日、わたしの民がとどまっているゴシェンの地を特別に扱い、そこにはアブの群れがいないようにする。こうしてあなたは、わたしがその地のただ中にあって主であることを知る。わたしは、わたしの民をあなたの民と区別して、贖いをする。明日、このしるしが起こる。」

（出エジプト記8・22～23）

この章から、以下のことを学びましょう。（１）かえるの害、ブヨの害、アブの害が、ファラオを苦しめます。(2)ファラオはイスラエルの民に対して、妥協案を提示します。ファラオの提案は、悪魔の策略を暗示しています。（３）今も悪魔は、クリスチャンに妥協案を提示してきます。「信仰を持つのは結構だけれど、この世の生活も楽しんだらいいのではないか」と。

第2の災い ― かえるの害

ナイル川の増水は、７月中旬から始まり、３か月後には、肥沃な土壌を残して水が引き始めます。水が引くと、種を蒔く時期になります。種蒔きの時期とかえるが現れる時期は、合致します。つまり、かえるの出現が農業年の始まりを告げるということです。第2の災いでは、希望をもたらすはずの「かえる」が、災いをもたらすものとなります。

呪法師たちは、かえるを増やすことはできましたが、それを取り除くことはできませんでした。ついにファラオは、モーセとアロンに、「かえるを取り除けば、イスラエルの民をエジプトから出て行かせる」と言いました。モーセはファラオに「時間の指定」を迫り、ファラオは「あす」と答えます。ここで問題になっているのは、イスラエル人を救出するのは、エジプトの神々なのか、主なのか、という点です。モーセが祈ると、ナイル川以外の所にいたかえるは死に絶え、エジプト全土に悪臭が漂いました。ところが、一息つけると思ったファラオは、再び心を硬くします。

第3の災い―ブヨの害

「ブヨ」とは、「種々の害虫」のことです。つまり、雑多な害虫が現れたということです。呪法師たちは、第3の災いを再現することはできませんでした。彼らは、「これは神の指です」と叫びました。つまり、この奇跡が自分たちの能力をはるかに超えているということです。しかしファラオは、再び心を硬くします。モーセにとっては想定内のことでした。

第4の災い―アブ（昆虫）の群れ

イスラエルの民がエジプトを出るのは、主との関係を構築するためです。主は、ご自身を礼拝する民を作ろうとしておられました。今も主は、異邦人の中からご自身を礼拝する民を集めておられます。私たちは、その呼びかけに応答した主の民です。

主は、ファラオがモーセの申し出を拒むなら、今度は「アブの群れ」（種々の昆虫）を送ると言われました。エジプト人たちは、昆虫には死を命に変える力があると信じて、昆虫を崇拝していました。

第4の災いから、イスラエル人とエジプト人の区別が始まり、それが第10の災いまで続きます。主が警告されたとおりに、アブの群れがエジプト中に満ちました。災いの範囲はエジプト全土でしたが、ゴシェンは守られました。

さすがのファラオも、弱気になったようです。彼はモーセとアロンを呼び寄せ、エジプト国内で主にいけにえを献げよと命じます。モーセは、「否」と回答します。自分たちが献げるいけにえは、エジプト人が忌み嫌う羊なので、そんなことをすれば、自分たちはエジプト人から石で打ち殺されるというのです。さらにモーセは、出エジプトの目的は、イスラエルの民が神の民になることであると告げます。そこでファラオは、「荒野に行くことを許可するが、決して遠くへ行ってはならない」と譲歩案を提示し、自分のために祈って欲しいとモーセに願います。モーセは、「あす、アブがファラオとその家臣とその民から離れる」と約束します。翌日、モーセの祈りによってアブはいなくなりましたが、ファラオはこの時もイスラエルの民を去らせようとはしませんでした。

神の裁きは、回を追うごとに厳しいものとなっていきます。しかし、ゴシェンに住むイスラエルの民は守られます。「わたしは、わたしの民をあなたの民と区別して、贖いをする。明日、このしるしが起こる」(23節)。私たちクリスチャンも、イエス・キリストの贖いによって、この世から区別される者となりました。父なる神の守りの御手が私たちの上に伸ばされています。そのことを覚え、平安をいただきましょう。

出エジプト記9章

「実に今でも、わたしが手を伸ばし、あなたとあなたの民を疫病で打つなら、あなたは地から消し去られる。しかし、このことのために、わたしはあなたを立てておいた。わたしの力をあなたに示すため、そうして、わたしの名を全地に知らしめるためである。」（出エジプト記9・15～16）

この章から、以下のことを学びましょう。（1）疫病、腫れもの、雹が、エジプト人を苦しめます。（2）悔い改めの機会を拒否し続けるなら、最後は、神から見放されます。そのことがファラオに起こります。（3）悔い改めを先延ばしにしていると、ますます心が硬くなります。

第5の災い―疫病

第5の災いは、野にいる家畜を襲う激しい疫病です。エジプトでは、馬、牛、雄羊などは神性な動物と見なされ、礼拝の対象になっていました。主が、「明日、主がこの地でこのことを行う」と言われた理由は、疫病が偶然に起こったものではなく、主の業であることをファラオに認めさせるためです。

主がイスラエルの民とエジプト人を区別するという状況は、ここでも続きます。ファラオは、イスラエルの家畜が1頭も死んでいないという事実を知らされ、愕然としたことでしょう。それでもファラオは、強情になりました。

第6の災い―腫れもの

第6の災いは腫れものですが、記述量は多くありません。第3の災いと同じように、神学的意味がさほどないからだと思われます。モーセとアロンが「すす」を天に向けてまき散らしていますが、それを用いて腫れものの災いをもたらしているのは、主です。「すす」は、エジプト全土の人と獣に付き、うみの出る腫れものとなりました。しかし、ゴシェンの地に住む人と家畜は守られました。

呪法師たちは、腫れもののためにモーセの前に立つことができませんでした。第5と第6の災いは、自然に消滅したものと思われます。この時も、ファラオの心は硬くなりました。それは彼自身の責任ですが、背後には主の御手の働きもありました。

ここでの「かまど」とは、レンガを焼くかまどのことで、イスラエル人の苦難の象徴でもあります。エジプト人たちは、そのかまどから取られたものです。「すす」は、イスラエル人を迫害したために、主からの罰を受けています。イスラエルを祝福する者は祝福を受け、呪う者は呪われます（創12・3）。その場合、同じ種類の呪いが返ってくることが多いのです。

第7の災い—雹

第7の災いは、「あすの今ごろ雹《ひょう》が降る」というものでした。この雹は、エジプト建国以来降ったことのないような激しいものでした。モーセはファラオにこう警告します。「さあ今、使いを送って、あなたの家畜と、野にいるあなたのすべてのものを避難させよ。野に残されて家に連れ戻されなかった人や家畜はみな、雹に打たれて死ぬ」

エジプト人の中にも、教訓を学びつつある人とそうでない人がいました。前者は、しもべたちと家畜を家に避難させましたが、後者は行動を起こしませんでした。彼らは、「主のことばを心に留めなかった者」です。プライドは、合理的な思考を停止させ、偶像礼拝は、真の神への恐れを停止させます。

モーセが杖を天に向けて差し伸ばすと、主が警告されたとおりになりました。雹は、エジプトでは年に３日ほど降りますが、雷が伴うことは皆無です。火が伴うのは、超自然現象です。被害の範囲は、野にいた人、野にいた獣、野の草、野の木にまで及びました。しかし、ゴシェンの地だけは守られました。主がイスラエルの民とエジプト人を区別されたからです。

ファラオは、モーセとアロンを呼び寄せ、自分の罪を告白します。彼は、主が正しいお方であることを認め、イスラエル民が国外へ出ることを認めます。しかしモーセは、ファラオの主への恐れが本物ではないことを知っていました。

なぜ、10の災いが必要だったのでしょうか。イスラエルの民を解放するだけなら、１度の災い（第10の災い）だけでいいはずですが、その前に９つの災いが下ります。10の災いの目的は、イスラエルの民に主とは誰かを教えるためです。また、エジプト人と全世界に、主とは誰かを教えるためでもあります。その結果、現代に生きる私たちも、主のようなお方は他にいないことを学ぶことができています。まことに主は大いなるお方、このようなお方は他にはいません。

出エジプト記10章

主はモーセに言われた。「ファラオのところに行け。わたしは彼とその家臣たちの心を硬くした。それは、わたしが、これらのしるしを彼らの中で行うためである。また、わたしがエジプトに対して力を働かせたあのこと、わたしが彼らの中で行ったしるしを、あなたが息子や孫に語って聞かせるためである。こうしてあなたがたは、わたしが主であることを知る。」

（出エジプト記10・1〜2）

この章から、以下のことを学びましょう。（1）いなごの害と暗闇の害が、エジプト人を苦しめます。（2）神と人が和解するための条件は、神によって定められています。人間には、交渉の余地はありません。（3）ファラオは、神が定めた条件に手を加えようとしますが、それは愚かなことです。

第8の災い―いなご

第8の災いが始まります。第8の災いが下る目的は、3つあります。①エジプト人が、この災いが主の業であることを信じるため。②エジプトの中で主が行われたことを、イスラエル人が息子や孫に語って聞かせるため。③主は契約を守るお方であることを、イスラエル人が知るため。

モーセはファラオに、いなごが地の面を覆うと警告します。タイミングは「明日」です。いなごの大群のために、地は見えなくなり、雹の害を免れた植物が、いなごによって食いつくされます。しかも、いなごは、野だけではなく、ファラオの王宮にもエジプト人たちの家にも満ちます。これほどのいなごの害は、エジプトの歴史上なかったことです。

ここに至って、ファラオの意見に反対することのなかった家臣たちが、必死になってファラオを説得しようとします。彼らは、ファラオの知恵と力、またその神性を疑い始めています。ファラオはモーセとアロンを呼び戻し、「いったいだれが荒野へ行くのか」と問います。モーセは、「大人も子どもも全員が、全家畜を連れて出て行く」と答えますが、ファラオは、子どもは残り、壮年の男だけ行くようにと命じます。

モーセがエジプトの地の上に杖を差し伸ばすと、終日終夜東風が吹きました。朝になると、その東風がいなごの大群を運んできました。いなごの害によって、エジプトの地には、緑色のものが少しも残りませんでしたが、イスラエル人はこの害からも守られます。

今回も、主はファラオが頑なになることを許されました。その理由は、主の力が、エジプト人に対して、イスラエルの民に対して、そして全世界に対して示されるためです。

第9の災い―暗闇

第9の災いは、暗闇です。モーセは主の命令によって、天に向けて手を差し伸ばしました。すると、暗闇が3日間にわたりエジプト全土を覆いました。しかし、ゴシェンの地は守られました。「人々は三日間、互いに見ることも、自分のいる場所から立つこともできなかった。しかし、イスラエルの子らのすべてには、住んでいる所に光があった」とあります。

ファラオは、再び妥協案を提示します。「幼子はいっしょに行ってもいいが、家畜は置いていけ」。ファラオが家畜を置いて行けと命じるのは、当然のことです。エジプトの家畜は、すでに災いによって死んでいました。しかしモーセは、その妥協案を拒否します。荒野に行くまでは、どの動物をいけにえとして献げるのかは、不明です。実際のところ、モーセの律法が与えられるのは、シナイ山に着いてからのことです。

それを聞いて、ファラオの心は再び硬くなりました。「私のところから出て行け。私の顔を二度と見ないように気をつけろ。おまえが私の顔を見たら、その日に、おまえは死ななければならない」。モーセは、「もう二度とあなたのお顔を見ることはありません」と言ってファラオの前を去ります。これ以降、両者が交渉のために顔を合わせることは2度とありませんでした。

神に背を向けるなら、暗黒の中を歩むことになります。しかし、神に従うなら、いかなる闇の中でも光を見ることができます。その光とは、主ご自身であり、シャカイナグローリーでもあります（イザ60・1～2、マタ4・16など参照）。主イエスはこう宣言されました。「わたしは世の光です。わたしに従う者は、決して闇の中を歩むことがなく、いのちの光を持ちます」（ヨハ8・12）。「わたしが世にいる間は、わたしが世の光です」（ヨハ9・5）。暗闇の中を歩むようなことがあっても、光である主イエスにお従いしましょう。

出エジプト記11章

「あなたのこの家臣たちはみな、私のところに下って来て、私にひれ伏し、『あなたもあなたに従う民もみな、出て行ってください』と言うでしょう。その後私は出て行きます。」こうして、モーセは怒りに燃えてファラオのところから出て行った。（出エジプト記11・8）

この章から、以下のことを学びましょう。（1）神の御手が伸ばされるとき、勝者と敗者が逆転します。（2）神とその民に敵対する者は、最後には恥を見ます。（3）神を恐れる者は、自分たちを嘲った者たちの間で、高く上げられます。

第10の災いの予告

1〜3節は挿入句です。従って10章29節と11章4節は、つながっていると考えるべきです。モーセはまだファラオの前を去っていません。

主は、イスラエルの民がエジプト人から、銀の飾りや金の飾りを求めるようにと言われました。これは、長年にわたる労役の対価（賃金）です。賃金の受け取りが可能になった理由は、エジプト人の心理の変化です。9つの災いの結果、エジプト人たちはイスラエル人を恐れるようになりました。第10の災いが下れば、イスラエルの民に対する畏怖の念はさらに増すことになります。

エジプト人は、モーセを偉人と見なしました。モーセが予告すると災いが下り、祈ると災いは止みました。モーセに逆らうと大変なことになるという認識が広がったのです。

「真夜中ごろ、わたしはエジプトの中に出て行く」（擬人法）とは、エジプトに災いをもたらすという意味です。モーセがこの警告をファラオに語ったのは、アビブの月（ニサンの月）の14日です。朝か昼間に、モーセはこれをファラオに語っているのでしょう。その日の夕暮れに、イスラエル人は子羊を屠り、その夜にそれを食べることになります（ユダヤ暦では15日になっています）。15日の真夜中ごろ、エジプトに対する裁きが行われます。

モーセが予告したのは、長子の死です。長子の死は、民族の存亡にかかわることです。エジプト人は、死後の命に強いこだわりを持っていました。彼らの一般的認識は、長子の中に自分の命が生き続けるというものでした。従って、長子の死は彼らにとっては衝撃的な出来事です。さらに、ファラオの長子は神の地位を継承する器です。その器が死ぬということは、神の権威が辱められるということです。第10の裁きで死ぬのは、すべての初子です。ファラオの初子から女奴隷の初子まで死にます。家畜にも同じことが起こります。その結果、エジプト全土に大きな叫びが起こります。エジプトにこのようなことが起こるのは初めてだということは、人類の歴史上初めてだということです。

「しかし、イスラエルの子らに対しては、犬でさえ、人だけでなく家畜にも、だれに対してもうなりはしません。こうして主がエジプトとイスラエルを区別されることを、あなたがたは知るようになります」。真夜中に物音がすると、犬はうなり声を上げるものですが、イスラエル人に対しては犬も黙するというのです。この表現は恐らく格言で、「イスラエルの民は何の妨げもなくエジプトを出るようになる」という意味でしょう。

9つの災いのまとめ

主がモーセにあらかじめ語っておられた内容は、「ファラオはモーセの要求にも警告にも耳を傾けないであろう」ということでした。このことばのとおりに、ファラオは最後まで心を頑なにしたままでした。モーセは、そこから多くの教訓を学びました。もし最初から事態が順調に進展していたなら、彼は傲慢になっていたかもしれません。しかし、思いどおりにならなかったので、多くの教訓を学ぶことができました。その教訓の1つが、「神に従うことには犠牲が伴う」ということです。途中で任務を放棄しそうになることもありましたが、彼は最後までやり遂げました。

かつてモーセは、「口べた」を理由に主の召命を断ったことがありましたが、そのモーセが、エジプト人から偉大な人として尊敬されるようになりました。彼は、みことばへの確信と使命の実行を通して、指導者として成長を遂げました。それは、賜物の行使による成長です。自分の内に何らかの賜物を発見している人は、それを用いるべきです。また、自分の賜物がわからない場合でも、忠実に奉仕を続けるなら、新しい賜物を発見することになります。前向きに主の業に励む人は、さらに豊かな祝福を得るようになります。モーセの生き方から教訓を学びましょう。

出エジプト記12章

「その血は、あなたがたがいる家の上で、あなたがたのためにしるしとなる。わたしはその血を見て、あなたがたのところを過ぎ越す。わたしがエジプトの地を打つとき、滅ぼす者のわざわいは、あなたがたには起こらない。」

（出エジプト記12・13）

この章から、以下のことを学びましょう。（１）イスラエルの民のエジプトからの解放は、子羊の血によってもたらされました。（２）エジプトを脱出する夜、イスラエルの民は、火で焼いた子羊を食しました。（３）この子羊は、メシアの型です。神の子羊は、私たちの罪の身代わりとして、神の怒りをその身に受けてくださいました（火は神の怒りの象徴です）。

最初の過越の祭り

「この月をあなたがたの月の始まりとし、これをあなたがたの年の最初の月とせよ」。「この月」というのは、ユダヤ暦の「アビブの月」のことですが、バビロン捕囚以降、「ニサンの月」と呼ばれるようになります。

モーセに対して主から指示が与えられました。（1）ニサンの月の10日に、家族毎に羊1頭を用意する。（2）傷がない1歳の雄を、子羊かやぎのうちから取る。（3）それをニサンの月の14日までよく見守る。（4）14日の夕暮れに屠り、その血を家々の2本の門柱とかもいに塗る。（5）この日を記念とし、代々守るべき永遠の掟としてこれを祝う。イスラエル人はこの命令に従ったために、第10の裁きを免れました。過越の子羊が、身代わりとなったからです。

種なしパンの祭り

過越の祭りは1日だけの祭りですが、それに続く種なしパンの祭りは7日間続きます。この祭りの名称は、この期間に種を入れないパンを食べることに由来しています。種を入れないパンを食べる理由は、急いでいたので、パン生地を発酵させる余裕がなかったからです。祭りの期間にパン種を入れたパンを食べる者は、殺されます。第1日と第7日に、聖なる会合が開かれます。

第10の災い

エジプト人たちの眠りが深くなった時刻に、裁きの天使が行動を開始しました。この裁きによって、エジプト人の初子から家畜の初子に至るまで、例外なしに打たれ、エジプト中に激しい泣き叫びが起こりました。ここに至って、ファラオはついに完全降伏します。彼はモーセに、エジプトから家畜も含めてすべて出て行くように命じました。その他のエジプト人たちも同じ反応を示しました。このままイスラエル人がエジプトにいると、自分たちも殺されると恐れたからです。

エジプトからの脱出

イスラエル人はエジプト人から、４００年にわたる労働の対価を求めました。この時得た財は、幕屋建設のための資材となります。この出来事は、神がアブラハムに語ったことの成就です（創15・14参照）。

イスラエル人は、ラメセスからスコテに向かって旅立ちました。この時、エジプトで奴隷になっていた多くの異国人が、イスラエル人に入り交じって出て行きました。出エジプトは、エジプト移住から数えて430年目のちょうどその日に起りました。なぜ430年もかかったのでしょうか。それは、エモリ人（カナン人）の咎が満ちるための期間でした。イスラエルの民によるカナン征服には、カナン人の罪を裁くという側面がありました。

過越の祭りに関する付加規定

過越の祭りに関する付加規定が与えられました。過越の食事は、神がアブラハム契約に基づいて出エジプトの奇跡を行われたことを記念する食事です。従ってこの食事は、アブラハム契約の外にいる人にとってはなんの意味もありません。しかし、在留異国人がイスラエル人と同じ信仰を持ち、割礼を受けるなら、過越の食事に参加することができました。旧約時代であっても、異邦人も信仰を持つように招かれたのです。

イスラエル人たちは、出エジプトの出来事を後代に伝えるために過越の食事をします。私たちにとって重要なのは、過越の食事は主イエスの十字架を予表するものだということです。過越のいけにえの骨を折ってはならないという規定が設けられましたが、これは詩篇34篇20節でメシア預言として引用されています。これは、ヨハネの福音書19章33節で成就しました。

クリスチャンが聖餐式を行うのは、主イエスの十字架による霊的な出エジプトを記念するためです。私たちにとっては神の愛と恵みを思い起こす祝福の機会ですが、未信者にはなんの意味もありません。聖餐式に与るときには、悔い改めと感謝の心をもってパンとぶどう酒をいただこうではありませんか。

出エジプト記13章

「後になって、あなたの息子があなたに『これは、どういうことですか』と尋ねるときは、こう言いなさい。主が力強い御手によって、私たちを奴隷の家、エジプトから導き出された。ファラオが頑なになって、私たちを解放しなかったとき、主はエジプトの地の長子をみな、人の長子から家畜の初子に至るまで殺された。それゆえ私は、最初に胎を開く雄をみな、いけにえとして主に献げ、私の子どもたちの長子をみな贖うのだ。」

（出エジプト記13・14〜15）

この章から、以下のことを学びましょう。（1）第10の裁きで、神はイスラエルの長子を死から守られました。それゆえ神は、長子に対する所有権を主張されます。（2）イスラエルの民は、人間から家畜に至るまで、長子をみな贖うように命じられました。（3）私たちの命は、神の子羊によって贖われました。それゆえ私たちは、神の所有物となったのです。

祭りの再確認

神は、初子に対する所有権をお持ちです。なぜなら、出エジプトの夜、イスラエル人の初子を死から救い出されたからです。初子はすべて聖別され、主のものとなります。これは、男子（家畜の場合は雄）のみに当てはまります。聖別とは、「主のために選り分ける」「俗的世界から聖なる世界に移し替えること」ということです。

イスラエル人たちは、約束の地に入った後も、過越の祭りと7日間の種入れぬパンの祭りを祝うように命じられます。3節には、「この日を覚えていなさい」とありますが、この日とは、アビブ（ニサン）の月の15日です。それは、過越の食事を食した日、つまりエジプトを出た日です。

カナンの地で種なしパンの祭りを祝うとき、家の中にパン種があってはなりません。イスラエル人たちは、祭りの意味を子どもたちに教えるように命じられました。さらに、これを手の上のしるしとし、額の上の記念とするようにと命じられました。今日でもユダヤ人たちは、みことばを入れた黒い小箱を額と左腕につけて祈ります。

初子の聖別

男の初子、あるいは家畜の雄の初子は、すべて主のものとなります。家畜の初子の場合は、それを屠ります。人間の初子の場合は、代価で贖います。民数記18章16節によれば、その代価は銀5シェケルです。

汚れた家畜の初子は、屠ることができません。それで、この場合も贖うことになります。ろばは、汚れた家畜の代表として書かれています。頭数が最も多かったからでしょう。それ以外に、馬、らくだなどもいます。贖いの代価となったのは羊です。もし贖わない場合は、その首を折ります。

出エジプトのルートの確定

ファラオは、急いでイスラエルの民をエジプトから追い出しました。カナンの地に至る最短コースは、ペリシテ人の国を北上することです。そこを通れば、10日もあればカナンの地に到着します。しかし、その途中にはエジプトの砦がいくつも配置されています。さらに、ペリシテ人の都市国家が点在しています。そこで神は、民を最短コースではなく、より安全な道に導かれました。イスラエルの民は軍隊の体裁を取ってエジプトを出ましたが、それは見かけだけのことでした。彼らは、神が先頭に立って戦ってくださることを体験する必要がありました。

さて、神が示されたより安全な道とは、「葦《あし》の海に沿う荒野の道」でした。葦の海は、現在のスエズ湾の北端にあった海だと思われます。この海は「紅海」と呼ばれることが多いのですが、実際は「ヤム・スフ」（葦の海）であって、紅海そのものではありません。

モーセは、ヨセフの遺骸を携えて来ました。これは、ヨセフとの約束を実行するためでした（創50・24～25）。雲の柱と火の柱は、シャカイナグローリーです。雲の柱は案内役ですが、昼間は日陰にもなりました。またそれは、夜には民を照らす火の柱となりました。主が民とともにいて、その前を進まれたのです。

クリスチャンとしての自己認識を確立しましょ

う。(1)神は、私たちの上に所有権を主張されます。(2)出エジプトの目的は2つあります。奴隷からの解放と、主の民の形成です。(3)新約聖書における出エジプト(霊的解放)にも2つの目的があります。罪の束縛と死の恐怖からの解放と、神の民の形成です。自分のからだはすでに神に買い取られたと認めると、私たちの生き方はどのように変わるでしょうか、黙想してみましょう。

出エジプト記14章

「見よ、このわたしがエジプト人の心を頑なにする。彼らは後から入って来る。わたしはファラオとその全軍勢、戦車と騎兵によって、わたしの栄光を現す。」(出エジプト記14・17)

この章から、以下のことを学びましょう。(1)神は、人間には考えも及ばないような第3の道を示されます。(2)イスラエルの民は、万策尽きたとき、神の奇跡を体験します。(3)私たちが神の約束に立ち続けるなら、神は私たちと敵の間に入り込み、私たちを敵から守ってくださいます。

旅程

エタムに着いたイスラエルの民には、2つの選択肢がありました。①主にいけにえを献げてから、エジプトに帰るという選択肢。②エタムからそのまま東に進み、シナイ半島を通過してカナンの地に向かうという選択肢。しかし主は、第3の選択肢を示されました。東(荒野の方向)に向かうのではなく、南に向かうというものです。主がイスラエルの民に南下を命じたのは、ファラオをおびき出すためでした。この結果、エジプトに最終的な裁きが下ることになります。

エジプト軍の追跡

主の預言どおりに、ファラオは考えを変えました。奴隷を失うことによる経済的損失を考えたのです。彼は、えり抜きの戦車600輛を先頭に、多数の戦車を率いてイスラエルの民を追跡しました。そのことを知らないイスラエルの民は、嬉々として行進していました。彼らは、エジプト人から多くの財を得ました。また、目の前には雲の柱があり、主がともにおられることが分かります。しかし、後方からエジプト軍が追って来たことを知ると、民の楽観的な思いは断ち切られました。

動揺するイスラエルの民とモーセの信仰

イスラエルの民は、非常に恐れ、主に向かって叫びました。しかしそれは、不信仰の叫びです。彼らはモーセへの不平を口にしました。彼らは、「荒野で死ぬよりは、奴隷としてエジプトにいた方がよかった」とまで言いました。モーセは、主の計画を理解していたわけではありませんが、敗北するのはエジプトであると確信していました。彼は、「恐れずしっかり立って、今日あなたがたのために行われる主の救いを見よ。主があなたがたのために戦われるのだ」と民に伝えました。この箇所は、旧約聖書に記録された最も感動的な信仰告白の1つです。

主からのことば

モーセの祈りに対して、「イスラエル人に前進するように言え」という力強いことばが返ってきました。しかし、前進するのは大変なことです。海がまだ分かれていない状態で前進し始めるためには、信仰が要求されます。信仰とは、まだ見ていないことを確信することです。

エジプト文明は、当時の世界で最高峰の文明であり、その軍事力も世界最強です。しかし、どのような帝国であっても、主の御前では取るに足りない存在です。紅海の出来事を通して、神の敵であるエジプトは、イスラエルの神の偉大さを知るようになり

紅海を渡る

出エジプト記14章19～20節は、非常に重要です。この箇所に登場する「神の使い」とは、雲の柱の中にいる受肉前のメシア（第2位格の神）です。イスラエルの陣営の前を進んでいた雲の柱は、後方に移動し、エジプトの陣営とイスラエルの陣営の間に立つ分離壁となりました。その結果、エジプト軍は一晩中、イスラエルの陣営に近づくことができませんでした。

モーセが海の上に手を指し伸ばすと、強い東風が吹き、海の水が分かれて両側で壁となりました。エジプトに下った10の災いと同じように、神は自然現象（強い東風）を用いて、奇跡（超自然現象）を行われました。こうして、イスラエル人は海の真ん中の乾いた地を渡りました。それを見たエジプト人たちは、イスラエルの民と同じように海に入って行きました。何という傲慢、無知でしょうか。イスラエルの民とは違い、彼らは神のことばを受けていませんでした。主は、火と雲の柱のうちからエジプトの陣営を見下ろし、戦車隊を撹乱されました。モーセが手を海の上に差し伸べると、海が元の状態に戻り、ファラオの全軍勢は溺死しました。

この出来事は、奴隷からの解放物語のクライマックスです。この出来事は、それ以降のすべての解放物語の原型でもあります。アブラハム契約の付帯条項は、「イスラエルを祝福する者は祝福を受け、呪う者は呪いを受ける」というものです。イスラエル人の祝福のために祈る人は幸いです。

出エジプト記15章

「主は私の力、また、ほめ歌。主は私の救いとなられた。この方こそ、私の神。私はこの方をほめたたえる。私の父の神。この方を私はあがめる。」（出エジプト記15・2）

この章から、以下のことを学びましょう。（1）信仰による勝利を体験したときは、主に賛美の歌を献げましょう。（2）イスラエルの民は、試練を通して、主に信頼することを学びました。（3）苦い水に投げ込まれた一本の木によって、水は甘くなりました。この木は、十字架の予表です。

モーセの歌

15章の前半に、モーセの歌とミリアムの歌が出てきます。ヘブルの詩の特徴は、対句法を用いることです。対句法で書かれた行がいくつか集まると、連（スタンザ）ができます。モーセの歌は、3連（スタンザ）から成っています。

（1）最初のスタンザ（1〜5節）のテーマは、神の性質です。①特に重要なのが、「その御名は主（ヤハウェ）」（3節）ということばです。主（ヤハウェ）とは、契約の神の御名です。モーセは、出エジプトの出来事はアブラハム契約の成就であると宣言しています。②次に重要なのは、「わが神」ということばです。彼らは、神を体験したことによって、「父祖の神」から「わが神」へと認識を変更しました。

（2）第2のスタンザ（6〜12節）のテーマは、神の力です。①「右の手」とは、剣を持つ手です。エジプトの軍勢が全滅したのは、主がその右の手で戦われたからです。②「鼻の息」とは、強い東風のことです。東風は自然現象ですが、それによって海の水が立ちあがったというのは、神の力による超自然の現象です。

（3）第3のスタンザ（13〜18節）のテーマは、主にある希望です。「恵み」と訳されたことばは、ヘブル語で「ヘセッド」で、これは契約に基づく「恵み」を意味します。

モーセは男たちに歌を与え、ミリアムはタンバリンを取って、女たちの賛美の先頭に立ちました。彼女は女預言者と呼ばれていますが、このことばはここで初めて登場します。

最初の3日間

民は葦の海から旅立ちました。「旅立たせる」は、ヘブル語で「ナサー」で、(天幕の杭を）引き抜く、出発する、移動する、などの意味があります。この時民は、なかなか動こうとはしなかったようです。その理由はいくつか考えられます。賛美に酔いしれていた、エジプト軍からもっと富を略奪したかった、あるいはエジプトを征服する可能性を考えた、などです。ここにはモーセとイスラエルの民の認識の相違があります。信仰による判断か、肉による判断かという相違です。イスラエルの民は訓練を必要としていました。それゆえ、荒野を通過する必要があったのです。

マラでの体験

3日間、水のない状態が続き、ようやく水のある場所に到着しました。しかし、その水は苦くて飲むことができませんでした。それで、そこは「マラ（苦い)」と呼ばれました。落胆した民は、いつものようにモーセに対してつぶやきました。

モーセが主に叫ぶと、主は彼に1本の木を示されました。モーセがそれを水に投げ入れると、水は浄化されました。その木に癒しの力があったのではなく、モーセの信仰が超自然的な神の力を引き出したのです。

おきてと定め

26節には、「おきてと定めを授け」とあります。命令を要約すると、①主の声に聞き従うこと、②主が正しいと見られることを行うこと、③主の命令に耳を傾けること、④そのおきてをことごとく守ること、などです。一方、約束とは、エジプトに下したような病気をイスラエルの民には下さないということです。「わたしは主、あなたを癒す者だからである」は、ヘブル語で「ヤハウェ・ロフェイハ」です。これは、出エジプト記に出てくる主の御名の1つです。

エリムでの体験

イスラエルの民は、マラからエリムに移動し、そこで休息しました。エリムとは、「なつめやし」という意味です。そこには、12の泉と70本のなつめやしの木がありました。12も70も、完全数です。これまでの荒野の旅の末に行きついたオアシスですから、どれほど心身が安らいだことでしょうか。

この個所の適用について考えてみましょう。マラは主の訓練の場所、エリムは主の祝福の場所です。荒野の旅には、マラもあれば、エリムもあります。私たちの人生もそれと同じで、マラもあればエリムもあります。天の父の訓練を喜んで受けようではありませんか。

出エジプト記16章

モーセはまた言った。「主は夕方にはあなたがたに食べる肉を与え、朝には満ち足りるほどパンを与えてくださる。それはあなたがたが主に対してこぼした不平を、主が聞かれたからだ。いったい私たちが何だというのか。あなたがたの不平は、この私たちに対してではなく、主に対してなのだ。」（出エジプト記16・8）

この章から、以下のことを学びましょう。（1）イスラエルの民のつぶやきに対して、神は、食物（マナとうずら）を供給されました。神の忍耐を軽んじてはなりません。（2）罪人は、小さな不足があると、多くの恵みを忘れ、不平不満を口にするものです。自分にそのような欠点がないかどうか、吟味しましょう。（3）新約時代のクリスチャンは、信仰によって「命のパン」であるイエス・キリストを味わうことができます。

つぶやき

エジプトを出てから1か月が経過し、持参してきた食物（種なしパン）も尽きてきました。民は、エリムとシナイの間にあるシンの荒野で、食べ物がないと不満を口にしました。「集団全体を飢え死にさせようとしている」というのは誇張です。たとえパンがなくなっても、エジプトから連れて来た家畜を屠ることができます。さらに彼らは、エジプトでの奴隷生活を美化しています。「エジプトで主の手にかかって死んでいたらよかったのに」とは、エジプトに下った10の災いによって自分たちも死んでいたらよかったのに、という意味です。

神の約束

民のつぶやきに対して、主からの答えがありました。その内容は、パンが天から降るというものです。しかし、この約束には「毎日1日分を集め、6日目には2日分を集めよ」という命令が伴っていました。この命令は、民の従順を試すためのものです。

民は、モーセとアロンが自分たちをエジプトから連れ出したのだと言いましたが、彼らをエジプトから連れ出したのは主です。それを証明するために、夕方には食物が与えられます。その時、イスラエルの民は、主が彼らをエジプトから連れ出されたことを知るようになります。朝にはパンが降ります。それは主の栄光の現れとなります。「わたしがあなたがたの神、主であることを知る」とは、このお方が「契約の神、恵み深い神、必要なものはすべて与える神」であることを知るようになるという意味です。

うずらとマナ

夕方になると、うずらが大量に飛来しました。朝になると、宿営の回りに露が一面に降りました。露が上がると、白い霜のような細かいもの、うろこのような細かいものが残りました。民は、「これはなんだろう（マン・フー）」と言いました。「マナ」という名前は、ここから出ています。詩篇78篇25節には、「それで人々は御使いのパンを食べた。神は飽きるほど食物を送られた」とあります。

モーセは、主からの命令を民に伝えます。①1人当たり1オメルずつ集めること。②集めたものを朝まで残しておいてはならないこと。ところがある者は、朝まで残しておきました。これは、翌朝もマナが供給されることを信じない行為です。残ったマナは虫がわき、悪臭を放ちました。これは不信仰に対する罰です。

マナに関する命令

「6日目には2倍のパンを集めよ」というのが、主の命令でした。この命令が与えられた理由は、「7日目は主の聖なる安息である」というものです。ここでの「安息」には定冠詞が付いていませんので、これは初めて出てくる概念であることが分かります(まだ安息日の規定はありません)。

安息の7日目は、マナ同様に主からの祝福の贈り物です。しかし、民の中のある者は、7日目もマナを集めに出ました。食べ物が不足していたからではなく、モーセの言葉の真偽を試すためです。彼らは結局、何も見つけることができませんでした。

民は、壺の中に1オメルのマナを入れて、それを後の世代のために保存するように命じられました。その壺は、後に至聖所の中の契約の箱に入れて保存されようになります。マナの供給は40年間続き、イスラエルの民が約束の地に入った時点で止みます(ヨシ5・10~12)。

イスラエルの民は、数々の守りと恵みを受けてきましたが、モーセとアロンに反抗しました。これは神への反抗と同義です。神からの祝福を祝福として受取ることができる人は幸いな人です。信仰とは、今の恵みに感謝し、将来に希望を持つことです。

出エジプト記17章

それで、彼はその場所をマサ、またメリバと名づけた。それは、イスラエルの子らが争ったからであり、また彼らが「主は私たちの中におられるのか、おられないのか」と言って、主を試みたからである。（出エジプト記17・7）

この章から、以下のことを学びましょう。（1）イスラエルの民は、岩から出た水を飲み、天から下ったパンを食べ、荒野の旅を続けました。今も神は、人生の荒野を旅する私たちに、必要なものを与えてくださいます。（2）打たれた岩と天から下ったパンは、キリストの型です。また、岩から出た水は、聖霊の型です。

レフィディムに宿営

レフィディムに着くと、さらに深刻な状況が訪れました。そこには水がなかったのです。民は再び、不満のことばを口にしました。彼らは、主が自分たちのことを本当に守ってくださるのかどうか、疑ったのです。民の不満の声を聞いて、モーセは主に叫びました。モーセのこの祈りから、イスラエルの民が暴徒化しつつあったことがうかがえます。

打たれた岩

主からの答えがありました。主は、「イスラエルの長老たちを何人か連れて行け」と言われましたが、これは長老たちを奇跡の証人とするためです。「あなたがナイル川を打ったあの杖を手に取り、そして行け」と主が命じた理由は、奇跡の杖を見たなら、民は希望を抱くようになるからです。主は、「あなたの前に立つ」と言われました（出17・6）。この奇跡には、主が主体的に関わってくださいます。モーセが杖で岩を打つと、水が出てきました。詩篇78篇15～16節は、その情景を詳しく描いています。

モーセは、この場所に名前を付けました。「マサ」は「試みる」という意味です。イスラエルの民が主を試みたので、そういう名前になりました。もう1つは「メリバ」で、その意味は「争う」です。イスラエルの民がモーセと争ったのでその名が付けられました。

アマレクとの戦い

イスラエルの民は、レフィディムでアマレク人の攻撃に遭います（申25・17～18参照）。アマレク人はエサウの孫です。彼らの攻撃は、神を恐れることのない行為です。しかもその攻撃方法は、実に卑劣なものでした。彼らは、落後者たちから切り倒して行きました。彼らは、イスラエルの民がエジプトから持って来た富を略奪しようとしたのですが、それ以外の攻撃の理由として、民族的葛藤（ヤコブとエサウの葛藤）が考えられます（創27・36）。

この戦いは、イスラエルの民にとって最初の戦いとなりました。この時彼らが身に着けていた武具と武器は、恐らく葦の海でエジプト人兵士たちから回収したものでしょう。軍隊の体裁を取ってはいても、実践経験がないというのがこの時の状態です。

モーセは、ヨシュアを指揮官（将軍）に任命しました。この戦いにおいては、人間的な努力と神への祈りがともに必要とされました。モーセは、神の杖を手に持ち、丘の頂に立ちます。その光景は、民にとっては大きな励ましとなりました。モーセには、2人の援助者がいました。アロンとフルです。フルが誰であるかは不明です（ユダヤ人史家のヨセフスは、フルはミリアムの夫であるとしています）。

ここから学ぶべき教訓は、主の戦いにおける役割分担です。モーセの手が上がっている時は、イスラエルが優勢になり、手が下がっている時は、アマレクが優勢になりました。そこで、アロンとフルが両側からモーセの手を支えました。

戦いの記念

戦いに勝利した後、主はモーセにこの戦いを記録として書き記すように言われました。その目的は、ヨシュアに読んで聞かせるためです（次世代リーダーの訓練）。また、アマレクの記憶が消されました。その理由は、彼らが神の民イスラエルに敵対し、神の計画に反抗したからです。

モーセは祭壇を築き、それを「アドナイ・ニシ」（主は私の旗）と呼びました。モーセが上げた杖は、イスラエル軍の軍旗です。元来、軍旗は部隊の精神的支柱であり、指揮官の所在を明示するものです。杖がある所にモーセがいたのですが、実は、主が指揮官としてそこにおられたのです。

悪魔の攻撃に立ち向かう時、このアマレクとの戦いを思い出しましょう。私たちのためには、大祭司である主イエスがいてくださいます。主イエスのとりなしの祈りを思い出し、勇気と力をいただきましょう。

出エジプト記18章

イテロは言った。「主がほめたたえられますように。主はあなたがたをエジプト人の手とファラオの手から救い出し、この民をエジプトの支配から救い出されました。今、私は、主があらゆる神々にまさって偉大であることを知りました。彼らがこの民に対して不遜にふるまったことの結末によって。」（出エジプト記18・10〜11）

この章から、以下のことを学びましょう。（1）モーセはイテロに、主の御業の証しをしました。御名をほめたたえることは、私たちの喜びであり、力です。（2）モーセ1人が責任を負う体制は、長続きしません。権限を委譲するというイテロの助言は、モーセに重要な気付きを与えました。

イテロの到着

モーセの舅であるイテロは、出エジプト記2章でレウエルと呼ばれています（神の友という意味）。ちなみに、アブラハムのひ孫にレウエルという人物がいます。彼の母は、イシュマエルの娘ネバヨテの妹に当たるバセマテです（創36・4参照）。レウエルは固有名詞ですが、イテロは地位を表すタイトルです（卓越したという意味）。ミデヤンでは祭司が首長でしたので、彼は王のような存在でした。彼は、神がイスラエルのためになさったすべてのことをうわさで聞き、モーセの妻チッポラと、その息子たちを伴い、荒野にいたモーセの元に駆けつけました。

モーセの長男ゲルショムの名前の意味は、「寄留者」、「外国人」です。この命名は、モーセの信仰告白でもあります。彼は、エジプトでもミデヤンでもなく、自分が帰るべき地はカナンの地だと認識していました。次男はエリエゼルで、この名前には「神は助け手」という意味があります。これは、殺人者モーセがエジプトを逃れた経緯を示しています。2人の息子の名前から判断しても、モーセがいかに神を恐れながら歩んでいたか、よく分かります。

イテロとモーセの会見

モーセはイテロに、主がイスラエルのためにエジプトになさったすべてのことを話しました。モーセの報告を聞いて、イテロは主をたたえ、ともに喜びました。イテロは、信仰の告白をしています（10～11節）。彼はこれまでにも主に関する知識を持ってはいましたが、今や体験的に主を知るようになったのです。

祭司であるイテロは、全焼のささげ物を献げました。これは、モーセの律法が与えられる前からあった自発的な行為です。次に、神の前での食事が食されました。これは、契約の食事です。異邦人の祭司であるイテロは、主への信仰を告白し、いけにえを主に献げ、食事をともにすることによって、契約の民イスラエルの共同体の一員となりました。

イテロの助言

イテロは、モーセの多忙ぶり見て、預言者としての役割と管理的役割の分離を勧めました。イテロは、「自分の助言が神の御心と合致するなら、それを採用したらいい」と薦めます。イテロは最終的な決定をモーセの判断に委ねました。聖書は、良き助言者を持つことの重要性を教えています。自分の周りに良い助言者を持つ人は幸いです。

後にモーセはイテロの助言を受入れ、千人の長、百人の長、50人の長、10人の長を任命しますが、これはまだ先になってからのことです。長となった者たちは、難しい事件はモーセのところに持って来ましたが、小さい事件は自分たちで裁くことになります。

イテロは、安心してミデヤンの地に帰りました。老年のゆえに、約束の地への旅には加わらなかったのです。しかし、彼の子孫たちはイスラエルの民とともに約束の地に住むようになります（民10・29のレウエルの子ホバブ、士1・16のケニ人の子孫、士4・11ケニ人ヘベルなど）。

モーセがイテロの助言を実行に移すタイミングは、モーセの律法が与えられて以降のことになりますが、この時間の経過は、モーセが神に祈ってその案を実行に移したということを示しています。さらにモーセは、民の同意を得てから、それを実行に移します。聖書的リーダーシップとは、神の御心に沿って計画を実行に移す力のことです。

モーセのリーダーシップから何を学ぶことができるでしょうか。まず、何事でも、実行する前の熟慮が重要です。そして自問自答してみましょう。①神の御心を確認したか。②状況が整っているか。③関わる人たちの同意を得ているか。これらの点について熟慮し、その上で実行に移す人は幸いです。

出エジプト記19章

今、もしあなたがたが確かにわたしの声に聞き従い、わたしの契約を守るなら、あなたがたはあらゆる民族の中にあって、わたしの宝となる。全世界はわたしのものであるから。」

(出エジプト記19・5)

この章から、以下のことを学びましょう。(1)シナイ山の麓で、律法を受けるための準備が整えられます。(2)神は、イスラエルの民が同意するまでは律法をお与えになりません。(3)モーセを通した契約は条件付き契約ですが、キリストを通した契約は無条件契約です。

シナイ契約の場所

イスラエルの民は、神の力と守りを体験しましたが、神の聖いご性質、神の人類救済計画、自分たちに与えられた使命などについては、未だに無知でした。エジプトの神々はすべて偶像であり、真の神は唯一です。主はそのことを教えるために、イスラエルの民とシナイ契約を結ばれます。この契約は、当時の中近東でよく見られた「宗主権契約」(宗主国と属国の間の契約)の形式を取っています。主が宗主国であり、イスラエルの民が属国であるという形式です。

イスラエルの召命

シナイ山の上に栄光の雲が現れました。モーセは、主からの呼びかけに応えて山に上って行きます。主は、契約締結のための準備として、ある内容を民に伝えるようにお命じになります。その内容とは、①契約締結の前提(土台)、②契約条件の確認、③祝福の約束です。

①契約締結の前提は、イスラエルの民が神の力の目撃者となったことです。主は、イスラエルの民をエジプトから解放し、追って来る敵の手から救い出されました。その結果、民は神の山シナイにまでやって来ることができました。

②契約条件とは、真心から神のことばに耳を傾け、喜んで従うこと、神の契約を守ること、などです。

③祝福の約束は、5節後半に書かれています。「あ

なたがたはあらゆる民族の中にあって、わたしの宝となる。全世界はわたしのものであるから」。主は全世界の所有者です。イスラエルの民は、その神の特別な宝となるのです。これ以上の特権はありません。さらに、イスラエルの民は、祭司の王国となります。その国の王は神であり、神の律法が統治原則となります。国には祭司職が設けられ、神との交流が維持されます。イスラエルの民は、諸国民のための祭司となります。イスラエルの民は、神を知る知識と神への礼拝を保持する国民、神の律法に従って歩む聖なる国民となります。

民は、モーセの伝える内容を聞き、すぐに同意しました。しかし、それが軽率な判断であることは後になって明らかになります。彼らは、祭司的使命を果たすことに失敗します。

イスラエルの聖別

民は、2日間かけて自らを清めます（具体的には衣服を洗うことですが、体を洗うことも暗示されています）。その期間、彼らは男女関係も避けました。3日目には、主がシナイ山に降りて来られ、民全体がシャカイナグローリーを目撃するようになります。そのため、山の周囲に境を設ける必要が出てきました。シャカイナグローリーのゆえに、シナイ山が聖なる山となるからです。聖と俗は、この境によって区切られました。人間も動物もその境を越えることは許されません。汚れたものが聖なる地に足を踏み入れることは、そのまま死を意味しました。

神の顕現（シャカイナグローリー）

19章には、神の栄光の驚くべき顕現が記されています。民は、雷といなずま、密雲、角笛の音などを目撃し、震え上がりました。

主はシナイ山の頂に降りて来られ、そこからモーセを呼び寄せます。モーセがシナイ山の頂に登るのは、これが最初です。その時、主から戒めのことばが語られます。民が境を越えて主に近づかないようにというのです。モーセは、すでに民に警告を発していましたので、再度警告する必要はないと考えたようですが、民の本質は、モーセよりも主のほうがよくご存知でした。モーセはシナイ山を下り、改めて主が命じられたことを民に伝えます。これで契約締結のための準備が整いました。

私たちの神は、限りなく聖なるお方です。その方に近づくためには、指定された方法によらねばなりません。新約時代に生きる私たちは、イエス・キリストという仲介者を通して父なる神に近づきます。なぜなら、私たちは主イエスの血潮によって罪の赦しと清めを受けたからです。この恵みに感謝しましょう。

出エジプト記20章

民はみな、雷鳴、稲妻、角笛の音、煙る山を目の前にしていた。民は見て身震いし、遠く離れて立っていた。（出エジプト記20・18）

この章から、以下のことを学びましょう。（1）十戒がモーセを通してイスラエルの民に与えられます。（2）律法の目的は、罪人を救うことではなく、罪人を救い主に導くことです。

王の名の宣言

1節は、この契約を結ぶ王の名の宣言に当たります。語る主体は「神」（エロヒム）です。語る内容は、「十のことば」と言われています（出34・28、申4・13、10・4参照）。そこから、十戒という呼称が出てきました。

第1戒と第2戒

第1戒は、正しい神概念を持つことの重要性を教えています。イスラエルの民の使命は、神が唯一であることを諸国民に示すことにありました。

第2戒は、真の礼拝とは何かを教えています。被造世界を超越した神を、見えるもので表現することは不可能です。「父の咎を子に報い、三代、四代にまで及ぼし」とは、父の犯した罪のゆえに子が罰を受けるということではなく、先祖の悪影響が子孫に及ぶということです。「恵みを千代にまで施す」とは、先祖の良い影響が子孫に及び、それが長く続くということです。

第3戒と第4戒

第3戒は、神の尊厳を汚してはならないことを教えています。「主の名をみだりに口にする」とは、神を価値のない存在のように扱うことです。また、実行する気がないのに、神の名によって誓うことも、第3戒違反に当たります。

第4戒は、安息日の規定です。神は、創造のわざを、6日間ですべて行われ、7日目に休まれました。安息日は、シナイ契約のしるしであり（出31・13参照）、イスラエルの民が奴隷から自由の民となったことのしるしでもあります。

第5戒～第10戒

第5戒は、両親を敬うことを教えています。両親を敬うことは、神の立てた秩序と権威に従うことです。この戒めには約束が伴っています。「あなたの神、主が与えようとしているその土地で、あなたの日々が長く続くようにするためである」。これは、約束の地で平安の内に長く住むようになるという約束です。

第6戒は、いのちの尊厳を教えたものです。「殺す」とは、個人的な理由で、計画性をもって、故意に人のいのちを奪うことです。故意に殺人を犯した者は死刑に処せられますが、それはいのちの尊厳を教えるためです。しかし、過失致死の場合は、犯人は逃れの町に逃げ込むことができました。

第7戒は、結婚関係の尊厳を教えたものです。聖書は、結婚関係という枠内における男女の肉体的交わりを祝福しています。結婚関係の外で起きる男女関係は、すべて第7戒違反です。

第8戒は、私有財産の尊厳を教えたものです。神は、私たちのいのちだけでなく、所有している物まで認めておられます。他人のものを盗むことは、自分には自分の思いどおりに生きる権利があると宣言しているのと同じことです。

第9戒は、真実の大切さを教えたものです。嘘は罪ですが、第9戒が問題にしているのは、隣人に関する偽証です。法廷での偽証から、偽りの噂話まで、そこに含まれます。

第10戒は、貪欲という心の問題を扱っています。貪欲は、神はすべての必要を満たしてくださるという信仰を否定する心の動きでもあります。すべての罪は、貪欲から生まれます。

偶像と祭壇に関する命令

天から神が話すのを聞いて恐れを覚えた民は、モーセに仲介者になってくれるよう懇願します。このことを背景に、偶像礼拝の禁止令が再度出されます。「銀や金で造ってはならない」とは、偶像の価値を高めるために貴金属を用いることへの言及です。

祭壇を造る目的は、主へのささげ物を献げるためです。この種の祭壇は、幕屋建設以降も造られました（士6・24、13・19、1サム7・17）。土で造られた祭壇は、礼拝の際の素朴な心の在り方を暗示しているようです。石の祭壇は、「切り石」、「のみを当てた石」の使用が禁止されました。偶像を刻む誘惑を避けるためです。階段を造ってはならないとの戒めが与えられますが、これは、裸が現れないようにするためです。カナン人の淫乱な礼拝を避けるために、この規定が設けられました。

民は、律法を1つずつ読み進むことによって、神がいかに聖なるお方であるかを学びました。新約時代に生きる私たちには、キリストの律法が与えられています。聖霊の導きによってキリストの律法を実行する人は幸いです。

出エジプト記21章

「これらはあなたが彼らの前に置くべき定めである。」（出エジプト記21・1）

この章から、以下のことを学びましょう。（1）人間を造り、その命を支えておられる神は、律法を与えることによって、人の命を守ろうとされました。（2）天におられるお方が、地上の些細なことにも介入し、弱い人たちを守られます。（3）神は、奴隷のことにも関心を寄せ、こと細かに見守っておられます。

シナイ契約の構造

シナイ契約の構造は、①両者が同意する条項（命令と祝福）（20・3～17）、②挿入句（20・18～26）、③基本条項に付加された諸条項（21・1～23・33）、となっています。十戒を基本条項とするなら、諸条項は、基本条項を説明する判例法のようなものです。21章の冒頭に出てくるのは、奴隷の扱いに関する規定です。

男奴隷に関する扱い

この時代にあっては、奴隷制は貧者にとって必要不可欠なものでした。借金返済のため、あるいは、盗みの代償として、自分を売る場合がありました。ヘブル人の奴隷の場合は、永遠に主人の所有物となるのではありません。彼らは、6年間主人に仕え、7年目に自由の身となりました。それとは別に、「自由意志による奴隷」という制度がありました。7年目を迎えた奴隷が、自分の意思で主人のもとに留まることを願った場合、彼は、耳をきりで刺し通すという儀式を通して、主人の所有物となることが出来ました。

女奴隷に関する扱い

女奴隷の場合は、7年目に主人のもとを去るのは男奴隷と同じですが、主人のめかけとなった場合は扱いが変ります。主人は、めかけとなった女奴隷が嫌いになった場合、その責任を取らなければなりません。家族や知人による買い戻しを実現させるのが、主人の責務です。その場合の買い戻しの対価は、残った年数を基に決めます。なお、女奴隷を異邦人に売ってはならないとの命令がありますが、これは男奴隷の場合も同じです。

女奴隷を自分の息子の嫁とした場合は、彼女を娘として取り扱います。また、複数の女奴隷をめかけとした場合は、彼女たちを平等に扱わなければなりません（食べ物、着物、夫婦の務めなど）。このことを行わないなら、女奴隷は無償で去ることができます。

傷害事件

続いて、傷害事件についての記述があります。最初は殺人です。故意に人を殺した者は、必ず殺されなければなりません。しかし、過失致死の場合は、犯人は逃れの場所に逃げ込むことができます。つまり、過失の場合、遺族は復讐することができないのです。故意の殺人犯が逃れの町に逃げ込んだ場合は、無理やりにでも連れ出し、殺します。ここでの死刑制度は、人間のいのちの尊厳を教えるためのものです。

誘拐事件はいかなる場合であっても、犯人は殺されなければなりません。これもまた、いのちの尊厳を教えるための規定です。

十戒の第5戒で、「あなたの父と母を敬え」と命じられていましたが、ここでは再度その戒めが強調されます。旧約聖書では、両親への侮辱は重大な罪とみなされ、両親に暴力を振るった者、両親に暴言を吐いた者は、必ず殺されなければなりません。これは非常に厳しい規定です。モーセの律法は、両親を敬うことの重要性を強調しています。両親を敬うことは、神の立てた秩序と権威に従うことでもあります。

「補償」というテーマで、いくつかの判例が挙げられています。例えば、死には至らせなかったものの、何かしらの被害を負わせた場合や、自分の奴隷に暴力を働いた場合、妊婦を流産させた場合、などです。いずれの場合も、「基本的人権の擁護」という概念が中心にあります。また、「補償」の対象は、対人関係だけでなく、人と家畜の関係にも及んでいます。家畜が問題を起こした場合は、その持主が責任を負います。また、なんらかの要因で家畜が損害を被った場合は、その因果関係によって、補償の額が算定されます。

この章に列挙されている様々な判例法は、現代人には無関係に見えますが、人と家畜が隣接して生活していた時代には、極めて重要なものでした。モーセの律法の判例集から、教訓を学ぶことができます。要は、神の義がなるかどうかです。主イエスのことばを思い起こし、生活の軌道修正を行おうではありませんか。「まず神の国と神の義を求めなさい。そうすれば、これらのものはすべて、それに加えて与えられます」（マタ6・33）

出エジプト記22章

「人が牛あるいは羊を盗み、これを屠るか売るかした場合、牛一頭を牛五頭で、羊一匹を羊四匹で償わなければならない。」（出エジプト記22・1）

この章から、以下のことを学びましょう。（1）隣人に対する姿勢は、神に対する姿勢の投影です。神を敬わない者は、隣人の権利を守ろうとしません。（2）この章に記された様々な禁止令は、人間の罪の深さを反映させたものです。（3）人間の罪を贖う方法は、御子イエスの血潮しかありません。

物権の侵害

この章には、物権の侵害に関する諸規定が書かれています。他人の持物を奪った場合は、数倍にして返さなければなりません。牛は5倍、羊は4倍にして返す、奪われたものが生きたままで見つかった場合は2倍にして返す、などの判例が挙げられています。もし、返す物を持っていないなら、自分を奴隷に売ってでも償いをしなければなりません。

盗人を殺した場合、それが正当防衛か否かを判定する基準が示されています。暗い時に盗人を殺してしまった場合は正当防衛が成立しますが、日が昇っている時であれば過剰防衛となり、血の罪の責任を求められます。

この他、自分の家畜が他人の畑のものを食い荒らした場合、火災によって収穫物や畑の作物に被害が及んだ場合、2者の間で物品が紛失し、どちらに責任があるか分からない場合、などについての判例が挙げられています。

その他の規定（1）

「婚約していない処女」とは、法的に結婚状態にない乙女のことです。乙女を誘惑して寝た場合は、花嫁料を払い、妻としなければなりません（父親が拒むなら花嫁料の支払のみとなる）。もし婚約しているなら、姦淫の罪を犯したことになり、男も女も死刑になります（申22・23～24参照）。この規定は、結婚の尊厳を教えるものです。

「呪術を行う女」に関する規定があります。呪術とは、闇の世界（悪霊）との交流によって情報や力を得ようとする術です。この罪を犯した者は死刑となります。イスラエルの民は、かつて呪術が盛んなエジプトにいましたが、出エジプト体験によって、創造主であり、先祖の神であるお方に立ち返りました。神を信じる者の世界観は、呪術者の世界観とは対立します。

当時、「獣と寝る者」が実際にいました。これは、カナン人の習慣の中にあった行為です。イスラエルの民がカナン人の悪癖から影響を受けることのないように、この規定が与えられています。この規定は、人間の堕落がいかに底なしの深みに至っているかを示しています。

偶像礼拝と呪術とは相関関係にあります。前者は、被造世界を超越した神を、目に見えるもので表現しようとする行為であり、後者は、神の許しの範囲を超えて未来をのぞき見ようとする行為です。偶像礼拝は死罪に当たります。

その他の規定（2）

在留異国人を大切に扱うべき理由がいくつかあります。神は、苦しんでいたイスラエルの民をエジプトから救い出されました。それ故、イスラエルの民は神のご性質を思い起こして、それに倣うのです。在留異国人の存在は、かつての自分たちを思い起こすきっかけともなります。

やもめとみなしごは、最も弱い人たちです。神は弱者をあわれみ、守るお方です。もし、立場の弱い人たちを虐げるなら、神の罰がその人に下ります。その結果、その人の妻と子どもたちが、今度はやもめとみなしごになるのです。

ユダヤ人同士の間では、利息を取ることは許されません。ただし、貸した金の補償として、上着などの質物を取ることは許されました。その場合は、日没までに上着を返さねばなりません。貧者にとっては、その上着は寝具にもなるからです。

「神をののしってはならない。また、あなたの民の族長をのろってはならない」とは、神への畏怖の念を忘れてはならないこと、また、神が立てた指導者を軽んじてはならないことを教えています。その権威が神に反抗している場合は別ですが、立てられた権威に逆らうことは、神の定めに背くことと同義です。

この他に、神へのささげ物に関する規定、初子に関する規定、獣に殺された家畜を食すことに関する規定などが記されています。これらの規定の目的は、イスラエルの民を聖なる国民とすることです。契約の民には、神を正しく恐れ、神の権威に従うことが求められました。これらの規定の土台には、基本的人権の保護という概念があります。モーセの律法のすべての規定は、愛の原則から出ています。

出エジプト記23章

「見よ。わたしは、使いをあなたの前に遣わし、道中あなたを守り、わたしが備えた場所にあなたを導く。」（出エジプト記23・20）

この章から、以下のことを学びましょう。（1）神の約束が成就するためには、神のことばに従順であることが要求されます。（2）神は「使い」を遣わし、敵の土地を通過するイスラエルの民を守られます。（3）偶像礼拝者との交流は禁止されます。イスラエルの民が偶像礼拝に走る危険性があるからです。

その他の規定（3）

23章の冒頭には、裁判に関する規定が出てきます。ポイントは正義と公正です。証人は、いかなる状況下にあっても真実を証言しなければなりません。また、無罪の人を不当に訴えることや、冤罪、贈賄、収賄などは、あってはならないことです。動物の扱いに関しても言及があります。たとえ敵が所有する動物であっても、主は、それらに誠実を尽くすようにと命令されました。

在留異国人を大切にせよという命令は、すでに22章に出ていましたが、ここで再び取上げられています。イスラエルの民は、かつてエジプトで奴隷生活を送っていました。自らが経験した苦しみが、他者への思いやりを生みます。

その他の規定（4）

7年目に土地を休ませる「安息年」の規定は、約束の地に定住して以降に実行するものです。その目的は以下のようなものです。①神が土地の所有者で、イスラエルの民は小作人であることを学ぶため。②神に信頼することを学ぶため（6年目の収穫は2倍得られるという信仰が必要）。③貧しい人々、野の獣、などへの配慮を示すため。④畑からより多くの収穫を得るため。

6日間仕事をし、7日目には休む「安息日」が設けられました。家畜や奴隷、在留異国人もこの恩恵に浴します。

神が求める真実な礼拝とは、神の命令を実行することです。そのためには、神のことばに心を留め続けなければなりません。イスラエルの民は、偶像の名を口にしたり、他の神々を信頼したりするようなことがあってはなりません。

年に3度の巡礼祭が定められました。その目的は、神の恵みを思い出すため、また、契約の民としての一致と自己認識を促すためです。（1）種を入れないパンの祭り（春）。（2）初穂の刈り入れの祭り（初夏）。民数記28章26節では「初穂の日、すなわち七週の祭り」、使徒の働き2章1節では、「五旬節」（ギリシア語でペンテコステ）と呼ばれています。（3）収穫祭（秋）。レビ記23章34節では、「仮庵の祭り」と呼ばれています。

その他の規定（5）

パン種を入れないパンを献げることが命じられました。「パン種」という言葉が象徴的に用いられた場合は、それは「罪」「不純」「汚れ」などを指します。神へのささげ物は、純粋で真実なものでなくてはなりません。

「子やぎを、その母親の乳で煮てはならない」。この命令は、モーセの律法に3度出てきますが（出34・26、申14・21参照）、その背後にあるのはカナン人の偶像礼拝の習慣です。主は、この規定によって、カナン人の偶像礼拝からイスラエルの民を守ろうとされました。

主の御使いと祝福の約束

主は、イスラエルの民に、「使いを遣わす」と約束されました。この「使い」とは、三位一体の第2位格の神です。モーセが燃える柴の中で出会ったのも、同じ第2位格の神です。出エジプトの出来事を始めたお方が民の先頭を歩き、出エジプトの出来事を完成されるのです。民は、その御声に聞き従うように命じられました。

カナン人の風習（偶像礼拝）に感化されないためには、偶像礼拝に関連したものを粉砕する必要があります。それに対する祝福の内容は、次のようなものです。（1）食べ物と飲み物が豊かになり、健康が祝される。（2）病の癒しが与えられる。（3）子孫の繁栄が約束される。（4）忠実な者への長寿が約束される。

イスラエルの民は、カナンの地を侵略するのではなく、そこに帰還するのです。彼らの前に立ち塞がる障害は、**主**がすべて取り除かれます。

律法は、聖なる国民としていかに生きるべきかという指針であり、祝福を受けるための条件です。神の器として成長するためには、２つの段階を踏む必要があります。世からの分離と世への派遣です。キリストの律法の下にいる私たちクリスチャンも、世からの分離と世への派遣を常に意識する必要があります。神の器として成長することを喜びとする人は幸いです。

出エジプト記24章

モーセは主のすべてのことばを書き記した。モーセは翌朝早く、山のふもとに祭壇を築き、また、イスラエルの十二部族にしたがって十二の石の柱を立てた。（出エジプト記24・4）

この章から、以下のことを学びましょう。（１）栄光の**主**を礼拝するためには、**主**が定めた方法に従う必要があります。（２）イスラエルの長老70人は、遠く離れた所から**主**を礼拝しました。（３）新約時代の信者である私たちは、イエス・キリストの血潮のゆえに、神に近づくことができます。

民の同意

イスラエルの民は、神にとっては「わたしの宝、祭司の王国、聖なる国民」（出19章）です。その使命を果たすために必要なのが、モーセの律法です。これまでに、基本条項（出20章の十戒）とそれに付加された諸条項（出21～23章）が民に啓示されました。これに同意すれば、イスラエルの民は、神との契約関係に入ります。

山に上るのは、モーセとアロン、その息子のナダブとアビフ、そしてイスラエルの長老70人です。ただし、主のもとに立つのはモーセだけであり、アロン、ナダブ、アビフ、イスラエルの長老70人は中腹に立ちました。山の麓では民が待機しています。

山に上る前に、モーセは民の意志を確認しておく必要がありました。「主のことば」とは20章の内容であり、「定め」とは21〜23章の内容です。モーセの説明を聞いたイスラエルの民は、その内容に同意しますが、彼らの理解度は浅く、口にする言葉も軽いものでした。一番の問題点は、神の聖さの基準を理解していないことにありました。律法が要求する霊性を理解していないので、形式に終始するようになります。

契約の血

モーセは、山の麓の境界線の辺りに祭壇を築き、12の石の柱を立てました。祭壇はささげ物を献げるためのもので、12の石の柱はイスラエルの民を象徴するものです。モーセはイスラエルの若者を遣わし、全焼のささげ物と、交わりのいけにえの雄牛を主に献げました。さらに、いけにえの血の半分を鉢に取り、残りの半分を祭壇に献げました。シナイ契約は、アブラハム契約と同じで、血の契約です（創15・9〜21参照）。

モーセは、契約の書を民に読み聞かせました。契約の書とは、出エジプト記20〜23章の内容です。民は前日と同じように、直ちにこれに同意しました。8節には、「モーセはその血を取って、民に振りかけ」とありますが、恐らく、イスラエルの民を象徴する12本の石の柱に血を注ぎかけたのでしょう。

契約の食事

契約に対する民の同意を得て、モーセとその一行は、再び神の山へと上って行きました。この時、モーセ以外の人々にも、シャカイナグローリーを見る特権が与えられました。これは、モーセが主から啓示を受けたことの証人となるためでしょう。「サファイヤを敷いたようなもの」「透き通っていて青空のよう」という表現が出てきますが、いずれもシャカイナグローリーを示したものです。神を見たなら死ぬというのが、イスラエル人の一般的な認識でした。しかし、彼らは死ぬどころか、神から特別な恵みをいただきました。彼らは、神とともに契約の食事、交わりのいけにえ（雄牛の肉）を食べたのです。

シャカイナグローリー

主は、モーセにさらに上るように言われました。この時、従者ヨシュアがモーセとともに山へ上りましたが、彼は頂上まで行かずに途中で待機します。シャカイナグローリーに入るのはモーセだけです。

山を覆った雲は、シャカイナグローリーです。モーセは6日間雲の外で待ち、7日目にようやくそこに招かれました。モーセは、山に40日間とどまりました。

シャカイナグローリーは、聖書を読み解くためのキーワードの一つです。特に、出エジプト記においては、シャカイナグローリーの働きが顕著です。①モーセを出エジプトのリーダーとして召した。②イスラエルの民を荒野の旅へと導いた。③イスラエルの民をエジプトの軍勢から守った。④エジプトの軍勢を滅ぼした。⑤マナとうずらを供給した。⑥シナイ契約を結んだ。⑦十戒が刻まれた石の板を与えた。

モーセが民に注いだいけにえの血は、キリストが十字架上で流された血潮を予表しています。キリストは、キリストの血による契約にサインをし、救われたお互いです。主イエスは私たちを救うために、いのちを捨ててくださいました。その愛に、愛によって応答しようではありませんか。

出エジプト記25章

「幕屋と幕屋のすべての備品は、わたしがあなたに示す型と全く同じように造らなければならない（出エジプト記25・9）

この章から、以下のことを学びましょう。（1）山頂でモーセは、幕屋建設の指示を初めて受けます。（2）聖なる神と罪ある人間が出会うためには、神が定めた方法によらなければなりません。（3）幕屋は、神が用意された「礼拝のための装置」です。（4）幕屋は、キリストの型です。

幕屋のための奉納物

幕屋は、シャカイナグローリーが民の間に宿るための仕掛けです。モーセの律法は、神の民に生きるための指針（理念）を与えましたが、幕屋は、神の民に礼拝の方法を教えました。幕屋は、本体であるキリストが現れるまでの一時的な仕組みです。救いの計画のゴールは、人が永遠の世界でシャカイナグローリーとともに住むことです。

神はモーセに、奉納物を献げるようにイスラエル人に告げよと命じました。身分、経済力、ささげ物の多寡などは問題ではありません。ささげ物が自発的であるかどうかだけが、重要です。なお、出エジプト記32章に出てくる金の子牛事件では、アロンが「金の耳輪を持ってこい」と命じており、自発的なささげ物とは好対照をなしています。イスラエル人たちが献げるものは、元々はエジプト人から受けたもので、主から与えられたものです。

幕屋の目的

幕屋を作る目的は2つあります。①幕屋は、王である神が住まう王宮であり、大祭司を通して神と交流する場所です。②幕屋は、神を礼拝する場所です。人間は、神が定めた方法で神に近づく必要があります。イスラエルの民は、幕屋の存在を通して、神が聖であることを学びました。神に近づくためには、神の方法によらなければなりません。このことはいくら強調しても、強調し過ぎることはないのです。

契約の箱

幕屋の中で最も重要なものは、契約の箱です。「アカシヤ材の箱」とありますが、これが「契約の箱」です。この箱の内側と外側に純金をかぶせ、持ち運びができるように、4つの金の環を箱の四隅に取り付けます。棒は、人が契約の箱に触れないようにするためのものです。箱の中に入れるものは、十戒を書いた石の板2枚です。偶像の宮の場合、一番奥に偶像が安置されますが、幕屋の場合は、「契約条項」が置かれました。契約に基づく神の愛と義を信頼する人だけが、神に近づくことができるのです。

宥《なだ》めの蓋

「宥めの蓋」とは、契約の箱の上に載せる蓋です。大きさは契約の箱と同じで、材質はすべて純金です。2つの金のケルビムが蓋の両端に作られ、互いに向かい合わせで翼を上へ広げ、この蓋を覆うように配置されました。「宥めの蓋」には、3つの役割があります。(1)神の御座としての役割。(2)贖いの場としての役割(大祭司が年に1度、いけにえの血を振りかける。レビ16・11～17参照)。(3)啓示の場としての役割。宥めの蓋は、キリストの贖いを示す型でもあります。

机

聖所に置く机は、アカシヤ材の本体の上に純金をかぶせたものです。持ち運びのために、金の環と担ぎ棒も作られました。この机は聖所に設置され、その上には12個の「臨在のパン」が常に置かれていました。これはパン種を入れずに焼いた丸くて薄いパンです。パンの数は、イスラエルの12部族を象徴しています。このパンによって、イスラエルの民は常に、自分たちが神の前を歩んでいることを自覚させられました。

燭台

燭台は、純金1タラント(金約30キログラム)から作るように命じられました。パーツを作ってつなぎ合せるのではなく、槌で打って作るのです。燭台は、真っ暗な聖所の中を照らすために置かれ、祭司はこの光に照らされて主の前で仕えました。至聖所の中はシャカイナグローリーによって照らされていましたので、そこでは大祭司は超自然の光によって奉仕をしました。

7枝の燭台は、メノラーと呼ばれています。枝の数である7は完全数なので、この数字は、主はイスラエルを導く完全な光であることを示しています。

幕屋の登場によって、革命的変化が起こりました。それは、「神の民はシャカイナグローリーとともに住み、なおかつ死なない」というものです。しかし、新約時代に生きる私たちには幕屋は不要です。なぜなら、人間イエスの内にシャカイナグローリーが宿ったからです。イエスを見た者は、シャカイナグローリーを見、父なる神を見たのです。

出エジプト記26章

「幕屋を十枚の幕で造らなければならない。幕は、撚り糸で織った亜麻布、青、紫、緋色の撚り糸を用い、意匠を凝らして、それにケルビムを織り出さなければならない。」（出エジプト記26・1）

この章から、以下のことを学びましょう。（1）幕屋の制作に関して、さらなる指示が与えられます。（2）幕屋は、神の臨在に近づくための仕掛けです。神が用意された方法でなければ、神に近づくことはできません。（3）私たちクリスチャンは、イエス・キリストを通して父なる神に近づくことができるようになりました。

幕屋のための幕と幕屋を覆う幕

幕屋の外周を囲う幕は、亜麻布の撚り糸（青色、紫色、緋色）で織られました。10枚の幕を5枚ずつのセットにし、それで聖なる空間を作り出しました。この幕には、ケルビムの刺繍が施されました。

屋根の部分に置く幕（幕屋を覆う幕）は、山羊の毛から作られました。この幕は、合計11枚用意されました。この幕で幕屋を覆い、その上に赤くなめした雄羊の皮とじゅごんの皮を載せました。聖所と至聖所の中は、幕や皮によって何重にも覆われため、真っ暗になりました。聖所の中を照らしたのは燭台（メノラー）の光であり、至聖所の中を照らしたのはシャカイナグローリーです。亜麻布の幕や山羊の毛の幕の役割は、雨露をしのぎ、光を完全に遮断することです。

幕屋は、神が臨在される場所、神の住まいです。天におられるお方が地に下り、罪人の中に住んでくださるのです。人は、神が示される方法でなければ、神に近づくことができません。イスラエルの民にとっては、啓示されたとおりに幕屋を建てるかどうかは、生きるか死ぬかの問題だったのです。

幕屋のための板と横木

幕をかけるためには、骨組みが必要です。骨組となった板と横木は、幕屋に堅固さを与えると同時に、外光を遮断する役割も果たしました。移動する際には、板と横木は解体され、牛車で運ばれました。ゲルション族は幕と垂れ幕を、メラリ族は構造材を運びました。それで、彼らには車と雄牛が与えられたのです。ケハテ族は肩に載せて運ぶものを担当したため、車も雄牛も与えられませんでした（民7・7～9参照）。

30節には、「こうして、あなたは、山で示された定めのとおりに幕屋を設営しなければならない」とあります。出エジプト記には、これと同じ命令が繰り返し出てきます。出エジプト25章9節や、27章8節などです。人は、神が定めた方法によってしか、神のもとに近づくことができません。それゆえ、神に示された型どおりに幕屋を造る必要があるのです。

2種類の幕―垂れ幕と聖所の入り口の幕―

幕屋のサイズは、約13・3m×4・4m×4・4m（約59平方メートル、17・5坪、35畳）で、奥の部分が至聖所に当たります。至聖所のサイズは、1辺が約4・4mの立方体です（面積は約19平方メートル、5・8坪、12畳）。

垂れ幕というのは、聖所と至聖所を仕切るための幕です。この幕は、青色、紫色、緋色の撚り糸、撚り糸で織った亜麻布でできていました。その幕には、ケルビムを織り出しました。この模様は織りによってできていますので、両面から見ることができました。この垂れ幕を、金をかぶせたアカシヤ材4本の柱に付け、柱の下には銀の台座が置かれました。この垂れ幕は、一般の祭司と大祭司を区別する仕切りとなり、至聖所には大祭司が年に1度だけ入りました。

次に取り上げる幕は、聖所（幕屋）の入口にかける幕です。この幕は、青色、紫色、緋色の撚り糸、撚り糸で織った亜麻布でできていました。この幕には、刺繍によって模様が施されました。この幕を、金をかぶせたアカシヤ材5本の柱に付け、柱の下には、青銅の台座が置かれました。この幕は、一般のイスラエル人と祭司を区別する仕切りとなりました。

幕屋の構造は、神に近づく人を徐々に限定する仕掛けとなっています。異邦人は幕屋の内庭にさえも入ることができませんでした。イスラエル人は内庭には入れますが、幕屋（聖所）には入ることができませんでした。幕屋に入れるのは祭司だけです。さらにその奥の至聖所には大祭司しか入れません。神は、大祭司という接点を通して、イスラエルの民と、そして全人類と関わろうとされたのです。

新約時代に生きる私たちは、主イエスを通して、神の御座に近づくことができるようになりました。なんという幸い、祝福でしょうか。今栄光の御座に近づき、父なる神に感謝をささげましょう。

出エジプト記27章

「会見の天幕の中で、さとしの板の前にある垂れ幕の外側で、アロンとその子らは、夕方から朝まで主の前にそのともしびを整える。これはイスラエルの子らが代々守るべき永遠の掟である。」
（出エジプト記27・21）

この章から、以下のことを学びましょう。（1）青銅の祭壇と幕屋の庭に関する指示が書かれています。（2）幕屋とその中にある器具は、すべてメシアの型となっています。（3）イスラエルの民は、いけにえの血を通して神に近づくことができました。私たちは、イエス・キリストの血潮によって神の御前に立つことができるようになりました。

祭壇

罪の贖いのための祭壇に関して、次のような命令が与えられました。（1）アカシヤ材で祭壇を作り、それを青銅で覆う。（2）大きさは、２・２ｍ×２・２ｍ×１・３ｍとする。（3）青銅の網細工の格子を祭壇の内側にはめ込む（この格子の上でいけにえの動物が焼かれた）。（4）祭壇の4隅に角（突起物）を付ける。角は、ささげ物が落ちないようにするために設けられたものと思われますが、神学的な意味もあります。当時、寛大な裁きを求める場合、人は祭壇の角をつかみました。列王記第一1章50～51節では、アドニヤがソロモンを恐れてこの祭壇の角を握っています。また、祭壇の角には、罪の贖いと清めのための血が塗られました（出29・12、レビ４・７参照）。

内庭

内庭とは、幕屋を取り囲む庭のことです。亜麻布の掛け幕で囲んだ内側が内庭です。庭の広さは、東西が約44ｍ、南北が約22ｍです。内庭の面積は、約９７０平方メートル（約３００坪）ありました。

南側と北側に、それぞれ柱が20本あり、それが20個の台座（青銅製）の上に立てられました。西側には柱10本が立てられ、10個の台座はやはり青銅製でした。東側の中央には、入口が付けられました。これは、約8・8ｍの入口です。東側には4本の柱が、こ

4個の台座（青銅製）の上に立てられました。そこにかけられる亜麻布の幕は、刺繍を施したものです。

3種類の幕について再確認をしておきます。掛け幕は内庭を囲むためのものです。これは、イスラエルの民と異邦人を区別した幕です。内庭の奥に幕屋（聖所）が設置されました。聖所の入口の幕は、祭司と一般のイスラエルの民を区別しました。聖所の奥に至聖所があり、そこに仕切りの垂れ幕がありました。この垂れ幕は、大祭司と祭司を区別しました。

キリストにあっては、ユダヤ人と異邦人の区別はなくなりました。つまり、ユダヤ人も異邦人も同じ原則（恵みの原則）によって救われるということであり、ユダヤ人も異邦人も神の御前では同じ祝福をいただいているということです（両者が神から与えられている役割は異なります）。

ともしび

祭司の務めに関する最初の命令は、「ともしびを絶えずともしておかなければならない」というものです。燭台は、聖所の中に置かれていました。その燭台に、ともしびを絶えずともしておくのです。その役目は、アロンとその子らが担いました。このともしびは、神の臨在が常にイスラエルの民とともにあることを示しています。

燭台には7つの枝がありました。7は完全数です。このともしびは、聖霊を象徴していると考えられます。黙示録1章4節には、「ヨハネから、アジアにある七つの教会へ。今おられ、昔おられ、やがて来られる方から、また、その御座の前におられる七つの御霊から」とあります。「七つの御霊」とは、聖霊のことです。黙示録3章1節と4章5節でも、「神の七つの御霊」という言葉が出てきます。新約時代においては、主イエスは御霊を通して私たちに真理を教えてくださいます。「神の七つの御霊」は、神が私たちとともにおられることを示してくださいます。

イスラエルの民が、神に近づく際に最初に出会うのが祭壇です。祭壇は、神に近づくためには血の犠牲が必要であることを教えています。レビ記には、重要な聖句があります。「実に、肉のいのちは血の中にある。わたしは、祭壇の上であなたがたのたましいのために宥めを行うよう、これをあなたがたに与えた。いのちとして宥めを行うのは血である」(レビ17・11)。主イエスの十字架上の死は、私たちの罪の赦しのためです。祭壇の角をつかむように、主イエスの十字架にすがる人は幸いです。

出エジプト記28章

「また、あなたの兄弟アロンのために、栄光と美を表す聖なる装束を作れ。」

(出エジプト記28・2)

この章から、以下のことを学びましょう。(1)祭司の衣装に関する規定が書かれています。(2)大祭司の胸当てには、12部族の名が記されました。これは、イスラエルの民が神の前で覚えられていることを示しています。(3)私たちの大祭司はイエス・キリストです。私たちは、イエス・キリストにあって神に愛された者とされました。(4)信者ひとりひとりが、神に仕える祭司です。

祭司の衣装

祭司職は神から召された者だけが就く職業で、自分から申し出るものではありません。アロンは大祭司となり、その子たち(ナダブ、アビフ、エルアザル、イタマル)は、大祭司の補助をする祭司となります。祭司の衣装が指定されました。それは、幕屋のデザインと調和したもの（栄光と美を表す聖なる装束）です。神が、衣装の制作者を用意されます。衣装とは、次の6種類のものです。①胸当て ②エポデ ③青服 ④市松模様の長服（格子模様）⑤かぶり物 ⑥飾り帯。これらの衣装を、金色、青色、紫色、緋色の撚り糸と、亜麻布で作らなければなりません。

エポデ

「エポデ」は、大祭司の衣装の中で最も重要なものです。その形状は、エプロンのようなものです。エポデの両端に肩当てが付けられ、その肩当ての上に「しまめのう」が取り付けられました。2つの「しまめのう」には、それぞれ6つの部族の名が生まれた順に刻まれました。アロンは、イスラエルの民を代表して神の前に立ちました。

さばきの胸当て、ウリムとトンミム、青服

「さばきの胸当て」は、縦横22㎝の正方形の胸当てです。そこに4列に宝石をはめ込みます。①赤めのう、トパーズ、エメラルド ②トルコ玉、サファイヤ、ダイヤモンド ③ヒヤシンス石、めのう、紫水晶 ④緑柱石、しまめのう、碧玉。それぞれの石に、部族名を彫り込みました。この胸当ての役割は、エポデの肩当てに付けられた2つの石と同じで、「絶えず主の前で記念としなければならない」というものです。

「ウリムとトンミム」は、裁きの胸当ての中に入れておく2つの石のことです。ウリムとは「光」、トンミムとは「完全」を意味することばです。ウリムとトンミムは、神の御心を知るための道具です。啓示の方法は、石が光るか光らないかで、イエスかノーかを判断するというものです。

エポデの下に着る青服は、真ん中に頭を通す口が作られており、すっぽりかぶる衣服になっていました。ちなみに、ヨハネの福音書19章23節に出て来るイエスの着物は、大祭司が着用する青服と同じデザインのものでした。これは、イエスが大祭司としての役割を負っておられることを暗示する興味深い事実です。

青服の裾の周りに、金の鈴とざくろが取り付けられました。風で衣がまくれないようにするためです。神の前で恥ずべき姿をさらすことは許されません。

至聖所に入ると、大祭司の姿は見えなくなりますが、鈴が鳴っている間は、生きていることが分かります。大祭司は、鈴の音を聞きながら、自らの奉仕に欠けがないことを確認しました。それが「彼が死なないためである」という意味です。

純金の札、かぶり物、長服

「主への聖なるもの」という文字が彫られた純金の札をかぶり物の前面に付け、それが額の上にくるようにします。この文字の意味は、民のささげ物の欠点を大祭司が贖うということです。また、大祭司が身につける長服は、市松模様の亜麻布を使用し、刺繍は飾り帯にだけ施されました。

主はモーセに、長服、飾り帯、栄光と美を表すターバンを作り、それをアロンとその子どもたちに着せるようお命じになりました。これが一般の祭司の衣装です。祭司たちはこの衣装をまとい、油注ぎを受けて、祭司職に任命されます。つまり、聖別された祭司として主の前で奉仕ができるようになるということです。

亜麻布のももひきは、水夫のズボンのような形（前にも後ろにも空いた所がない）をしたもので、主の前に裸をさらすことのないようにするためのものです。

祭司に関する規定は、イスラエルの民に終始、神は聖であることを教えています。私たちも、神が聖であることをしっかりと記憶しましょう。それを認識した人は、自分には仲介者が必要であることを実感するはずです。私たちには、大祭司であるイエス・キリストが与えられています。

出エジプト記29章

「彼らは、わたしが彼らの神、主であり、彼らのただ中に住むために、彼らをエジプトの地から導き出したことを知るようになる。わたしは彼らの神、主である。」（出エジプト記29・46）

この章から、以下のことを学びましょう。（1）聖なる任務に就くためには、聖別の儀式が必要とされます。（2）聖別は、全焼のささげ物を土台とした厳粛な儀式です。（3）祭司として奉仕するための力は、聖別によって与えられます。

祭司の聖別のための準備

聖別のために、次のものを準備します。①若い雄牛1頭、②傷のない雄羊2頭、③種を入れない3種のもの（種を入れないパン、油を混ぜた種を入れない輪型のパン、油を塗った種を入れないせんべい）。

これらのものを準備してから、聖別の手順に入ります。（1）アロンとその子らを水で洗い、大祭司アロンに装束を着せる。（2）そそぎの油を頭に注ぐ。大祭司が油注ぎを受けるということは、聖霊の力による奉仕を象徴しています。（3）最後にアロンとその子らにも祭司の衣装を着せる。このようにして、アロンとその子らは祭司職に任命されます。

罪のきよめのささげ物―雄牛のいけにえ―

初めに雄牛が屠られますが、これは「罪のきよめのささげ物」です。アロンとその子らは雄牛の頭に手を置きますが、これは「罪の転嫁」を象徴しています。この雄牛を屠り、その血を取って指で祭壇の角につけます。これで祭壇の清めが完了します。続いて、残りの血を祭壇の土台に注ぎ、雄牛の内臓の脂肪は焼いて煙にします。脂肪は最良の部位とされていましたので、最高のものを神に献げるのです。肉と皮と汚物は宿営の外で焼かれますが、これらは汚れたものの象徴です。

雄羊のいけにえ

続いて雄羊2頭を屠ります。（1）最初の雄羊は全焼のささげ物です。アロンとその子らは、雄羊の頭に手を置いて「罪の転嫁」をします。ここには、罪は命（血）によって贖われるという霊的原則が表明されています。屠った雄羊の血を取り、祭壇の回りに注ぎかけます。そして雄羊を切り分け、内臓と足を洗い、他の部分といっしょにすべてを祭壇の上で焼いて煙にします。この全焼のささげ物は、神への感謝と全的献身を象徴しています。（２）２番目の雄羊は、任職のための雄羊です。アロンとその子らは、雄羊の頭に手を置き、罪の転嫁を行います。次に、その雄羊を屠り、その血をアロンとその子らにつけます。右の耳たぶ、右手の親指、そして右足の親指につけますが、これは、全身に血を塗ったことを象徴しています（全的献身を表す）。それから、残りの血を祭壇の回りに注ぎかけ、最後に祭壇の上にある血と注ぎの油を、祭司たちの装束に振りかけます。これで祭司とその衣装の聖別が完了します。

祭司の聖別

　種を入れない3種のものと、任職のための雄羊の脂肪を一緒に祭壇の上で焼いて煙にします。任職のための雄羊から取られた胸肉ともも肉は、祭司の永遠の分け前となります。レビ族には土地の分割はありませんでしたので、彼らの生活は、民のささげ物によって支えられました。

　この儀式を7日間行いますが、その間、雄牛1頭を毎日捧げます。将来、アロンの後継者になる者も同じ儀式を通過することになります。祭司は、幕屋の入口で雄羊の肉を煮て、その肉といっしょにかごの中のパンを食します。肉やパンが朝までに残った場合は、残りは火で焼かなければなりません。また、この食事は、主との親密な交わりを象徴するものなので、一般人の参加は禁じられました。

絶やすことのない全焼のささげ物

　祭司の務めの第2番目のものとして、1歳の若い雄羊を2頭、毎日献げるよう命じられます。これは絶やすことのない全焼のささげ物です。2頭のうち、1頭の雄羊は朝に献げ、もう1頭の雄羊は夕暮れに献げます。これに、上質のオリーブ油を混ぜた最良の小麦粉と、ぶどう酒が付けられました。

　幕屋は、神と民が出会うための恵みの方法ですが、そのために用いられるのが祭司です。それゆえ、幕屋と祭司は、聖別される必要がありました。出エジプトの出来事の目的は、自由の民となったイスラエルの間に、神が住まうことです。幕屋は、シャカイナグローリーが宿る場所です。新約聖書では、イエスの肉体という幕屋の中にシャカイナグローリーが宿りました。イエスは、インマヌエルなる神です。主イエスはきょうも私たちとともにいてくださいます。

出エジプト記30章

「アロンは年に一度、その角の上で宥めを行う。その祭壇のために、罪のきよめのささげ物の、宥めのための血によって、彼は代々にわたり、年に一度、宥めを行う。これは主にとって最も聖なるものである。」（出エジプト記30・10）

この章から、以下のことを学びましょう。（1）香の壇と洗盤に関する規定が書かれています。（2）洗盤の水は、神のみことばの象徴です。（3）日々焚かれる香は、信者の祈りの象徴です。砕かれた心で、新鮮な祈りを献げる必要があります。

香の壇

アカシヤ材で作られた香の壇は、底部以外は純金で覆われ、その4隅には、角と呼ばれる突起部分が設けられました。香の壇の設置場所は、垂れ幕の手前です。祭司がそこで香りの高い香を、朝のいけにえを献げる時間と、夕暮れのいけにえを献げる時間の2回献げます。これを「常供の香のささげ物」と言います。

香に関して、「異なった香をたいてはならない」との禁止命令が与えられます。配合の異なった香をたいてはいけないという意味です（民3・4にナダブとアビフの失敗例が出てくる）。全焼のささげ物、穀物のささげ物、ぶどう酒などは、香の壇の上に献げてはなりません。これらは、祭壇で献げるものです。

アロンは年に1度、贖罪の日に、罪のためのいけにえの血を香の壇の角に塗ります。出エジプト記で贖罪の日への言及が出てくるのは、ここだけです。

贖い金

人口調査のある度に、各人が自分自身のための贖い金を納めます。20歳以上の者は、1人あたり半シェケルを納めます。納める目的は「わざわいが起こらないようにするため」です。支配者が人口調査をすることで、自分の力を誇り、傲慢に陥らないためです（2サム24章）。

贖い金は、幕屋建設とその後の幕屋維持のための資金となります。これは、神の働きは神の民のささげ物によって支えられるという原則を教えています。新約聖書では、フルタイムの献身者は、信徒たちの献金によって支えられるという原則があります（1テモ5・18）。

洗盤

青銅の洗盤と青銅の台を作ります。祭司たちが手と足を洗うためです。洗盤を置く場所は、幕屋と祭壇の間であり、祭司たちは、聖所に入る時と、祭壇に近づく時に、そこで手と足を洗います。その理由は、「彼らが死なないため」です。洗盤の水は、真理のみことばを象徴しています。ヨハネの福音書15章3節で、主イエスはこう言われました。「あなたがたは、わたしがあなたがたに話したことばによって、もうきよいのです」（ヨハ17・17、エペ5・25～27参照）。私たちは、日々、真理のみことばによって聖め別たれています。

注ぎの油

注ぎの油は、5種類の香料（液体の没薬、香りの強い肉桂、におい菖蒲、桂枝、オリーブ油）を調合法に従って混ぜ合わせて作ります。この油を、全焼のささげ物のための祭壇とそのいろいろな器具、洗盤とその台、そしてアロンとその子らに注ぎます。注ぎの油は、似たものを調合したり、祭司以外の者に注いだりしてはならないという禁止事項が与えられました。この命令に違反した者は、死によってか、追放によってかのいずれかの方法で、民から断ち切られます。

注ぎの油は、聖霊を象徴しています。主イエスは、イザヤ書61章1節を朗読したあと、「あなたがたが耳にしたとおり、今日、この聖書のことばが実現しました」と言われました（ルカ4・20～21参照）。注ぎの油という具象化されたイメージを、霊的生活に適用してみましょう。

香料

香ばしい聖なる純粋な香料は、4種類の香料（ナタフ香、シェヘレテ香、ヘルベナ香、乳香）を調合法に従って混ぜて作りました。これは、聖所の中に設置された香の壇の上でたくためのものです。これと似たものを自分自身のために作ってはならないという禁止令が与えられました。

信者の祈りは、御前に立ち上る香です（詩141・1～2、黙5・8参照）。贖罪の日に、アロンは罪のためのいけにえの血を香の壇の角に塗ります。この行為は、私たちの祈りの中にある欠陥は、キリストの血によって清められるということを象徴しています。

私たちの祈りは、キリストを通してのみ、父なる神の御前への香となるということを常に覚えましょう。香は、日毎に必要なものを取り、よく砕いてから香の壇の上でたきました。私たちの祈りも、砕かれた心で、日々新鮮なものを御前に献げるべきです。自らの祈りの生活を吟味しようではありませんか。

出エジプト記31章

「見よ。わたしは、ユダ部族に属する、フルの子ウリの子ベツァルエルを名指して召し、彼に、知恵と英知と知識とあらゆる務めにおいて、神の霊を満たした」（出エジプト記31・2〜3）

この章から、以下のことを学びましょう。（1）神から命じられた奉仕は、神の命令どおりに行わなければなりません。（2）神が私たちをある奉仕に任命されるとき、それを実行するために必要な知恵、力、資質も備えてくださいます。（3）新約時代の信者には、神の御業を行うための力として、聖霊が与えられています。

ベツァルエル

幕屋建設の工人として、ベツァルエルが召されました。彼の家系は、ユダ部族のフル、その子ウリ、その子ベツァルエルと続きます。フルは、アマレクとの戦いにおいて、モーセの手を両側から支えた2人のうちの1人で、その孫がベツァルエルです。神はベツァルエルに関して、「彼に、知恵と英知と知識とあらゆる務めにおいて、神の霊を満たした」と言われます。聖霊は美と芸術の霊でもあります。ベツァルエルは、聖霊の助けを受けて幕屋を建設するのです。

旧約時代においては、聖霊は主の働きに召された特定の人の上に下り、その働きも範囲が限定されていました。その状況が変化するのは、ペンテコステの日に聖霊が降臨して以降のことです。新約時代の信者たちには、「聖霊の内住」と「聖霊のバプテスマ」が与えられています。これは、神からの一方的な贈り物です。

援助者たち

統括者ベツァルエルの援助者として、オホリアブが任命されます。彼は、ダン部族のアヒサマクの子です。ベツァルエルとオホリアブを中心に、その周りに「すべて心に知恵ある者」と呼ばれる者たちが集められました。つまり、多数の芸術家、工芸家、職人、工人が用意されたということです。彼らが制作する物は、幕屋とその中に入れる器具、祭司の装束、注ぎの油とかおりの高い香などです。

安息日

神殿建設のための人員の召命の後に、安息日の規定が再確認されています。つまり、幕屋建設の期間も、安息日は守らねばならないということです。安息日は、シナイ契約のしるしであり、その規定の目的は、イスラエルの民を聖別するためです。聖別とは、俗世界からの区別です。彼らは、安息日がくるたびに、自らの選びと使命を思い出すのです。

安息日の規定が、幕屋建設という文脈の中で与えられていることに注目しましょう。幕屋建設の間も、安息日には休まなければならないのです。これは特権であり、恵みです。この規定に違反した場合は、「これを汚す者は必ず殺されなければならない」とあります。ただしこの規定は、常に実行することを想定した規定ではありません。これは、律法の時代の始まりにあって、神に反抗するなら死しかないことを教えている厳粛な規定です。新約時代においては、アナニヤとサッピラの罪(使5・1～11)があります。彼らの死は、恵みの時代の始まりにあって、聖霊を欺く罪がいかに恐ろしいものであるかを信徒たちに教えました。

石の板

モーセは山の上で40日間にわたって啓示を受け、2枚の石の板を持ってそこを降ります。石版に記された契約条項は、神の指で書かれたものです。パウロは、この石の板について、こう書いています。「神は私たちに、新しい契約に仕える者となる資格を下さいました。文字に仕える者ではなく、御霊に仕える者となる資格です。文字は殺し、御霊は生かすからです。石の上に刻まれた文字による、死に仕える務めさえ栄光を帯びたものであり、イスラエルの子らはモーセの顔にあった消え去る栄光のために、モーセの顔を見つめることができないほどでした。そうであれば、御霊に仕える務めは、もっと栄光を帯びたものとならないでしょうか。」(2コリ3・6～8)。ここでパウロは、古い契約と新しい契約を比較しています。文字に仕える者と、御霊に仕える者とを比較し、「文字は殺し、御霊は生かす」と述べています。さらに、死の務め（シナイ契約）にも栄光があるなら、義とする務め（新約）には、もっと栄光が溢れると言っています。

今は恵みの時代です。信者の心に、キリストの律法が書き記されている時代です。恵みによって生きることを学びましょう。「神は言われます。『恵みの時に、わたしはあなたに答え、救いの日に、あなたを助ける。』見よ、今は恵みの時、今は救いの日です」（2コリ6・2）

出エジプト記32章

彼はそれを彼らの手から受け取ると、のみで鋳型を造り、それを鋳物の子牛にした。彼らは言った。「イスラエルよ、これがあなたをエジプトの地から導き上った、あなたの神々だ。」

（出エジプト記32・4）

この章から、以下のことを学びましょう。（1）モーセが山頂にいる間に、麓では民が偶像礼拝に陥りました。（2）金であれ宝石であれ、それを用いて「神」を作るのは、重大な罪です。神は、ご自身の栄光を偶像と分かち合うようなことは決してなさいません。（3）モーセはキリストの型であり、イスラエルの民は教会時代の信者の型です。モーセは戻って来るという約束を民に与えて、山に登りました。民は、モーセの帰還を待ちきれず、自分勝手なことをし始めました。キリストもまた、再臨の約束を語って後、昇天されました。私たちは、キリストの再臨を待ち望みます。

金の子牛を礼拝する民

モーセがシナイ山で神からの啓示を受けている間、民の心は神から離れました。彼らは、モーセを軽蔑し、自分たちの手で安心を勝ち取ろうと考え、自分たちを守り導いてくれる神を造り出そうとしました。アロンは、民の決意が固いことを見て、民が身につけている金の耳輪を持ってくるように命じ、それを用いて金の子牛を鋳造しました。金の子牛を見て、民は「イスラエルよ、これがあなたをエジプトの地から導き上った、あなたの神々だ」と叫びました。彼らはエジプトで経験した主の御業をすべて忘れたのです。

怒りを覚える神

神は、イスラエルの民を滅ぼし、モーセから新しい民を誕生させると言われました。ここでモーセは3つのテストを受けています。①傲慢になっていないかどうか。②この状況を絶望と見るか、執りなしの祈りの機会と見るか。③どの程度、神の計画を理解しているか。

神の怒りを見て、モーセはすぐさま執りなしの祈りを献げます。①神の恵みへのアピール（11節）。②神の性質へのアピール（12節）。③神の契約へのアピール（13節）。神は、モーセの祈りを喜ばれました。

怒りを覚えるモーセ

モーセは2枚の石板を持って、ヨシュアとともに山の中腹まで降りて来ます。民が金の子牛の周りで踊っているのを見て、モーセの怒りは燃え上がりました。怒りに燃えた彼は、2枚の板を山の麓で砕きますが、これはシナイ契約が破棄されたことを示しています。モーセは、怒りを行動に表わしました。①金の子牛を火で焼いた。②それを粉々に砕いた。③それを水の上にまき散らした。④それをイスラエル人に飲ませた（首謀者たちに飲ませたのでしょう）。人間の体内を通過することによって、金の子牛は汚れたものとなりました。

アロンの弁解と裁かれる民

アロンは弁解しますが、真の悔い改めには至っていません。（1）モーセに、「わが主よ」という謙遜なことばを口にしながらも、民の悪癖についてはモーセもよく知っているはずだと言い、自分の責任を軽くしていますす。(2)民が自分に強く要求したのだ、と答えています。これは密かに、「40日もいなかったモーセにも責任があるのではないか」と責めているのです。(3)極めつけは、「子牛は自然に出てきた」という言い訳です。

モーセの呼びかけに応答し、彼の周りに真の礼拝を求める多くのレビ人が集りました。彼らはモーセの命令に従い、首謀者たち3000人を殺しました。そのほとんどがレビ族の者でした。アロンの責任も重いのですが、彼は大祭司に任命されていたために罰を免れたと思われます。

モーセの懇願

再び山に登り、神の御前に立ったモーセは、主に向って懇願します。彼は、民の罪を認め、その上で民の罪が赦されるために、自分のいのちを差し出すと申し出ています。

神の回答は、「今は約束の地へ民を導け」というものでした。しかしこれは、神ご自身が先頭に立つのではなく、被造物の天使が民の先頭に立つ、というものです。つまり、神は民とともに約束の地へ上らないとの結論を出されたのです。かくして、裁きは延期されました。しかし時が来たなら、裁きが行われるのです。

モーセの自己犠牲の祈りは、ユダの祈り(創44・33)とパウロの祈りに似ています(ロマ9・1〜3)。これらの自己犠牲の祈りは、主イエスの十字架上の祈りに通じるものです。友のためにいのちを捨てる愛に勝るものはありません。「人がその友のためにいのちを捨てるという、これよりも大きな愛はだれも持っていません」(ヨハ15・13)

出エジプト記33章

主は言われた。「わたし自身、わたしのあらゆる良きものをあなたの前に通らせ、主の名であなたの前に宣言する。わたしは恵もうと思う者を恵み、あわれもうと思う者をあわれむ。」

（出エジプト記33・19）

この章から、以下のことを学びましょう。（1）神の臨在が保証され、旅が再開されました。(2)モーセの執りなしの祈りが神に聞き入れられました。モーセは、キリストの型です。（3）信者は、罪責感を持っていると、神の臨在の感覚を失います。人生の荒野を安全に旅する秘訣は、罪の告白を通した神との和解です。

悲しむ民

金の子牛事件をきっかけに、主とイスラエルの民の関係が変化します。主がカナンの地の住民を追い払うという約束は変わりませんが、民を約束の地へと導くのは、「主の使い」（第2位格の神）から「一人の使い」（被造物）に変ります。この変化は、神とイスラエルの民の関係に重大な影響を及ぼします。モーセに与えられた幕屋に関する命令は、すべて無駄になります。シャカイナグローリーが幕屋に宿らないからです。

民は嘆き悲しみ、飾り物を取り外します。この行為は、内的な悲しみと悔い改めの外的表現です。シナイ契約は血の契約であるがゆえに、違反した者は血の代価を要求されます。そう考えると、主が民とともに上らないのは、実は恵みなのです。「今、飾り物を身から取り外しなさい。そうすれば、あなたがたのために何をするべきかを考えよう」とは、民の悔い改めの度合いによって、神の対応が変わることを意味しています。

会見の天幕

宿営の中に宿っていたシャカイナグローリーは、宿営から離れました。モーセは、宿営から離れた所に天幕を張り、そこを会見の天幕としました。モーセは、神と民の完全な和解を達成するために、神との対話を試みます。イスラエルの民は、モーセをリーダーとして、また、神と民の間の仲介者として、尊敬するようになりました。

モーセが会見の天幕に入ると、雲の柱が山頂から地上に降りて来ました。主は、人が自分の友と語るように、モーセと語られました。つまり、主がモーセの信仰をよしとされたということです。会見を終えてモーセが帰った後、会見の天幕の管理はヨシュアが担当しました。モーセの役割の中には、ヨシュアを後継者として育てるということも含まれていました。

モーセの祈り

モーセは、神に3つのことを願いました。（1）「あなたの道を教えてください」。以前は「主の使い」がともにいてくださったが、これからは「一人の使い」が来るということが、モーセに不安を与えていました。その願いに対し、神は再び自らがともに行くと約束されました。つまり、幕屋の再建が保証されたということです。これによって、シャカイナグローリーによる民の安息が保証されました。（2）次にモーセは、神ご自身がいっしょにいてくださることを何によって知ればよいのかと迫ります。神は、「あなたの言ったそのことも、わたしはしよう」とお答えになりました。（3）最後にモーセは、神の栄光を見たいという大胆な願いを口にします。神は、「わたし自身、わたしのあらゆる善をあなたの前に通らせ、主の名で、あなたの前に宣言しよう。わたしは、恵もうと思う者を恵み、あわれもうと思う者をあわれむ」とお答えになります。「あらゆる善」とは神の栄光のことを意味します。「主の名で、あなたの前に宣言しよう」とは、主の性質そのものを宣言するということ、つまり、御名の啓示を意味しています。「わたしは、恵もうと思う者を恵み、あわれもうと思う者をあわれむ」とは、神の主権の宣言です。さらに神は、「あなたはわたしの顔を見ることはできない。人はわたしを見て、なお生きていることはできないからである」と言われました。これは擬人法による神の描写です。「わたしの顔」とは、神の栄光のすべてを指しますが、人間の限界性のゆえに、モーセは神の栄光のすべてを見ることはできないのです。しかし、岩の裂け目に入れられ、そこから「神のうしろ」（神の栄光の片鱗）を見ることだけは許可されました（この出来事は、後にシナイ山の山頂で起こります）。

神は常に、私たちが悔い改めをもって神に近づくのを待っておられます。それゆえ、神の恵みと忍耐を軽んじてはなりません。神の恵みに応答して、御座に近づく人は幸いです。

出エジプト記34章

主は雲の中にあって降りて来られ、彼とともにそこに立って、主の名を宣言された。

（出エジプト記34・5）

この章から、以下のことを学びましょう。（1）再度石の板2枚が用意されたのは、シナイ契約が再締結されたことを意味しています。（2）モーセの顔が栄光を反射させせましたが、それはイエス・キリストの栄光に比べれば、取るに足りないものです。（3）主だけを神としなければ、私たちの礼拝は受け入れられません。

神の栄光の啓示

モーセは、3つの祈りを献げました。その祈りに対し、神からの回答が与えられました。「前のものと同じような二枚の石の板を切り取れ。わたしはその石の板の上に、あなたが砕いたこの前の石の板にあった、あのことばを書き記す」。このことばは、神が契約を再締結してくださることを意味しています。前回と異なる点は、石の板に文字を書かれるのは主ですが、モーセがその石の板を用意しなければならないことです。

　モーセは翌朝早く、主が命じられたとおりに山に登りました。山に登ると、雲が現れました。この雲はシャカイナグローリーです。「主は雲の中にあって降りて来られ、彼とともにそこに立って、主の名を宣言された」。これは「神の本質の宣言」です。御名の啓示こそ、モーセが祈りの中で願ったことです。

　主は彼の前を通り過ぎるとき、こう宣言された。「主、主は、あわれみ深く、情け深い神。怒るのに遅く、恵みとまことに富み、恵みを千代まで保ち、咎と背きと罪を赦す。しかし、罰すべき者を必ず罰して、父の咎を子に、さらに子の子に、三代、四代に報いる者である」。ここには、神の8つの性質が啓示されています。（1）「主、主」。これは、契約の神の御名であり、固有名詞です。（2）「あわれみ深く、情け深い神」。（3）「怒るのにおそく」。（4）「恵みとまことに富み」。もし、神にこれらのご性質がなければ、旧約聖書はここで終わっていたか、人類の再創造が始まっていたはずです。しかし、恵みとまことのゆえに、シナイ契約の再締結が許されました。（5）「恵みを千代も保ち」。（6）「咎とそむきと罪を赦す者」。（7）「罰すべき者は必ず罰して報いる者」。罪を赦すという性質は神の弱さではありません。もし人が罪を犯すなら、悔い改めによって赦されますが、その結果は残ります。（8）「父の咎は子に、子の子に、三代に、四代に」。親の悪影響は子孫に及びますが、それも3代、4代までです。

　この時モーセは、神の背中を見ました。彼は地にひざまずき、伏し拝みました。モーセは、民の咎と罪が赦されるように、民が神の所有物となるように、そして神と民の関係が完全に回復されるように、祈りました。

契約の再締結とモーセの顔の輝き

民の背信（金の子牛事件）によって、シナイ契約は破棄されました。しかし、モーセの執りなしの祈りによって、シナイ契約は再締結されました。契約の内容は、出エジプト記20～23章で啓示されていたものです。

モーセは、40日40夜断食しながら、主とともにいました。彼が山から降りて来た時、前回にはなかった現象が起こりました。モーセ自身はそのことを知りませんでしたが、月が太陽の光を反射させるように、モーセの顔が主の栄光を反射させていたのです。それを見て、アロンとイスラエルの民は恐れました。モーセは恐れる彼らを呼び寄せ、シナイ山で神から命じられたことを、ことごとく彼らに告げました。

それ以降モーセは、民に語る時は顔に覆いを掛け、天幕で神と語る時は覆いを外しました。パウロは、コリント人への手紙第二3章で、この箇所の解釈と適用を行っています。モーセの顔の光が時間の経過とともに消えていったことからも分かるように、古い契約（シナイ契約）の栄光は一時的なものです。しかし、新しい契約の栄光は永続性のあるものです。モーセが消え去る栄光を見られまいとして顔に覆いをかけたのは消極的な働きですが、それに対して、新しい契約に仕える私たちは、何かに覆いをかけるような消極的なことはしません。

私たちに委ねられている福音のメッセージ（新しい契約）は、モーセの律法（シナイ契約）よりもさらに優れたものです。それを広く言い広めることが私たちの使命です。人に罪の赦しと永遠のいのちを伝える栄光ある使命に召されていることを覚え、主に感謝しようではありませんか。

出エジプト記35章

進んで献げる心のある者はみな、男も女も、飾り輪、耳輪、指輪、首飾り、すべての金の飾り物を持って来た。金の奉献物を主に献げる者はみな、そのようにした。（出エジプト記35・22）

この章から、以下のことを学びましょう。（1）幕屋建設のために、民は喜んで献げました。（2）私たちが持っている物は、すべて神から与えられたものです。それゆえ、私たちのささげ物は、神の愛と恵みへの応答でなければなりません。（3）自発的に、自分の力に応じて献げるなら、それは神に受け入れられます。

安息日の規定

モーセの執りなしによって、神は再びイスラエルの民の中に住み、彼らとともに進むことを約束されました。その約束の成就のために必要なのが幕屋です。幕屋は神の臨在が宿る場所です。出エジプト記35～39章は、25～31章で語られた内容の繰返しです（順番が異なる部分が若干あります）。繰返しの部分の冒頭に登場するのが、安息日の規定です。幕屋建設の間も、安息日の規定は守らなければなりません。安息日は、シナイ契約の「しるし」です。幕屋建設はシナイ契約の一部ですから、その「しるし」を守る必要があるのです。聖書の神は、契約の神です。

幕屋のためのささげ物

モーセは、幕屋建設のために主への奉納物を持って来るように民に命じました。15種類の品物が列挙されていますが、このすべてがエジプト人から受けた物です。それは、長年の労働の対価でもありました。これらの物を、心から進んで献げることが、主に受け入れられる条件です。この方法なら、誰でも自分の能力に応じて参加できます。新約聖書の原則もこれと同じです（2コリ9・6～7参照）。

次に必要なのが、幕屋を建設する人材です。奉仕者の召集が行われ、「心に知恵のある者」が招かれました。すでに31章で、ベツァルエルとオホリアブの名が上がっていましたが、この2人のもとに、多くの人たちが集まったのです。彼らは工人の群れ、あるいは、芸術家集団です。彼らが制作すべき物として、24種類の作品が列挙されています。

民の応答

民は、つぶやいたりせずに、すぐに行動を起こしました。彼らは、「感動した者と、心から進んでする者」です。ここには、聖霊による感動があります。それは、金の子牛事件の罪が赦された感動でもあります。さらに、主の臨在が幕屋の中に宿るという恵みへの感動でもあります。ちなみに、詩篇110篇3節は、「メシア的詩篇」であり、神の国が世界中に広がる喜びを歌ったものです。「あなたの民は、あなたの戦いの日に喜んで仕える。聖なる威光をまとって、夜明け前から。あなたの若さは朝露のようだ」。私たちも、神がともにいてくださることを大いに喜ぼうではありませんか。

主への奉納物から教訓を学びましょう。金の子牛を作るためにアロンが指定したのは、金だけでした。つまり、金を持っていない人は参加できなかったのです。幕屋建設のためには、15種類の品物が必要とされました。これは、誰もが参加できる命令です。事実、民はあり余るほど献げました。

幕屋を造る人々

幕屋制作の責任者として、ベツァルエル（ユダ族のフルの孫）が任命されます。フルは、アマレクとの戦いにおいて、モーセの手を支えた人です。フルの孫のベツァルエルが任命されたということは、彼の家系では信仰の継承がうまく行っていたということです。神はベツァルエルを、知恵と英知と知識の霊で満たされました。霊で満たすとは、聖霊の支配下に置くことです。彼は、聖霊の導きによって、英知と知恵を得ました。

もう1人は、オホリアブです（ダン部族出身）。最大のユダ部族からベツァルエルが、最小のダン部族からオホリアブが召されました。神は、12部族すべてを用いようとしておられます。彼らの周りに、心に知恵のある多くの工人たちが招集されました。ささげ物は全員に関係したことでしたが、工人の任命は神の主権によるものです。神がなさることに対して、私たちは妬みを抱く必要はありません。この原則は、恵みの時代（教会時代）にも当てはまるものです。

神は、ご自身の御心がなるために、私たちに物と人を与えてくださいます。神の御心を行うことを恐れてはなりません。一歩前に踏み出すなら、必要な財と助け手が与えられます。神の教会は、信者全員の参加によって建て上げられます。そのことを覚え、喜んで神に仕える者とさせていただきましょう。

出エジプト記36章

それでモーセは命じて、宿営中に告げ知らせた。「男も女も、聖所の奉納物のためにこれ以上の仕事を行わないように。」こうして民は持って来るのをやめた。手持ちの材料は、すべての仕事をするのに十分であり、あり余るほどであった。

（出エジプト記36・6〜7）

この章から、以下のことを学びましょう。（1）幕屋の建設が開始されました。（2）主の御業に参加するためには、それを行う能力と意欲が必要とされます。（3）主に仕えようと願う人には、必要な材料と能力が与えられます。（4）新約聖書の視点で言えば、信者ひとりひとりが幕屋（教会）を建設するための材料です。

あり余る奉納物

幕屋建設が始まると、困った問題が起きました。民が献げた物の量があまりにも多すぎたので、制作者たちが困惑したのです。そこで制作者たちは仕事を中断して、モーセに状況を報告します。モーセは、ささげ物を中止せよというおふれを出しました。これは前代未聞の命令です。これと似たようなことが、歴代誌第二31章10節（ヒゼキヤ王の時代）に記されています。「人々が奉納物を主の宮に携えて来始めてから、食べて、満ち足り、たくさん残りました。主が御民を祝福されたからです。その残りがこんなにたくさんあるのです」。民が気前よく献げた理由は、霊的感動と喜びです。新約時代の教会にもこのようなことが起こりました。パウロはこう報告しています。「……マケドニヤの諸教会に与えられた神の恵みを、あなたがたに知らせようと思います。……私は証しします。彼らは自ら進んで、力に応じ、いや力以上に献げ、聖徒たちを支える奉仕の恵みにあずかりたいと、大変な熱意をもって私たちに懇願しました」（2コリ8・1～4）。ささげ物は、そのままその人の信仰の反映であることを覚えましょう。

幕屋の幕とその上に掛ける天幕の制作

出エジプト記を読むと、繰返しが多いように感じることがあります。たとえば、36章と26章に出てくる幕屋に関する記述がそうです。しかし、26章は幕屋をいかに制作すべきか、という神からの命令であり、36章は、その命令をイスラエルの民が実行したという記事です。

幕屋の幕は、亜麻布の撚り糸（青色、紫色、緋色）で織られ、10枚ありました。それを5枚ずつのセットにして、幕屋を造りました。この幕には、ケルビムの刺繍が施されていました。幕の制作には、非常に高度な技術と芸術的センスが要求されました。完成した幕は、非常に美しいものであったでしょう。

幕屋の上に掛ける天幕は、山羊の毛で作られ、11枚ありました。山羊の毛は、天幕に用いられる最高の素材です。これで幕屋を覆い、その上にさらに、赤くなめした雄羊の皮と、じゅごんの皮を乗せました。亜麻布の幕や山羊の毛の幕の第一義的目的は、雨露をしのぎ、光を完全に遮断することです。

アカシヤ材の板と横木、垂れ幕と入口の幕

幕屋の骨組みは、アカシヤ材の板と横木で作られました。板は56枚、横木は15本用意されました。移

動する際には幕屋は解体され、牛車で運ばれました。幕屋は、後代に建設されることになる神殿の原型です。幕屋と神殿は規模が異なるだけで、その機能は同じです。新約聖書に入ると、教会が神殿（幕屋）にたとえられます（エペ2・19～22、1ペテ2・4～5参照）。聖書的には、教会とは建物ではなくイエスを信じた人々の集まりです。そして、その礎石はキリストです。信者は、霊的神殿を形造る「生ける石」です。もし、神殿の石が一つでも欠けたら、大変なことになります。同様に、幕屋の板1枚、横木1本でも欠けたなら、幕屋は倒壊します。自分の役割と存在意義がいかに重要なものであるか、黙想してみましょう。

垂れ幕は、聖所と至聖所を区別する仕切りです。これは、一般の祭司と大祭司とを区別する仕切りです。一方、幕屋の入口の幕は、外光を遮断し、同時に、一般のイスラエル人と祭司を区別する仕切りとなりました。

垂れ幕も入口の幕も、聖なる神に近づくことがいかに厳粛なことであるかを教えています。神に近づくためには、神の方法によらなければならないのです。イスラエルの民は、細心の注意を払ってモーセが伝える神のことばに耳を傾けました。私たちもまた、同じ姿勢で神のことばに耳を傾ける必要があります。この方（イエス・キリスト）以外に救いはないという啓示は、信頼できる情報であり、真理です。

出エジプト記37章

ベツァルエルは、アカシヤ材で、長さ二キュビト半、幅一キュビト半、高さ一キュビト半の箱を作り、その内側と外側に純金をかぶせ、その周りに金の飾り縁を作った。（出エジプト記37・1〜2）

この章から、以下のことを学びましょう。（1）制作者たちは、神から示されたデザインに従って調度品を作るために細心の注意を払いました。（2）私たちも、神の啓示に従って自分の人生を形作るように、注意する必要があります。（3）契約の箱、宥めの蓋、パン、燭台などは、すべてキリストの型です。（4）キリストは宥めの供え物となることによって、父なる神と私たちの交流を回復してくださいました。

契約の箱と宥めの蓋

至聖所に置かれる契約の箱は、種々の調度品の中で最も重要なものです。その中には、3つのものが入れられました。①マナを入れた金の壺、②十戒の石の板2枚、③芽を出したアロンの杖。この箱の上に神の臨在（シャカイナグローリー）がとどまりました。仕切りの幕が光を遮りますので、至聖所の中は真っ暗ですが、シャカイナグローリーだけは輝いていました。大祭司は年に1度そこに入り、シャカイナグローリーに照らされて神に仕えました。

宥めの蓋には3つの役割がありました。①神の御座としての役割、②贖いの場としての役割、③啓示の場としての役割。宥めの蓋は、キリストの贖いの型です。その蓋の上にいけにえの血が振りかけられ、神の怒りが静められました。この血は、イエスが十字架上で流された血を示す型です（ヘブ9・1〜12）。

パンを置く机と燭台

パンを置く机は、契約の箱よりも少し小さめで、聖所の右側に置かれました。この机の上に、「臨在のパン」（薄い種なしパン12個）が置かれました。このパンは、イスラエルの12部族が常に神の前に覚えられていることを象徴しています。

臨在のパンはイエス・キリストの型でもあります。イエスは、ヨハネの福音書で3度、「わたしがいのちのパンです」と宣言されました。神は荒野でイスラエルの民を養われましたが、新約時代においては、主イエスが私たちの霊の糧となってくださいます。「いのちのパンを食べる」とは、イエス・キリストを救い主と信じ、日々そのお方と交わることです。「いのちのパン」は毎日食べる必要があります。

燭台は、純金1タラント（約30kg）から作られました。この燭台には7つの枝がついていましたので、「7枝の燭台」と呼ばれます。祭司たちは、聖所の中で燭台の光に照らされて奉仕をしました。燭台は、イエス・キリストの型であると同時に、イエスをメシアと信じる人々（教会）の型でもあります。

香の壇と聖なる注ぎの油

香の壇は至聖所の垂れ幕のすぐ前に置かれ、毎日、朝と夕暮れにその上で香がたかれました。香をたくのは、任命を受けた祭司の仕事です。主が命じた方法で香をたくことが重要です。日々、神の前に立ち上る香は、聖徒たちの祈りを象徴しています。神は、私たちの祈りを麗しい香として受け取ってくださいます。

幕屋の中を清めるものとして、血、水、油の3つが用いられました。聖なる注ぎの油は、神が命じた調合法によって混ぜ合わされました。香料もまた、神が命じたとおりの調合法で作られました。これと似たものを作って、これをかぐ者はだれでも、死ななければなりませんでした。この油は、幕屋のさまざまな器具を聖別するためのものです。祭司も、この油によって聖別されました。メシア（救い主）とは、「聖なる油によって聖別された方」を指します。そのようなメシアの出現をイザヤが預言し（イザ61・1）、それがイエスにおいて成就しました（使10・38）。イエスが受けた油注ぎとは、聖霊の油注ぎのことです。

かつて、イスラエルの民は金の子牛を作り、人間的方法で神の臨在を確保しようとしました。しかし、結果的に民は裁かれ、神の臨在が宿営から去りました。一方、幕屋は神の方法による臨在の提供です。幕屋は、罪人が神に近づくための恵みの方法であり、その全体がメシアを示す型です。ここから、教会時代に適用される真理を学ぶことができます。使徒たちに啓示された福音の真理は、決して曲げてはならないという真理です。使徒たちから伝えられた福音のために労し、主が命じたとおりに教会を建て上げなければ、私たちの奉仕はむなしいものになります。神のことばを第1とする人は幸いです。

出エジプト記38章

「幕屋、すなわち、あかしの幕屋の記録は次のとおりである。これはモーセの命によって記録されたもので、祭司アロンの子イタマルのもとでレビ人が奉仕したことであった。」

（出エジプト記38・21）

この章から、以下のことを学びましょう。（1）祭壇と洗盤は、キリストの型です。そればかりか、幕屋全体がキリストの型になっています。（2）祭壇の上で焼くのは全焼のささげ物ですが、主イエスは、十字架の上で「傷もしみもないいけにえ」として、全焼のささげ物となってくださいました。

祭壇と洗盤

祭壇は、いけにえの動物を焼くための設備（器具）です。これはアカシヤ材で作られましたが、火で燃えないようにするため、外側は青銅で覆われました。祭壇の4隅には角（突起物）がつけられ、その内側には青銅の網（格子）がはめ込まれました。いけにえの動物は、この網の上で焼かれました。

祭壇は、中庭の中央に設置されました。そこを通過することなしに、聖所に近づくことはできません。つまり、この祭壇の上で犠牲の動物を焼くこと自体が、視聴覚教材となったのです。いけにえの動物の血を献げることは、イスラエルの民の罪が覆われることを意味しています。しかしこれは一時的な方法であって、最終的な解決ではありません。キリストこそが、罪を贖う完全ないけにえとなられたのです。

聖所と祭壇の間に、青銅の洗盤が置かれました。洗盤には水が入っており、祭司はその水で手と足を洗いました。神に近づく者は聖でなければならないことを思い出すためです。洗盤は、「神のことばには、人をきよめる力がある」ということを予表しています（ヨハ15・3、17・17参照）。「キリストがそうされたのは、みことばにより、水の洗いをもって、教会をきよめて聖なるものとするためであり、ご自分で、しみや、しわや、そのようなものが何一つない、聖なるもの、傷のないものとなった栄光の教会を、ご自分の前に立たせるためです」（エペ5・26〜27）とあるとおりです。神のことばに従う時、私たちは力を受け、清められていきます。

幕屋の庭

幕屋の庭は、亜麻布の掛け幕で囲われた空間です。その空間が、荒野の中で「聖なる空間」となりました。広さは、東西が44・5ｍ、南北が22・3ｍ、面積は、約990平米（300坪）です。幕屋の庭を造るための掛け幕は、「イスラエルの民と異邦人を区別する」という役割を果たしました。

幕屋全体が、神が聖であることを教える視聴覚教材です。幕屋を通し、いけにえの動物を通し、また祭司たちを通して、イスラエルの民は神が聖であることを学び、同時に聖と俗を混同してはならないことを学びました。神に近づくためには、神が用意された方法によらなければなりません。幕屋はそのことを私たちに教えています。

会計報告

38章の後半には、幕屋建設のために用いた貴金属の総量が記されています。この調査の責任者は、アロンの子イタマルです。彼が指揮を取り、レビ人たちが調査をしてその結果をまとめました。用いた貴金属の総量は、金が約900キロ、銀が約3トン、銅が約2トンでした。これらの貴金属は、すべてイスラエルの民が自発的に献げた物ですが、元はエジプト人から受けたものです。

私たちにとっては、無味乾燥な数字のように思えますが、実はこれは会計報告になっています。モーセは、自発的なささげ物が正しく用いられたかどうかを報告する責任を感じたのでしょう。これはまた、将来起こるかも知れない根拠のない批判を封じ込めるための報告でもありました。神の働きを進める者は、常にアカウンタビリティ（説明責任）を意識しておく必要があります。

新約聖書では、パウロが説明責任を考慮した発言をしています。彼は、エルサレムの聖徒たちのための献金を異邦人教会の間で集めていました。その状況の中で彼はこう書いています。「私たちは、テトスといっしょに、一人の兄弟を送ります。この人は福音の働きによって、すべての教会で称賛されています。それればかりでなく、彼は、この恵みのわざに携わる私たちの同伴者となるようにと諸教会の任命を受けています。……私たちは、自分たちが携わっているこの惜しみないわざについて、だれからも非難されることがないように努めています。主の御前だけでなく、人々の前でも正しくあるように心がけているのです」（2コリ8・18〜21）。モーセとパウロの誠実な態度から、教訓を学びましょう。

出エジプト記39章

「イスラエルの子らは、すべて主がモーセに命じられたとおりに、そのとおりに、すべての仕事を行った。モーセがすべての奉仕を見よ、主が命じられたとおりに行っていた。彼らは、そこでモーセは彼らを祝福した。」

（出エジプト記39・42〜43）

この章から、以下のことを学びましょう。（1）祭司は、大祭司も含めて、神が指定した衣服を着用して奉仕をしました。民は、そこに祭司がいることを認識することができました。（2）金の子牛事件を起こした民が、悔い改めを通して、主の命令を実行する民へと変えられました。（3）大祭司は、イエス・キリストの型です。

祭司のための式服

エポデは、祭司が身につけるチョッキのようなものです。大祭司のエポデには、２つの肩当てと帯がつきました。肩当てには、金の枠にはめた、しまめのう2個が付き、そこには12部族の名が刻まれました。大祭司はこのエポデを着て至聖所に入り、主の臨在の前に出ました。この姿は、大祭司がイスラエルの民を代表していることを象徴しています。

エポデの上につけるのが胸当てです。胸当てには、12の宝石がはめ込まれました。これもまた、大祭司が12部族の代表として主の前に出ていることを象徴しています。この胸当ては、「さばきの胸当て」とも呼ばれています。その理由は、祭司が神の御心を伺うときに用いる道具である「ウリムとトンミム」と呼ばれる石が、そこに入れられていたからです。

聖なる神に近づくために必要とされるものが、次々に作られました。（1）青服。これはエポデの下に着る長服です。これは1枚の布でできた筒状の長服で、頭を入れる穴だけが開いていました。主イエスの上着も、上から下まで縫い目なしのものでした。（2）ざくろ。青服の裾につけられたざくろは、風が吹いても長服の裾がめくれないようにするためのものです。（3）鈴。大祭司が至聖所で聖なる務めを果たしていることを、音によって外部の人に知らせるためのものです。（4）純金の札とかぶり物。

純金の札には、「主への聖なるもの」という文字が彫られ、それがかぶり物につけられました。大祭司が献げるささげ物は、すべて聖でなければなりません。（5）長衣の下に着るチュニックと頭にかぶるターバン。

モーセによる点検

出エジプト記では、幕屋建設に関して同じような記述が繰り返されていますが、それには理由があります。まず、山の上で主がモーセに語られた幕屋建設に関する命令が、詳細に記録されています。しかしその直後に、金の子牛事件が起こりました。悔い改めた民に、モーセは初めて幕屋建設に関する命令を伝えます。読者にとってはこれが2度目ですが、民にとっては初めて聞かされる命令です。実際に幕屋とその備品を作る過程が記録されています。そして最後に完成された品々が、モーセによって点検されます。

幕屋とその備品は、すべて主がモーセに指示したとおりに造られました。モーセは、それらの品を点検しました。山の上で主から直接指示を受けたのはモーセだけですから、彼には点検する責任がありました。この時モーセは、2つのことをしています。（1）彼は、仕事が主の命令どおりに行われているかどうかを点検し、確認しました。（2）結果に満足した彼は、その仕事を忠実に完成させた民を祝福しました。一度は金の子牛を造り、それを礼拝した民が、ここではモーセから祝福を受けています。42節のことばは、教訓に満ちています。「イスラエルの子らは、すべて主がモーセに命じられたとおりに、そのとおりに、すべての奉仕を行った」。モーセにとっては、これは感動の瞬間であったことでしょう。民が祝福を受けたのは、モーセから聞いた主の命令に忠実であったからです。

大祭司は、神とイスラエルの民の間に立って、仲介者としての役割を果たしました。民の祈りは、大祭司を通して神に届きました。新約時代にあっては、主イエスが私たちの大祭司です。私たちが主イエスを通して祈る祈りは、神に届いています。主イエスの教えに耳を傾けましょう。「あなたがたが、わたしの名によって何かをわたしに求めるなら、わたしがそれをしてあげます。もしわたしを愛しているなら、あなたがたはわたしの戒めを守るはずです」（ヨハ14・14〜15）。イエスを愛することは、その戒めを守ることと同義です。

出エジプト記40章

そのとき、雲が会見の天幕をおおい、主の栄光が幕屋に満ちた。モーセは会見の天幕に入ることができなかった。雲がその上にとどまり、主の栄光が幕屋に満ちていたからである。

（出エジプト記40・34〜35）

この章から、以下のことを学びましょう。（1）幕屋が設営され、神の栄光がそこに満ちました。（2）聖書の神は、信じる者とともにいてくださる神です。（3）新約時代においては、信者が神の宮となりました。神の栄光は、信者の内に宿っています。

幕屋の奉献

主はモーセに、第1の月の1日に幕屋を設営するようにお命じになりました。エジプトを出てから1年、シナイ山の麓に到着してから9か月が経過したことになります。この間、モーセは2度にわたってシナイ山で40日を過ごしていますので、これらを総合すると、イスラエルの民は半年弱で幕屋のすべての部分を完成させたことになります。驚くほどのスピードです。

幕屋の調度品の配置に関して、主からの命令が下りました。調度品はすべて、油を注いで聖別しなければなりません。祭司であるアロンとその子らは、聖別によって、「代々にわたる永遠の祭司職」とされました。つまり、モーセの律法が機能している間は、アロンの家系が祭司職を務めるということです。ちなみに、新約時代は、「律法の時代」ではなく、「恵みの時代」です。従って、アロンの家系の祭司職はその役割を終え、今や主イエスが私たちの大祭司となられました。

モーセの従順

「主がモーセに命じられたとおりである」という表現が、7回繰り返されています。7は完全数ですので、この表現は幕屋が神の計画どおりに建設されたことを示しています。イスラエルの民は、かつて金の子牛を作るという大失敗を犯しましたが、この事件から立ち直り、モーセに導かれて幕屋の建設を終了させました。ここから教訓を学びましょう。

シャカイナグローリー

出エジプト以来、イスラエルの民とともにあった主の臨在は、今や幕屋の中に宿りました。その結果、主の栄光が幕屋に満ちました。これは、超自然の光、輝きです。人間がその栄光を直視することのできないものです。その輝きのゆえに、モーセは、幕屋に入ることができませんでした。もしシャカイナグローリーが宿らないなら、幕屋はただの天幕です。それと同じように、もし神と出会わないなら、聖書は単なる本で終わります。

出エジプト記のまとめ

（1）出エジプト記の1～18章には、出エジプト体験が書かれています。（2）19～24章には、シナイ契約とモーセの律法が記されています。律法は救いの条件や方法ではなく、神によって奴隷状態から自由の民となった者への生活の指針です。新約聖書を知る私たちは、その本質を山上の垂訓に見ることができます。新生体験（出エジプト体験）を経た者は、神のご性質を反映するような生き方を始めます。

（3）25〜40章には、幕屋建設と幕屋に宿る神の臨在が記録されています。ここに至るまでに様々な障害がありましたが、最後にはシャカイナグローリーが幕屋に満ちました。イスラエルの神は、民とともに歩む神です。これは、メシアの名が「インマヌエル」であることと符合します。

出エジプトの出来事は、アブラハム契約の延長線上にあることを覚えましょう。この契約に基づき、神はイスラエルの民をエジプトから解放し、彼らを約束の地に導かれました。カナンの地に定住したイスラエルの民は、何度も失敗を繰り返すこととなりますが、最大の失敗は、メシアを拒否することです。しかし、ここにも神の恵みがあります。それは、イエスをメシアと信じる少数のユダヤ人たちが出ることです。彼らはその時代の「イスラエルの残れる者（レムナント）」となります。現代ではメシアニックジューたちがそれです。彼らの存在は、アブラハム契約が、今も有効であることを示しています。

イスラエルの民がメシアを拒否したため、神の愛と恵みを伝える器（民）がいなくなりました。そこで、教会が代理的器となりました。ユダヤ人信者と異邦人信者がともに「ひとりの人」を形成するのが教会です。イスラエルの民の救いは、メシア再臨の条件です。将来、メシアの再臨によって、地上に千年王国が設立され、千年の終わりには新天新地が出現するようになります。歴史的文脈の中に自分を置き、神の計画は必ず成就すると信じる人は幸いです。

レビ記1章

「その全焼のささげ物の頭に手を置く。それがその人のための宥めとなり、彼は受け入れられる。」（レビ記1・4）

この章から、以下のことを学びましょう。（1）全焼のささげ物は、全的献身を象徴しています。またそれは、父なる神の御心に死に至るまで従順であられたキリストの型でもあります。（2）献げる人は、全焼のささげ物の頭に手を置きました。それは、ささげ物との一体化を象徴しています。（3）主イエスを救い主と信じた人は、キリストと一体化した人です。

レビ記とは

レビ記は、文章が単調で、規則が多く出てくる書です。また、繰り返しが多いので、読む人は混乱します。さらに、そこに出てくる象徴的な行為は、ヘブル文化に慣れていない人には難解なものです。このような理由で、レビ記は敬遠されることが多いのです。そこでまず始めに、レビ記の特徴について確認しましょう。

出エジプト記で幕屋が完成しましたが、その幕屋で仕えるのは祭司たちです。レビ記は、いわば、その祭司たちの奉仕マニュアルです。レビ記には、出エジプト記にないモーセの律法が多く出てきます（モーセの律法は、合計613の命令からなっています）が、その多くが、正しい礼拝の方法を教えたものです。イスラエルの民にとっては、レビ記は聖なる国民、祭司の国として、いかに生きるべきかを教えてくれる書なのです。

レビ記の規定は、新約時代にそのまま適用されるものではありません。しかし、私たちクリスチャンにとっても有益な情報がたくさん含まれています。例えば、（1）レビ記を通して、神の聖さを学ぶことができます。（2）人の罪の深さを学ぶことができます。（3）人が神と和解するためには、血による贖いが必要であることを学ぶことができます。（4）やがて来るべきメシアとは、どのようなお方であるかを学ぶことができます。（5）出エジプト記によって示された神政政治の下で、民法はどのような形になるのかを学ぶことができます。

全焼のささげ物

レビ記1～7章の内容は、「ささげ物についての規定」です。ささげ物とは、「自発的なささげ物」のことです。1章3節～6章7節が前半で、献げる人の視点から見た「ささげ物に関する規定」が書かれています。続く6章8節～7章36節が後半で、祭司の視点から見た規定、つまり、「祭司がささげ物を取り扱う際の規定」が書かれています。

「ささげ物」には5種類のものがありますが、1章の内容は、全焼のささげ物に関するものです。全焼のささげ物の動物は、皮を除いたそのすべてが祭壇の上で焼かれました。これが「全焼のささげ物」と呼ばれる理由です。このささげ物は、それを献げる者の神への全き献身を表わしています。また、全焼のささげ物には、神の怒りを取り除くという意味もあります。

全焼のささげ物には3種類のものがあり、それらが高価なものから順に並べられています。裕福な者は高価なものを、貧しい者は安価なものを献げました。いずれのささげ物も、献げる者には経済的な負担を強いるものです。

大動物のささげ物としては、傷のない若い雄牛が献げられました。献げる人がいけにえの動物の頭の上に手を置き、祭壇の北側でそれを屠りました。さらに、皮をはぎ、いけにえを部分に切り分け、内臓と足を水で洗いました。ここまでが、献げる人の役割です。一方、祭司はいけにえの動物の血を取り、それを祭壇の回りに注ぎかけました。さらに祭司は、祭壇の上で火の準備をし、部分に切り分けられたいけにえをすべて焼き尽くしました（皮だけは、祭司の取り分となりました）。

小動物のささげ物としては、羊かやぎが献げられました。これもまた、傷のない雄でなければなりません。献げる手順は、雄牛の場合とほぼ同じです。

鳥のささげ物の場合は、山鳩か家鳩のひなが献げられました。これは、最も貧しい人のささげ物です。この場合は、祭司がその頭をひねり裂き、祭壇の上でそれを焼いて煙にしました。ただし、血は祭壇の側面に絞り出しました。また、汚物のはいった餌袋は取り除き、祭壇の東側の灰捨て場に投げ捨てました。

全焼のささげ物は、キリストの全き犠牲と献身の型となっています。キリストは、父なる神の御心に完全に服従し、罪の贖いを成就してくださいました。私たちは、キリストの犠牲によって救われました。私たちもまた、自らの人生を神の栄光のために献げ尽くそうではありませんか。

レビ記2章

「あなたがたが主に献げる穀物のささげ物はみな、パン種を入れて作ってはならない。パン種や蜜は、少しであっても、主への食物のささげ物として焼いて煙にしてはならない。」

（レビ記2・11）

この章から、以下のことを学びましょう。（1）パン種は、罪、邪悪、人間のプライドなどの象徴です。パン種を除くのは、礼拝を純粋なものに保つためです。（2）塩は、味付けと腐敗防止のために用いられます。イエス・キリストの弟子となった者は、「地の塩」として歩むように期待されています。

穀物のささげ物

「穀物のささげ物」は、血の伴わないささげ物です。しかし、通常は、血の伴った「全焼のささげ物」に続いて献げられていました。これは、罪の赦しを受けた者が、神の恵みに感謝して献げる物です。つまり、礼拝者から神への贈り物というわけです。このささげ物には、調理していないものと、調理したものがあります。

調理していない穀物のささげ物

調理していない穀物のささげ物について、いくつかの規定があります。調理していない穀物のささげ物とは、小麦粉のことです。その小麦粉の上に油を注ぎ、さらに乳香を添えて、祭司のもとに持って行きます。油を注ぐのは、風で飛ばないためでもあります。しかし実際に焼くのは一部だけで、「ひとつかみ」の小麦粉が祭壇の上で焼かれて煙となりました。「覚えの分として」（2節）とあるのは、神の恵みを覚え、それに感謝して、という意味です。

「ひとつかみ」以外の残りの部分は、祭司たちのために用いられました。この部分は、「ささげ物のうちの最も聖なるもの」と呼ばれています。これは、幕屋の中で食することを許されたものですが、外に持ち出すことは許されませんでした。

穀物のささげ物は、生かされていることや日々の恵みに感謝して献げるささげ物です。今、自らの信仰生活を振り返り、神の恵みに感謝しようではありませんか。

調理した穀物のささげ物

調理したささげ物には、４種類のものがあります。（1）かまどで焼いたもの。これには2種類あります。①油(オリーブ油)を混ぜた小麦粉から作った種を入れない輪型のパン。②種を入れないせんべいを作り、あとでそれに油を塗ったもの。いずれの場合も、種を入れないということが強調されています。（2）平鍋（鉄板）で焼いたもの。これは、油を混ぜた小麦粉を平鍋で焼いたものです。この場合も、種を入れないということが強調されています。（3）鍋で料理したもの。つまり、油で揚げたもののことです。(4)初穂の穀物のささげ物。火であぶった穀粒、新穀のひき割り麦などが献げられました。

以上のいずれの場合にも、オリーブ油、乳香が加えられましたが、パン種（酵母）と蜜は禁止されています。蜜は、蜂蜜となつめやしの蜜の両方を含みます。蜜が禁止されたのは、蜜には小麦粉を醗酵させる力があるからです。パン種ということばは、聖書では腐敗するもの、つまり罪の象徴として使われています。神に献げる礼拝は、真実で純粋なものでなければなりません。

さらに、穀物のささげ物は、すべて塩で味付けされていました。これは、「契約の塩」と呼ばれています。塩は、パン種とは対照的な性質を持っています。味を付け、腐敗を防ぐという性質です。これは、神の契約が永遠に変わることがないことをイスラエルの民に教えるための、視覚教材となりました。私たちクリスチャンは、「地の塩」として生きるように召されています。

穀物のささげ物を通して、日々の恵みへの感謝と、神がキリストにあって結ばれた契約が永遠のものであることとを思い起こしましょう。神の愛は、きょうも変わらずに私たちの上に注がれています。

レビ記3章

「祭司は祭壇の上で、それを食物として、芳ばしい香りのための食物のささげ物として焼いて煙にする。脂肪はすべて主のものである。あなたがたがどこに住んでいても代々守るべき、永遠の掟はこれである。あなたがたは、いかなる脂肪も血も食べてはならない。」（レビ記3・16〜17）

この章から、以下のことを学びましょう。（1）「交わりのいけにえ」とは、「和解のいけにえ」のことです。これは、神との平和をもたらすものです。（2）私たちは、イエス・キリストにあって神との平和を与えられています。主イエスは、私たちにとって「交わりのいけにえ」となられました。（3）「交わりのいけにえ」は、礼拝者が食するいけにえです。このいけにえは、礼拝には喜びが伴っていることを教えています。

「交わりのいけにえ」とは

「交わりのいけにえ」は、次の３つの場合に献げられました。（1）感謝を表わす場合。特に、祈りが答えられたことへの感謝（レビ7・12～15参照）。（2）誓願、特にナジル人の誓願が完了した場合。使徒の働き21章23～26節で、パウロは他のユダヤ人たちへの証しとして、このための費用を負担しようとしています。（3）自発的に献げる場合。何か予期せぬ良いことがあった場合など。

「交わりのささげ物」の動物は、２種類ありました。（1）大動物（牛）。（2）小動物（羊、やぎ）。全焼のささげ物の場合とは異なり、鳥は含まれていません。その理由は、この時に献げるいけにえは、後で宴会の食事として用いられるため、鳥ではふさわしくなかったからです。

大動物（牛）の場合

大動物（牛）は、裕福な人が献げるものです。傷の無いものなら、雄でも雌でもよいとされています。礼拝者は、ささげ物の頭の上に手を置き、それを屠り、脂肪などを燃やします。祭司は、その血を祭壇の回りに注ぎます。「全焼のささげ物」の場合、皮以外はすべて焼かれましたが、「交わりのいけにえ」では、内臓の回りの脂肪、腎臓、小葉《しょうよう》だけが取り除かれ、それらが祭壇の上で焼かれました。脂肪は最も良い部分とされていましたので、それは神に属する物で、人間が取るべき物ではなかったのです。残りの肉は、後で礼拝者たちが食べることができました。しかし、念を押すように、「脂肪も血も決して食べてはならない」（17節）との命令が与えられています。この命令は、「どこに住んでいても代々守るべき、永遠の掟」であると命じられています。この「永遠」とは、「時代の終わりまで」という意味です。つまり、モーセの律法が有効に機能している間は、ということです。新約時代に生きる私たちに、この規定がそのまま当てはまるわけではありません。

小動物（羊、やぎ）の場合

小動物（子羊、やぎ）を献げる場合も、傷の無いものなら、雄雌に関わりなく献げることができました。礼拝者は、ささげ物の頭の上に手を置きました。これも、牛の場合と同じです。さらに、内臓の回りの脂肪、腎臓、小葉だけが取り除かれ、それらが祭壇の上で焼かれました。これも牛の場合と同じです。「脂肪はすべて主のものである」と書かれています(16節)。繰り返しになりますが、脂肪は最も良いものとされていました。従って、それらは神に属するものであるという考え方がここにあります。

「交わりのいけにえ」が持つ意味

「交わりのいけにえ」が「全焼のささげ物」と大きく異なるのは、内蔵の回りの脂肪、腎臓、小葉などを燃やした後に残った肉は、礼拝者たちが食べることができたという点です。この背景には、「神との食事、祝宴を楽しむ」という考え方があります。つまり、「神との交わりを楽しむ」ということです。

この考え方を明確に教えているのが、申命記12章7節です。「そこであなたがたは家族の者とともに、あなたがたの神、主の前で食事をし、あなたの神、主が祝福してくださった、あなたがたのすべての手のわざを喜び楽しみなさい」。旧約時代の聖徒たちにとっては、「交わりのいけにえ」による「神との食事、祝宴」こそ、礼拝そのものであったのです。

「全焼のささげ物」同様に、「交わりのいけにえ」もまた、キリストの十字架を予表しています。神との和解は、キリストの十字架を通して与えられました。今私たちも、主なるキリストを通して神と和解し、神を礼拝することができるようになりました。ハレルヤ!

レビ記４章

「油注がれた祭司が罪に陥って、民が責めを覚える場合には、その祭司は自分が陥った罪のために、傷のない若い雄牛を罪のきよめのささげ物として主に献げる。」（レビ記４・３）

この章から、以下のことを学びましょう。（１）無意識に犯した罪も、「罪のきよめのささげ物」によって贖われる必要がありました。自分は知らなかったという口実が通用することはありません。（２）「罪のきよめのささげ物」は、イエス・キリストの型です。主イエスは、私たちの罪を負って死んでくださいました。イザヤ書53章は、そのことを明確に伝えています。

罪のきよめのささげ物

レビ記１〜３章では、３つのささげ物（全焼のささげ物、穀物のささげ物、交わりのいけにえ）についての規定が語られていました。この３つのささげ物は、レビ記が書かれる前からすでに知られていたものです。しかし、「罪のきよめのささげ物」は、レビ記で初めて出てくるものです。このささげ物は、気づかずに罪に陥った場合、つまり、無知や不注意から罪を犯した場合に献げるものです。

「罪のきよめのささげ物」の規定は、誰が罪を犯したかによって、４つに区分されています。①油注がれた祭司、つまり、大祭司の場合。②イスラエルの全会衆の場合。③上に立つ者の場合。④一般の人の場合。

油注がれた祭司（大祭司）の場合

大祭司の罪は、結果として民に罪過をもたらすものです。大祭司は、若い雄牛を献げなければなりません。「罪のきよめのささげ物」は、その人の地位によって、いけにえの種類が決まってきます。

いけにえの頭に手を置き、それを屠るのは、今までの献げ物と同じ方法です。大祭司はその血を聖所の中に持って入り、至聖所の垂れ幕の前にその血を７度振りまきます。これは、今までになかった新しい要素です（この行為は、至聖所の中にある恵みの御座に血を振りかける行為を象徴しています）。さらにその血を、聖所の中にある香を焚く祭壇の四隅の角に塗ります（この行為は、神との関係の回復を象徴しています）。残りの血は、聖所の外にある全焼のささげ物の祭壇の土台に注ぎます（この行為は、再献身を象徴しています）。交わりのいけにえの場合と同じように、いけにえの動物から脂肪、腎臓、小葉を取り除き、それを祭壇の上で焼きます。そして残りの部分は、すべて宿営の外の清い所で焼き尽くします。

大祭司以外の者たちの場合

ささげ物の種類は、誰が罪を犯したかで異なります。イスラエルの全会衆の場合は、傷のない若い雄牛を献げます。次に、指導者（上に立つ者）の場合は、傷のない雄やぎを、一般の人々の場合は傷のない雌やぎ（雌羊でも可）を献げます。

（1）イスラエルの全会衆の場合も、祭司は大祭司の時と同じように、屠った若い雄牛の血の中に指を浸し、至聖所の垂れ幕の前に、その血を7度振りまきます。さらに血を、香り高い香の祭壇の4隅の角に塗り、その血はすべて、会見の天幕の入り口にある全焼のささげ物の祭壇の土台に流します。

（2）指導者と一般の人々のための「罪のきよめのささげ物」も、献げる方法は基本的に同じです。礼拝者は、ささげ物の頭の上に手を置き、それを屠ります。次にささげ物の血を、祭壇の4隅の角に塗ります。残りの血は同じ祭壇の土台に注ぎ、最後はいけにえの脂肪を祭壇の上で焼きます。

祭司は、「罪のきよめのささげ物」の儀式によって、その人が犯した罪の贖いを行い、その結果、その人は赦されます。しかし、犠牲の動物が罪を贖ったのではありません。献げる人の信仰を見て、神がその人の罪を覆われたのです。犠牲の動物は、キリストを予表するものであり、究極的な贖いはキリストの十字架上の死によってもたらされます。キリストの御苦しみによって私たちの罪が贖われたことを覚え、父なる神に心からの感謝を献げましょう。

レビ記5章

「これは代償のささげ物である。彼は確かに主の前に償いの責めを負っていた。」（レビ記５・19）

この章から、以下のことを学びましょう。（１）無意識的に犯した罪に関しても、いけにえを献げて神との関係を回復する必要がありました。（２）私たちも、ダビデとともに「どうか、隠れた罪から私を解き放ってください」（詩19・12ｂ）と祈りましょう。

罪の内容

５章では、合計４種類の罪が列挙されています。意図的であっても、そうでなくても、罪を犯したことが分かったなら、その人は「罪のきよめのささげ物」を献げなければなりません。

（１）証言しなければならないときに、証言しなかった場合。つまり、そのことについて見たり聞いたりしているのに、黙っていた場合です。（２）動物の死体に触れた場合。これは、祭儀的な汚れを意味します。その時は気づかなくても、あとで教えられたり、気づいたりした場合は、「罪のきよめのささげ物」を献げなければなりません。（３）汚れた人に触れた場合。これもまた、祭儀的な汚れです。死人や重い皮膚病の人に触れること、生理中の女性との夫婦関係、などがこれに該当します。（４）軽々しく誓った場合。この場合も、あとで教えられたり、気づいたりした場合は、その人は「罪のきよめのささげ物」を献げなければなりません。

献げる人は、自分が犯した罪を告白し、清めのささげ物として犠牲の動物を献げます。その場合、雌やぎでも雌羊でもよいとされています。祭司は、その人が犯した罪の贖いをします。「犯した罪の贖い」とは、祭儀的な意味で「清められる」ことであり、「赦される」とは、「礼拝への参加が許される」ことです（レビ23章参照）。

貧しい人たちへの配慮

貧しい人たちのために、安価なささげ物の規定が付加されています。安価なささげ物には、２種類のものがあります。①山鳩２羽か家鳩のひな２羽、②

小麦粉。山鳩か家鳩のひなが2羽必要な理由は、1羽は「罪のきよめのささげ物」、もう1羽は「全焼のいけにえ」となるからです。

2羽の鳥さえ買うことができないほど貧しい人たちは、小麦粉を献げます。これは、血のないささげ物ですが、神はそれを受け入れてくださいます。献げる量は、10分の1エパです（1エパは約23リットル。その10分の1は、約2・3リットル）。その上に油を加えたり、乳香を添えたりしてはなりません。これは「穀物のささげ物」ではなく、「罪のきよめのささげ物」だからです。祭司は、そのひとつかみを取り出し、祭壇の上で焼いて煙にします。このようにして、祭司はその人の罪の贖いをし、その人は赦されます。残った小麦粉は、穀物のささげ物と同様に、祭司の取り分となります。

代償のささげ物

「罪のきよめのささげ物」は、賠償を必要としない罪を対象としていましたが、「代償のささげ物」には、損害を与えた人に対する賠償が伴っていました。このささげ物の規定は、3区分されていますが、5章では最初の2つが出てきます。（1）「主の聖なるものに対する罪」。「主の聖なるもの」とは、ささげ物の中の祭司の取り分、什一献金、初穂のささげ物などです。これらのささげ物を献げないことが、この罪に該当します（これらの規定は、新約時代に適用されるものではありません）。その人は、献げなかった額の上にさらに5分の1を加え、それを祭司に渡します。さらに、傷のない雄羊1頭を「代償のささげ物」として献げます。雄羊は、市場価格で数シェケルの銀（最低2シェケル以上）に相当するものを選びます。祭司は、献げられた雄羊で罪の贖いをし、その人は赦されます。（2）「主の命令に対する違反」。これは、無意識的に行った律法に対する違反です。違反が明らかになったなら、それが故意による違反でなくても、その人は「代償のささげ物」として、傷のない雄羊1頭を献げなければなりません。この場合、賠償金は不要です。

「代償のささげ物」ということばは、イザヤ書53章10節に出てきます。「しかし、彼を砕いて病を負わせることは主のみこころであった。彼が自分のいのちを代償のささげ物とするなら、末長く子孫を見ることができ、……」。この聖句は、メシヤの受難を預言したものです。主イエスは、私たちのために「代償のささげ物」となってくださいました。私たちの罪はすでに贖われ、赦されたことを感謝しましょう。

レビ記6章

「それにパン種を入れて焼いてはならない。わたしは、それを食物のささげ物のうちから、彼らの取り分として与えた。それは、罪のきよめのささげ物や代償のささげ物と同じように、最も聖なるものである。」（レビ記6・17）

この章から、以下のことを学びましょう。（1）隣人に対する罪は、そのまま神に対する罪です。（2）自分が傷つけた人との和解を求めることは、キリストの御心に叶ったことです。（3）キリストの命令は、隣人を自分自身のように愛することです。

代償のささげ物―同胞に対する不正―

「代償のささげ物」の規定は、３区分されています。６章には、その3つ目となる「同胞に対する不正の罪」が出て来ます。盗み、横領、着服、詐欺などによって同胞に損害をもたらした人は、損害総額以外に、補償金として5分の1を加えて弁償しなければなりません。さらに、その罪を贖うため、傷のない雄羊を「代償のささげ物」として祭司のところに持って行きます。祭司が、主の前でその人のために宥めを行うことで、その人の罪は赦されます。

全焼のささげ物の施行細則

レビ記1章3節〜6章7節は、献げる者（礼拝者）から見た規定でした。その中には、以下の5つのささげ物が明記されていました。①全焼のささげ物 ②穀物のささげ物 ③交わりのいけにえ ④罪のきよめのささげ物 ⑤代償のささげ物。

レビ記6章8節〜7章38節は、それらのささげ物を献げる方法を説明したものです。全焼のささげ物を献げる時、祭司は24時間祭壇の火を絶やさず、ささげ物は、一晩中朝まで、祭壇の上の炉床にあるようにしなければなりません。祭司は、亜麻布の衣を着てこれらの任務を遂行しました。祭壇の上から脂肪の灰を取り除く時は、①灰を取り出し、②一度それを祭壇のそばに置き、③別の装束に着替えて灰を宿営の外の清い所に持ち出します。どんな細かいことでも、祭司には忠実さが求められました。

穀物のささげ物の施行細則

祭司は、穀物のささげ物の一部を祭壇の上で焼いて煙にしますが、残った分は自分たちで食べることができました。残った小麦は、「種なしパン」にして食べるよう命じられています。このパンは、「最も聖なるもの」なので、幕屋の庭から外に持ち出すことは禁止されました。このパンを食べることが許されたのは、祭司だけです。18節に「それに触れるものはみな、聖なるものとなる」とありますが、これは、一般のイスラエル人への警告です。もしこのパンに触れて「聖なるもの」になると、日常生活に戻るためには複雑な祭儀を通過しなければなりませんでした。

大祭司や祭司が油注ぎを受ける日には、彼らもまた穀物のささげ物を献げました。10分の1エパ（2・3リットル）の小麦粉を、朝のささげ物の時間に半分、夕のささげ物の時間に半分献げます。小麦粉は油を入れてよくこね、平鍋の上で焼いたものを、粉々にして献げ、すべてを焼いて煙にします。祭司は自分のささげ物から自分の取り分を取ってはなりません。ささげ物とは、犠牲を払って献げるものだからです。

「罪のきよめのささげ物」の施行細則

無知や不注意から罪を犯した場合に献げられる「罪のきよめのささげ物」に関しても、新しい要素が加えられました。このささげ物は、全焼のささげ物が屠られる場所、つまり、祭壇の北側で屠られなければなりません。これもまた、「最も聖なるもの」と呼ばれています。このささげ物は、祭司の家系に属する男子は皆食べることが許されましたが、例外がありました。その血が聖所の中に持っていかれた「罪のきよめのささげ物」は、食べてはなりません。これに該当するのは、①大祭司のための「罪のきよめのささげ物」と、②イスラエルの全会衆のための「罪のきよめのささげ物」です。これらはすべて火で焼くよう命じられました。

６章の内容から、神は「罪と汚れ」にこだわっておられることが分かります。イザヤ書53章では、メシアは「罪のきよめのささげ物」として苦しみを受けることが預言されており、マタイの福音書８章17節では、それが成就しています。「これは、預言者イザヤを通して語られた事が成就するためであった。『彼が私たちのわずらいを担い、私たちの病を負った』」。「罪のきよめのささげ物」が、苦難のメシアであるキリストの型であることは明白です。私たちの罪のために犠牲となられたイエス・キリストの愛の意味を、もう一度考えてみましょう。

レビ記7章

「それは、イスラエルの子らから取って彼らに与えるようにと、彼らが油注がれた日に主が命じられたもので、代々にわたる永遠の割り当てである。」（レビ記7・36）

この章から、以下のことを学びましょう。（1）種々のいけにえは、神が命じた方法で献げなければなりません。（2）いのちの尊厳を教えるために、血を食することが禁じられました。（3）旧約のいけにえは、罪を覆うだけで、それを取り除くことはできません。主イエスこそ完璧ないけにえです。

代償のささげ物に関する細則

代償のささげ物と「罪のきよめのささげ物」の違いは、損害を与えた人に対する賠償が命じられているかどうかです。代償のささげ物は、全焼のいけにえと同じ場所で屠り、その血は祭壇の回りに注ぎかけます。焼く部分は、内臓の回りの脂肪、腎臓、小葉です。残りは祭司が食することができましたが、これは「最も聖なるもの」なので、幕屋の庭から外に持ち出すことが禁止されました。

代償のささげ物と「罪のきよめのささげ物」は、贖いをする祭司の取り分となります。穀物のささげ物の場合、焼いたものも、油を混ぜたものも、すべて祭司のものとなります。これらの規定は、祭司の生活を守るためのものです。

交わりのいけにえに関する細則

交わりのいけにえを献げるタイミングは、主に感謝を表わす時、誓願が完了した時、自発的に献げる時、などです。交わりのいけにえとしては、大動物（牛）と小動物（羊、やぎ）の2種類があります。このいけにえは、後で宴会の食事として食されるのですが、7章では新しい要素がつけ加わりました。それは、感謝のために献げる場合は、家畜の他に3種類のパンを献げることです。そのうち1つは、種を入れた輪型のパンです。種を入れたパンを献げる理由は、食するために献げるものだからです。

献げた人は、肉をその日のうちに食べなければなりません。その理由は、他の人にも分かち合うためだと思われます。しかし、交わりのいけにえが誓願のため、あるいは進んで献げるささげ物である場合は、その肉は翌日も食べられます。しかし、余ったものは、３日目に火で焼かなければなりません。

交わりのいけにえの肉に関して、禁止事項が示されました。汚れた肉を食べたり、汚れているときにその肉を食べたりするなら、その人はその民から断ち切られます。交わりのいけにえは、献げる者が食べてもよい唯一のささげ物です。これは、キリストの十字架がもたらす神との和解と、信者同士の主にある交わりを予表しています。

脂肪と血に関する規定

次に、脂肪と血に関する規定が出て来ます。これは祭司だけでなく、イスラエル人の全会衆が対象です。まず、牛、羊、やぎの脂肪は一切食べてはなりません。死んだ動物、野獣に引き裂かれた動物の脂肪は、食用でなければ、生活に使用しても構いません。食物のささげ物の脂肪を食べた者は、その民から断ち切られます。

次に、血に関する規定が出て来ます。鳥でも動物でも、その血を食べてはなりません。血を食べる者は誰でもその民から断ち切られます。この規定は、いのちの尊厳を教えるためのものです。血の規定は、イエス・キリストの血潮の尊さと力とを教える視覚教育にもなっています。

奉献物と奉納物―祭司の取り分―

祭司の取り分は、奉献物と奉納物の２つに分けることが出来ます。交わりのいけにえは、献げた者が後で食べることのできる唯一のささげ物です。献げる人は、脂肪と胸肉を祭司のもとに持って行き、祭司は、それを奉献物として主に向かって揺り動かします。脂肪は祭壇の上で焼いて煙にしますが、胸肉は「アロンとその子ら」（祭司全体）の取り分となります。胸肉と脂肪以外の部分が、礼拝者の受ける分です。交わりのいけにえのうち、右のもも肉は奉納物となり、奉仕中の祭司の取り分となりました。

五つのいけにえのまとめ

①「全焼のささげ物」は、神への全き献身ときよめを、②「穀物のささげ物」は、清めの実を象徴し

ています。③「交わりのいけにえ」は、救いの恵みを受けた者の喜びと祝福を、④「罪のきよめのささげ物」と⑤「代償のささげ物」は、神と人を隔てている障害が取り除かれたことを象徴しています。旧約のいけにえは、罪を覆っただけで、取り除くことはできませんでした。これらは影であり、新約のキリストが実体です。旧約聖書を読みながら、その中に隠されているキリストに出会う人は幸いです。

レビ記8章

それから、モーセは注ぎの油と祭壇の上の血を取り、それをアロンとその装束、彼とともにいるその子らとその装束の上にかけた。こうしてアロンとその装束、彼とともにいるその子らとその装束を聖別した。（レビ記8・30）

この章から、以下のことを学びましょう。（1）祭司の聖別に際しては、モーセが祭司的役割を果たしました。（2）祭司は、聖別の儀式を通して、自らを神に献げました。クリスチャンも、自らを神に献げるように命じられています（ロマ12・1参照）。

祭司の任職式の準備

レビ記1～7章は、ささげ物に関する諸規定を取り上げていましたが、レビ記8～10章は、祭司の任職についての規定を取り上げています。最初の大祭司は、アロンです。彼の4人の息子たちは、一般の祭司となります。これ以後、祭司職はアロンの家系から出ることになります。つまり、祭司職は、世襲制で決まるということです。

　アロンとその子らは、装束、そそぎの油、罪のきよめのささげ物の雄牛、２頭の雄羊、種を入れないパンのかごを持って、幕屋の入口に立ちました。そこに、イスラエルの指導者たちが集まりました。ここまでが、任職式の準備です。この時モーセは、神と祭司たちの間に立って、祭司的役割を務めました。この時点では、まだ祭司がいなかったからです。

聖別

　モーセは、アロンとその子たちを水で洗いました。水によるきよめの後、アロンは大祭司の装束を身に着けました。長服、飾り帯、青服、エポデ、胸当てなどを、順番に身に着けていきます。胸当てに付けられた12の石は、イスラエルの12部族を象徴しています。ウリムとトンミムは、神の啓示を知るために用いられた石です。恐らく、胸当てにポケット状のものがあり、そこに入れられていたのでしょう。かぶり物の前面には、主の御名が刻まれた金の札が付けられていました。

　聖別の対象は人だけではありません。幕屋とその中にあるすべてのもの、祭壇とその用具全部、また洗盤とその台に、オリーブ油が注がれました。この時、頭に油を注がれたのはアロンだけです。大祭司のことを「油そそがれた祭司」と呼ぶのはそのためです。アロンの子らは、大祭司を補佐する役割を担いました。

任職のためのささげ物

　任職のために、「罪のきよめのささげ物」と全焼のささげ物が献げられます。前者のささげ物には雄牛が、後者のささげ物には雄羊が用いられました。ここで、７章までに出てこなかった新しい要素が追加されます。雄羊の血が、祭司の右の耳たぶ、右手の親指、右足の親指に塗られ、血の残りが祭壇の回りに注ぎかけられました。それに添えて、穀物のささげ物が献げられました。耳たぶは、祭司は神のことばを聞くのが使命だということを象徴しています。手の親指は、祭司がなすべき奉仕を象徴しています。足の親指は、祭司は神の道を歩かねばならないということを象徴しています。耳たぶ、手の親指、足の親指の３つは、全人格を象徴しています。右というのは、からだの中で最も重要な部分を指しています。祭司は、全人格をかけて、神に聞き、仕え、神の道を歩まなければなりません。

任職の食事と贖いの儀式

次に、油と祭壇の血を、アロンとその装束、アロンの子らとその衣装に振りかけました。その後、任職の食事会が催されました。これは、会見の天幕の入口、つまり、幕屋の内庭で食べる食事です。この食事は、新約時代に生きる私たちにとっては、「霊的にキリストを食する」という真理を象徴しています。「生ける父がわたしを遣わし、わたしが父によって生きているように、わたしを食べる者も、わたしによって生きるのです」（ヨハ6・57）。キリストのことばに信頼することこそ、キリストを食して力を受ける方法です。

　贖いの儀式（祭司たちの清め）が完了するために、7日間を要しました。アロンとその子たちは、幕屋の中に7日間とどまり、主の戒めを実行する必要がありました。その7日間の間に幕屋の外に出て汚れを受けるなら、その者は死ぬとの警告が与えられます（レビ記10章では、アロンの2人の息子たちが死んでいます）。

　大祭司と祭司の贖いが完了するまで、モーセは祭司としての役割を忠実に果たしました。モーセは、主の器、神のことばを届ける管となりました。クリスチャンは、全員が祭司としての使命を受けています。祭司としての自己認識を持っている人は、幸いです。

レビ記9章

「また、主の前でいけにえとするために、交わりのいけにえのための雄牛と雄羊を、また油を混ぜた穀物のささげ物を取りなさい。それは、今日、主があなたがたに現れるからである。」

（レビ記９・４）

この章から、以下のことを学びましょう。（1）シャカイナグローリーの現れは、神がレビ的祭司制度を承認されたことの証拠です。（2）神は、正当な方法でご自身に近づく者に近づき、親密な交わりを与えてくださいます。（3）今の私たちにとっての正当な方法とは、イエス・キリストを通して神に近づくことです。

アロンによる最初の任務執行

アロンとその子らは、幕屋の中で7日間過ごし、完全な贖い（清め）を受けました。そして、8日目になりました。この日が、レビ的祭司制度が機能し始める記念すべき日です。アロンは初代の大祭司として、その職務を開始します。彼は自分の罪のために子牛を、全焼のささげ物として傷のない雄羊を献げるように命じられます。また、イスラエルの全会衆に対しても、ささげ物を献げよとの命令が与えられます。これらのささげ物を献げる理由は、主の栄光（シャカイナグローリー）が現われるためです。主の栄光が現れるとは、神が彼らのささげ物を受け入れ、彼らを清めたという証拠を与えるということです。

大祭司アロンは、まず自分のためのいけにえを献げなければなりませんでした。人間である限り、大祭司にも罪はあったからです。それと対照的なのは、真の大祭司である主イエスです。ヘブル人への手紙7章27節には次のようにあります。「イエスは、ほかの大祭司たちのように、まず自分の罪のために、次に民の罪のために、毎日いけにえを献げる必要はありません。イエスは自分自身を献げ、ただ一度でそのことを成し遂げられたからです」

現われた主の栄光

アロンはまず、自分のために、また祭司となる子たちの「贖い」のために、「罪のきよめのささげ物」と「全焼のささげ物」とを献げました。次に彼は、イスラエルの全会衆のために、4つのささげ物を献げました。「罪のきよめのささげ物」、「全焼のささげ物」、「穀物のささげ物」、「交わりのいけにえ」がそれです。一連の儀式は、アロンの祝福のことばで終わりました。大祭司の祝福のことばは、民数記6章24~26節に書かれています。

モーセとアロンは幕屋（会見の天幕）に入り、そこから出て来ると民を祝福しました。その時、主の栄光が現われました。この大いなる光景は、神がアロン的祭司制度を承認されたことを表しています。この瞬間から祭司としての役割は、モーセからアロンに移行しました。主の栄光（シャカイナグローリー）は、天からの火という形で現れました。聖書には、ここ以外にも同じようにシャカイナグローリーが現れた例が、3か所あります（士師記13章15~20節にあるマノアの例、歴代誌第二7章1~3節にあるソロモンの例、列王記第一18章38~39節にあるエリヤの例）。この時祭壇には、燃えている火があったわけですが、天からの火は祭壇の上の全焼のささげ物と脂肪とを瞬間的に焼き尽くしました。その時、神の栄光を見て、民は叫び、ひれ伏しました。

パウロが、ローマ人への手紙12章1節で語っているのは、自らを全焼のささげ物として献げるということです。「ですから、兄弟たち、私は神のあわれみによって、あなたがたに勧めます。あなたがたのからだを、神に喜ばれる、聖なる生きたささげ物として献げなさい。それこそ、あなたがたにふさわしい礼拝です」。今、聖い神の前にひれ伏し、自らを天の祭壇に全焼のささげ物として献げようではありませんか。その献身の決意の上に、聖霊の火が下るように祈りましょう。

レビ記10章

さて、アロンの子ナダブとアビフはそれぞれ自分の火皿を取り、中に火を入れ、上に香を盛って、主が彼らに命じたものではない異なる火を主の前に献げた。（レビ記10・1）

この章から、以下のことを学びましょう。（1）神の御心に背く行為（異なる火）は、致命的な結果を招くことになります。（2）異なる火は、人間的な思いや業を象徴しています。業による救いは、恵みと信仰による救いとは、全く異なったものです。（3）指導者の判断は、彼に従う群れ全体に影響を及ぼします。

ナダブとアビフの死

アロンには、ナダブ、アビフ、エルアザル、イタマルという4人の子たちがいました。その中の2人（長男ナダブと次男アビフ）が、神の怒りに触れて死にます。彼らが神の怒りに触れた理由は、異なる火を神の前に献げたからです。この行為は自分勝手なものであって、主が命じたものではなかったのです。彼らが異なる火を献げるとすぐに、主の前から火が出て、彼らを焼き尽くしました。ナダブとアビフの罪がいかに深刻なものであったかは、裁きの激しさで分かります。

すぐに死体が宿営の外に運び出されました。イスラエルの民には、彼らの死を嘆き悲しむことが許されましたが、アロンと残された2人の子たちは、嘆き悲しまないようにと命じられました。その理由は、2人の死を悲しむことは、罪だからです。指導者の罪は、全会衆に影響を及ぼします。それゆえ、慎重に行動するよう命じられたのです。また、アロンと2人の子たちは、幕屋から出ないようにと命じられました。この時彼らは油を注がれ、聖なる状態にありました。外に出るための準備がまだ整っていなかったのです。

飲酒の禁止

祭司たちの飲酒が禁止されています。モーセの律法が機能していた時代、飲酒が禁止されるのは、この箇所とナジル人の誓願を立てている場合の2つです（民6・3〜4を参照）。基本的には、ぶどう酒は神からの賜物ですが、酔っ払うことは罪となります（箴23・29〜35）。祭司は、その職務についている間、つまり、幕屋に入って行く時には、飲酒を控えなければなりません。霊的にも肉体的にも、万全の状態で主に仕えるためです。

なぜ祭司が幕屋に入って行く時に、飲酒してはならないのか、その理由が説明されます。それは、「聖なるものと俗なるもの、また、汚れたものと清いものを区別する」ためです。つまり、万全の判断力を維持するためです。さらに、神がモーセを通してイスラエルの子らに告げたすべての掟を、彼らに教えるためでもあります。当時の人々は、印刷された聖書を持っていたわけではありません。民に律法を教えるのは、祭司の役割でした。

アロンの弁明

モーセは、ささげ物の中から祭司が受ける分を再度確認します。これは、祭司の特権と生活の保障の確認です。穀物のささげ物の残りは、祭司のものとなります。これは最も聖なるものですから、幕屋の内庭の祭壇のそばで食べなければなりません。奉献物の胸肉と、奉納物のもも肉は、幕屋の外の清い所で食べることが許されました。

ここで、ある出来事が起こりました。モーセは、「罪のきよめのささげ物」の雄やぎを捜しましたが、それが見つからなかったのです。「罪のきよめのささげ物」は、祭司が食するものです。もし祭司が食していたなら、その残骸が残っているはずです。しかし、ここではそれが全焼のささげ物として扱われ、焼かれてしまっていたのです。モーセは怒り、アロンの2人の子たちに苦情を言いました。モーセが怒った理由は、主が命じた方法でなければ、罪の贖いがなされないからです。それに対して、アロンが弁明します。自分の2人の子たちは、確かに「罪のきよめのささげ物」も、全焼のささげ物も献げたが、今回、上の2人の息子たちが死ぬという悲しい出来事があった。そのため自分は、幕屋の中で「罪のきよめのささげ物」を食べる気にはならなかった。このささげ物の肉を食べることは祭司の特権だが、悲しみのゆえにそれを放棄したとしても、主は許されるはずである、と。アロンは、外面的には平静を保っていましたが、その内側では嘆き悲しんでいたのです。この弁明を聞いて、モーセは納得しました。アロンのしたことは罪ではなく、権利の放棄だったからです。

神に近い者には、より慎重な行動が求められます。神の祝福を受けることと、責任が重くなることとは、表裏一体だからです。神からの賜物を行使する時、その用い方や用いる時が、すべて愛と信仰に基づくものであるように、祈り求める人は幸いです。

レビ記11章

「あなたがたは、それらの肉を食べてはならない。また、それらの死骸に触れてもいけない。それらは、あなたがたには汚れたものである。」

（レビ記11・8）

この章から、以下のことを学びましょう。（1）イスラエルの民には、他の民族と異なるライフスタイルが要求されました。主のご用のために選ばれた聖なる民だからです。（2）食物規定は、イスラエルの民を異邦人との同化から守りました。（3）食物規定の目的は、イスラエルの民に「聖」と「俗」の区別を教えることにありました。

食物規定（1）―陸上の動物―

11章では、聖なる民がどのような食生活をすればよいのかが教えられます。これは、道徳的、倫理的な教えではなく、祭儀的（儀式的）な清さと汚れを扱ったものです。

食べてもよい動物は、「ひづめが分かれ、そのひづめが完全に割れているもの、また、反芻するもの」です。これらの条件を満たしていない動物は、食べることができません。また、死体に触れることも許されませんでした。

食物規定（2）—魚、鳥、昆虫—

水中の生き物で食べてよいものは、「ひれと鱗を持つもの」です。その他のものは、「忌むべきもの」となります。

陸上の動物と水中の生き物の場合は、食べてよいものの共通した特徴が挙げられていました。しかし、鳥の場合は特徴ではなく、食べてはいけない鳥の種類と名がリストアップされています。不浄な鳥の一般的な特徴は、死骸を食べることです（いわゆる猛禽類）。

「羽があって群がり、四本の足で歩き回るもの」とは、昆虫のことです。昆虫には足が6つありますが、動く姿が4つ足で歩いているように見えます。例外として、清浄な昆虫がリストアップされています。「いなごの類、毛のないいなごの類、コオロギの類、バッタの類」がそれです。

死体から来る汚れ

動物の死体に触れたなら、その者は衣服を洗わなければなりません。また、その者は夕方まで汚れた状態にあります。

昆虫の死体に触れる者は、すべて夕方まで汚れます。ひづめが割れていない動物、反芻しない動物の死体に触れる者も、汚れます。犬、猫、ライオン、ヒョウ、などはこの中に含まれます。

「地に群がるもの」とは、新共同訳では「爬虫類」と訳されていますが、それ以上の範囲の動物を含みます。「地に群がるもの」の場合、これらの死体に触れる者だけでなく、これらの死体が触れた物も汚れます。ある物は水で清めることができますが、土の器、かまど、炉の場合は砕かなければなりません。また、それに触れた水も汚れます。ただし、泉と貯水池の水は例外です。さらに、食用として飼っている動物の死体に触れた場合も、その者は汚れます。

食物規定の要約

食物規定では、動物が3つに区分されて論じられています。(1)ささげ物に用いる動物。ささげ物になるのは、羊、山羊、牛の3種類です。(2)清い動物。清くても、ささげ物にならない動物がいます。これらの動物は食用にはなりますが、献げることはできません。(3)汚れた動物。これは、食べられません。これらの規定は、聖なる神の民がどのような食生活をしたらよいのかを教えています。モーセの律法が与えられる前から、ささげ物に関しては、清い動物と汚れた動物の区別はありましたが、食物としての規定は、レビ記に入ってから与えられたものです。

食物規定の目的は、「わたしは、あなたがたの神となるために、あなたがたをエジプトの地から導き出した主であるから。あなたがたは聖なる者となりなさい。わたしが聖であるから」というものです。この規定は、モーセの律法が機能していた時代のイスラエル人たちにのみ適用されるものですが、イエスの十字架の死以降は、無効になりました。

なぜ、ある動物は清く、ある動物は汚れているとされるのでしょうか。これを、衛生上の理由(健康上の理由)から説明しようとする人がいますが、そうではありません。最大の理由は、イスラエルの民に神の清さを教えるためであり、また、カナンの地に入って以降、イスラエルの民を他民族から分離するためです。

クリスチャンと世の人を区分する特長とはなんでしょうか。愛、清さ、忍耐心、信仰、などが私たちの特徴となるように祈りましょう。また、この世からの分離が、「分離のための分離」とならないように、世に出て行くための力となるように、祈りましょう。

レビ記12章

「祭司はこれを主の前に献げ、彼女のために宥めを行い、彼女はその出血の汚れからきよくなる。これが、男の子であれ女の子であれ、子を産む女についてのおしえである。」（レビ記12・7）

この章から、以下のことを学びましょう。（1）出産は罪ではなく、神の命令（創1・28）の成就であり、喜ばしいことです。（2）しかし、出産には血の漏出が伴いますので、母親は祭儀的に汚れていると見なされ、清めの期間を過ごす必要があります。（3）赤子のいのちは尊いものですので、「罪のきよめのささげ物」を献げて、贖います。

出産後の母親の清め

レビ記12章2節には、「女が身重になり、男の子を産んだとき、その女は七日の間汚れ、月のさわりの不浄の期間と同じように汚れる」とあります。この規定の内容と意味を見てみましょう。

この規定の意味するところは、道徳的、倫理的汚れではなく、祭儀的（儀式的）な汚れです。汚れの理由は、出産にあるのではなく、出産に伴う血の漏出にあります。男の子が生まれた場合、母親は合計40日間汚れます。最初の7日間は、その汚れが彼女に触れた人に伝染する段階です。残りの33日間は、彼女に触れても大丈夫です。女の子の場合は、その倍の期間が必要とされます（合計80日間）。

清めの期間が満ちたなら、男女どちらの場合でも、「全焼のささげ物」として1歳の子羊1匹を、「罪のきよめのささげ物」として家鳩のひなか山鳩を1羽献げます。もし貧しくてその余裕がない場合は、子羊の代わりに、2羽の山鳩か2羽の家鳩のひなを献げます。祭司は、これによって「宥め」、つまり、「清めの儀式」を行います。

ルカの福音書2章との関係

ルカの福音書2章を見てみましょう。「そして、モーセの律法による彼らの清めの期間が満ちたとき、両親は幼子をエルサレムに連れて行った」（ルカ2・22）とあります。この聖句から分かることは、この出来事はイエスが誕生してから40日後に起こったということです。

「また、主の律法に『山鳩一つがい、あるいは家鳩のひな二羽』と言われていることにしたがって、いけにえを献げるためであった」（ルカ2・24）ともあります。この聖句から分かることは、イエスの両親は経済的に貧しかったということです。さらに、献げられた2羽の鳥の1羽は全焼のささげ物、もう1羽は罪の清めのささげ物でしたので、マリアは「無原罪」ではなく、私たちと同じような罪人であったということが分かります。

イエスは律法を成就するために来られた、ということの意味を考えてみましょう。イエスは全く罪のない生涯を送られました。また、モーセの律法に100％従われました。それゆえ、その犠牲の死によって私たちを救うことができるのです。主イエスは、罪と死の束縛から私たちを解放してくださいます。

レビ記13章

「祭司は、そのからだの皮膚の患部を調べる。その患部の毛が白く変わり、患部がそのからだの皮膚よりも深いところに見えているなら、それはツァラアトに冒された患部である。祭司はそれを調べ、彼を汚れていると宣言する。」

（レビ記13・3）

この章から、以下のことを学びましょう。（1）さまざまな皮膚疾患に関する規定が啓示されます。（2）人間の皮膚病だけでなく、衣服、皮製品、家などに発生するかびのようなものまで、この規定の対象となっています。ヘブル語の「ツァラアト」という言葉が広範囲にわたる表面の異常を指していることを理解したなら、「皮膚病」と「物に付くかび」が一括りになっている理由が分かります。（3）「ツァラアト」は、現代のハンセン病とは異なります。それゆえ、ハンセン病を罪の象徴と考えるのは、大きな間違いです。

伝染性皮膚病

ヘブル語の「ツァラアト」は、広範囲の皮膚病を指し、適切な日本語に訳すのが難しい言葉です。伝統的には、今で言う「ハンセン病」と同一視されてきましたが、これは正しくありません。「新改訳２０１７」は、この疾患をヘブル語のまま「ツァラアト」と表記し、「新共同訳」は、「重い皮膚病」と訳しています。レビ記13章と14章が規定しているのは、皮膚病の人が祭儀的に清い状態にあるかどうかを、誰が、どのように判定するか、という問題です（道徳的、倫理的清さを論じているのではありません。また、医学的な治療法を示しているのでもありません）。

　この疾患の疑いがある時、その診断と判定は祭司が行います。もし、その患部の毛が白く変わり、その患部がそのからだの皮膚よりも深く見えているなら、それはこの疾患と判断され、祭司は、その人を汚れていると宣言しなければなりません。しかしその患部が、皮膚よりも深くは見えず、そこの毛も白く変わっていないなら、祭司はその人を7日間隔離し、様子を見ます。7日目にその患部が広がっていなければ、さらにもう7日間隔離します。その段階で患部が薄れ、広がっていないなら、祭司はその人を「清い」と宣言します。

　レビ記13章1〜44節では、7つの異なった症状について書かれています。祭司が判定し、宣言するという点はすべて同じですので、症状の種類だけをリストアップします。①皮膚病全般にわたる症状　これはすでに見ました。②伝染性皮膚病の症状　③腫物の跡　④火傷の跡　⑤頭、ひげの疾患　⑥皮膚に光る斑点　⑦はげ。

汚れのしるし

　祭司から、この皮膚疾患にかかっていると判定された人は、直ちにそのしるしを身に帯びなければなりません。すぐに為すべきことは、次の4つです。（1）衣服を引き裂きます。これは、死者を弔うときの動作です。汚れの宣言を受けるということは、死んだのと同じだからです。（2）髪の毛を乱します。これもまた、死者を弔う際に行うことです。（3）口ひげを覆います。死者を弔う際には、このように行いました。（4）「汚れている、汚れている」と叫びます。

長期的にすべきことは、次の3つです。（1）患部が癒やされ、清めの宣言を受けるまでは、自分は汚れていると認識せねばなりません。有効な治療法の少なかった時代ですから、この状態はほとんどの場合、生涯続いたと考えてよいでしょう。（2）その人は、1人で住まなければなりません。（3）その住まいは、宿営の外に定められました。つまり、非ユダヤ人、罪人、他の汚れた人々の中に住むということです。これは、アブラハム契約の祝福の外に置かれることを意味しました。

衣服のかび

「ツァラアト」は、衣服、皮製品、家などに発生するかびのようなものをも指します。衣服に「かびのようなもの」ができたら、それは汚れていると宣言され、火で焼かれます。しかし、洗うことによって衣服から「かびのようなもの」が消えたなら、それは「清い」と宣言されます。

私たちは、火で焼かれる衣服のような存在でしたが、主イエスの血潮によって洗われ、「清い」と宣言されました。イエスの愛とあわれみに感謝しましょう。新約聖書には、この皮膚疾患に冒され、ユダヤ人共同体の外側で生活せざるを得なかった人々が何人も出てきます。主イエスが彼らにどのような態度を取ったかを思い起こし、主が歩まれた道を私たちも歩むことができるように、祈りましょう。

レビ記14章

以上が、ツァラアトに冒されたあらゆる患部、疥癬《かいせん》、衣服と家のツァラアト、腫れもの、かさぶた、斑点についてのおしえであり、どのようなときにそれが汚れていて、また、どのようなときにそれがきよいのかを教えるためのもので、ツァラアトについてのおしえである。（レビ記14・54～57）

この章から、以下のことを学びましょう。（1）ツァラアト患者は、自力で清めの儀式を行ったわけではありません。祭司がすべて行います。（2）ツァラアト患者の清めは、水と血によって行われます。（3）水と血は、主イエスが流された水と血の象徴です（1ヨハ5・6）。

きよめの儀式

患者が癒やされたと診断した場合、祭司は清めの儀式を行います。

1日目。祭司はその人に、2羽の生きている清い小鳥と、杉の木と緋色の撚り糸とヒソプを用意させ、土の器に入れた湧き水の上で、1羽の小鳥を屠ります。もう1羽の小鳥と杉の木と緋色の撚り糸とヒソプをその水と血の中に浸し、それを癒やされた人に7回振りかけ、「清い」と宣言します。それから生きている小鳥を野に放ちます。その人は、衣服を洗い、毛をみなそり落として水を浴び、その後宿営に入ることが許されます。ただし、7日間は自分の天幕に入ることができません。

7日目。癒やされた人は、すべての毛をそり落とし、衣服を洗い、水を浴びます。

8日目。レビ記1～7章に記されている5つのいけにえのうちの4つ（代償のささげ物、罪のためのいけにえ、全焼のささげ物、穀物のささげ物）を献げます。これによって、「宥め」、つまり「清めの儀式」が完了します。貧しい人の場合は、雄の子羊1頭と1歳の雌の子羊1頭の分を、山鳩か家鳩のひな2羽で代用することができました。

2羽の小鳥には、象徴的な意味が込められています。屠られる鳥は死を、生きたまま放たれる鳥は復活を象徴しています。ローマ人への手紙4章25節には、次のようにあります。「主イエスは、私たちの背きの罪のゆえに死に渡され、私たちが義と認められるために、よみがえられました」。7回振りかけられる血と水は、主イエスの十字架の贖いを象徴しています。ヨハネの福音書19章34～35節には、次のようにあります。「しかし兵士の一人は、イエスの脇腹を槍で突き刺した。すると、すぐに血と水が出て来た。これを目撃した者が証ししている。……」。血と水は、イエスの死が現実に起こったことと、それゆえイエスの復活は事実であることを表わしています。

家のかび

ヘブル語の「ツァラアト」は、広範囲の皮膚病を指し、適切な日本語に訳すのが難しいことばです。この「ツァラアト」ということばが、33節以降では「家に生じるかび」を表わす場合にも使われています。

家のかびは、衣服、皮製品についての律法の延長と考えられます。祭司はそれを調べ、「緑がかった、または赤みがかったくぼみであって、壁の表面よりも深いところに見える」場合は、その家を7日間閉鎖します。そして7日目に、その患部が壁に広がっている場合は、その部分を町の外の汚れた場所に捨て、家の内側の壁を削り落とし、その家を塗り直します。再びその部分から「かびのようなもの」が出てきたなら、その家は「汚れている」と判断されます。その家を取り壊し、町の外の汚れた場所に捨てなければなりません。また、家の閉鎖中にその家に入る者は、夕方まで汚れます。家の「かびのようなもの」が消えた場合の「清めの儀式」については、患部が癒やされた人の場合に準じた儀式を行います。

レビ記13章、14章が書かれた目的は、14章57節に書かれています。「どのようなときにそれが汚れていて、また、どのようなときにそれがきよいのかを教えるためのもので、ツァラアトについてのおしえである」。ツァラアト患者の癒しは、イエスのメシア性を証明する3つの癒しの1つです（生まれつきの盲人の癒しと、口がきけない人についた悪霊の追い出しが、他の2つ）。イエスは患部を祭司に見せるように命じてから、ツァラアト患者の癒しを行った後、イエスは患部を祭司に見せるように命じておられます。これは、レビ記13章と14章の命令を実行したということです。これらの奇跡を通して、当時のユダヤ人たちはイエスがメシアであることを知ることができました。私たちは、さらに優れた奇跡である十字架と復活の出来事を通して、イエスがメシアであることを知るようになりました。父なる神に感謝しましょう。

レビ記15章

「あなたがたは、イスラエルの子らをその汚れから離れさせなさい。彼らが、彼らのただ中にあるわたしの幕屋を汚し、自分たちの汚れで死ぬことのないようにするためである。」（レビ記15・31）

この章から、以下のことを学びましょう。（1）神によって選ばれた民は、常に自らを「清い状態」に保つ必要があります。（2）「本人だけが認識できる汚れ」に関しては、自主的に判断し、主の命令に従って行動する必要があります。（3）肉体的汚れは伝染しますが、霊的汚れに関しても、同じことが言えます。

個人的な汚れ（男性の場合）

15章の内容は、「本人だけが認識できる汚れ」に関するものです。この命令がイスラエル人全体に告げられているのは、各人が自分の責任において判断せねばならないからです。「だれでも、隠しどころから漏出があったなら、その漏出物は汚れている」

と言われています。「隠しどころ」とは、性器のことを意味しています。性器から長期的に漏出するものがある場合､その人は汚れているとみなされます。「漏出物」がどのようなものを指しているのかについては、具体的には書かれていません。どのような疾患であろうとも、漏出するものがあればこの規定が適用されます。この症状がある場合、その人が触れたものも、それらに触れる者も、夕方まで汚れます。この漏出が癒されたときは、7日間を経た後、衣服を洗い、自分のからだを湧き水で洗います。これが、清めの儀式です。8日目に、山鳩2羽か家鳩のひな2羽を、「罪のきよめのささげ物」と「全焼のささげ物」として献げ、「宥め」をします。

「男が精を漏らしたときは全身に水を浴びる。その人は夕方まで汚れる」とは、健康な男性が経験する夢精などの生理現象を指しています。さらに、18節では、夫婦である男女が交わった場合は、男女の両方が「夕方まで汚れる」と言われています。これは、性的交わりが汚れているという意味ではなく、漏らした精に触れたという意味での汚れです。夫婦間の交わりは罪ではありません。ですから、祭司による清めの儀式は必要とされず、ただ水で洗うだけでよいとされています。

以上の規定は、医学的な汚れや、倫理的、道徳的な汚れを意味しているのではなく、あくまでも祭儀的な汚れをイスラエル人たちに教えているものです。

個人的な汚れ（女性の場合）

「女に漏出があり、漏出物がからだからの血であるなら、彼女は七日間、月のさわりの状態になる。だれでも彼女に触れる者は夕方まで汚れる」とあります。ここでの「からだ」とは、性器のことです。これは疾患ではなく、健康な女性に周期的に起こる生理現象を指しています。月のさわりの期間にその女性と性的に交わった者は、7日間汚れた者となります。これは、死者に触れた場合や死者のいる天幕にいた人の汚れの日数と同じです。

次に、長期間にわたって漏出のある場合です。基本的には、男性の場合と同様の規定が書かれています。この症状がある場合、その女が触れたものも、それらに触れる者も、夕方まで汚れます。この漏出が癒されたときは、7日間を経た後、その女は清くなります。8日目に、山鳩2羽か家鳩のひな2羽を、「罪のきよめのささげ物」と「全焼のささげ物」として献げ、「宥め」をします。

これらの規定が与えられている目的はなんでしょうか。その理由は、31節にあります。「あなたがたは、イスラエルの子らをその汚れから離れさせなさい。彼らが、彼らのただ中にあるわたしの幕屋を汚し、自分たちの汚れで死ぬことのないようにするためである」。イスラエル人たちは、常に安心して幕屋に近づくことのできる状態に自らを保っておく必要がありました。もし汚れたままで幕屋に入るなら、神の裁きが下り、死ぬことになるからです。この規定は、ユダヤ人を他の民族から分離する役割を果たしました。神は今も、この世から分離されたご自身の民、「聖なる民」を作り上げようとしておられます。

肉体の汚れから、霊的教訓を学びましょう。パウロは、コリント人への手紙第二6章14節で、「不信者と、つり合わないくびきをともにしてはいけません。正義と不法に何の関わりがあるでしょう。光と闇に何の交わりがあるでしょう」と書き、6章17節でイザヤ書52章11節を引用しています。「それゆえ、彼らの中から出て行き、彼らから離れよ。――主は言われる――汚れたものに触れてはならない。そうすればわたしは、あなたがたを受け入れ……」。もう一度、私たちの神が聖なるお方であることを思い起し、清くされることを求めようではありませんか。

レビ記16章

彼は至聖所のための宥めを行い、また会見の天幕と祭壇のための宥めを行う。彼はまた、祭司たちと集会のすべての民のための宥めを行う。

（レビ記16・33）

この章から、以下のことを学びましょう。（1）贖罪の日には、大祭司が年に一度、いけにえの血を持って至聖所に入ります。（2）贖罪の日の規定は、キリストの贖いの業を示す型となっています。（3）キリストの贖いの死によって、神の怒りの御座は、恵みの御座に変えられました。

贖罪の日の準備

大祭司が至聖所に入ることができるのは、この日だけです。大祭司アロンは、自分と自分の家族のためのささげ物となる家畜（若い雄牛と雄羊）を整えます。次に、からだに水を浴び、亜麻布の装束を身に着けます。さらに、イスラエルの会衆から、雄山羊2頭を「罪のきよめのささげ物」、雄羊1頭を「全焼のささげ物」として受け取ります。アロンは、2頭の山羊のために「くじ」を引き、1頭は「主のため」、もう1頭は「アザゼルのため」と決めます。「アザゼル」という言葉の意味は明確ではありませんが、基本的な意味は「解き放つ」ということです。

2種類の宥め

2種類の「宥め」がなされます。最初が、祭司とその家族のためのものです。通常の祭司の宥めの儀式との相違点は、香から出る煙（雲）で「宥めの蓋」を覆うという点です。これは、罪人の罪が隠されたことを象徴しています。次に、民のための宥めが行われます。「主のため」とされた山羊が屠られます。アロンは、その血を至聖所の中に持って入り、それを祭壇の4隅の角に塗り、残りを祭壇に7回振りかけます。次にアロンは、「アザゼルの山羊」の頭に両手を置き、イスラエルのすべての罪を告白して荒野に放ちます。生きている山羊の頭に両手を置くという行為は、イスラエルのすべての咎や罪を山羊に移し、負わせることを意味しています。その山羊は、「不毛の地」に放たれました。

奉仕者たちの清め

大祭司は「アザゼルの山羊」を荒野に放って後、聖所で亜麻布の装束を脱いでそこに残し、水を浴び、自分の服（通常の大祭司の装束）に着替えます。聖所の外に出た大祭司は、そこで全焼のささげ物を献げ、「罪のきよめのささげ物」の脂肪を祭壇の上で焼いて煙にします。ただし、皮と肉と汚物は宿営の外で焼かれます。大祭司以外にも、アザゼルの山羊を放った者と、「罪のきよめのささげ物」を処分した者は、衣服を洗い、水を浴びなければなりません。ここで注目したいのは、「罪のきよめのささげ物」の雄牛と山羊とが、宿営の外で焼かれているという点です。これは、イエスがエルサレムの城門の外で十字架につけられるということを予表しています。「それでイエスも、ご自分の血によって民を聖なるものとするために、門の外で苦しみを受けられました」（ヘブ13・12）

その他の規定と要約

（1）贖罪の日は、第7の月の10日とされました。（2）この日は、「自らを戒める」日としなければなりません。これは、内面の悔い改めを意味することばです。（3）この日は、「全き休みのための安息日」、つまり、最も聖なる日であり、どんな人でも、この日に労働することは許されません。（4）これは、「永遠の掟」とされました。この意味は、モーセの律法が機能している限り、この規定を守らなければならない、という意味です。（5）大祭司の職務は、世襲制です。

贖罪の日が教える3つの重要な真理に着目しましょう。（1）神は聖なるお方であるが故に、神の臨在（至聖所）に近づくためには、神が定めた方法を行う必要がある。（2）罪人が神に近づくためには、仲介者が必要である。旧約時代は大祭司が、新約時代はイエス・キリストが罪人を神とつなぐ仲介者となってくださった。（3）罪の贖いのためには、血を流す必要がある。旧約時代には、いけにえの動物の血が流されたが、どのような動物の血よりも、御子イエスの血の方が優れている。

神殿が存在しない今は、ユダヤ人たちは会堂に集まり、断食して祈ります。ユダヤ教のラビたちの考え方は、犠牲の動物がなくても、悔い改めるなら、それがいけにえとなるというものです。私たちクリスチャンもまた、犠牲の動物が必要ではないという点では同じですが、その理由が異なります。御子イエスが完全な犠牲となられたので、私たちの罪は贖われました。そのことを信じる人は幸いです。

レビ記17章

「実に、肉のいのちは血の中にある。わたしは、祭壇の上であなたがたのたましいのために宥めを行うよう、これをあなたがたに与えた。いのちとして宥めを行うのは血である。」（レビ記17・11）

この章から、以下のことを学びましょう。（1）レビ記の中で最も重要な規定は、「肉のいのちは血の中にある」というものです。（2）血がついたままの肉を食べることが禁じられましたが、これは、イスラエルの民に命の尊厳を教えるための規定です。（3）血による贖いは、イエス・キリストの血による罪の赦しを予表しています。

家畜を屠るときの規定

17章に出て来る規定は、イスラエルの民が荒野を旅していたという前提で読まなければなりません。当時、民の食物となっていたのは、天からの「マナ」と「うずら」です。家畜は食用ではなく、そこから乳を得るためのものとして飼われていました。従って、イスラエルの民が肉を食べるのは、ほぼ、交わりのいけにえを献げた後に持たれる宴会の場合に限られていました。

　この規定は、イスラエルの民が定住生活に入る時にはその役割を終えます。モーセはそのことを、申命記12章で明確に述べています。つまりこの規定は、荒野での生活にのみ適用される時限立法だということです。また、この規定は、祭司たちと、すべてのイスラエル人に語られたものです。牛、子羊、やぎなどを屠って食べるためには、まず、会見の天幕の前で、それを交わりのいけにえとして献げなければなりません。つまり、幕屋の内庭で屠らなければならないということです。この規定が与えられた理由は、異教の偶像礼拝からイスラエルを遠ざけるためです。この時点では、イスラエルの民はエジプトの宗教の影響を強く受けていました。「雄やぎの偶像」というのは、エジプトの偶像の1つです。それにいけにえを献げるのは、「霊的な淫行」に当たります。幕屋の外で家畜を屠ることを許すなら、常に偶像礼拝に逆戻りする可能性がつきまといます。

　この規定に違反した者は、民の間から断たれます。つまり、死刑になるということです。この規定は、イスラエルの民だけでなく、在留異国人（ユダヤ教に改宗した異邦人）にも適用されました。

血を食べることの禁止

　ささげ物の血だけでなく、すべての動物の血を食べることが禁止されます。この規定に違反した者は、民の間から断たれます。イスラエルの民がこの規定に違反した事件が、サムエル記第一14章32～35節に記されています（サウル王の兵たちが、分捕り物の家畜を屠り、血のついたままで食べました）。血を食べることが禁止された理由は、神が、人のいのちを贖うための手段として、血を選ばれたからです（11節）。動物であっても人であっても、血の働きによって生命活動が維持されています。それゆえ、「肉のいのちは血の中にある」と言われているのです。動物の血を流すことは、そのいのちを犠牲にすることです。血は、「いのちとして宥めを行うのは血である」という神の計画を教えるための手段となりました。ちなみに、血を食してはならないという規定は、輸血を禁止したものではありません。この箇所は、輸血とは何の関係もありません。

狩猟に関する規定も与えられました。獣や鳥の中には、いけにえにはならないが、食用となるものがいくつかありました。つまり、清い獣や鳥のことです。それらのきよい動物を捕えた時は、その血を注ぎ出し、土で覆わなければなりません。いのちの象徴である血は、いのちが本来そこから取られた土に返されなければならないということです。

レビ記17章と関連するものが、新約聖書に2箇所あります。使徒の働き15章20～29節では、異邦人信者がユダヤ人信者と交わりを保つために、血の規定を守るようにとの勧めがなされています。また、ヘブル人への手紙9章22節には次のようにあります。「律法によれば、ほとんどすべてのものは血によってきよめられます。血を流すことがなければ、罪の赦しはありません」。血の規定は、キリストの死による罪の贖いを予表しています。

私たちは、恵みと信仰によって救われましたが、その背後には、キリストが血を流してくださったという事実があります。キリストの犠牲の大きさを覚え、神に感謝の祈りを献げようではありませんか。

レビ記18章

「あなたがたは、自分たちが住んでいたエジプトの地の風習をまねてはならない。また、わたしがあなたがたを導き入れようとしているカナンの地の風習をまねてはならない。彼らの掟に従って歩んではならない。」（レビ記18・3）

この章から、以下のことを学びましょう。（1）エジプトの地の風習との決別は、罪ある過去との決別です。（2）カナンの地の風習から距離を置くことは、将来襲ってくる誘惑に対する備えです。（3）カナンの地の性的習慣の中には、動物以下の水準のものがありました。

異教的な習慣の排除

エジプトから贖い出されたイスラエルの民は、神の栄光を現わす民としての生活を始めなければなりません。清い民とならなければならない理由は、主（ヤハウェ）が彼らと契約関係に入り、彼らの神、主となられたからです。これが、異教的な習慣を排除する根本的な理由です。

イスラエルの民は、エジプトの地の習慣を投げ捨てるように命じられます。これは、過去との決別です。さらに、カナンの地の習慣に染まってはならないとも命じられます。これは、未来への心構えです。神の民として、主の定めと掟を守り、それに従うなら、祝福された地上生活を送ることができるようになります。旧約聖書の律法は、神の民を祝福するためのものでした。

異教的な習慣の例として、性的な習慣が取り上げられます。肉親の女との性的交わり、つまり、結婚が禁止されています。この肉親とは、2親等以内の女性、さらに、息子の妻、兄弟の妻、義理の娘、孫娘なども含みました。近親者の妻との性的交渉（裸をあらわにすること）は、父、兄弟、おじを辱める行為です。また、息子の娘、娘の娘、すなわち孫との性的交渉は、自分自身を辱める行為です。近親相姦は、「破廉恥な行為」です。ただし、夫が死んだ後に子を残すために寡婦と結婚することは、例外的に許可されました。

レビ記18章6節には、「だれも、自分の肉親の者に近づき、相手の裸をあらわにして交わってはならない。わたしは主である」とあります。私たちが自らをきよく守りたいと願うのは、私たちが神の民だからです。神を人生の主として歩むことが、クリスチャンの生活です。

禁止されている性行為のリスト

５種類の性的行為が禁止されています。（１）生理期間の女との性交の禁止。これはすでにレビ記15章19～24節に出ていました。ここではそのまとめになっています。（２）隣人の妻との性交の禁止。これは出エジプト記20章14節にもある規定で、姦淫の罪、自分自身を汚す罪に当たります。（３）モレク礼拝の禁止。モレクとは、アンモン人の偶像です。モレク礼拝では、子どもに火の中を通らせて、いけにえとして献げる儀式がありました。この祭儀には、神殿娼婦との不純な性交も含まれていました。（４）同性愛の禁止。この行為は、「忌み嫌うべきこと」と呼ばれています。（５）獣姦。この行為は、「道ならぬこと」と呼ばれています。つまり、性的な混乱に陥っているということです。

カナンの地の住民たちは、これらの異教の風習を行っていました。もしイスラエルの民がそれを行うなら、彼らは自分の身を汚すことになります。イスラエルの民がカナンの地を征服しようとしている理由の一つに、カナン人の罪の裁きがあります。そのことをレビ記18章25節は、次のように表現しています。「その地も汚れている。それで、わたしはその地をその咎のゆえに罰し、その地はそこに住む者を吐き出す」

ここから私たちも教訓を学びましょう。現代の風習、特に性的風習は、カナンの地の風習のように堕落し切っています。滅びに向かっているこの世の価値観とは、距離を置きましょう。私たちが所有するものは、すべて神から与えられたものです。それらの良き物を、神の栄光を現わすために用いようではありませんか。

レビ記19章

「あなたがたは、わたしのすべての掟とすべての定めを守り、それらを行いなさい。わたしは主である。」（レビ記19・37）

この章から、以下のことを学びましょう。（1）イスラエルの民は、祭司の民として聖別されています。（2）イスラエルの民は、ライフスタイルは、異邦人と同化することから彼らを守りました。（3）神を愛するとは、神の命令に従うことです。この真理は、クリスチャンにも適用されます。

神への畏れ

レビ記19章に書かれている命令は、出エジプト記20章にある十戒と相関関係にあります。最初に、（1）両親を敬え、という命令が出てきます。続いて、（2）安息日を守れ、（3）偶像礼拝の禁止（既に存在する偶像以外に新しく偶像を作ることも禁じられている）、（4）交わりのいけにえを正しく献げよという命令（具体的には、献げた肉を3日目まで残すことがないようにという命令）などが出てきます。

イスラエルの民がこれらの命令を守るべき理由とは、なんでしょうか。その答えが2節にあります。「イスラエルの全会衆に告げよ。あなたがたは聖なる者でなければならない。あなたがたの神、主であるわたしが聖だからである」。神の戒めを守ることは、神を崇める道、神を愛する道なのです。

隣人への愛

隣人への愛に関する命令が与えられています（9〜18節）。内容を要約すると、5つに分けることが出来ます。（1）収穫の規定。貧しい者と在留異国人（旅人）のために、実を残しておかねばなりません。（2）他者を欺いてはならない。このことは、神の御名を汚すことになるからです。（3）社会的弱者への配慮。（4）公正な裁判。（5）隣人愛の規定。「心の中で自分の兄弟を憎んではならない」とありますが、これはユダヤ人同胞のことです。また、隣人が罪を犯している場合、それを戒めるのもまた愛の行為です。

所有物の取り扱い

イスラエルの民を異邦人と区別するために、特別な規定がいくつか与えられました。（1）種類の異なる家畜の交配の禁止、（2）2種類の種を同じ畑に蒔くことの禁止、（3）2種類の糸で織った布地の衣服を身に着けることの禁止。（4）女奴隷の取り扱いに関する規定。未婚の女奴隷は、財産と考えられました。それゆえ、男が彼女と寝た場合は、代償のささげ物を献げるように命じられています。彼らが殺されることはありません。

所有物の取扱いに関する規定として、果樹に関する命令が出てきます（この規定は、約束の地に定住して以降に適用されるものです）。果樹の実は、最初の3年間は食べてはなりません。4年目の実はすべて聖となり、主への賛美のささげ物となります。5年目からは、その実を食べることができました。この命令には、「あなたがたの収穫を増すためである」という祝福の約束が伴っています。

神の民として

様々な異教的習慣が禁止されました。（1）血のついたままで肉を食べてはならない。血を食べることは、悪霊礼拝と関係したカナンの地の習慣です。（2）まじないや占いをしてはならない。これもまた、悪霊との交信に窓を開く行為です。（3）もみあげを剃り落とす、ひげの両隅を剃るなどの行為の禁止。これは、異教徒たちが行っていた習慣です。（4）自分の体に傷をつける行為、入墨の行為の禁止。これは、死者への礼拝と関係のある行為です。（5）娘を神殿娼婦にしてはならない。イスラエルの民は、神殿娼婦のような汚れた習慣を排除し、安息日を守ることによって主を礼拝するように命じられました。

積極的命令も与えられました。（1）老人に敬意を示すこと。（2）社会的弱者への配慮を怠らないこと。（3）経済活動において公正さを保つこと、などです。これらの命令を守ることは、社会正義を実行することです。

イスラエルの民がこれらの命令を守るべき理由は、「わたしは主である」という宣言の中に見出すことが出来ます。旧約聖書でも新約聖書でも、神を主と認め、神を愛するということが、神の命令を守る動機です。主イエスのこのことばを思い起こしましょう。「だれでもわたしを愛する人は、わたしのことばを守ります。そうすれば、わたしの父はその人を愛し、わたしたちはその人のところに来て、その人とともに住みます」（ヨハ14・23）。もし、律法的な信仰生活に疲れを感じているなら、もう一度、イエス・キリストを愛するという原点に立ち返りましょう。

レビ記20章

「あなたがたは、わたしにとって聖でなければならない。主であるわたしが聖だからである。わたしは、あなたがたをわたしのものにしようと、諸民族の中から選り分けたのである。」

（レビ記20・26）

この章から、以下のことを学びましょう。（1）イスラエルの民は、主から召された民です。それゆえ、主が聖であるように、イスラエルの民も聖なる歩みをする必要があります。（2）クリスチャンもまた、聖なる歩みをするように召されています。聖なる生活を志す人は、神のご用に役立つ器として、神に用いられます。

死刑に当たる罪

レビ記20章1～21節では、この書の18～19章に上げられた規定の中から、死刑に当たるものが列挙されています。具体的には、以下のような罪です。

（1）偶像礼拝の罪。特に、自分の子どもをモレクに献げることが禁止されています。モレクとは、アンモン人の神で、ミルコムとも呼ばれています（1列11・7、1列11・33、使徒7・43を参照）。（2）両親を呪う罪。子どもにとって、神の代理人である両親を呪うことは、神を呪うのと同じと見なされました。（3）さまざまな性的罪。

神はイスラエルの民に、詳細な律法をお与えになりましたが、それは彼らを束縛するためではなく、祝福するためでした。神は、カナン人たちの汚れた習慣を忌み嫌われました。そこで、カナン人たちを裁き、その地から追い出すための手段として、イスラエルの民を遣わされたのです。イスラエルの民は、諸国民から選ばれた神の民として、カナンの地にあって清い歩みをするように召されました。もし彼らがカナン人たちの習慣に染まるなら、その地はカナン人たちを「吐き出した」ように、イスラエルの民をも「吐き出す」ようになります。神がイスラエルの民に律法を与えたのは、彼らが神の聖さを学び、それを実行することによって、神の祝福を得るためです。

新約時代のクリスチャンも、特別な使命に召されています。私たちは、罪が赦されただけで満足してはなりません。救われた人には、世界中に福音を伝え、神の栄光を表わすという大きな使命が与えられています。神に用いられる器となるために、清い生活を志す人は幸いです。

「ですから、だれでもこれらのことから離れて自分自身をきよめるなら、その人は尊いことに用いられる器となります。すなわち、聖なるものとされ、主人にとって役に立つもの、あらゆる良い働きに備えられたものとなるのです」（2テモ2・21）

レビ記21章

「あなたは彼を聖別しなければならない。彼はあなたの神のパンを献げるからである。彼はあなたにとって聖でなければならない。あなたがたを聖別する主であるわたしが聖だからである。」（レビ記21・8）

この章から、以下のことを学びましょう。（1）祭司には、一般人よりも厳しい霊的基準が要求されました。大祭司の場合は、さらに厳しい清さの基準が適用されました。（2）霊的指導者は、教えだけでなく、手本を示すことによって、民を導かなければなりません。（3）指導者を敬い、その教えに従うことは、民の責務です。これは、クリスチャンにも適用される真理です。

祭司に関する規定　―一般の祭司の場合―

幕屋で仕える祭司には、一般の人々よりもさらに厳しい基準が要求されます。死体に触れることは、祭儀的汚れを意味しました。つまり祭司は、葬儀に関わってはならないということです。ただし、この規定には例外がありました。母と父、息子、娘、兄弟、未婚の処女の姉妹の場合がそれです。

ユダヤ人たちは、誤って死体に触れることのないように、墓を白く塗るようになりました。イエスがパリサイ人たちに、「わざわいだ、偽善の律法学者、パリサイ人。おまえたちは白く塗った墓のようなものだ。外側は美しく見えても、内側は死人の骨やあらゆる汚れでいっぱいだ」（マタ23・27）と語られたのは、このような背景があってのことです。ユダヤ人たちには今日でも、墓を白く塗る習慣があります。

祭司は、汚れた女（遊女や神殿娼婦）、離婚した女と結婚してはならないと命じられました。預言者ホセアは、姦淫の女と結婚するように命じられましたが、彼は祭司ではなかったので、その命令は律法違反ではありませんでした。

祭司に関する規定　―大祭司の場合―

大祭司の場合は、一般の祭司よりもさらに厳格な規定が適用されました。大祭司は、いかなる人の遺体に触れることも禁じられました。父母が死んだ場合は、他の人がその遺体を葬りました。また、聖所で仕えている間は、そこから出ることは許されませんでした。結婚に関しては、イスラエルの民の中の処女と結婚するように命じられました。大祭司には、一般の祭司より更に厳格な「祭儀的清さ」が要求されたからです。

新約時代においては、すべての信徒が祭司と見なされていますので、祭司と一般の人々という区別はありません。しかし、他の人を導く立場にある人々には、より多くの責任が伴います。指導者は、このことを自覚しておく必要があります。ヤコブは、こう教えています。「私の兄弟たち、多くの人が教師になってはいけません。あなたがたが知っているように、私たち教師は、より厳しいさばきを受けます」（ヤコ3・1）。

霊的に成長した者には、より多くの使命と責任が与えられていることを覚えましょう。忠実なキリストのしもべに与えられる報いは、より多くの奉仕と責任です。

レビ記22章

「わたしの聖なる名を汚してはならない。イスラエルの子らの間で、わたしは聖であることが示されなければならない。わたしはあなたがたを聖別する主である。」（レビ記22・32）

この章から、以下のことを学びましょう。（1）神に献げるいけにえは、傷もしみもない完璧なものでなければなりません。（2）また、いけにえを献げる人も、汚れた状態にあってはなりません。（3）イエス・キリストの命は、完璧ないけにえとして神に献げられたものです。キリストは、「傷もなく汚れもない子羊のようなお方」（1ペテ1・19）です。

聖なる食物を食べる資格

祭司には、一般の人々に求められた以上の清さが要求されました。身体的に汚れた状態にある祭司の家族は、祭司に与えられた「聖なる食物」を食べることはできません。また、一般の者には、「聖なる食物」を食べる資格はありません。しかし、祭司に金で買われた者（奴隷）や、その家で生まれた奴隷の子どもたちは、それを食べることができます。結婚した祭司の娘はその資格を失いますが、子のないままやもめになったり、あるいは離婚して父の家に戻ったりしていれば、再び資格を得ます。もし、資格のない者が「聖なる食物」を食べた場合は、食べた量に20パーセントを上乗せして、祭司に返さねばなりません。

いけにえに関する規定

以下の規定は、祭司たちだけでなく、すべてのイスラエル人に向けられたものです。

（1）「全焼のささげ物」を献げる場合、それは傷のない雄の牛か、羊か、山羊でなければなりません。

（2）「交わりのいけにえ」を献げる場合、それは欠陥のない牛か羊でなければなりません。

（3）いけにえを献げる祭司もまた、身体的欠陥のない状態になければなりません。これは、レビ記21章17～23節にある規定です。

献げる祭司も、献げられるいけにえの動物も、ともに完璧であることが要求されています。これは、イスラエルの民への視聴覚教育となりました。その意味は、聖なる神との交わりの回復のためには、完全な献身と完全ないけにえが要求されるということです。その要求が完全に満たされたのは、イエス・キリストが十字架上で死なれた時でした。このことを、ヘブル人への手紙は次のように解説しています。

「さらに、祭司がみな、毎日立って礼拝の務めをなし、同じいけにえを繰り返し献げても、それらは決して罪を除き去ることができませんが、キリストは、罪のために一つのいけにえを献げた後、永遠に神の右の座に着き、あとは、敵がご自分の足台とされるのを待っておられます」（ヘブ10・11～13）

私たちには大祭司となられたキリストがいてくださいます。私たちは、イエス・キリストを通して、大胆に神の御座に近づくことができます。これは、クリスチャンの最大の特権です。日々、この特権を行使する人は、幸いです。

レビ記23章

「イスラエルの子らに告げよ。あなたがたが聖なる会合として召集する主の例祭、すなわちわたしの例祭は次のとおりである。」（レビ記23・2）

この章から、以下のことを学びましょう。（1）7つの主の例祭は、メシア（キリスト）の生涯の予表となっています。(2)春の例祭はメシアの初臨を、秋の例祭はメシアの再臨を予表しています。（3）主の例祭と安息日が重なった場合は、安息日の規定が優先されます。それほど、安息日は重要です。

春の例祭

（1）過越の祭り。第1の月の10日に、傷のない1歳の子羊か山羊の雄を取り出し、14日まで見守ります。問題がなければ夕暮れにそれを屠ります。その夜は屠った動物の肉を火で焼き、種を入れないパンと苦菜をそれに添えて食べます。子羊の血を門柱とかもいに塗ることと、急いで食べることは、出エジプトの時の1回限りの命令ですが、その他のものは、それ以降のすべての過越の祭りで実行されるべきものとなりました。この祭りは、主イエスの十字架の死を予表しています。

（2）種なしパンの祭り。過越の祭りの翌日から7日間続きます。この祭りの期間、家からすべてのパン種を取り除かねばなりません。最初の日と最後の日は特に重要な日、「聖なる会合の日」です。この日には、安息日と同様に労働は許されません。「パン種」ということばが比ゆ的に用いられた場合、それは罪を象徴しています。私たちの心からパン種を取り除く方法は、罪の告白と信仰によります（1ヨハ1・9）。

（3）初穂の祭り。過越の祭りの後に来る最初の安息日の翌日（週の初めの日）に、初穂の祭りを祝います。この祭りは、日にち指定ではなく、曜日指定です。初穂の祭りは、キリストの復活を予表しています。

（4）7週の祭り。初穂の祭りから50日後の週の初めの日に、この祭りを祝います。7週の祭りという名は、そこからきています。10分の2エパの小麦粉で2つの初穂のパンを焼き、それを全焼のささげ物、穀物のささげ物、注ぎのささげ物などといっしょに献げます。7週の祭りは、教会の誕生を予表しています。聖霊が降臨し、教会が誕生した時、7週の祭りの預言的側面は成就しました。

中間期

春の例祭と秋の例祭の間に、4か月の中間期が入り込んでいます。収穫の時、畑の隅まで刈り取ってはなりません。また、収穫の落穂を集めてもいけません。その理由は、社会的弱者（貧しい者、在留異国人）を救済するためです。この4か月の中間期は、キリストの初臨と再臨の間の時代を予表しています。つまり、これは教会時代、宣教の時代を予表しているということです。

秋の例祭

（1）ラッパの祭り。第7の月の第1日が、この祭りの日に当たります。各月の第1日は「新月の日」であり、それ自体が特別な日なのですが、特に第7の月は安息月であり、その新月の日は特に重要な日と見なされました。この日に、ラッパ（角笛）を吹き鳴らします。この日には、どんな仕事も禁じられ、火によるささげ物が主に献げられました。ラッパの祭りは、教会の携挙を予表しています。クリスチャンたちは、ラッパの音とともに天に引き上げられます。これが、教会時代の終わりに起こる出来事です。

（2）贖罪の日。第7の月の10日が、贖罪の日に当たります。この日には特別なささげ物が献げられますが、このささげ物は、イスラエルの民全体の罪を贖うためのものでした。この日、大祭司は至聖所に入り、そこで主に仕えます。この日の特徴は、「自らを戒める」ことにあります。今でもユダヤ人たちは、この日に断食を実行しています。贖罪の日は、教会の携挙に続く患難期を予表しています。

（3）仮庵の祭り。第7の月の15日が、この祭りに当たります。7日間の祭りですが、それに8日目も加わりました。この日は「聖なる会合の日」と呼ばれ、労働が禁止されました。祭りの期間、ユダヤ人たちは仮庵に住むようにと命じられています。その目的は、神がイスラエル人をエジプトから導き出されたことを、後の世代に教えるためです。仮庵の祭りは、メシア的王国（千年王国）を予表しています。つまり、キリストの地上再臨の後、千年王国が地上に設立されたとき、仮庵の祭りの預言的側面は成就するのです。

神は、7つの例祭の中に、メシアの初臨と再臨のプログラムを見事に描き切られました。私たちの神は大いなる方、主権者なる王です。この方をほめたたえましょう。

レビ記24章

「アロンは会見の天幕の中、あかしの箱の垂れ幕の外側で、夕方から朝まで主の前に絶えずそのともしびを整えておく。これはあなたがたが代々守るべき永遠の掟である。」（レビ記24・3）

この章から、以下のことを学びましょう。（1）燭台は、イスラエルの象徴であり、イエス・キリストの象徴でもあります。（2）神の御名を冒涜することは、重大な罪です。（3）同害報復法を、個人的な復讐の根拠としてはなりません。信者は、神に裁きを委ねるべきです。

燭台のともしび

燭台は、純金1タラント（約30キログラム）で作られたもので、台座と支柱があり、その支柱から6つの枝が3つずつ左右に突き出ていました。支柱と6枝の上には7つのともしび皿が載せられ、アーモンドの花の形をした節と花弁のある額の模様が付けられていました。（1）この燭台は、真っ暗な聖所（会見の天幕）の中を照らすためにそこに置かれました。聖所の中には、これしか光がありませんでした（至聖所の中にはシャカイナグローリーが輝いていました）。（2）燭台のともしびは、いつも燃え続けていなければなりません。もし消えたら、聖所の中は暗闇となります。再び点火するためには、聖所の外に燭台を出すことになりますが、これは重大な律法違反です。（3）燭台に関する規定は、イスラエルの民が世々守るべき永遠の掟です。つまり、モーセの律法が機能している間は、守り続けるということです。（4）最初に火を灯すのも、ともしびが消えないように整えるのも、すべて大祭司の役割です。

燭台は、ゼカリヤ書4章1〜14節によれば、イスラエルを象徴していますが、より根源的には、メシアを象徴しています。7枝の燭台の7という数字は完全数で、神がイスラエルの民にとって完全な光であることを表わしています。また、新約聖書では、燭台は「世の光」として来られたイエス・キリストの型として語られています。

覚えの分のパン

聖所の中に設置される「主の前のきよい机」の上には、絶えず「覚えの分のパン」が置かれました。輪型に作られたこのパンは、全部で12個ありました。1個は10分の2エパ（約4・4リットル）の小麦粉で焼かれたものですから、非常に大きな「種を入れないパン」だったというのが分かります。形状は、平べったいもので、週1回、安息日ごとに新しく供えられました。このパンは、イスラエルの12部族を表わしており、これによって、イスラエル人たちは常に、自分たちが神の前を歩んでいることを自覚させられました。

神の御名の冒涜事件

エジプトを脱出してきたイスラエルの民の中には、イスラエル人ではない者も交じっていました。イスラエルの女（ダン部族のディブリの娘シェロミテ）を母とし、エジプト人を父とする男が出て来ます。その彼が、神の御名を冒涜して呪いました。これは明らかに重大な罪でしたが、その罪に対する罰則が律法の中では明確にされていませんでしたので、人々は彼をモーセのところに連れて来て、主からの判決が下るのを待ちました。主からの判決は、それ「あの、ののしった者を宿営の外に連れ出し、それを聞いたすべての人がその人の頭に手を置き、全会衆が彼に石を投げて殺すようにしなさい」というものでした。

判決に続いて、罪に対する一般的な原則が語られます。これは、同害（同態）報復法と言われるものです。この規定の根本的な精神は、「罰は、その人が犯した罪と均衡の取れたものでなければならない」というものです。「目には目を。歯には歯を」とは、受けた傷と全く同じものを相手に返すという意味ではありません。このことばの精神は、過剰な復讐をしてはならないということです。

マタイの福音書5章38～39節で、イエスが語った言葉を思い出しましょう。『目には目を、歯には歯を』と言われていたのを、あなたがたは聞いています。しかし、わたしはあなたがたに言います。悪い者に手向かってはいけません。あなたの右の頬を打つ者には左の頬も向けなさい」。これは、同害報復法を根拠に、復讐を正当化しようとしていた人々への警告のことばです。同害報復法は、個人の権利を擁護するために有効ですが、それを個人的な復讐の理由としてはなりません。信者は、必ずしも同害復讐法に訴える必要はありません。信者の特徴は、謙遜と無私の心です。復讐は神に委ねること。これが、クリスチャンに与えられている原則です。

レビ記25章

「イスラエルの子らに告げよ。わたしが与えようとしている地にあなたがたが入ったとき、その地は主の安息を守らなければならない」

（レビ記25・2）

この章から、以下のことを学びましょう。（1）ヨベルの年の規定は、社会正義を実現するために与えられました。（2）ヨベルの年は、キリストによる解放の型です。（3）買い戻しの権利のある者は、キリストの型です。

安息の年の規定

安息の年の規定は、約束の地に入ってから実行すべきものです。6年間畑を耕作し、種を蒔き、作物を育てて収穫しますが、7年目には土地を休ませなければなりません。その理由は、土地は神の所有物であり、その地の収穫は主の恵みによるものだということを覚えるためです。

安息の年になると、土地の所有者はその土地を休耕地とし、そこから自然に生えてきたものだけを食べました。所有者だけでなく、誰もがそこから生じるものを食べることができました。家畜や野の獣でさえ、その土地から追い出されることはありません。

ヨベルの年の規定

安息年が7回巡ってくると、第49年目となります。その年の第7月の10日（贖罪の日）に角笛を鳴り響かせ、ヨベルの年の到来を告げます。ヨベルとは、「雄羊の角」という意味です。翌年の第50年目が聖なる「ヨベルの年」となります。この規定があるために、誰でも生涯に一度は、すべての負債から自由になることができました。さらにこの規定は、富裕階級と貧困階級の格差を解消する役割を果たしました。土地は売買されるものではなく、リース物件のように取り扱われました(土地を売買する際は、買い戻しの権利が認められ、いつでもそれを行使することができました。また、買い戻せない場合でも、ヨベルの年には無償で元の持ち主に返されました)。土地の値段は、次のヨベルの年までの残存年数に基づいて計算されました。

土地売却の規定

貧しくなって土地を売却せざるを得なくなった場合でも、先祖伝来の土地は、買い戻しの権利を放棄して売ることはできませんでした。その土地は、神がそれぞれの部族、家族に与えたものだからです。売却した土地を取り戻すには、①買い戻しの権利のある親類が土地を買い戻す、②売主自身が豊かになって土地を買い戻す、③次のヨベルの年まで待つ、という3つの方法がありました。

城壁の中の家屋を売却する場合は、買い戻しの期間は満1年となります。その期間に買い戻されない場合は、永久に買い手の所有となります。しかし、レビ人の町々の家屋の場合には、土地の規定と同じものが適用されます。また、彼らの放牧地を売買することはできませんでした。それは、個人所有ではなく、レビ人たちの共有物件だったからです。

隣人愛の実践

民は、貧しい同胞の面倒を見るように命じられました。金を貸す場合は利息を取ってはならず、食物を与える場合は利益を得てはなりません。出エジプトという出来事をとおして、主はイスラエルの民に大いなる恵みを施されたからです。それゆえ、イスラエルの民は同じ恵みを同胞に示すように命じられたのです。

奴隷に関する規定

イスラエル人が同胞のイスラエル人の奴隷となる場合は、彼を奴隷としてではなく、「雇い人か居留者」として仕えさせなければなりません。さらに、ヨベルの年には、彼を家族もろとも解放しなければなりません。外国人がイスラエル人の奴隷になる場合は、その奴隷は家の財産と見なされ、子孫に相続させることができました。イスラエル人が在留異国人に身売りした場合は、彼には「買い戻しの権利」が保証されました。買い戻しの手続きは、土地売買の際の規定が適用されました。この場合も、そのイスラエル人は奴隷としてではなく、「雇い人か居留者」としての扱いを受けました。「雇い人か居留者」とは、1年ごとに契約を更新する季節労働者のことです。

ヨベルの年の規定は、個人の尊厳と社会正義を維持するために設けられたものですが、実際に施行されたことはあったのでしょうか。エレミヤ書34章に、公になされた奴隷解放の記事があります。また買い戻しの権利については、エレミヤ書32章とルツ記に出てきます。しかし、ヨベルの年が全面的に成就するのは、メシア的王国（千年王国）においてです。イエス・キリストこそ、私たちにとっての「ヨベルの年」であり、「買い戻しの権利のあるお方」です。自由人として、聖霊に導かれて歩む人は幸いです。

レビ記26章

「その地は彼らに捨て置かれ、彼らがいなくなって荒れ果てている間、安息を享受する。彼らは自分たちの咎の償いをすることになるが、それはただ、彼ら自身がわたしの定めを退け、わたしの掟を嫌って退けたゆえである。」（レビ記26・43）

この章から、以下のことを学びましょう。（1）イスラエル人たちは、個々の規定の詳細は忘れたとしても、次の3つの基本を覚えていれば、主に忠実に歩むことができました。①偶像礼拝の禁止、②安息日の遵守、③聖所を恐れること。（2）これらの律法がイスラエルの民に与えられている理由は、彼らがヤハウェと契約を結んだ「契約の民」だからです。（3）逆境は、私たちを矯正する役割を果たすことがあります。

従順への祝福

シナイ契約への従順に対する3つの祝福は次のとおりです。（1）物質的な祝福の約束。これは、季節に従って雨を与えるという約束に集約されます。民の霊的な状態が天候に影響を与えるという真理が、ここにあります。(2)平和の約束。その地では、「悪い獣」も、他国からの侵略者もいなくなります。また、人口が増加しますが、食糧は有り余ります。(3)主が臨在されるという約束。主は、「わたしは、あなたがたのただ中にわたしの住まいを建てる」とお語りになりました。「住まい」とは、ヘブル語で「ミシュカン」と言います。「神の幕屋」、つまり「聖所」のことです。この「ミシュカン」ということばと「シャカイナグローリー」ということばは、同じ語源から出た類語です。つまり、神は民の間に住んで、ご自身の栄光を表わすという約束がここにあります。

不従順に対する呪い

不従順に対する5つの呪いが預言されています。(1)病と敵から来る恐怖。民は、肉体的・精神的に強いストレスを感じるようになります。また、敵に打ち負かされるようになります。(2)飢饉。「わたしはさらに、あなたがたの罪に対して七倍重く懲らしめる」とありますが、この宣言は何度も出てきます。「七倍」とは、完全な裁きがなされるということです。飢饉は、「力を頼む高慢」を打ち砕くためのものです。(3)野の獣。第2の呪いによっても悔い改めないなら、第3の呪いがやって来ます。それが、野の獣です。その結果、人口は減り、道は荒れ果ててしまいます。(4)戦争。第3の呪いでも悔い改めないなら、第4の呪い、戦争がやってきます。戦争の結果、疫病と深刻な食糧危機を迎えます。(5)地の荒廃と民の離散。第4の呪いがだめなら、第5の呪いが民を襲います。それは、地の荒廃と、民の離散です。この預言は、アッシリア捕囚、バビロン捕囚でも成就しましたが、最終的には、紀元70年のエルサレム崩壊の際に成就します。

離散の結果

イスラエル民が離散した結果、約束の地には敵が侵入し、その地は荒廃します。しかし、皮肉なことに、離散の結果、主が命じておられた安息の年が成就することになります。土地は、それまでに失ってきた安息の年やヨベルの年を取り戻し、地力を蓄えることになります。離散した民は、その心が臆病になり、いつも何かに追いかけられるようにして生活するようになります。彼らは、先祖たちの罪と、自らの罪のために、約束の地ではなく、離散の地で滅びるようになります。

イスラエルの回復

イスラエルの民は、長い離散生活の後に、やがて自らの咎と、先祖たちの咎を告白するようになります。「咎」という言葉は単数形ですので、彼らが告白する咎とは、ある1つの咎を指しています。それは、「メシアであるイエスを拒否した」という咎です。将来、彼らはその咎を告白し、民族的な新生体験をするようになります。

神は、「わたしはヤコブとのわたしの契約を思い起こす。またイサクとのわたしの契約を、さらにはアブラハムとのわたしの契約をも思い起こす。わたしはその地を思い起こす」と言われました。神が思い出される契約とは、シナイ契約ではなく、アブラハム契約のことです。この契約は無条件契約です。つまり、人間の側の不真実によって破棄されるものではないのです。

私たちも、イエスをメシア（キリスト）と信じた時に、アブラハムの信仰に倣う者となり、アブラハム契約の祝福に与る者となりました。異邦人である私たちに救いの道が開かれたことを感謝すると同時に、イスラエルの回復のために祈る者とさせていただきましょう。

レビ記27章

以上は、主がシナイ山で、イスラエルの子らに向けてモーセに命じられた命令である。
（レビ記27・34）

この章から、以下のことを学びましょう。（1）誓願は、自発的に行うものです。（2）気軽に誓願を立ててはなりません。しかし、誓願を立てたなら、必ずそれを守らなければなりません。（3）新約時代の信者は、ナジル人の誓願から教訓を学ぶことができます。

誓願に関する律法（人身）

レビ記27章は、レビ記の中では補足説明に当たる章で、「誓願」に関する律法が付け加えられます。誓願とは、神が自分の願いを聞き届けてくださった時に、ささげ物をすると約束することです。この場合、物ではなく人身を献げると約束する場合もあります。例えば、預言者サムエルの母ハンナは、もし男の子が授かったら、その子を主の奉仕のために献げると約束しています（1サム1・11）。自分自身を献げると約束する場合もあります。

誓願に関しては、次のような原則があります。（1）誓願は、強制されるものではなく、あくまでも個人の自由意志で行うものです。（2）それゆえ、誓願は軽々しく行うべきものではありません。（3）しかしいったん誓願を立てたなら、それを守らねばなりません。（4）誓願は、公に宣言して行います。

誓願の対象とすることができたのは、人身、家畜、土地、その他の財産などです。これらのものはすべて、金で買い戻すことができました。通常は、その価格の20パーセント増しの価格で買い戻しました(それは、神殿を運営する費用に当てられました)。例えば、人身の場合、預言者サムエルのように実際に主に仕える場合もありましたが、現実的には誓願を立てた人の働き場がないのが実情でした（神殿ではすでにレビ人たちが奉仕をしていました）。そこで、代価を払って人身を買い戻したのです。代価は、年齢、性別によって異なりました。一番高いのが20歳から60歳の男で、その評価は聖所のシェケルで銀50シェケルでした。当時、1シェケルはひと月分の給与に相当しました。

誓願に関する律法（家畜、家、畑）

誓願の対象が家畜のささげ物の場合、それは神のものとなりました。ただし、その家畜が汚れている場合は、祭司が評価額を決めました。それを買い戻す場合は、評価額に20パーセントを加えました。誓願の対象が家の場合も、祭司が評価額を決めました。買い戻す場合は、やはり評価額に20パーセントを加えました。土地（畑）の場合、その土地の収穫量によって評価額が決まりました。収穫量は、ヨベルの年までの年数を基に算出されました。土地を買い戻す場合も、評価額にやはり20パーセントを割り増しして計算しました。初子や、10分の1など、本来主のものと定められているものは、誓願の対象にすることができません。それらは、初めから主のものだからです。

誓願の中で、聖書によく出てくるものがあります。それは、「ナジル人の誓願」です。これは、主への献身を約束するもので、その誓願の間、ぶどう酒や生のぶどう、干しぶどうなど、ぶどうの木から採ったものを飲食しませんでした。また、髪の毛を剃ることも、切ることも禁じられました。さらに、死体に近づいてはなりませんでした。もし死体に近づいた場合は、再度清めの儀式を行い、もう一度初めから誓願の期間を守らなければなりませんでした。誓願の期間が終わると、定められたささげ物を献げました（民6章）。

パウロは、ローマ人への手紙12章1節で、「ですから、兄弟たち、私は神のあわれみによって、あなたがたに勧めます。あなたがたのからだを、神に喜ばれる、聖なる生きたささげ物として献げなさい。それこそ、あなたがたにふさわしい礼拝です」と勧めています。これは、新約聖書におけるナジル人の誓願とも言えます。ナジル人の誓願は、自由意志に基づくものです。自由意志によって、この誓願を立てている人は幸いです。

民数記1章

「イスラエルの全会衆を、氏族ごと、一族ごとに調べ、すべての男子を一人ひとり名を数えて、その頭数を調べよ。あなたとアロンは、イスラエルにおいて、二十歳以上で戦に出ることができる者をすべて、その軍団ごとに登録しなければならない。」（民数記１・２〜３）

この章から、以下のことを学びましょう。（１）モーセは、兵役に就く男子の人数を数えるよう民に命じます。（２）兵役に就くための資格を見ると、主の恵みがそこに表わされていることが分かります。（３）20歳未満の者や肉体的ハンディを負っている者は、兵役の務めを免除されました。

人口調査の命令

民数記は、シナイ山で律法を受けたところから、ヨルダンのほとり、モアブの草原に到着するところまでを描いています。また民数記は、なぜ40年間も荒野をさ迷ったのかを説明する書ともなっています。

主からモーセに1つの命令が与えられました。時は、エジプトを出て2年目の第2月の1日、場所は、シナイの荒野の会見の天幕の中です。その命令とは、人口調査をせよというものです。この人口調査は、20歳以上の軍務に就くことのできる者たちを数えることが目的です。

モーセとアロンを補佐する調査担当者が、おのおのの部族から選ばれました。神がその担当者を名指しで選んでおられます。12部族の名が上げられていますが、レビ部族はそのリストから外され、それに代わってヨセフ部族がマナセ部族とエフライム部族に二分されて登録されています。選ばれた補助者たちは、イスラエルの分団のかしらとして、実際の人口調査を指揮しました。

約束の地への旅を成功裏に導くために必要なのは、主の命令に対する従順な態度です。モーセとアロンは、その日のうちに全会衆を召集し、氏族ごとに、父祖の家ごとに、20歳以上の者を1人ひとり数えて、その人物がどの家系に属するかを登録しました。

人口調査の結果

部族ごとに登録された者の数が記されていますが、これらは概数です（ガド部族のみ10の位まで書かれていますが、その他の部族では１００の位で終わっています）。登録された者の総合計は、60万３５５０人でした（出38・25～26と合致します）。この数は、象徴的なものではなく、実際にいた20歳以上の男性の人数です。すべての部族が、エジプトでの寄留生活の間に、爆発的な人口増加を経験しました。このことから、困難な奴隷生活の中にも、神の恵みは働いていたことがわかります。

ヤコブ（イスラエル）が死の床で語った12人の息子たちについての預言（創49章）の一部が、すでに成就しています。まず、長子ルベンの子孫は、さほど人口が伸びていません。ルベン部族よりも人口の多い部族が6部族もあります。ユダ部族の人口が抜きん出ています。ユダ部族は祝福された部族で、この部族からメシアが誕生することになります。ヨセフの息子の場合、弟のエフライムのほうが、兄のマナセよりも子孫の数が多くなっています。これは、ヤコブが手を交差させて弟を兄の先に置いて祝福したからです。

レビ人の職務

この時の人口調査では、レビ部族の調査は行われていません。この人口調査は、軍務につくことのできる人数を確認するためのものだからです。レビ部族の人口調査は、民数記3章で行われます。この人口調査は、幕屋で仕える者の人数を確認するためのものです。

レビ部族は、他の部族とは区別されました。彼らの職務が「礼拝に関する奉仕」だったからです。職務の具体的な内容は、幕屋とその用具の運搬、管理、設営などです。幕屋を取り囲む4つの辺に部族旗が掲げられ、諸部族はその旗の下に天幕を張りました。しかしレビ部族は、天幕と諸部族の中間地帯に宿営するように命じられました。レビ部族は、主の怒りがイスラエル人の会衆の上に臨むことがないように、防波堤の役割を果たしたのです。

レビ人は、誠実に主に仕えるように命じられました。50節にある「管理させよ」という動詞は、ヘブル語では「シャーラス」です。これは、全人格的に相手に仕えるということを意味する動詞です。新約聖書では、イエスをメシアと信じる者はすべて祭司です。大祭司である主イエスを通して、私たちは大胆に神の御座に近づくことができるようになりました。今、自分に与えられている「祭司としての職務」とはなんであるか、黙想してみましょう。クリスチャン生活とは、全人格的に神に奉仕する生活です。

民数記2章

イスラエルの子らは、すべて主がモーセに命じられたとおりに行い、それぞれの旗ごとに宿営し、それぞれその氏族ごと、一族ごとに進んで行った。（民数記2・34）

この章から、以下のことを学びましょう。（1）神は混乱の神ではなく、秩序の神です。（2）イスラエルの各部族は、自分の宿営地だけでなく、他部族の宿営地も知っていました。これは、主の戦いに勝利するための武器となりました。（3）クリスチャンも、お互いの役割を知ることによって、宣教協力を実行すべきです。

12部族の配置図

民数記2章には、主から与えられた12部族の配置図が詳細に記録されています。宿営地の中央に幕屋が設置され、その周りにレビ人が幕屋を守るような形で宿営しました。さらにその外側に、12部族が宿営しました。東側にユダ族を筆頭に3部族、南側にルベン族を筆頭に3部族、西側にエフライム族を筆頭に3部族、北側にダン族を筆頭に3部族が配置されました。旅立ちの際には、東側の3部族、南側の3部族、西側の3部族、北側の3部族の順で移動しました。

この配置図は、エゼキエル書48章30〜35節にある千年王国時代のエルサレムの姿と、ヨハネの黙示録21章16節にある天のエルサレムの姿を予表しています。

東側に宿営する部族

幕屋の入り口は東側にあり、至聖所は西側の奥にありました。入り口のある側、つまり東側が前方と見なされ、行進する際には東側に宿営する部族が先頭に立ちました。東側の3部族の筆頭はユダ族です。ユダ族の旗のもとにイッサカル族とゼブルン族が集いました。この3部族（すべてレアの息子）で、兵士として登録された者の合計は18万6400人でした。ユダ族は、12部族の中で最も人数が多くなっています。ヤコブは創世記49章8節以降で、ユダ族の興隆を預言していましたが、ここでその預言が成就しつつあります。このユダ族からダビデ王が出、さらにはメシアであるイエスが誕生することになります。

南側に宿営する部族

南側の3部族の筆頭はルベン族です。ルベン族の隣にシメオン族とガド族が集いました。この3部族で、兵士として登録された者の合計は15万1450人でした。ルベン族とシメオン族は、レアの息子ルベンとシメオンの子孫たちで、ガド族はレアの女奴隷ジルパの息子ガドの子孫たちです。ルベンは長男でしたが、彼は父のそばめのビルハと寝て、父の寝床を汚すという罪を犯しました。それゆえ彼は、長子の権利を失いました。長子の権利を引き継いだのは、ラケルの長男のヨセフです。

西側に宿営する者

ここで、レビ人の宿営地に関する命令が出てきます。宿営地の中央に幕屋が設置され、レビ人たちはその周りに宿営しました。移動する際には、東の3部族と南の3部族が進んだ後を、レビ族が幕屋の材料や器具類を運びながら行進しました。つまり、行進する群の中央にレビ族がいたということです。

　西側の３部族の筆頭は、エフライム族です。その隣に、マナセ族とベニヤミン族が集いました。この３部族で、兵士として登録された者の合計は、10万８１００人でした。ラケルが生んだ最初の息子はヨセフですが、そのヨセフに、エジプトで２人の息子たちが生まれました。兄がマナセで、弟がエフライムです。創世記48章に出てくるヤコブの預言では、弟のエフライムが兄の先に立つとされました。エフライム族の人数がマナセ族に勝っていますので、ここにはその預言の成就が見られます。なお、ベニヤミン族はラケルの2番目の息子、ベニヤミンの子孫たちです。

北側に宿営する者

　北側の３部族の筆頭は、ダン族です。ダン族の旗印のもとに、アシェル族とナフタリ族が宿営しました。この３部族で、兵士として登録された者の合計は、15万７６００人でした。ダン族とナフタリ族は、ラケルの女奴隷ビルハの子どもダンとナフタリの子孫であり、アシェル族はレアの女奴隷の子のアシェルの子孫たちです。

　この部族の配置は、契約の民に相互依存の重要性を教えました。各部族は、自分の位置を知り、それを実践することによって、宿営全体の防御に貢献しました。宿営地の真ん中に幕屋があるというのは、何と素晴らしいことではありませんか。神の臨在が民の真ん中にあって、民を守り導くのです。この約束は、千年王国のエルサレムで、さらに天のエルサレムで成就します。私たちも、信者同士の交わりの真ん中に神の臨在を招き入れようではありませんか。神は私たちとともにおられます。

民数記3章

「レビ部族を進み出させ、彼らを祭司アロンに付き添わせて、仕えさせよ。彼らは会見の天幕の前で、アロンに関わる任務と全会衆に関わる任務に当たり、幕屋の奉仕をしなければならない。」

（民数記3・6〜7）

この章から、以下のことを学びましょう。（1）イスラエルの初子はすべて贖われる必要があります。（2）主は、イスラエルの初子をレビ人によって贖うと言われます。そのために、人口調査が行われます。（3）私たちは、キリストの尊い命によって贖われた者たちです。私たちは、キリストのものとなりました。

祭司とレビ人

民数記3章と4章は、レビ族の人口調査を取り扱っています。レビ人の中からアロンの子孫が祭司としての任命を受けました。アロンには4人の子がいましたが、その全員が祭司となりました。しかし、長子ナダブと次子アビフは重大な罪を犯して死んだため、残った他の2人の息子（エルアザルとイタマル）だけが、祭司として主に仕えるようになります。

祭司には祭司の任務があり、他の人がそれを行うことは重大な罪となりました。それと同様に、レビ人にはレビ人の任務がありました。彼らの働きなしては、幕屋の維持、真の礼拝の維持は不可能だったのです。

主は、「レビ人はわたしのものである」と宣言されました。イスラエル人の家で生まれた者は、人間の初子であれ、家畜の初子であれ、すべて主のものであることは、すでに出エジプト記の中で何度も宣言されていました。しかし民数記3章では、主は、イスラエルの内の初子の代わりに、レビ人を取ることにしたと言われます。つまり、初子がレビ人によって贖われるということです。そこで問題になるのが、イスラエルの初子の人数とレビ人の人数がマッチするかどうかということです。それを調べるために、人口調査が行われます。

レビ族の人口調査

１か月以上のすべてのレビ族の男子が、父祖の家ごとに、その氏族ごとに登録されました。民数記４章に入ると、再度レビ族の人口調査が行われますが、この場合は幕屋で仕える年齢、つまり30歳～50歳までの男子が登録されます。

レビには、ゲルション、ケハテ、メラリという３人の息子がいました。その３人から３つの部族が枝分かれします。（１）ゲルション族は、合計７５００人が登録され、幕屋の西側に宿営しました。彼らの任務は、幕屋の天幕、覆い、入り口の垂れ幕、そのすべてに用いる紐などを管理し、持ち運ぶことでした。（２）ケハテ族は、合計８６００人が登録され、幕屋の南側に宿営しました。彼らの任務は、契約の箱、机、燭台、祭壇、その用具などを管理し、持ち運ぶことでした。（３）メラリ族は、合計６２００人が登録され、幕屋の北側に宿営しました。彼らの任務は、幕屋の板、横木、柱と台座などの大きな材料を管理し、運ぶことでした。幕屋の正面、つまり東側には、モーセとアロン、またその子たちが宿営しました。

イスラエルの長子とレビ人の数

次にモーセは、「イスラエルの子らの、一か月以上の男子の長子をすべて登録し、その名を数えよ」と命じられます。モーセはこの命令に忠実に従い、２万２２７３人の長子を登録します。この２万２２７３人は初子であり、同じ人数のレビ人によって贖われる必要があります。しかし、１か月以上のレビ人の人数は２万２０００人なので、２７３人足りないことになります（先ほど見たレビ族の人口調査の結果は、７５００＋８６００＋６２００＝２万２３００でした。それなのに、レビ人の人数は２万２０００人だと言われており、３００人の誤差が生じています。この３００人は、レビ人の中の長子たちだと考えられます。つまり、彼らにはイスラエル諸部族の長子を贖う資格がないので、レビ人の人数から除外されているのです）。イスラエル人の初子の贖いは、レビ人を代価として取るという方法で行われ、この段階で2万２０００人のレビ人が、主のものとなりました。問題は、レビ人によって贖われなかった２７３人のイスラエル人をどうするかです。この273人に関しては、人頭税に相当する「贖いの代金」を納入することで贖いがなされました。その額は、1人当り5シェケルでした。

私たちもまた贖われた存在ですが、私たちはレビ人や5シェケルの銀によってではなく、傷もなく汚れもない子羊のようなキリストの尊い血によって贖われました（1ペテ1・19）。私たちが贖われた目的は、神の栄光を表すためです。どうすれば神の栄光を表わすことができるのか、黙想してみましょう。

民数記4章

モーセとアロンとイスラエルの族長たちが、レビ人を、その氏族ごと、一族ごとに登録した登録者の全員、三十歳以上五十歳までの者で、会見の天幕で労働の奉仕と運搬の奉仕をする者の全員、その登録された者は、八千五百八十人であった。

（民数記4・46〜48）

この章から、以下のことを学びましょう。（1）各部族には、それぞれの役割が明確に示されました。（2）主への奉仕は、どれも欠けてはならない貴重なものです。（3）新約時代の聖徒たちも、教会を建て上げるためにそれぞれ異なった奉仕に召されています。

ケハテ族の務め

ケハテ族の人口調査が命じられます。この場合は、幕屋で奉仕ができる30〜50歳までの男子が数え上げられます。民数記8章24節には、25歳以上という年齢が出てきます。レビ人たちは、25歳から見習い期間に入りますが、実際に奉仕を始めるのは30歳からです。

ケハテ族（モーセとアロンの出身部族）には、聖所にかかわる最も重要な奉仕が与えられました。奉仕の内容は、民が移動する際に「最も聖なるもの」を運ぶことでした。聖所を解体する役目は、アロンとその子らに与えられました。彼らが扱う器具の中で、最も重要なものは「契約の箱」です。この箱はまず、聖所と至聖所を区切っていた仕切りの幕で覆われ、次に、ジュゴンの皮と真っ青の布がかけられ、最後に、担ぎ棒が通されました。「臨在のパンの机」、「燭台」、「金の祭壇」などにも覆いが何重にもかけられ、担ぎ棒が通されました。

祭司たち（アロンとその子ら）の仕事が終わってから、ケハテ族が入って来て、それらの器具類を運びました。祭司の仕事が終わってから入る理由は、聖なるものに触れて死ぬことがないようにするためです。このような命令を受けたケハテ族は、その詳細な内容に畏怖の念を覚えたことでしょう。

ゲルション族とメラリ族の務め

ゲルション族には、幕屋と聖所に用いられる様々な幕とそれに付随する器具を運搬し、設営する奉仕が与えられました。彼らの担当するものは、至聖所の外で用いられる器具がほとんどでしたので、彼らの立場はケハテ族よりも幾分か低いものであったと思われます。それでも、彼らの任務もまた重要なものでした。彼らが運搬する様々な幕がなければ、聖所と至聖所の建設は不可能だったからです。

メラリ族には、幕屋の支柱や装飾物などの管理、組立て、そして運搬の奉仕が与えられました。彼らの立場は、ゲルション族の次にくるもののようです。しかし、どのような任務であっても、それなくしては幕屋を建設したり、運営したりすることは不可能でした。

レビ人の人口調査の結果

レビ人の壮年男性（30〜50歳）の人口調査の結果が記されています。登録された者の数は、ケハテ族２７５０人、ゲルション族２６３０人、メラリ族３２００人。合計すると、奉仕の任務に就くことのできるレビ人の総数は8580人でした。
3章の人口調査（1か月以上の男子）では、ケハテ族の人数は8600人でしたが、その中で壮年男子の数は2750人です（壮年男子の割合は3分の1以下）。ゲルション族の人数は7500人でしたが、壮年男子の数は2630人です（壮年男子の割合は3分の1強）。メラリ族の人数は6200人でしたが、壮年男子の数は3200人です（壮年男子の割合は2分の1強）。興味深いのは、メラリ族は最も男性人口の少ない部族でありながら、奉仕可能な壮年男子の数は最も多かったという事実です。ケハテ族とゲルション族には、比較的重量の軽いものが委ねられましたが、幕屋の構造材などの重いものを運搬する仕事は、メラリ族に委ねられました。ここに、神の知恵と配慮を見ることができます。

各部族の役割は、明確に定まっていました。すべての部族の協力によって、幕屋での礼拝が維持されました。このことは、新約時代の教会の在り方への教訓となります。使徒パウロは、教会をキリストのからだにたとえ、次のように語っています。「あなたがたはキリストのからだであって、1人ひとりはその部分です」（1コリ12・27）。私たちは、自分に与えられた役割をどのように理解しているでしょうか。神が人をある奉仕に召す時は、召しとともに必ずそれを実行するための力と資質を備えてくださいます。神からの召命を感じたなら、必要な助けは必ず与えられると信じて一歩前に歩み出す人は幸いです。

民数記5章

「イスラエルの子らに命じて、ツァラアトに冒された者、漏出を病む者、死体によって身を汚している者をすべて宿営の外に追い出せ。男でも女でも追い出し、彼らを宿営の外に追い出し、わたしがそのただ中に住む宿営を、彼らが汚さないようにしなければならない。」（民数記５・２〜３）

この章から、以下のことを学びましょう。（１）神は、宿営の中に汚れや罪があることを忌み嫌われます。（２）宿営から追放された者には、恵みの方法として、清めの儀式が用意されました。（３）神は、夫婦関係における清さを重視し、ご自身が証人となってくださいます。

宿営の清め

民数記５章から10章にかけて、モーセの律法が与えられます。ユダヤ教では、モーセの律法には６１３の規定があるとされていますが、それらは、出エジプト記、レビ記、民数記、申命記の４つの書に出てくるものです。

先ず、宿営の清めについての命令が与えられます。この命令の背後にある大前提は、宿営の中央にある幕屋の中に、聖なる主が臨在しておられるという事実です。主が臨在されるところでは、汚れが同居する余地は全くありません。主は、汚れとは何かを民に教えるために、具体的で目に見える病や現象をお用いになります。その理由は、イスラエルの歴史のこの段階では、彼らの霊性が十分に育っていなかったからです。祭儀的な汚れの例が３つ上げられています。①重い皮膚病 ②漏出を病む者 ③死体によって身を汚している者。イスラエル人は、このような者たちを宿営の外に追い出しました。追い出された者たちは、清めの儀式を通過した後、宿営に戻ることができました。

次に、罪の除去についての教えが語られます。神への不忠実と人に対する悪行とは、ともに「罪」として扱われています。他者に損害を与えた場合、まずその罪を告白し、次に相手に対して１２０％の賠償を払います。もし相手がすでに死んでおり、その人に親戚もない場合は、弁済したものは主のものとなり、祭司のものとなります。
汚れや罪の除去のために多くの犠牲が払われましたが、それでも、決して十分とはいえませんでした。私たちの罪と汚れを完全に取り去るのは、御子イエスの血潮です。イエスの血によって清くされていることを感謝しようではありませんか。

夫が妻に嫉妬した場合の規定

夫が妻に対して姦通の疑惑を抱いた場合、２つの可能性が考えられます。１つ目は、実際に妻が罪を犯している場合。しかし、証人もなく、彼女を現場で捕えることもできなかった場合、彼女の有罪を証明する方法はありません。２つ目は、それが夫の思い込みである場合。この場合も、それが思い込みであることを証明する方法はありません。その場合、夫は妻を祭司のところに連れて行き、以下のように行いました。(1)大麦の粉10分の1エパ(2・3リットル)を用意します。これは、最も貧しいささげ物です。油や乳香を注がないで献げるのは、それが喜びのささげ物ではなく、ねたみのささげ物だからです。(2)祭司は、清い水を土の器に取り、幕屋の床にあるちりをその水に入れます。「土の器」は人間の体の象徴、「水」は命の象徴、「ちり」は呪いの象徴です。(3)女は髪の毛を解いて主の前に立ちます。解かれた髪の毛は、汚れを象徴しています。(4)祭司は、もし無罪なら、この水から害を受けることはないと宣言し、もし罪を犯しているなら、この水は腹をふくれさせ、ももをやせ衰えさせると宣言します。女もそれを唱和し、最後に「アーメン。アーメン」と言います。(5)祭司は、この呪いのことばを書き物に書き、それを苦い水の中に洗い落とします。(6)大麦の粉を献げた後、女にその水を飲ませます。もし女が有罪であれば、彼女の上に呪いが下ります。

これは、女が心理的圧迫を感じてそうなるというのではなく、このことの中に神の介入があるということです。証人はいなくても、神ご自身が証人となられるのです。この儀式を、古代中近東で行われていた同様の習慣と混同してはなりません。聖書が教える方法に従うなら、妻に罪がない限り、水を飲んでも命の危険性はありません。それどころか、罪のない女には「子を宿すようになる」という約束まで伴っています。

私たちの神は正義を行われるお方です。神の前には、何一つ隠されているものはないことを覚え、光の中を歩もうではありませんか。

民数記６章

「主があなたを祝福し、あなたを守られますように。主が御顔をあなたに照らし、あなたを恵まれますように。主が御顔をあなたに向け、あなたに平安を与えられますように。」（民数記６・24〜26）

この章から、以下のことを学びましょう。（１）ナジル人の誓願を立てた者は、その期間、この世から分離した生活を送りました。（２）ナジル人の存在は、主イエスの予表となっています。（３）大祭司の祝福の祈りは、御心に従って歩む者に平安を約束しています。

ナジル人の誓願

特別な願いごとがあったり、ある期間特に神に近く歩みたいと願ったりした場合、男でも女でも、「ナジル人の誓願」を立てることができました。この誓願は自発的なもので、期間も自由に決めることができました。ナジル人の語源となっているヘブル語は「ナーザル」で、「区別する」、「身を聖別する」などの意味があります。

誓願を立てた者は、誓願の期間、次の3つのことを守りました。(1)ぶどうを原料とする食物(ぶどう酒も含む)を断つ。(2)髪にかみそりを当てない。(3)死体から遠ざかる(それが肉親であっても、死体に近づいて身を汚すことは許されない)。この規定の厳格さは、大祭司の場合と同等です。

聖書の中には、生まれながらのナジル人が3人います。士師のサムソン、預言者のサムエル、そして、バプテスマのヨハネです。しかし、ナジル人の中のナジル人と言えば、ナザレのイエスです。主イエスは、この世から分離し、父なる神に完全に従うことによって、自らの使命を全うされました。主イエスに従う私たちも、霊的にはナジル人です。

ナジル人の誓願の成就

誓願の期間中に、不可抗力によって死体に触れた場合、清めの儀式を通過せねばなりません。その日すぐに頭を剃り、さらに7日目に再び頭を剃ります。8日目に山鳩2羽か、家鳩のひな2羽を祭司のもとに持って来て、それで罪の宥めを行います。さらに1歳の雄の子羊を代償のささげ物として献げ、もう一度初めから誓いを立て直します。ナジル人の誓願とは、かくも厳粛なものだったのです。

次に、誓願成就に際して執り行うべき儀式が命じられます。献げるのは、全焼のささげ物、「罪のきよめのささげ物」、交わりのいけにえ、種を入れないパン、穀物のささげ物などです。これは、アロンが大祭司としての任職を受けた時のささげ物と同じです(レビ8章)。つまり、ナジル人の誓願の成就と大祭司としての任職とが、同じ重さで扱われているのです。最後に、ナジル人の誓願のしるしであった頭髪を剃ります。これらの儀式を終えた後は、その人はぶどう酒を飲むことができました。つまり、誓願から解かれたということです。

大祭司の祝福の祈り

祭司は後代になって、その務めの1つとして祝福の祈祷を献げるようになります。その原型がアロンに命じられた祈りです。神はこう言われました。「アロンとその子らが、わたしの名をイスラエルの子らの上に置くなら、わたしが彼らを祝福する」(27節)。

この祝福の祈りには、主という御名が３回出て来ます。ヘブル語では「ヤハウェ」です。通常ユダヤ人たちは、「ヤハウェ」を「アドナイ（わが主）」と読み替えます。ところが、ユダヤ教のラビたちは、この大祭司の祝福の祈りだけは、「ヤハウェ」という御名を使ってよい例外的な箇所であると教えていました。それほど、神の御名の重要性を認識させられる箇所なのです。

「主があなたを祝福し、あなたを守られますように」。最初の動詞「祝福し」が、次の動詞「守られますように」で具体的に説明されています。「主が御顔をあなたに照らし、あなたを恵まれますように」。ここでも、「御顔をあなたに照らし」という動詞が、「恵まれますように」でより具体的に説明されています。「主が御顔をあなたに向け、あなたに平安を与えられますように」。ここでも、「御顔をあなたに向け」という動詞が、次の「平安を与えられますように」で具体的に説明されています。

「平安」とは、ヘブル語で「シャローム」です。これは、満ち満ちた祝福、安全と繁栄、神との完璧な調和などを表すことばです。主イエスもまた、告別説教の中で「平安」の約束を私たちに下さいました（ヨハ14・27、16・33参照）。神の御心に従って歩む者には、平安が約束されています。その平安をいつも体験している人は、幸いです。

民数記7章

祭壇に油注ぎが行われた日に、族長たちは祭壇奉献のためのささげ物を献げた。族長たちが自分たちのささげ物を祭壇の前に近づけたとき、主はモーセに言われた。「族長たちは一日に一人ずつの割合で、祭壇奉献のために彼らのささげ物を献げなければならない。」（民数記7・10〜11）

この章から、以下のことを学びましょう。（1）幕屋完成の日に、族長たちは主へのささげ物を献げました。（2）それぞれが同じものを献げていますが、その内容が繰り返し出てきます。神は、私たちのささげ物を細部に至るまで覚えておられます。（3）主は、宥めの蓋を覆う2つのケルビムの間から、モーセにお語りになりました。主は、奉献された幕屋を受け取られたのです。

レビ人のためのささげ物

幕屋が完成したのは、エジプトを出た第2年目の1月1日でした。その日、族長たちがささげ物を持って来ました。彼らは、荷車6台と雄牛12頭を献げました。主はそれを良しとされました。それらのささげ物は、レビ人の奉仕のために分配されました。荷車2台と雄牛4頭は、掛け幕や垂れ幕を運搬するゲルション族に、荷車4台と雄牛8頭は、メラリ族に、それぞれ与えられました。彼らの役割は、重い幕屋の構造材を運ぶことだったからです。しかし、ケハテ族には何も与えられませんでした。彼らの役割である聖なる器具の運搬は、肩に担いで運ぶ必要があったからです。

指導者（族長）たちは、自らのささげ物を通して、民に良き手本を見せました。ささげ物を献げたタイミングに注目しましょう。彼らは、幕屋の建設状況を注意深く見守り、それが完成した時、次に何が必要であるかを感じ取ることができました。

族長たちのささげ物

10節には、「族長たちが祭壇奉献のためにささげ物を献げた」とあります。「祭壇奉献のためのささげ物」とは、ヘブル語で「ハヌカ」です。「ハヌカの祭（宮きよめの祭）」（ヨハネ10・22）の語源は、ここから来ています。

ユダ部族のナフションから始めて、12人の族長たちが毎日1人ずつ順番にささげ物を献げました。その順番は、民数記2章の人口調査の時と同じです。各人が全く同じ6種類のささげ物を献げています。①油を混ぜた小麦粉を入れた銀の皿1つ（130シェケル、約1・5kg）、②同じく油を混ぜた小麦粉を入れた銀の鉢1つ（70シェケル、800g）、③香を満たした金のひしゃく1つ（10シェケル、約110g）、④全焼のささげ物（若い雄牛1頭、雄羊1頭、1歳の雄の子羊1頭）、⑤罪のきよめのささげ物（雄やぎ1頭）、⑥交わりのいけにえ（雄牛2頭、雄羊5頭、雄やぎ5頭、1歳の雄の子羊5頭）。

12人の族長たちのささげ物が厳密に記録されています。神は、私たちの献身とささげ物を覚えていてくださいます。

祭壇奉献のまとめ

民数記7章の最後では、12人の族長たちが順番に献げたささげ物の合計が記されています。①銀の皿12（1560シェケル）と②銀の鉢12（840シェケル）。その合計は、銀で2400シェケル（約18キロ）。③金のひしゃく12（120シェケル、約1・3キロ）。④家畜の合計は、全焼のささげ物、罪のきよめのささげ物、交わりのいけにえを合わせて252頭。彼らが自発的に、また気前よく献げていることに注目しましょう。指導者がこのような献身の手本を示すなら、民は安全で、かつ栄えます。

2つのケルビムの間から

モーセは、主と語るために会見の天幕に入り、あかしの箱の上にある「宥めの蓋」の2つのケルビムの間から語られる神の御声を聞きます。これは、幕屋が神のデザインどおりに完成し、神の臨在がそこに現れたということです。「宥めの蓋」とは、契約の箱を覆っていた蓋のことで、2つのケルブ像（複数形はケルビム）によって守られていました。最高位の天使であるケルブは、翼を持つ人身像として描かれることが多いようです。2つのケルビムの間こそ、神の栄光（シャカイナグローリー）が輝き出る場所です。そこから神はお語りになりました。

モーセは幕屋に入り、何らかの方法で神の声を肉体の耳で聞いたようです。新約時代になると、人々は神の声を肉体の耳で聞くことになります。神が、御子を通してお語りになるからです。新約聖書を読む時、私たちは主イエスを通してお語りになる神の声を聞いています。日々のデボーションによって神との語らいが可能になっていることを認め、主イエスを通して父なる神に感謝しようではありませんか。

民数記8章

主はモーセにこう告げられた。「レビ人をイスラエルの子らの中から取って、彼らをきよめよ。」（民数記8・5〜6）

この章から、以下のことを学びましょう。（1）神に仕える者は、清くなければなりません。（2）神は、イスラエルの初子の代わりにレビ人をお取りになりました。（3）罪人が神に近づくためには、神が用意された方法によらなければなりません。

燭台（メノラー）

この章では、燭台（メノラー）が聖所の中に据えられ、灯がともされます。最初はアロンが灯をともしましたが、それ以降は、アロンとその息子たち（つまり祭司たち）が共同でその任に当たったと思われます。

燭台の光が前を照らすように、7つのともしび皿を置く位置が確定されました。聖所の入口は東側にあり、そこから聖所の中に入ると、一番奥（西側）

に至聖所があります。右側（北側）にはパンを置く机があり、左側（南側）には燭台があります。燭台の前を照らすとは、北側にあるパンを置く机を照らすということです。

燭台は、金製の打ち物作りでした。「主がモーセに示された型のとおりに、この燭台は作られていた」（４節）とあります。つまり、原型は天にあって、そのコピーが地上で作られたということです。燭台は、キリストを予表しています。まず、燭台に灯をともす大祭司アロンは、新約時代の大祭司キリストを予表しています。さらに、燭台そのものがキリストを予表しています。真っ暗な至聖所の中で祭司が奉仕することができたのは、燭台の光があったからです。そのように、キリストはこの世の闇を照らす光として来てくださいました。

レビ人の清め

レビ記８章と民数記８章はよく似ていますが、両者には根本的な違いがあります。前者は「祭司の聖別」について、後者は「レビ人の清め」についての命令です。この命令が与えられている理由は、汚れを持ったままでは聖い神に奉仕することができないからです。清めの儀式の内容は、（１）「罪のきよめの水」を振りかける（２）かみそりを当てる（３）全身の除毛を行う（４）衣服を洗浄する、などです。この他、雄牛２頭を「罪のきよめのささげ物」として、また全焼のささげ物として献げます。最後に、イスラエル人の全会衆を代表する者たちが集まり、その手をレビ人の上に置きます。これは、レビ人が全会衆を代表してその職務に就くということを表しています。

出エジプトの夜、神はパロの家から家畜に至るまで、エジプト全土の初子を打たれました。しかし、イスラエル人の初子は子羊の血のゆえに裁きを免れました。そういう意味で、イスラエルの初子は神のものです。そのイスラエルの初子の代わりに、神はレビ人をお取りになりました。レビ人は、イスラエルの民すべてに代わる「奉献物」として聖所での奉仕のために聖別されたのです。

レビ人として奉仕する年齢

モーセとアロンとイスラエル人の全会衆は、レビ人の清めに関する主の命令を1つ残らず実行しました。幕屋で奉仕をするのは25歳以上の男子です。民数記4章48節には30歳以上とありますが、この違いは次のように説明できます。25歳から5年間は見習い期間として働き、30歳からは正式なレビ人としての働きを開始したのです。レビ人としての奉仕を終える年齢は、50歳です。彼らの任務はかなりの肉体労働を伴っており、その年齢になると肉体的に厳しくなったものと思われます。ここに、神の優しさを見ることができます。しかし、肉体的な余力があれば、軽労働をすることで援助者の働きをしたり、若いレビ人を教育したりすることはできました。

神への奉仕と奉仕者の選びについて考えてみましょう。神は、全人類の中からイスラエルの民を選び、イスラエルの民の中からレビ人をお取りになりました。そして、レビ人の中のアロンの家系の中から祭司たちを選び、祭司たちの中から1人の大祭司を選ばれました。この大祭司だけが、至聖所に入り、神の臨在の前に立つことができたのです。罪人が神に近づくためには、かくも厳重な選びと清めの過程を通過しなければならなかったのです。しかし私たちには、大祭司なるイエス・キリストがおられます。私たちは、この方を通して神に近づくのです。まことに、「天の下でこの御名のほかに、私たちが救われるべき名は人間に与えられていないからです。」（使徒4・12）と書かれているとおりです。

民数記9章

「イスラエルの子らは、定められた時に、過越のいけにえを献げよ。あなたがたはこの月の十四日の夕暮れ、その定められた時に、それを献げなければならない。それについてのすべての掟とすべての定めにしたがって、それをしなければならない」（民数記9・2〜3）

この章から、以下のことを学びましょう。（1）過越の祭りに参加できなかった者には、ひと月遅れでこの祭りを祝うことが許可されました。これは主の恵みによることです。（2）栄光の雲に導かれて進むなら、その旅は安全なものとなります。（3）今も、神は私たちを導いておられます。日々、聖霊の語りかけに耳を傾ける人は幸いです。

2年目の過越の祭り

エジプトを出て、１年が経ちました。イスラエルの民はまだ、シナイの荒野にいます。実は、民数記9章1節は、民数記1章1節よりも時間的に先になります。民数記を編集した際に、モーセはテーマ別に記事を並べたので、民数記の記述は時間順にはなっていないのです。９章から律法に関する記述が始まります。

過越の祭りは、出エジプトを記念する大切な祭りです。その出来事が起こった月が、ヘブル暦の第１月（アビブの月、後にニサンの月と呼ばれる）となりました。その月の第14日の夕暮れに過越のいけにえを献げ、祭りを祝います。イスラエルの民は、２年目の第1月の14日に、シナイの荒野で過越の祭りを祝いました。これが、エジプトを出て祝った初めての過越の祭りです。

過越の祭りは、民族としての出発を思い出すための祭りです。出エジプト体験がなければ、彼らはエジプトで奴隷のままその生涯を終わっていました。この祭りは、まさに彼らの新しい出発を記念する新年の祭りなのです。

月遅れの過越の祭り

すべてのイスラエル人は、過越の祭りを守らねばなりません。しかし儀式的に汚れている人は、その祭りに参加することができません。儀式的汚れとは、葬儀に参加したことによる「汚れ」を指します。民数記19章11節によれば、死体に触れた者は少なくとも7日間「汚れた者」となります。それ以外にも、遠方への旅行などの理由で祭りに参加できない者たちも出てきます。このような場合、どうすればよいのでしょうか。人々は、解決を求めてモーセとアロンのところにやって来ました。

モーセは、神にお伺いを立てました。以下、神からの答えです。（1）死体によって身を汚している者、旅行のために過越の祭りに参加できなかった者は、第2月（ジブ）の第14日夕方より始まる月遅れの過越の祭りを守るべきである。（2）もし身が清く、旅にも出ていない者が、定められた時に過越の祭りを行わないなら、その者は、その民から断ち切られなければならない。（3）在留異国人が過越の祭りに参加することを希望するなら、それは許可される。その場合、割礼を受けていることが前提となる（出12・48参照）。また、すべての点で、イスラエルの民と同じことを行わなければならない。イスラエルの民にとっては、過越の祭りに参加することは神からの命令でしたが、在留異邦人にとっては、それは自発的な行為だったのです。

月遅れの祭りは、主の恵みによって許可されました。私たちは、月遅れで祭りにやって来た人のようです。その私たちを、神は恵みによって受け入れ、救いに入れてくださいました。神の愛は、かくも広く、深く、高いものです。

シャカイナグローリー

ついにイスラエルの民は、行進を開始します。幕屋を建てた日に、雲が幕屋をおおいました。この雲は、神の栄光の雲、つまりシャカイナグローリーです。シャカイナグローリーは、昼は雲として現れましたが、夜はそれが火のように見えました。つまり、昼は日陰を提供し、夜は光を提供したということです。民が主の命令に忠実に従っていることに注目しましょう。「主の命」ということばが7回、「主への務め」ということばが2回出て来ます。民は、雲が上れば直ちに旅立ち、雲が幕屋の上にとどまって去らなければ、いつまでもそこに宿営しました。

ヨハネの福音書1章14節は、イエスのうちに「シャカイナグローリー」が宿ったと教えています。旧約時代には、神の栄光は幕屋や神殿に宿りましたが、新約時代になると、同じ栄光がイエス・キリストの肉体に宿ったのです。主イエスとともに歩むことこそ、シャカイナグローリーに導かれて約束の地に向かって行進することです。

民数記10章

二年目の第二の月の二十日に、雲があかしの幕屋の上から離れて上った。それでイスラエルの子らはシナイの荒野を旅立った。雲はパランの荒野でとどまった。彼らは、モーセを通して示された主の命により初めて旅立った。（民数記10・11～13）

この章から、以下のことを学びましょう。（1）イスラエルの民は、栄光の雲が動いたときに、移動し始めました。（2）モーセは、義兄弟のホバブを約束の地への旅に参加するように招きました。その結果、ホバブとその一族は、約束の地に住むようになりました。（3）私たちも、天の御国への旅にできるだけ多くの人を誘うべきです。

2本の銀のラッパ

栄光の雲は、民を導く視覚的なしるしですが、10章では、聴覚的なしるしとして、2本の銀のラッパが登場します。ラッパを2本同時に長く吹くと、全会衆の集合を命じる合図となりました。1本だけ長く吹くのは、族長たちの集合を命じる合図となり、短く吹き鳴らすのは、天幕を畳んで出発する合図となりました。最初の音で東側に宿営する人々が、次の音で南側に宿営する人々が旅立ちました。以下、西、北と続きました。ラッパの吹き手は、祭司に限られました。ラッパは戦場においても利用されました。短く吹き鳴らすと、戦闘に赴く合図となりました。最後に、ラッパは、神の恵みを記念するためにも用いられました。イスラエルの7つの例祭（レビ記23章）と新月の日に、ラッパが吹かれました。

シナイの荒野からの旅立ち

イスラエルの民は、エジプトを脱出した年の第3月にシナイの荒野に到着し、第2年の第2月20日にそこを発って約束の地に向かいました。つまり、約1年間神のことばを聞き、訓練を受けたということです。

本来、シナイ半島南端部から約束の地までは、徒歩で2～3週間の道のりです。第2年の第2月20日に、幕屋の上にとどまっていた雲が動き始めました。民は、主の命令どおりに行進を開始します。行進の順番を確認してみましょう。先頭を3部族が進み、その後をレビ人（ゲルション族とメラリ族）が荷車を用いて幕屋の枠組みと天幕などの重い物を運びました。さらにその後を、3部族が行進しました。ここまでが前半の軍団です。その次に、肩に契約の箱や聖なる器具を負ったレビ人（ケハテ族）が続きました。これが軍団の中心です。さらにその後を、残りの6部族が続きました。これが後半の軍団です。幕屋の骨組みと天幕を先に運んでいるのは、契約の箱が宿営地に到着した時には、すでに幕屋が完成していることを意図したからです。

モーセの義兄弟ホバブ

モーセの舅はレウエル（出2・18）ですが、彼はイテロとも呼ばれています（出3・1、18・2）。「ミデヤン人レウエルの子ホバブ」は、モーセの義兄弟です。舅のレウエルは、この時すでに故郷に帰っていますので（出18章参照）、ホバブだけが残っていたのでしょう。モーセは彼に、荒野を旅するためのガイド役を依頼しました。ホバブが荒野の人で、どこに水源があるか、どこで宿営すればよいかなどを知っていたからです。イスラエルの民を先導したのは栄光の雲でしたが、ここでモーセは人間の助言も求めています。ホバブは、最初モーセの申し出を断わります。しかしモーセは彼を説得し、もし一緒に行ってくれるなら、主が下さる物質的祝福を分かち合うと約束します。ホバブがどう答えたかは書かれていませんが、文脈からすると、彼はガイド役を引き受けたと判断できます。士師記1章16節には、「モーセのしゅうとがその一族であるケニ人たちは、ユダ族と一緒に、なつめ椰子の町からアラドの南にあるユダの荒野に上って行き、そこの民とともに住んだ」とあります（士4・11も参照）。「ケニ人たち」とは、ホバブの一族のことです。

ホバブとその子孫たちは、イスラエルの民と共に歩むことによって約束の地に入りました。新約聖書では、異邦人クリスチャンはオリーブの木に接ぎ木された野生種の枝であると言われています（ロマ11・17以降参照）。またパウロは、「それは、アブラハムへの祝福がキリスト・イエスによって異邦人に及び、私たちが信仰によって約束の御霊を受けるようになるためでした」（ガラ3・14）とも語っています。私たちは、イエス・キリストの犠牲によって、アブラハムに与えられた霊的祝福に与るものとされました。そのことを主に感謝しようではありませんか。

民数記11章

「私一人で、この民全体を負うことはできません。私には重すぎます。」（民数記11・14）

この章から、以下のことを学びましょう。（1）神は、試練の中でのつぶやきをある程度は許容されます。（2）しかし、多くの恵みが与えられている中でのつぶやきには、厳しく対処されます。（3）旧約時代の聖霊の働きは、特定の人に外側から力を与えるものでした。新約時代になると、聖霊はすべての信者に内住されます。

民のつぶやき

シナイを旅立ったイスラエルの民は、しばしば主に対して反抗的な態度を見せます。不平とつぶやきの原因は書かれていませんが、後に起こる出来事から想像すると、水と食物の不足、環境の悪さ、主が示された祭儀への不満などが原因だと思われます。民の反抗的な態度に対して、主の怒りが燃え上がります。しかし、火が燃え上がったのは宿営の端であって、宿営の中までは来なかったようです。ここに主の恵みを見ることができます。これ以降、この場所は「タブエラ」と呼ばれるようになります。これは、「（神の怒りの炎を）燃え上がらせた」という意味です。

タブエラとは別の場所で、再び民はつぶやきました。このつぶやきは、民の中の「混じって来ていた者たち」（出12・38参照）から起こり、民全体に広がりました。彼らは、エジプトでの奴隷生活を美化し、毎日与えられているマナを軽視したのです。ここでのイスラエルの民の罪は、与えられている恵みを当然と考え、足りないことにだけ目を留めたことです。

モーセの苦悩と主からの答え

モーセは、民の不信仰な姿を見て腹を立て、主に訴えかけます。もし主が愛なら、自分にこのような重荷を負わせるはずがないと。次にモーセは、イスラエルの父である主が民を約束の地に連れ上るべきであると訴えかけ、民を満足させることなど自分にはできないと、開き直ります。最後に彼は、死ぬことさえ願うのです。

主はモーセにお答えになりました。長老70人を幕屋に集めれば彼らに聖霊を注ぐと。また、民に肉を与えると。しかし、肉を与えるという約束には、裁きが伴っていました。

任命された長老たち

「すると主は雲の中にあって降りて来て、モーセと語り、彼の上にある霊から一部を取って、その七十人の長老に与えられた。その霊が彼らの上にとどまると、彼らは預言した」。モーセは主の命令に従い、70人の長老たちを天幕の周りに立たせました。すると、主が約束されたとおりの事が起こり、70人の長老たちは恍惚状態で預言を始めました。

何らかの理由で幕屋に行かなかった者たちがいました。エルダデとメダデです。しかし、彼らもまた恍惚状態で預言したという知らせが、モーセの元に届きました。これを聞いたヌンの子ヨシュアは、危機意識から彼らをやめさせるべきだとモーセに訴えかけます。モーセの権威、統率力に悪影響が出ると思ったのでしょう。しかしモーセは、「主の民がみな、預言者となり、主が彼らの上にご自分の霊を与えられるとよいのに」と答えます。彼は、聖霊の賜物を独占することよりも、主の民全員がそれを所有することを願ったのです。ここには、指導者としてのモーセの素晴らしさが輝き出ています。

うずらの供給

うずらの供給には、自然現象としての側面と超自然的な側面とがあります。この時期に、うずらが北に渡って行くのは自然現象ですが、主のもとから風が吹いて、ちょうどイスラエルの民が移動していたシナイ半島にうずらの大群が移動して来たのは、超自然的現象です。民はうずらを捕獲し、それを宿営の周りに広げました。乾燥させて、保存食を作るためです。ところが、民がまだ肉を食べている最中に、激しい疫病が彼らを襲いました。疫病に関する詳しい説明はありませんが、民の貪欲、反抗的な態度に対する主の裁きが下ったのです。その日疫病に打たれた人々は、その場に埋められました。その場所は、キブロテ・ハタアワ（欲望の墓という意味）と呼ばれました。

旧約時代、聖霊は、神が選ばれた少数の指導者たちにだけ下りました。新約時代になると、聖霊は、信じるすべての人の内側に住まわれるようになります。新約時代のクリスチャンの特権を思い、さらに聖霊の導きに従って歩むことを志そうではありませんか。

民数記12章

「彼とは、わたしは口と口で語り、明らかに語って、謎では話さない。彼は主の姿を仰ぎ見ている。なぜあなたがたは、わたしのしもべ、モーセを恐れず、非難するのか。」（民数記12・8）

この章から、以下のことを学びましょう。（1）ミリアムとアロンは、モーセを批判したために、神の裁きを受けます。（2）神のしもべを批判する際には、細心の注意を払う必要があります。神ご自身が、義なるしもべを弁護されるからです。

ミリアムとアロンの反抗

モーセにとってミリアムは姉、アロンは兄です。その2人がモーセを非難しました。扇動したのはミリアムで、アロンはそれに同調したのです（「非難」という動詞が女性型、単数になっています）。金の子牛事件（出32章）でもそうでしたが、アロンは扇動されやすいタイプのようです。非難の理由は、モーセがクシュ人の女を妻にしていたという点にあります。最初の妻チッポラが、この時点で生きていたのかどうかは分かりません。「クシュ人」とは、エチオピア人のことでしょう。肌の色が黒かったので、目立ったと思われます。しかし実際のところ、外国人の女を妻にしているというのは、モーセを責めるための口実に過ぎませんでした。本当の理由は、モーセに対する妬みです。彼らはこう言っています。「主はただモーセとだけ話されたのか。われわれとも話されたのではないか」

モーセという人

聖書はモーセについて、「モーセという人は、地の上のだれにもまさって柔和であった」と語っています。この箇所から、「柔和」という言葉の意味を再考してみましょう。モーセほど行動的で、勇気のある人はいませんでした。そのモーセを、聖書は「柔和な人」と呼んでいます。柔和には、「義のゆえに怒る」ということも含まれるのです。

指導者として立てられている人を非難する時には、よほど注意しなければなりません。自分がどういう動機でその人を非難しているのか、自己吟味が必要です。妬みから出た非難は、神の義を作り出すものとはなり得ないからです。指導者が通過する労苦や孤独な戦いに思いを馳せ、愛と尊敬の心を示そうではありませんか。

神の叱責と裁き

ミリアムとアロンがモーセを非難した本当の理由は、嫉妬でした。4節に出てくる「突然」という言葉は、主がこの事態に早急に対応する必要を感じられたということを表わしています。主は3人を幕屋に呼び出し、雲の柱（シャカイナグローリー）の中からアロンとミリアムにお語りになりました。主は、モーセは預言者以上の者、「全家を通じて忠実な者」と宣言されました。普通の預言者の場合、主は幻や夢の中でお語りになりましたが、モーセの場合は直接語られました。

モーセは、「主の姿を仰ぎ見ている」と言われています。ヨハネの福音書1章18節には、「いまだかつて神を見た者はいない。父のふところにおられるひとり子の神が、神を説き明かされたのである」とありますので、モーセが見ていたのは、「父なる神」

でないことは確かです。モーセは、シャカイナグローリーの中に現われた「子なる神」、つまりメシアの栄光を見ていたのです。アロンとミリアムに主の叱責のことばが下ります。「なぜあなたがたは、わたしのしもべ、モーセを恐れず、非難するのか」。この時彼らは、どれほど驚いたことでしょうか。

ことばによる叱責の後、具体的な裁きが下ります。雲が天幕の上から離れ去ると、ミリアムの皮膚は雪のように白くなっていました。重い皮膚病にかかったのです。主犯であるミリアムは、特に重い裁きを受けました。同調者であるアロンは、裁きを免れました。彼は大祭司でしたので、もし重い皮膚病で打たれたなら、大祭司の務めを果たすことができなくなります。アロンはモーセに懇願し、罪の赦しとミリアムの病の癒しを求めました。モーセは主に懇願し、ミリアムは赦されましたが、7日間宿営の外に締め出されました。彼女の罪が、約束の地への旅を7日間遅らせてしまったのです。

民の指導者であり、主のしもべである人は、常に批判の目にさらされています。しかし、失望する必要はありません。もし自分に罪がないなら、主にその裁きを委ねればよいのです。モーセはそのようにして、この難局を乗り越えることができました。すべてを主に委ねる人は、常に主の平安の中にとどまり続けることができます。

民数記13章

主はモーセに告げられた。「人々を遣わして、わたしがイスラエルの子らに与えようとしているカナンの地を偵察させよ。父祖の部族ごとに一人ずつ、族長を遣わさなければならない」。

（民数記13・1〜2）

この章から、以下のことを学びましょう。（1）各部族からそれぞれ1人、合計12人の斥候が派遣されます。（2）信仰の目は、神を通して困難な状況を見ようとしますが、不信仰の目は、目の前に表れた現実しか見ようとしません。（3）信仰による決断を迫られたとき、私たちは比喩的に「聖なる地」に立たされています。

偵察隊の派遣

戦いの時が近づいてきました。神の計画は、神が定めた時に、神が定めた方法で実行されなければなりません。偵察隊を派遣して、カナンの地の状況を探らせることは神の御心でした。

各部族から1人ずつ斥候が派遣されました。レビ族が除外された代わりに、ヨセフ族がマナセ族とエフライム族に分かれ、おのおの1人の斥候を出しました。注目すべきは、ユダ族の斥候エフネの子カレブと、エフライム族の斥候ヌンの子ホセアです。ホセアの名は、16節で「ヨシュア」と改名されています。「ホセア」とは「彼は救い出す」という意味であり、「ヨシュア」とは「主は救い」という意味です。

偵察隊の使命

モーセは斥候たちに次のような指示を出しました。（1）カナンの地の全地を探るように。（2）その地の民が強いか弱いか、人口が多いか少ないかを調べるように。（3）その土地が良いか悪いかを調査するように。（4）人々の住んでいる場所は、簡単な造りの宿営か、堅固な城壁の町かを調べるように。（5）その地のくだものを取って来るように（全地を巡ったという証拠となる）。

神は、偵察隊の持ち帰る情報が否定的なものになることをご存知でした。確かに、カナンの地の征服は、人間的な視点から見れば、ほぼ不可能なことでした。しかし神は、彼らの信仰を試しておられたのです。

偵察隊の報告

彼らは、「ツィンの荒野」（死海の南西に広がる荒野）から北上し、「レボ・ハマテのレホブ」（ヘルモン山の西方、レバノン渓谷の町でオロンテス川の源流に近い）まで調査します。つまり、カナンの地の南端から北端まで踏破したということです。

ヘブロンは、エルサレムの南約30㎞にある町で、中央山地を縦断する重要な道路の南端に位置しています。そこには、族長アブラハム、イサク、ヤコブらと彼らの妻たちの墓がありました。しかしそこには、アナクの子孫たちが住んでいました。ちなみに、「エシュコルの谷」とは、「ぶどうの房の谷」の意味です。ヘブロン近郊の谷で、今日でもそこはぶどうの産地として知られています。

40日後、偵察隊はイスラエルの民のもとに帰還し、調査結果を報告します。彼らの報告は、主観を交えた悲観的なものでした。報告の中に出てくる「アマレク人」は、ネゲブの荒野にいた遊牧民です。「ヒッタイト人」は、ヒッタイト王国を築いた民族です。「エブス人」は、エルサレムの南東端に居住していました。「アモリ人」は、北シリヤに起源を持つ民族です。「カナン人」は、ここでは狭義の意味に使われており、地中海沿岸及びヨルダン渓谷に住んでいた先住民を指します。

2つの対立する意見

12人の斥候の10人までが、否定的な意見を述べました。（1）約束の地は確かに良い地である。（2）しかしその地には、強力な民族がいくつも住んでおり、これほどの良い地を簡単に手放すはずがない。（3）特に脅威を感じるのは、ネフィリム人である。巨大な彼らに自分たちが敵うはずがない（実際にネフィリム人がいたということではない）。彼らの結論は、双方の軍事力を比較した結果出たもので、人間の理性の域を一歩も超えていません。

動揺している民を静めたのがカレブです。彼は、こう語りました。（1）神はイスラエルの民に、彼らを敵から守り、勝利を与えると約束しておられる。（2）従って、私たちはぜひとも、上って行って、そこを占領しよう。必ずそれができる。

カレブの意見は、信仰に基づくものです。彼は、神の約束に判断の基礎を置いていたのです。「カデシュ・バルネア」とは、「聖なる地」という意味です。重大な決断を迫られたとき、私たちは人生の「カデシュ・バルネア」に立たされています。それは、理性で決断するか、信仰で決断するかを迫られる地です。あなたは、どのような選びをなさいますか。

民数記14章

イスラエルの子らはみな、モーセとアロンに不平を言った。全会衆は彼らに言った。「われわれはエジプトの地で死んでいたらよかった。あるいは、この荒野で死んでいたらよかったのだ。」

（民数記14・2）

この章から、以下のことを学びましょう。（1）斥候たちの否定的な報告に耳を傾けた人たちは、モーセとアロンに不平を言いました。（2）イスラエルの民は、不信仰のゆえに荒野を40年間放浪することになります。（3）カデシュ・バルネア事件は、イスラエルの民が「回帰不能点」を越えた事件でした。

反逆の民

10人の斥候の報告を信じたイスラエルの民の言葉は、不信仰に満ちたものでした。それを聞いたモーセとアロンは、公の場で神の前にひれ伏し、執りなしの祈りを献げようとします。カナンの地への前進を主張したのは、カレブとヨシュアだけでした。この2人のことばとは対照的に、民のことばは、信仰に満ちたものでした。それを聞いた民衆は、2人を石打ちにすべきだとわめき立てます。ちょうどその時、神の介入がありました。

神の裁きの宣言とモーセの執りなし

神から裁きの宣言が下ります。不信仰に対する罰は死であり、約束の地を相続する権利の喪失です。ここで神は、モーセを大いなる強い国民にしようと言われました。神の裁きのことばを聞いたモーセは、必死になって、仲介者としての役割を果たし始めます。モーセは神に、「もしイスラエルの民が滅びたなら、他の民族が神の御名をあざ笑うだろう」、「どうか今、わが主の大きな力を現わしてください」と、神の恵みに訴えかけます。ここでの「大きな力」とは、罪を赦す力、つまり恵みの力のことです。この祈りに対し、神は、「わたしはあなたのことばどおりに赦そう」と言われました。しかし、神の聖と義は全うされなければなりません。民はこれまでに何度も神の栄光としるしを見ながら、神の声に聞き従ってきませんでした。そのため、彼らは約束の地に入る前に、荒野で死に絶えるのです。

民は不遜にも、約束の地に入って殺されるより、荒野で自然死を迎えたほうがよいとつぶやいていましたので、神はそのとおりにしようと宣言されます。つまり、最初の人口調査で20歳以上に登録された者たち全員が、荒野で死ぬようになるというのです。しかし、エフネの子カレブと、ヌンの子ヨシュアは、その信仰のゆえに約束の地に入ることができます。また、20歳以下の子供たちも、そこに入るようになります。荒野で40年間放浪することになる理由は、斥候が約束の地を行き巡った40日を取って、1日を1年と数えたからです。

直ちに神の裁きが下りました。カナンの地を悪く言いふらした10人の斥候たちが、主の前に疫病で死んだのです。カレブとヨシュアの2人は生き残っていますので、この裁きが主からのものであることは誰の目にも明らかでした。

回帰不能点を越えたイスラエル

イスラエルの民は非常に悲しみますが、彼らの状況理解は、まだまだ浅いものでした。というのは、彼らは悔い改めによって、まだ状況を変えることができると考えていたからです。しかし、すでに彼らは「回帰不能点」を越えていました。

彼らは無謀にも、翌朝早くに山地の峰の方に上って行こうとしました。この行動に対して、モーセは再び警告を発します。しかし、彼らはその警告を無視して、山地の峰の方に登って行きました。その先にカナンの地への国境があります。「主の契約の箱とモーセは、宿営の中から動かなかった」とあります。神がともにおられないのに前進を続けるのは、別の意味での反逆罪となります。果してモーセが警告したとおりに、アマレク人とカナン人が下って来て彼らを打ち、ホルマ（ベエル・シェバの南約20キロメートルの地点）まで彼らを追い散らしました。

これ以降の歴史では、カデシュ・バルネアでの出来事が繰り返し語られるようになります。この事件を背景に書かれたのが、ヘブル人への手紙3章7節～4章13節です。新約時代のイスラエルにとっての「回帰不能点」は、「イエスのメシア性の拒否」です。主イエスの十字架と復活によって、恵みの時代が到来しました。今の私たちにとっての「回帰不能点」は、イエスをメシアとして信じないままで死ぬことです。イエスを信じないままで死んでいく人の運命は、悲惨です。そのことを思い、熱心に福音を宣べ伝えようではありませんか。

民数記15章

「わたしが、あなたがたの神、主であり、わたしがあなたがたの神となるために、あなたがたをエジプトの地から導き出したのである。わたしはあなたがたの神、主である。」（民数記15・41）

この章から、以下のことを学びましょう。（1）知らないで罪を犯した者には、宥めの方法が啓示されました。しかし、故意に罪を犯す者には、宥めの方法が与えられていません。（2）安息日の規定を破った者は、厳しく処罰されました。これは、主が安息日を大切にしておられることを民に教えるための見せしめの刑です。（3）イスラエルの民は、着物の房を見る度に、自分たちが契約の民であることを思い起こしました。

ささげ物の規定

民数記15章1節～19章22節が、荒野の放浪期間（約38年）の記事です。この間、出エジプトを経験した世代は徐々に死に絶え、20歳未満であった新しい世代が増え広がっていきました。15章の内容は、約束の地に入った場合に実行すべき律法に関する教えです。アブラハム契約に基づく無条件の約束のゆえに、土地の所有権はイスラエルの民に与えられました。しかし、その土地に住めるかどうかは、彼らの信仰にかかっています。つまり、不信仰になればその地から追い出されるということです。

神は、約束の地に入ってから実行すべき、ささげ物に関する規定を再確認されます。これらのささげ物は、誓願終了時に献げる物、自発的に感謝を表わすために献げる物、祭りの時期に献げる物、などでした。ささげ物に添えて、穀物、油、ぶどう酒なども献げるようにとの指示が与えられますが、主要なささげ物が高価になればなるほど、それに添えるささげ物も多くなっています。この規定は、イスラエル人だけでなく在留異国人にも適用されます。ここで神は、すべての民が参加する普遍的な礼拝を提供しておられるのです。なお、初物の麦粉で作った輪型のパンを供えるのは、神への感謝を表わすためです。

律法を実行し忘れた罪

もし、モーセの律法に違反した場合はどうなるのでしょうか。その対応は、その罪が故意であったか、そうでなかったかによって内容が変ります。誤って罪を犯した場合は、それが会衆全体の罪か個人の罪かで、異なった宥めの方法が用意されました。その方法に従って祭司に宥めを行ってもらうことで、罪は赦されます。この規定は、イスラエル人にも在留異国人にも等しく適用されます。しかし、故意に罪を犯した場合は、赦しの規定がありません。その者は、主を冒涜する者、主への反抗心が根付いている者で、約束の地に住む資格がありません。

律法を記憶するために

故意の罪の実例が出て来ます。安息日にたきぎを集めていた1人の男が、モーセとアロンのもとに連れて来られます。安息日を守るようにという命令は、今までに何度も出ていましたので、自分はその規定を知らなかったとは言えません。安息日の軽視は、神への重大な反逆です。たきぎを集めていたその男は、神のことばが下るまで、監禁状態に置かれましたが、その理由は、死刑執行の方法がまだ明らかにされていなかったからです。その後、執行方法が明らかになり、全会衆は宿営の外で、男を石打の刑に処しました。この出来事は、イスラエルの民の心に深い印象を残したはずです。

着物の房

次に、着物のすその4隅に、独特な「房」を付けるようにとの命令が下ります。これはいわば、視聴覚教育の教材です。房には「青いひも」を付けなければなりません。民数記では、その房が果たすべき役割について説明されています。①房を見るたびにイスラエルの民は、「みだらなこと（偶像礼拝）」を避けようとします。②主のすべての命令を思い起こして、それを実行しようとします。最後に、③それを見ることによって、自分が神に属する者であることを自覚するのです。

イエスもまた、房の付いた衣を身に着けておられました。あの長血の女が触ったのは、この「着物のふさ」です（ルカ8・43～44参照）。房を付ける理由は、目に見える物によって、目に見えない真理を自覚するためです。ユダヤ人たちは、房を見て、食物規定の場合と同様、自分たちが特別な使命を持った民であることを自覚したのです。今の時代、十字架を身につけている人は多くいます。その人たちが、十字架を見ながら主イエスの愛を常に感じ、神に愛された者としての生涯を歩むことができるように、祈りましょう。

民数記16章

レビの子であるケハテの子イツハルの子コラは、ルベンの子孫であるエリアブの子ダタンとアビラム、およびペレテの子オンと共謀して、モーセに立ち向かった。イスラエルの子らで、会衆の上に立つ族長たち、会合から召し出された名のある者たち二百五十人も、彼らと一緒であった。

（民数記16・1〜2）

この章から、以下のことを学びましょう。（1）野心家は、神が立てた権威を否定し、自分が上に立とうとします。（2）しかし、権威に反抗する者の上には、神の裁きが下ります。（3）今も、神に忠実に仕える者ほど批判されることが多いのですが、落胆する必要はありません。

反逆

３組の者たちが、モーセに反逆します。（1）レビの子ケハテの子であるイツハルの子コラ。動機は、宗教的な主導権争いです。（2）ルベンの子孫であるエリアブの子ダタンとアビラム。動機は、部族間の主導権争いです。（3）会合で選び出された名のある250人。動機は、政治的な主導権争いです。

反逆者たちのことばを聞いたモーセは、「祭司の勤めを、試しにおまえたちがやってみればよい」と提案します。レビ記10章では、アロンの2人の息子が異なった火を献げたために死んでいます。モーセの提案は、反逆者たちに恐れを与えたはずです。

ダタンとアビラムの反逆

ダタンとアビラムは、モーセの呼び出しに応じませんでした。それどころか、反抗的なことばを吐いた上、「乳と密の流れる地」という言葉をエジプトに適用しました。さらに、モーセの能力を疑い、自分たちを騙そうとしているとも言いました。モーセは激しく怒り、神に裁きを要請しました。モーセが、「彼らから、ロバの一頭も取ったことがない」と主張しているのは、反逆者たちが、モーセは私腹を肥やしていると言いふらしていたからなのでしょう。

神の裁き

翌日、コラは幕屋の前に全会衆を集め、モーセとアロンに反逆させようとします。250人が250の火皿を持ってそこに立ちました。コラとアロンも、火皿を持ってそこに立ちました。その時主は、コラと250人の反逆者のゆえに全会衆を滅ぼすと宣言されます。モーセとアロンの執りなしによって、全会衆の滅びは免れましたが、首謀者であるコラの上に、またダタンとアビラムの上に、神の裁きが下りました。

モーセは、ダタンとアビラムの天幕に着くと、民に彼らの天幕から離れるように命じます。民はモーセの命令に従ってその天幕から離れました。一方、ダタンとアビラムは、妻子、幼子たちと一緒に出て来て、天幕の入り口に立ちました。その彼らに、モーセは神の裁きを宣言します。ここでは、家族全体が一個の人格として裁きを受けていますが、これは神が裁かれる場合にそうなのであって、人（支配者）が裁く場合に適用すべきものではありません。

口を開いた地

モーセが語り終えるや否や、地面が割れ、ダタンとアビラム、それに彼らの家族が割れ目に飲み込まれました。さらに、コラとコラに加担するすべての者、またその所有物も飲み込まれました。幕屋で香を献げていた２５０人は、火で焼き尽くされました。２５０個の火皿は、その後、祭壇のかぶせ物に転用されました。これは、将来コラのような反逆者が出てこないようにという警告です。

コラの子たちは、父の反逆に加担しませんでした。後に彼らの子孫は、主の宮において門衛や歌うたいとして奉仕するようになります。彼らは、父の罪に加担しなかったために、主のしもべとして用いられた良き例です。

アロンによる民の贖い

翌日、全会衆は、「あなたがたは主の民を殺した」とモーセとアロンを追及します。その時、幕屋の上を雲が覆い、主の栄光が現われました。神の怒りが、民に対して激しく下り始めた時、モーセは火皿を取り、それに祭壇から取った火を入れ、香を持って会衆たちのところへ行くようにとアロンに命じます。アロンが会衆たちのところに走って行き、死んだ者と生きている者の間に立って香をたくと、神罰が止みました。神が認めた１人の祭司の１つの火皿は、神が認めていない２５０人の２５０個の火皿よりもはるかに優れているのです。

この事件で、先の反逆者たちとは別に、１万４７００人が死にました。イスラエルの民は、主がお立てになった指導者の権威を認めないわけにはいかなくなりました。ここに描かれたアロンの姿は、まさに大祭司のそれです。私たちの大祭司は、イエス・キリストです。今、そのことを告白しましょう。

民数記17章

その翌日、モーセはあかしの天幕に入って行った。すると見よ。レビの家のためのアロンの杖が芽を出し、つぼみをつけ、花を咲かせて、アーモンドの実を結んでいた。（民数記17・8）

この章から、以下のことを学びましょう。（1）芽を出した杖は、神の召命を受けていることの証拠です。（2）芽を出した杖は、キリストの型です。（3）死者の中から復活したのは、キリストだけです。この方だけが、私たちの大祭司となる資格があります。

アロンの杖

反逆者たちがアロンの大祭司としての権威を疑ったために、神はそれを弁護する必要をお感じになりました。そのために用いられたのが、12本の杖です。

12人の族長から12本の杖が取られ、その杖におのおのの名が書き記されました。レビの杖には、アロンの名が書き記されました。もし、ヨセフの杖が1本だけなら、杖の合計は12本となります。しかし、ヨセフがマナセとエフライムに分かれ、その杖が2本あったとするなら、杖の合計は13本あったことになります。つまり、レビの杖は13番目だということです。

枯れた木でできていたアロンの杖が、一晩のうちに実を結びました。「芽をふき、つぼみを出し、花をつけ、アーモンドの実を結ぶ」というのは、自然の成長過程です。一晩で、枯木にその過程が全部起こったというのが、この奇跡の意味です。このことによって、神はアロンの祭司職を擁護されました。

この出来事は、イスラエルの民にいくつかの教訓を与えました。まず、12部族の中で、レビ族のみが、レビ人として幕屋で奉仕をするということ。次に、レビ族の中では、アロンの家系だけが祭司として奉仕する資格があるということ。最後に、聖所に不用意に近づいてはならないということ。民は、祭司を通して神に近づくべきであるということを学びました。

アロンの大祭司としての権威は、枯れた杖が芽を吹き、実をつけたことによって証明されました。新約聖書にも、似たような出来事があります。ローマ人への手紙1章3～4節には、このようにあります。「御子に関するものです。御子は、肉によればダビデの子孫から生まれ、聖なる霊によれば、死者の中からの復活により、力ある神の子として公に示された方、私たちの主イエス・キリストです」。イエス・キリストは十字架上で死にましたが、聖霊によって死者の中から復活されました。それによって、キリストは神の御子であることが証明されました。歴史上の偉人と言われる人々がどれだけ集まったとしても、死者の中から復活したのはイエス・キリストだけです。復活したキリストだけが、大祭司として天の幕屋で私たちのために執りなしをすることができます。今、このキリストを通して、天の父なる神に礼拝と賛美を献げようではありませんか。

民数記18章

そこで、主はアロンに言われた。「あなたと、あなたとともにいるあなたの子たちと、あなたの父の家の者たちは、聖所に関わる咎を負わなければならない。また、あなたと、あなたとともにいるあなたの子たちは、あなたがたの祭司職に関わる咎を負わなければならない。」（民数記18・1）

この章から、以下のことを学びましょう。（1）神は、祭司とレビ人の生活を保障しておられます。（2）主に奉仕する者は、物質的にも報われるべきです。（3）新約時代における献金のルールは、喜んで献げるということです。

祭司職は賜物

祭司職そのものが、主からの賜物です。祭司たちは、自らの功績によってではなく、主の一方的な恵みによってその職に就きました。それゆえ、祭司職は主からの賜物なのです。

ここでは、例外的に、主が直接アロンにお語りになります。(1)アロンとその子たちが、祭司として聖所での奉仕に就く。(2)祭司という賜物には、責任が伴う。その責任の重さが、「咎を負わなければならない」という言葉で表現されています。人々が主に献げるために持ってくる犠牲の動物は、祭司が主の命令どおりに献げて初めて、罪や咎を贖うために有効なものとなります。もし不都合が生じた場合、その責任はアロンとその子たちにあります。

祭司職は祭司たちに与えられた賜物でしたが、レビ人もまた祭司たちに与えられた賜物でした。レビ人となるのは、アロンの家系以外のレビ族の者たちです。彼らの役割は、幕屋の内庭での奉仕に限定され、聖所に近づくことは許されませんでした。レビ人の使命は、援助者として祭司に仕えることにありました。

祭司の報酬

約束の地に入ると、各部族に相続地が割り当てられることになりますが、レビ族はその約束から除外されました。主ご自身が彼らの相続となられたからです。ただし、生活に必要な居住地として48の町々と、わずかな放牧地の割り当ては、与えられました(民35章)。

他の12部族は農業を営み、土地から収穫される農産物で生計を立てますが、土地がないレビ族にはそれができません。そこで主は、奉納物の中から、レビ族の取り分を指定されました。

この規定には、祝福の側面と呪いの側面があります。祝福の側面は、主への奉仕を忠実に行い、民の霊性が高められている時は、収入が多く与えられるということです。呪いの側面は、民の霊性が低くなり、神殿での礼拝が衰退する時には、経済的に苦しくなるという点です。

レビ人の報酬

レビ人もまた、何らかの形で収入を得る必要がありました。彼らの働きは、幕屋の内庭での奉仕でしたので、その奉仕から収入を得てもよいという許可が下ります。レビ人の収入は、イスラエルの地が生産する農産物の10分の1でした。単純計算すると、彼らは他の部族が肉体労働によって得る収入よりも豊かな収入を得ることになります。イスラエル人たちは、収穫の10分の1を主に献げました。それを主は、レビ人にお与えになりました。注目すべきは、イスラエル人たちがレビ人に直接与えたのではないということです。

ここでいくつかの注意点があります。レビ人は、イスラエルの民が主に献げる10分の1の奉納物を自らの収入として得ましたが、自らも、その中から10分の1を主への奉納物として献げる義務がありました。主に献げるのは、イスラエルの民から受けたものの中の、最上の部分でなければなりません。最上の部分を献げれば、残った部分はすべて自分と家族のものとなり、それらは自由に食してよいのです。

ここに書かれた10分の1の規定は、モーセの律法が機能している期間のみ有効でした。新約時代は、恵みの時代です。今の時代の規定は、コリント人への手紙第二9章7節に記されています。「一人ひとり、いやいやながらでなく、強いられてでもなく、心で決めたとおりにしなさい。神は、喜んで与える人を愛してくださるのです」。自発的に、喜んで献げるということが重要です。その場合、献げる額は10分の1に限定される必要はありません。人生のある時期には、10分の2でも3でも、場合によっては10分の9でも献げることができるようになるかもしれません。それとは逆に、10分の1を献げるのが難しい時期が来ることもあるでしょう。大切なのは、主は喜んで献げる人を祝してくださるということです。

民数記19章

「主が命じるおしえの定めは、こうである。イスラエルの子らに告げよ。まだくびきを負わせたことがなく、傷のない完全な、赤い雌牛をあなたのところに引いて来るようにと。あなたがたはそれを祭司エルアザルに渡す。そして宿営の外に引き出し、彼の前で屠る。（民数記19・2～3）

この章から、以下のことを学びましょう。（1）イスラエルの民は、汚れを清める方法を必要としていました。そのために用意されたのが、赤い雌牛です。（2）赤い雌牛は、キリストの型です。（3）動物のいけにえには、良心を清める力はありませんでした。良心の清めは、イエス・キリストを信じる信仰によって与えられます。

赤い雌牛

民数記15章以降、イスラエルの民は38年にわたる荒野の放浪期間に入っています。コラの反乱の時には、1万4700人が神の裁きによって死にました。それ以外にも、疫病、戦い、自然死などによって、多くのイスラエル人が死んだはずです。その間、新しい世代が育ってきましたが、彼らが死体に触れる機会はいくらでもありました。民数記5章2～3節では、死体によって身を汚している者はすべて、宿営から追い出されることになっていました。この律法を厳格に実行しようとするなら、宿営の外に追い出される民が多く出ることになります。赤い雌牛は、宿営の外に追い出された人々の汚れを除くために、用意されました。

この赤い雌牛は、聖所の祭壇の上で屠られる一般のいけにえとは異なります。モーセとアロンは、傷がなく、労役に供したことのない完全な赤い雌牛をイスラエルの民から受け取り、それを祭司エルアザルに渡します。いけにえの動物で色が指定されているのは、この赤い雌牛だけです。祭司エルアザルは大祭司の代理としての役割を果たします。彼はその雌牛を宿営の外に引き出し、自分が見ている前で誰か他の者にそれを屠らせます。祭司エルアザルは、その血を取って、幕屋の正面に向かって7回振りかけます。それから、この雌牛は宿営の外で焼かれます。その際、杉の木、ヒソプ、緋色の糸も一緒に焼かれました。杉の木、ヒソプ、緋色の糸は、すべて清めの力があるものと考えられていました（レビ14・51参照）。雌牛の灰を水と混ぜると、汚れを清める水ができました。

イスラエルの民が約束の地に定住してからは、赤い雌牛は贖罪の日の夕方に、オリーブ山で大祭司の前で屠られたようです。この規定は、神の一方的な恵みから出たものですが、イエス・キリストの十字架の予表となっています。

汚れからの清め

汚れた者と見なされるのは、以下の場合です。(1)死体に触れた者。戦争で死んだ死体であっても、同じことです。その人は、汚れた者と見なされます。(2)人の骨や墓に触れた者。これもまた、汚れた者と見なされます。(3)死体のある天幕に入った者。人だけではなく、口のあいた器もみな、汚れを受けたと見なされます。

清めの水は、赤い雌牛の灰を器に入れ、そこに湧き水（泉もしくは川からの水）を加えれば、でき上がります。祭司でなくても、身の清い人であれば誰でも、汚れた者の上にその水を振りかけることができました。身の清い人は、3日目と7日目に、汚れた者の上にヒソプを使って清めの水を振りかけました。7日目に、汚れた者は衣服を洗い、水を浴び、夕方には清い者となりました。

約束の地に向かうイスラエルの民は、汚れを持ったままではカナンの地に入ることができないことを体験的に学びました。これは、私たちへの教訓でもあります。神の国（天国）には、清くなった者でなければ入れません。ヘブル人への手紙によれば、旧約聖書にある様々な清めの儀式は、人間の良心まで清めるものではないとされています（ヘブ9・9～12、10・11参照）。それらの儀式は、キリストによる清めを予表するものでした。では、私たちの良心はどのようにして清められるのでしょうか。その方法は、キリストを救い主と信じ、その血潮によって罪の赦しを受けることです。そして、みことばを実際生活に適用し、それに従うことです。もし罪を犯すようなことがあれば、直ちにその罪を告白することです。これらのことを継続することよって、私たちの良心は清めを受け、神の国にふさわしい者に変えられていきます。

民数記20章

イスラエルの全会衆は、第一の月にツィンの荒野に入った。民はカデシュにとどまった。ミリアムはそこで死んで葬られた。（民数記20・1）

この章から、以下のことを学びましょう。（1）ミリアムの死は、呪われた放浪期間の終わりを告げています。（2）モーセは、神に栄光を帰すことを忘れ、自分に力があるかのように振る舞います。それが、杖で岩を2度打つという行為の意味です。（3）人は、神に近ければ近いほど、傲慢になる危険性があります。

ミリアムの死

エジプトを出てから、40年目の1月に入りました。荒野を放浪していたイスラエルの民は、再びカデシュに戻って来ました。そこは、民数記13章、14章に出てきたあのカデシュ・バルネアと同じ場所です。民は、カデシュ・バルネアで罪を犯したため、その世代の者たちは、ヨシュアとカレブ以外、約束の地に入ることができなくなりました。それから38年が経過し、新しい世代の者たちが育ちました。イスラエルの民は、約束の地に向かって前進する用意ができました。

　ここで、モーセの姉であり女預言者であるミリアムが死にます。彼女の死は、呪われた放浪期間の終わりと、希望に向かって前進する時代の始まりとの間に起きています。まるで、1人の義人の死が、不信仰に対する神の怒りを終結させたかのように書かれています。

メリバの水

民は再び、モーセとアロンに逆らいます。「自分たちは、約束の地にではなく、このような荒野に連れてこられた。しかも、飲み水さえない」。モーセとアロンは、いつものように主にお伺いを立てます。すると、シャカイナグローリーが現われ、「杖を取れ」、「会衆を集めよ」、「岩に命じよ」、という3つの命令が下ります。モーセは、命じられたとおりに杖を取ります。また、モーセとアロンは民を岩の前に集めます。ここまでは、主が命じたとおりです。しかし、それから後の行為が問題でした。モーセは怒りに満たされ、民に向って冷たいことばを吐きました。モーセは、主に栄光を帰すことなしに、自分たちが水を出すかのように語りました。「この岩から私たちがあなたがたのために水を出さなければならないのか」と。さらにモーセは、岩に命じる代わりに、その岩を杖で2度打ちました。これは、不信仰の行為です。結果的に水は出ましたが、この罪によって、モーセとアロンは、民を約束の地に導くという特権を奪われました。

迂回

40年の放浪生活が終わり、民は再び約束の地を目指して行進を開始します。モーセは、他民族からの攻撃を警戒して、カデシュから東に向かい、「王の道」を北上します。ヨルダン川の東側から約束の地へ入る計画を立てたのです。その途上に、エドムとモアブの領地があります。モーセは、当時の外交儀礼に従って使者を遣わし、エドムの王と交渉します。エドム人は、エサウの子孫ですので、イスラエル人とは親戚関係にあります。モーセは、丁寧に通過の許可を求めましたが、エドムの王はその申し出を拒否し、逆に大軍を率いて国境地帯まで出て来ました。方向転換を余儀なくされたモーセは、イスラエルの民を別の道に導きます。

神に敵対する者は、理由もなく神の子たちを憎みます。もし私たちが、この世からゆえなく憎まれたとしても、驚いてはなりません。そのときは、神が備えられた別の道があることを思い起こしましょう。

アロンの死

イスラエルの民は、エドムの国境にあるホル山に着きます。モーセは、主の命令に従って、アロンとその子エルアザルを連れてホル山に登ります。アロンは大祭司の衣装を脱ぎ、それを息子のエルアザルに着せます。これは、大祭司職が息子に継承されたことを表わす儀式です。そしてアロンは、その山の頂で死にます（享年１２３歳）。モーセとエルアザルだけが山を降りて来たのを見て、全会衆は、アロンが死んだことを悟りました。

民数記20章は、ミリアムの死で始まり、アロンの死で終わります。その途中に、メリバの水事件が入って来ます。指導者には、大きな責任が委ねられています。多く任された者には、多くのことが要求されます。どんなに忠実な人であっても、罪を犯す可能性があります。メリバの水事件は、それを教えています。人間に信頼を置きすぎてはなりません。人間には限界があるからです。大祭司であるイエス・キリストだけを見上げ、生活の場に出て行こうではありませんか。

民数記21章

すると主はモーセに言われた。「あなたは燃える蛇を作り、それを旗ざおの上に付けよ。かまれた者はみな、それを仰ぎ見れば生きる。」

（民数記21・8）

この章から、以下のことを学びましょう。（1）青銅の蛇は、十字架に付けられたキリストの型です。（2）新しい世代にとって、2人の王に対する勝利は、出エジプトに匹敵するほどの体験となりました。（3）私たちの人生においても、忘れてはならない主による勝利体験があります。

アラドの聖絶

40年の放浪期間、戦いは起りませんでしたが、カナンの地への行進を開始すると、戦いが起り始めます。その最初が、アラドとの戦いです。アラドの王は、イスラエルと戦い、何人かを捕虜に引いて行きました。イスラエルは主に誓願を立て、これらの町々の聖絶を誓います。主は彼らの願いを聞き入れ、アラドに勝利するようにされました。

不信仰であったイスラエルは、かつて同じ場所で敗北を経験しましたが、信仰のあるイスラエルは、同じ場所で敵討ちをしました（民14・45参照）。この戦いは、神がイスラエルを祝福しておられることを民に教えました。また、イスラエルは強いという噂をカナン人の間に広める役割を果たしました。さらに、カナンの地征服戦争の準備となりました。

青銅の蛇

モーセは、エドムを迂回し、遠回りしながら約束の地に上ろうとします。その途中で、民は不満を口にします。「このみじめな食物（直訳すると、軽いパン）」とは、神が与えたマナのことです。民のつぶやきに対し、神の裁きが下ります。イスラエルの多くの者が蛇に噛まれて死にました。「燃える蛇」とは、噛まれた傷口の焼けるような痛みを暗示したことばです。

民は自らの罪を告白し、モーセにとりなしの祈りを要請します。モーセが祈ると、神は彼に、青銅の蛇を作り、それを旗竿の上につけるようにと、お命じになります。蛇に噛まれた者は、それを仰ぎ見れば、死を免れるというのです。「仰ぎ見る」とは、じっと見つめること、信仰をもって見上げることです。

ピスガの頂までの行程

カデシュからの行程は、次のようでした。カデシュ→オボデ→イエ・ハアバリム→ゼレデの谷→アルノン川→ベエル（井戸の意）→マタナ→ナハリエル→バモテ→ピスガの頂（モアブ平原を見渡せる高台）。この行程は、当時の通商路であった「王の道」の東側を北進するものでした。

「ゼレデの谷」は、死海の南端に注ぐワジ（水なし川）で、エドムとモアブの国境となっていました。「アルノン川」は、東方から死海中央部に流れ込むワディで、モアブとアモリ人の国境となっていました。

アモリ人の王シホンとの戦い

「王の道」を通過して約束の地に向う途中に、アモリ人の王シホンが支配する国がありました。ここは、かつてモアブの領地でしたが、それをアモリ人が征服していたのです。モーセは、再び外交交渉で、平和的に通過許可を得ようとします。しかし、シホンはそれを拒否し、イスラエルに戦いを挑みます。イスラエルはシホンを撃退し、アルノンからヤボクまでを占領します。27〜30節で、格言詩が歌われていますが、本来、この詩は、アモリ人の王シホンがモアブ人の領土を占領したことを歌ったものでしたが、それが、イスラエルの勝利を記念するものとして歌われるようになります。

バシャンの王オグとの戦い

バシャンとは、今日ゴラン高原と呼ばれている場所です。バシャンの王オグは、ゴラン高原を含む広大な領地を支配していました。彼はイスラエルの民の行進を恐れ、迎撃隊を送り込んできました。戦いの場所は、エデレイです。オグは、平和的解決ではなく、戦いによる解決を選びました。しかし、神の計画に敵対する者は、必ず滅びます。イスラエルは、この戦いに勝利し、ヨルダン川東岸の広大な地域を手に入れます（南はアルノン川から、北はヨルダン川の源流であるヘルモン山に至るまで）。

新しい世代にとって、アモリ人の王シホンとバシャンの王オグに対する勝利は、出エジプトに匹敵するほどの体験となりました。戦いに勝利した民の前には、「カナンの地」が広がっています。私たちも、自らの生涯で決して忘れてはならない主から受けた恵みがあるはずです。それを、個人の記憶としてだけでなく、家族の記憶としてもとどめましょう。思い煩いを神に委ねて、私たちの前を歩き、私たちのために戦ってくださる主を礼拝しようではありませんか。

民数記22章

モアブは、イスラエルの民の数が多かったので非常におびえた。それでモアブはイスラエル人に恐怖を抱いた。（民数記22・3）

この章から、以下のことを学びましょう。（1）霊的祝福よりも、利得を優先させる人は、バラムの道に歩む人です。（2）悪魔は蛇を通して語り、アダムとエバを誘惑しましたが、神はロバを通して語り、バラムを罪から守られました。（3）神の御心を理解したなら、無条件にそれに従うべきです。

イスラエルを恐れるバラク

イスラエルはモアブの草原に到着しました。当時のモアブの王は、ツィポルの子バラクです。彼は、イスラエルがエモリ人に勝利したことを見て非常に恐れ、東隣の国ミディアンに共同戦線を張るように提案します。バラクは、通常の戦いではなく、超自然的な方法で戦いを仕掛けようとします。その方法とは、占い師バラムにイスラエルを呪わせるというものでした。聖書では、占いやまじないを行う者はすべて偽預言者です。バラムは、イスラエルの神「主」を、神々の中の1つとしか見なしていませんでした。

バラムへの依頼

バラクの使節団がバラムの家に到着し、用件を告げます。当時の認識では、ひとつの民の運命は、その民の守護神の手に握られていました。そこでバラムは、イスラエルの守り神である「主」（ヤハウェ）にお伺いを立てることにしました。その夜、神はバラムに、「あなたは彼らと一緒に行ってはならない。また、その民をのろってもいけない。その民は祝福されているのだから」とお語りになりました。

バラムが招きを拒否したことを聞いたバラクは、より大規模な使節団を派遣します。バラムは、この招きに対しても消極的な回答をします。しかし、「それであなたがたもまた、今晩ここにとどまりなさい。主が私に何かほかのことをお告げくださるかどうか、確かめましょう」と付け加えます。彼は、主の御心を知りながら、主が心変わりするのを待っているのです。その夜、主はバラムに、「この者たちがあなたを招きに来たのなら、立って彼らと一緒に行け。だが、あなたはただ、わたしがあなたに告げることだけを行え」とお語りになります。これは、バラムに教育的指導を与えるための許可です。

口を開くロバ

翌朝、バラムは長年乗り慣れているロバに乗って、モアブの高官たちといっしょに出かけます。神は、行く手を妨げるために、「主の使い」をお遣わしになりました。主の使いの姿を見たのは、ロバだけでした。ここで、ロバが人間のことばで語り出すという驚くべき奇跡が起こりますが、バラムは驚いていません。占い師である彼にとっては、悪霊が動物に乗り移り、人間のことばで語り出すという現象は、珍しいものではなかったのでしょう。

ロバとのやり取りの後、バラムは、主の使いが道に立ちはだかっているのを見るようになります。主の使いは、バラムにとっては「妨げる者」となりましたが、実際は、バラムを罪から救う「援助者」なのです。私たちの人生にも、同じようなことが起こります。妨げだと思ったことが、私たちを罪から守ってくれていたという場合があるのです。バラムは、「今、もし、あなたのお気に召さなければ、私は引き返します」と申し出ますが、本当に悔い改めたのなら、そのまま引き返していたことでしょう。

バラムを出迎えるバラク

バラクは、バラムを出迎えるために国境地帯まで出向いています。これは破格の扱いです。不満のことばを口にするバラクに対して、バラムは、神が命じることだけを語るのが今の自分の使命であると回答します。朝になると、バラクはバラムを連れてバモテ・バアルという場所に上ります。そこはバアル礼拝の場所であり、イスラエルの宿営の一部が見渡せる場所です。

新約聖書に書かれたバラムの評価を見てみましょう。「わざわいだ。彼らはカインの道を行き、利益のためにバラムの迷いに陥り、コラのように背いて滅びます。」（ユダ11節）。「けれども、あなたには少しばかり責めるべきことがある。あなたのところに、バラムの教えを頑なに守る者たちがいる。バラムはバラクに教えて、偶像に献げたいけにえをイスラエルの子らが食べ、淫らなことを行うように、彼らの前につまずきを置かせた。」（黙2・14）。バラムを反面教師として、教訓を学ぼうではありませんか。霊的祝福よりも利得を優先させる人は、災いです。

民数記23章

バラムは彼の詩のことばを口にして言った。「バラクは、アラムから、モアブの王は、東の山々から私を連れて来た。『来て、私のためにヤコブをのろえ。来て、イスラエルを責めよ』と。私はどうして呪いをかけられるだろうか。神が呪いをかけない者に。私はどうして責めることができるだろうか。主が責めない者を。」（民数記23・7～8）

この章から、以下のことを学びましょう。（1）バラムは、イスラエルを呪う代わりに、祝福しました。（2）神は、偽預言者の口を通して、真理を啓示されました。（3）神が祝福しておられる人を呪う者は、神から叱責されます。

第1の預言

朝になると、バラクはバラムを連れてバモテ・バアルという場所に上りました。そこからはイスラエルの宿営の一部が見渡せました。バラムは、中近東の占い師の習慣に従って、7つの祭壇に犠牲の動物を献げます。これは異教的な習慣であって、主を喜ばせるものではありません。

神からのお告げが下ります（7～10節はヘブル詩の形式）。この預言は、次の4点に要約することができます。（1）神は、イスラエルを呪うどころか、祝福しておられる。従って、イスラエルが敵によって滅亡させられることは決してない。（2）イスラエルは、地上のどの民とも異なっている。彼らは、諸国民の中から選び出された民である。（3）その民の数は増加し、「ちりの群れ」のように数えられないほどになる（これは、創世記12章2節の約束の成就である）。（4）イスラエルの民は、神の前に正しい。

バラムからこの預言のことばを聞いたバラクは、なぜバラムが祝福のことばだけしか語らないのかと、大いに怒ります。そこでバラムは、神託を受ける場所を変えます。

第2の預言

バラクは場所が変われば、神託も変わるのではないかと考えました。次に2人が立ったのは、ピスガの頂です。アバリム山脈には2つの峰があり、北の峰をピスガの頂、南の峰をネボ山と言いました。バラクは今度もまた、7つの祭壇を築き、犠牲の動物を献げました。

第2の預言の内容は、次の4つにまとめることができます。（1）主は力強い御手をもってイスラエルをエジプトから導き出された。(2)イスラエルは、まじないや占いによってではなく、直接主からの啓示を受けることができる民である。（3）イスラエルは、敵に対して勝利することができる。その姿は、まるで獅子のようである。（4）神の計画は不変である。神はイスラエルを祝福される。それゆえ、誰もイスラエルを呪うことはできない。

神は、「ヤコブの中に不法は見出されず、イスラエルの中に邪悪さは見られない」（21節）と言われます。あれほど罪を犯し続けてきたイスラエルですが、神は、そのイスラエルの中に罪や不法を見出せないと言われるのです。なぜなのでしょうか。その理由は次の通りです。（1）古い世代の者たちがすべて死に絶え、新しい時代の夜明けが近づいていました。（2）イスラエルの状態を内面から見るなら確かに罪はありますが、外の者が見た場合、イスラエルの内に罪を見出すことはできません。バラムもサタンも、イスラエルを呪うことはできません。私たちも、主イエスの十字架の血によって清くされました。内面はまだ不完全でも、外の者が見たなら、完全に清められています。ですから、サタンは私たちを責めることはできないのです。（3）さらに、この箇所は千年王国の預言となっています。「彼らの神、主は彼らとともにおられ、王をたたえる声が彼らの中にある」（21節）というのがそれです。

第3の預言

バラクは再び、バラムを別の場所に案内し、イスラエルを呪うことばを語らせようとします。今度は荒れ地を見下ろすペオルの頂上に立ちました。今まで同様に、バラクは祭壇を築き、犠牲の動物を献げています。しかし、バラムの行動は今までのものとは異なりました。その内容は、次の24章で明らかになります。

バラムは偽預言者であり、占い師でしたが、それでもここで彼が語っていることばは、真実です。以下の点を自問自答してみましょう。（1）私は、人を恐れずに主のことばだけを語っているだろうか。（2）私は、主が祝福される人（民）を祝福しているだろうか。（3）私は、正しい人たちの仲間に入れられて、死を迎えようとしているだろうか。私たちに関しては、神に愛されている者としてこの世に出て行こうではありませんか。

民数記24章

バラムはイスラエルを祝福することが主の目にかなうのを見て、これまでのようにまじないを求めに行くことをせず、その顔を荒野に向けた。バラムが目を上げると、イスラエルがその部族ごとに宿っているのが見えた。すると、神の霊が彼の上に臨んだ。（民数記24・1〜2）

この章から、以下のことを学びましょう。（1）偽預言者バラムは、聖霊の霊感によって真の預言を語ります。（2）イスラエルの民からメシアが出ることが預言されます。「1つの星」と「1本の杖」がキーワードです。（3）バラムは主に関する知識を得ましたが、それが信仰に結びつくことはありませんでした。

第3の預言

バラクは、最後に荒れ野を見下ろすペオルの頂きにバラムを連れて行きました。ここでバラムは、今まで同様に7つの祭壇を築き、いけにえの動物を献げます。しかし今度は、バラムはバラクと分かれて1人になることも、まじないを求めに行くこともしていません。まじないがイスラエルには通じないことを悟ったからです。彼は聖霊によって預言します。「神の霊」という言葉が出て来るのは、第3の預言が初めてです。

霊感を受けたバラムは、自分のことを、「目の開かれた者」と呼んでいます。第3の預言の内容は、次の3点に要約されます。（1）イスラエルの繁栄が、農業的な比喩によって預言されます（6～7節）。70人訳聖書（旧約聖書のギリシア語訳）は、7節前半をメシア預言と解釈しています。「彼の種から一人の人が出て来る。彼の腕は諸国の上にある」というのがその訳です。（2）イスラエルは主の力によって、敵対する者を滅ぼします（8～9節）。これは、動物世界の比喩を用いて預言されています。（3）アブラハム契約は、破棄されることがありません（9節後半）。「あなたを祝福する者は祝福され、あなたをのろう者はのろわれる」とは、アブラハム契約の付帯条項です。

ついにバラクは怒りを爆発させ、バラムを解雇すると宣言します。多神教の預言者バラムが、「主が告げられること、それを私は告げなければなりません」と語ったとするなら、私たちクリスチャンはなおさら、主のことばを語らねばなりません。利得や名声のためでなく、主への恐れと信仰のゆえに、みことばを語り続けましょう。

第4の預言

聖霊によってバラムは第4の預言を語ります。これまでの預言は、イスラエルへの祝福が中心的な内容でしたが、今回は異邦の諸国がイスラエルに打ち負かされるというものです。「ヤコブから一つの星が進み出る。イスラエルから一本の杖が起こり、モアブのこめかみを、すべてのセツの子らの脳天を打ち砕く」（17節）は、メシア預言です。「一つの星」も「一本の杖」も、ともに王権を象徴するものです。この預言は、再臨のキリストが王として全世界を統治する時に成就します。

モアブ、エドム、セイルなどは、契約の民イスラエルに敵対していました。しかし彼らは、将来現われる統治者（メシア）によって征服されます。創世記49章10節にも同じような預言があります。アマレクは、出エジプトの後、最初にイスラエルを攻撃した好戦的な民族です。彼らもまた、征服されます。ケニ人は、ユダ南部に住み着いていた民です（士1・16、4・11参照）。カインは、ケニ人から出た氏族の一つです。彼らもまた、征服されます。アシュルとは、アッシリアとバビロニアのことです。彼らは、神の裁きを実行する器として用いられますが、最後は彼らもキティムによって滅ぼされます。キティムとは、地中海東岸に住んだ海洋民族のことです。ここには、ギリシア、ローマによる世界支配の姿が預言されています。

ここまでのバラムの預言を総括すると、イスラエルを攻撃する者は滅び、イスラエルは祝福を受けて生き延びる、というものです。このように聖霊の啓示を受けて、正確に預言を語ったバラムですが、聖書は彼のことを決して高くは評価していません。彼は、「不義の報酬を愛した」人物です（2ペテ2・15、ユダ11節、黙2・14）。彼は、真の神を知りながら、決してその神に畏怖の念を抱かなかった人物です。知識が信仰に結びつかないという悲劇がここにあります。後になって分かるのですが、彼はイスラエルの民をペオルの偶像神へ誘惑した張本人でもありました。バラムを反面教師として、霊的な教訓を学びましょう。知識と信仰とは、車の両輪のようなものです。

民数記25章

こうしてイスラエルはバアル・ペオルとくびきをともにした。すると、主の怒りがイスラエルに対して燃え上がった。（民数記25・3）

この章から、以下のことを学びましょう。（1）モアブ人の女たちは、剣によってではなく、性的誘惑によって、イスラエルの男たちを堕落させました。（2）ピネハスは、主のねたみを自分のねたみとしたので、主から賞賛されました。（3）クリスチャンにとって同胞に仕える最善の方法は、イエス・キリストに熱心に仕えることです。

ペオル礼拝の罪と罰

民は、ヨルダン川の東岸のシティムという場所にとどまっていました。シティムは、後にヨシュアがそこからスパイを派遣する場所となり、また、約束の地への行進を開始する場所ともなります。そこにとどまっていた時、イスラエルの民は、ペオル山で行われていたバアル礼拝に引き込まれてしまいます。これは、バラムの悪知恵によってモアブ人たちが仕掛けた誘惑でした（民31・16）。バラムは、外側からイスラエルを呪う方法がうまくいかなかったので、今度は、誘惑という罠を仕掛けたのです。

バアル礼拝の中には、宴会や性的不品行が含まれていました。イスラエルの民は、まず礼拝の傍観者となり、次に宴会に誘われ、最後に不品行な儀式に参加したのです。最初は、さほど悪いことをしているとは思わなかったのでしょうが、最後は、取り返しのつかないことになりました。主の怒りは、罪を犯した者たちの上に下りました。その中には、民のかしらたちも含まれていました。主は、その者たちを捕らえて、白日の下にさらし者にせよとお命じになります。「さらし者にせよ」とは、炎天下に杭に縛り付けて放置することです。杭に付けられて死んだ民のかしらたちは、不信仰な古い世代に属していました。

ピネハスの義憤

モーセと民が会見の天幕の前で悔い改めの涙を流していた時、シメオン人の指導者の一人であったジムリが、ミディアン人の女を連れてやって来ました。「テントの奥の部屋」という言葉は、聖書ではここにしか出てこないもので、偶像礼拝との関係を暗示しています。それを見たピネハス（アロンの孫に当たる）は、義憤を覚えました。彼は、姦淫の罪を犯している男と女を、槍で刺し通して殺しました。旧約聖書は、ピネハスのこの行為を賞賛しています（詩106・28〜31参照）。彼は勇猛な戦士となり、戦いではラッパ手となって活躍するようになります（民31・6）。この行為によって神罰は止みましたが、結局、2万4000人が死にました。

主がピネハスを賞賛した理由は、「主のねたみ」を「自分のねたみ」とした点にあります。主はイスラエルを、ご自分の妻として愛しておられます。だからこそ、イスラエルの民が霊的姦淫に走るのを見て、ねたみを起こされたのです。主はピネハスと「祭司職の契約」を結ばれました。これ以降、大祭司職は、アロンの子エルアザルの子ピネハスの子孫から出ることになります。

ミディアン人に下る裁き

シメオン人の指導者であったジムリがバアル・ペオルの礼拝に深く関わっていたということは、その部族全体がそれに巻き込まれていたことを意味します。その証拠に、次の26章に出てくる人口調査では、シメオン部族の人数が激減しています。神罰によって、シメオン部族の中の多くの者が死に絶えたのでしょう。

次にミディアン人に裁きが下ります。バアル・ペオル事件は、バラムの発案によってモアブ人が仕掛けたものですが（民31・8、16参照）、ミディアン人もまた、モアブ人と連合してイスラエルを滅ぼそうとしていました。イスラエルが実際にミディアン人を攻撃するのは、民数記31章に入ってからです。主がミディアン人を打て、とお命じになるのは、アブラハム契約に基づいたことです。イスラエルを滅ぼそうとしたミディアン人は、アブラハム契約の条項に基づいて滅ぼされます。

今も、アブラハム契約の条項は有効です。「なぜイスラエルが祝福されるように祈る必要があるのか」と質問するクリスチャンが多くいますが、その理由は、そうすることが主の命令であり、そうする者には祝福が約束されているからです。イスラエルを祝福する最高の道は、彼らにメシアであるキリストをお伝えすることです。モアブ人とミディアン人の失敗から、教訓を学びましょう。イスラエルの救いのために、祈りましょう。

民数記26章

この主の罰の後のことであった。主はモーセと祭司アロンの子エルアザルに告げられた。「イスラエルの全会衆について、一族ごとに、二十歳以上で、イスラエルで戦に出ることができる者すべての頭数を調べなさい。」（民数記26・1〜2）

この章から、以下のことを学びましょう。（1）イスラエルの新しい世代に対して人口調査が行われます。（2）この人口調査は、戦いのため、また、土地分割のための準備です。（3）どの土地を相続するかは、くじによって決まりました。私たちの人生もそれと同じです。与えられた境遇の中で、最善を尽くすことが大切です。

第2回目の人口調査

26章1節には、「この主の罰の後のことであった」とありますが、「この主の罰」とは、イスラエルの古い世代に下った最後の神罰です。これで、ヨシュアとカレブ以外は、古い世代の者はいなくなります。

新しい世代のイスラエルは、これからミディアンを攻撃し、約束の地に入ろうとしています。戦いの直前に、モアブ平原において、第2回目の人口調査が命じられました。これは、戦いに出ることのできる兵士の数を確認するための人口調査です。と同時に、カナンの地を適切に分割するための人口調査でもあります。各部族の兵士の数が、モーセと祭司エルアザルのもとで調査されました。大祭司職がアロンからエルアザルに移行していますので、新しい時代が到来したことが分かります。

部族の順番は、マナセとエフライムが入れ替わっている以外、前回と同じです。今回の調査では、部族内の氏族名も併記されています。氏族名のリストは、創世記46章のそれとほぼ同じです。氏族名が書かれている理由は、土地の分割のためです。前回と比較すると、人口が減少したのが5部族、増加したのが7部族です。総合計は、前回が60万３５５０人、今回が60万１７３０人で、１８２０人の減少が見られます。

人口増加が著しいのは、マナセ族とベニヤミン族です。逆に減少が著しいのは、シメオン族とエフライム族です。シメオン族は、バアル・ペオルの事件(姦淫の罪を犯した事件)のために神罰を受けた部族です。兵士の数が最も多いのは、今回もまたユダ族です。このことは、カナン定着以降も、重要な意味を持ち続けます。

イスラエルの民は、エジプトでは迫害の中で爆発的な人口増加を経験しました。しかし、荒野での40年間では、逆に人口が減少しています。元をただせば、カデシュ・バルネアでの不信仰（民13章）に行き当たります。不信仰による1つの選びが、それ以降の生活に悪影響を及ぼしたのです。私たちも、不信仰が原因で神の祝福を逃していないかどうか、自らの内面を吟味してみましょう。

カナン相続とレビ族の特例

カナンの地の相続は、次のようにして決まりました。それぞれの部族に分割される土地の広さは、人口調査によって明らかになった人数を考慮して、決まりました。つまり、人数の多い部族には広い土地、人数の少ない部族には狭い土地が与えられたということです。どの場所を相続するかは、くじ引きによって決まりました。くじで当たった土地は、父祖の部族の名によって相続すべきであると命じられました。イスラエルの民は、人数に応じて、平等に土地の分割に与りました。ただし、どの場所であるかは、くじ引きによって、つまり、神の摂理によって決まりました。民は、その摂理を受け入れ、それに満足しなければなりません。私たちの人生もそれと同じです。神の摂理によって、生まれる場所や環境は決められています。与えられた条件の中で、精一杯人生を生きることが私たちの使命です。

レビ族には、土地の配分はありませんでした。彼らのためには、主ご自身が相続地となってくださるからです。レビ族の場合は軍務が免除されていたために、生後1か月以上の男子すべてが数えられました。その総数は2万3000人です。第1回目の人口調査から、千人ほど増加しています（民3・39）。

以上で、第2回目の人口調査が終了しました。古い世代のイスラエルは、神のことばのとおりに、荒野で死に絶え、エフネの子カレブとヌンの子ヨシュアだけが約束の地に入ることを許されました。旧約時代も、新約時代も、神の約束を受け継ぐのは信仰によります。私たちは、信仰によって義とされ、信仰によって天の御国に招き入れられます。神の約束の確かさを土台として歩む人は、なんと幸いでしょうか。

民数記27章

「私たちの父は荒野で死にました。父は、コラの仲間と一緒になって、主に逆らったあの仲間たちには加わらず、自分の罪過によって死んだのです。しかし、父には息子がいませんでした。息子がいなかったからといって、なぜ私たちの父の名がその氏族の間から削られるのでしょうか。私たちにも、父の兄弟たちの間で所有地を与えてください」。（民数記27・3〜4）

この章から、以下のことを学びましょう。（1）約束の地への強い憧れは、天国への憧れの型です。（2）モーセは約束の地を見ることはできましたが、そこに入ることはできませんでした。（3）モーセからヨシュアへの世代交代が行われます。（4）モーセは最後まで無私の人でした。

婦人による相続

土地の相続を巡って、ある問題が起こりました。マナセ族に属するツェロフハデという男が死にます。彼には息子はなく、５人の娘が残されました。息子がいなくては、土地の相続ができません。つまり、父ツェロフハデの名が途絶えてしまうということです。そこで彼女たちは、全会衆の前でモーセと祭司エルアザルに向かって次のように訴えかけます。（1）自分たちの父は、コラの仲間に加わって主に逆らったことはない。（2）父は、息子を残すことなく死んだ。「自分の罪によって死んだ」とは、カデシュ・バルネアでの不信仰の罪のことです。彼もまた、出エジプトの古い世代に属していたのです。（3）息子がいないという理由だけで相続が拒否され、父の名が途絶えるのは納得できない。この訴えは、モーセにとって今までにない新しい課題です。彼は、その訴えを主の前に差し出します。

主からの答えがありました。（1）相続の順番は、まず息子。（2）息子がいない場合は、娘。（3）娘がいないなら、兄弟たち。（4）兄弟がいないなら、叔父たち。（5）それもいないなら、一番近い血縁の者。この掟は、その後もイスラエルの歴史の中で生き続けました。その好例が、ルツ記に出てきます。夫エリメレクを亡くしたナオミは、直系の相続人を持っていませんでした。ボアズは一番近い親類ではなかったのですが、その人物が買い戻しの権利を放棄したため、彼はエリメレクの畑を買ってルツと結婚することができました。

ツェロフハデの娘たちの率直さから教訓を学びましょう。娘たちは、つぶやいたりせずに、率直に願いを公表しました。彼女たちには、約束の地への強い憧れがありました。旧約聖書の約束の地は、天国の象徴です。天国への強い憧れを持つ人は幸いです。

ヨシュアの任命

主の命令によって、モーセはアバリム山に登ります。アバリム山とは山脈であり、その峰の一つがネボ山です。そこからモーセは、ヨルダン渓谷の彼方に広がる約束の地を見ることが許されました。モーセの生涯で、これが最も感動的な体験だったことでしょう。しかし、モーセがその地に入ることは許可されませんでした。それは彼が、ツィンの荒野において主のことばを信じないで、不信仰な行いをしたからです。

次世代の指導者として任命されたのは、ヌンの子ヨシュアでした。彼はすでに、アマレクとの戦いにおいて戦士としての能力を証明し、モーセの従者としても忠実さを実証していた人物です。また、カナンの地の偵察においては、信仰に基づく報告をもたらしていました。主はヨシュアを、「神の霊の宿っている人」と呼ばれました。主の働きにおいては、人間的な能力以上に聖霊の力が必要です。モーセは、聖書の中で最大の預言者です。彼は、顔と顔を合わせて神と語ることのできた人でした。一方、ヨシュアの場合は、高度な決定を行うに際しては、大祭司エルアザルの指導を仰ぐ必要がありました。エルアザルは、ウリムとトンミムを使用することによって主の御心を確かめました。つまり、ヨシュアの場合は、モーセほどの特出した立場は与えられていなかったということです。

モーセは最後まで無私の人でした。彼は、自分の死の予告を聞いた時、次世代を導く指導者のことを心配しました。「主の会衆を、羊飼いのいない羊の群れのようにしないでください」とのモーセの祈りは、それを聞く者の心を揺さぶります。この後モーセは死にますが、それは彼にとって絶望ではなく、天にある「約束の地」に入ることを意味しました。このような希望をもって死を迎える人は、なんと幸いなことでしょうか。

民数記28章

主はモーセに告げられた。「イスラエルの子らに命じて彼らに言え。あなたがたは、わたしのためのわたしの食物、わたしへの食物のささげ物、わたしへのささげ物を、芳ばしい香りとして、定められた時に確実にわたしに献げなければならない。
（民数記28・1〜2）

この章から、以下のことを学びましょう。（1）主へのささげ物は、メシアの死の型です。（2）イスラエルの民は、毎日、朝と夕にいけにえを献げました。（3）クリスチャンも、キリストの犠牲の死を基に、朝と夕に神に祈りを献げるべきです。

主へのささげ物

主は、イスラエルの新しい世代に、主へのささげ物について再度指示を出されました。ささげ物は、献げる回数の多い順に出てきます。（1）毎日のささげ物、（2）安息日ごとのささげ物、（3）新月のささげ物、そして、（4）毎年の祭りの時のささげ物。

ささげ物の量は、後に行くほど多くなり、仮庵の祭りでそれが最高潮に達します。

毎日のささげ物として、1歳で傷のない雄の子羊2頭を用意します。1頭の子羊を朝に、他の1頭の子羊を夕暮れに献げます。1頭の子羊を献げることになります。合計すると、年間720頭の子羊を献げることになります（1年を360日で計算）。7節には「強い酒を注ぎなさい」とあります。「強い酒」は、主イエスの血潮を想起させます。

安息日と新月の献げ物

割礼がアブラハム契約のしるしであったように、安息日はシナイ契約のしるしとなりました。金曜日の日没から土曜日の日没までが安息日（すべての労働を休む日）です。主の例祭と安息日が重なった場合は、安息日の規定が優先されます。安息日には、毎日のささげ物に加えて、さらに子羊2頭が献げられました。

新月の祭りに関する規定は、民数記28章で初めて出てきます。新月とは、太陰暦による月の第1日のことです。イスラエル人たちは、毎月、新月祭を祝いました。一旦、完全に闇に隠れてしまった月が再び姿を現わすのを見て、人々は地上に注がれる神の恵みを思い、感謝したのでしょう。

過越の祭りと種なしパンの祭り

過越の祭りは、4つある春の例祭の中で最初にやって来るものです。「第1の月」は「アビブの月」と言われましたが、バビロン捕囚以降は、「ニサンの月」と呼ばれるようになります。この月が年の始まりとなった理由は、出エジプトの出来事がイスラエル国家の始まりとなったからです。この月の10日に子羊かヤギのうちから、傷のない1歳の雄を取り出し、それを14日まで吟味し、傷がなければ、それを夕暮れに屠ります。過越の祭りは、主イエスの十字架の死を予表しています。

春の例祭の2番目は、種なしパンの祭りです。過越の祭りは1日だけの祭りですが、その翌日から種なしパンの祭りが始まります。この祭りは7日間続きました。この祭りの期間、家からすべてのパン種を取り除かねばなりません。そうする理由は、出エジプトの夜、急いでいたのでパンを発酵させる時間がなかったことを思い出すためです。

種なしパンの祭りは、クリスチャンにも重要な意味を持っています。「パン種」という言葉は、聖書では罪の象徴として用いられています（1コリ5・7～8）。私たちの心からパン種を取り除く方法は、ヨハネの手紙第一1章9節に記されています。人は、罪の告白と信仰によって、日々犯す罪から清められます。

7週の祭り

7週の祭り（ペンテコステ）は、春の例祭の4番目に当たります。7週の祭りは、初穂の祭りから50日後の日曜日（週の初めの日）に祝われます。この祭りでも「初穂」ということばが使われていますが、これは小麦の初穂のことです（初穂の祭りでは、大麦の初穂が献げられました）。全焼のささげ物として、雄牛2頭、雄羊1頭、1歳の雄の子羊7頭が献げられます。それ以外に、穀物のささげ物、注ぎのささげ物も献げられます。7週の祭りは、教会の誕生を予表しています。

聖霊が降臨し、教会が誕生した時、7週の祭りは成就しました。その様子は、使徒の働き2章1節～4節に記されています。また、7週の祭りで献げられる2つのパンは、新約時代の教会を構成するユダヤ人信者と異邦人信者を象徴しています（レビ23・17参照）。教会時代は、聖霊の時代でもあります。父なる神が、御子イエスを通して、信じる者の心に聖霊を送ってくださいます。聖霊の力なしには、クリスチャン生活は不可能です。今、聖霊を認め、受け入れましょう。

民数記29章

「第七の月には、その月の一日に聖なる会合を開かなければならない。あなたがたは、いかなる労働もしてはならない。これを、あなたがたにとって角笛が吹き鳴らされる日としなければならない。」（民数記29・1）

この章から、以下のことを学びましょう。（1）ラッパの祭りは、携挙の予表です。（2）贖罪の日は、大患難時代の予表です。（3）仮庵の祭りは、千年王国の予表です。

ラッパの祭り

ラッパの祭りは、秋の例祭の最初のものです。第7月（ティシュリ）の第1日が、この祭りの日です。この日に、ラッパ（角笛）を吹き鳴らします。この日には、新月に献げられるささげ物に加えて、さらに雄牛1頭、雄羊1頭、1歳の雄の子羊7頭が献げられました。

ラッパの祭りは、教会の携挙を予表しています。クリスチャンたちは、ラッパの音とともに天に引き上げられます。これが、教会時代の終わりに起こる出来事です（1テサ4・13～18、1コリ15・50～58参照）。

贖罪の日

贖罪の日は、秋の例祭の2番目に当たります。第7の月（ティシュリ）の10日が贖罪の日に当たり、この日には、レビ記16章、23章に書かれているささげ物に加えて、雄牛1頭、雄羊1頭、1歳の子羊7頭が献げられました。この日は、第7の日でなくても、安息日と同様の扱いを受けています。つまり、一切の仕事が禁止されたということです。

贖罪の日のささげ物は、個人の罪というよりは、イスラエルの民全体の罪を贖うためのものでした。贖罪の日の儀式は、毎年イスラエルの民を清め、また幕屋を清めました。これを通して、イスラエルの民は、自分たちが聖なる神と特別な契約関係にあることを再確認しました。この日の特徴は、「断食」をするということです。そういう意味では、贖罪の日は、「祝いの日」ではなく、苦悶の日です。

贖罪の日は、教会の携挙に続く大患難時代を予表しています。この日ユダヤ人たちは断食し、自らの肉体と霊に苦悶を課しますが、大患難時代が来ると、イスラエルの民は肉体的にも霊的にも、苦難を経験するようになります。ゼカリヤ書12章1～9節は、その苦難を預言したものです。

大患難時代の最後に、イスラエルの民の国家的救いが実現します。イスラエルの救いは、キリストの地上再臨のための前提条件です。贖罪の日の成就は、イスラエルの民の苦悶と、それに続くイスラエルの国家的救いの中にあると言えます（ゼカ12・10～13・1、ホセ6・1～3参照）。

仮庵の祭り

仮庵の祭りは、秋の例祭の3番目のものです。第7の月の15日が仮庵の祭りに当たります。7日間の祭りですが、それに8日目も加わり、この日にも労働をしてはならないと命じられました。祭りの期間には、特別ないけにえが献げられました(雄牛70頭)。この祭りの期間は、仮庵に住むようにと命じられています。仮庵を造るための材料は、美しい木の実、なつめやしの葉、茂り合った木の大枝、川縁の柳などでした。この祭りを行う目的は、主がイスラエル人をエジプトから導き出されたということを、後の世代に教えるためです。主イエスもまた、この祭りを祝われました（ヨハ7・1～10・21）。

ラッパの祭りは教会の携挙を、贖罪の日は大患難時代を予表していましたが、仮庵の祭りはメシア的王国（千年王国）を予表しています。つまり、キリストの地上再臨の後、千年王国が地上に設立された時、仮庵の祭りは成就するのです（ゼカ14・16～19参照）。その日には、異邦人の国々も、エルサレムに上って来てこの祭りを祝うようになります。

新約時代になると、仮庵の祭りには、水の儀式と光の儀式が付加されるようになっていました。祭りの間、毎日、祭司たちが行列を作り、シロアムの池から金のひしゃくで水を汲んできて、神殿境内の水盤に注いでいました。また、ぶどう酒を混ぜた水をキデロンの谷に向けて流していました。これは雨ごいの儀式です（これがヨハネの福音書7章の背景です）。さらに、祭りの最終日、神殿の燭台が点灯されるまでは、エルサレムの町の明かりは消えたままにされました。その暗闇の中で、イエスはこうお語りになりました。「わたしは世の光です。わたしに従う者は、決して闇の中を歩むことがなく、いのちの光を持ちます」。今、主イエスの光から目を離すことなく、暗きこの世に出て行く決心をしようではありませんか。

民数記30章

モーセはイスラエルの諸部族のかしらたちに告げた。「これは主が命じられたことである。男が主に誓願をするか、あるいは、物断ちをしようと誓う場合には、自分のことばを破ってはならない。すべて自分の口から出たとおりのことを実行しなければならない。（民数記30・1〜2）

この章から、以下のことを学びましょう。（1）軽々しく誓願を立てるべきではありません。（2）誓わなくても、ことばに出したことがそのまま信用してもらえるような人になることが大切です。

婦人の誓願 ― 誓願の特別規定 ―

誓願に関する教えは、レビ記27章にありました。誓願とは、神が自分の願いを聞き届けてくださった時に、あるささげ物をすると約束することです（創28・20のヤコブの例）。あるいは、ある期間、物断ちをすると約束する場合もありました。誓願に関する原則とは、次のようなものです。（1）強制ではなく、個人の自由意志で行う。(2)誓願は軽々しくすべきものではない(箴20・25)。(3)一旦、誓願をした場合は、それを守らねばならない(申23・21)。(4)誓願は、公に宣言して行われる(申23・23)。

ここでは、誓願に関する特別規定が述べられています。この規定は、カナンの地に定住し、物質的に豊かになった場合のことを想定して与えられたものです。男性だけでなく、女性も誓願をすることができました。しかし、その誓願が有効なものとなるためには、家父長の承認が必要とされました。つまり、未婚の娘は父の承認を必要とし、妻は夫の承認を必要としたということです。もし、家父長の承認が得られないなら、その誓願は取り消されました。やもめや離婚した女性の場合は、その誓願はすべて有効となりました。

主イエスは、軽々しい誓願を厳しく戒めておられます。イエスの時代、パリサイ人たちは誓願をしても、それを合法的に破棄するということを頻繁に行っていました。イエスはそれを戒められたのです。「だから、あなたがたは、『はい』は『はい』、『いいえ』は『いいえ』とだけ言いなさい」(マタイ5・37)。この聖句の意味は、「はい」と言ったことは実行しなさい。実行できないなら、「いいえ」と言いなさい、ということです。要するに、あの人は正直な人だという評判を得なさいということです。イエスが誠実な誓いにこだわる理由は、それが父なる神の性質そのものに関わる事項だからです。

私たちは、父なる神の性質を表わすために召されました。人を励まし、人の徳を立てることばを語ることを目指そうではありませんか。

民数記31章

そこでモーセは民に告げた。「あなたがたのうち、男たちは戦のために武装せよ。ミディアン人を襲って、ミディアン人に主の復讐をするためである。イスラエルのすべての部族から、部族ごとに千人を戦に送らなければならない。」

（民数記31・3～4）

この章から、以下のことを学びましょう。（1）神はイスラエルの民を通してミディアン人の罪を裁かれました。（2）この戦いによって、イスラエルの民を偶像礼拝へと誘う要因が取り除かれました。（3）戦死しなかったのは、新しい命を得たのと同じことです。

ミディアン人との戦い

まず、この戦争の背景について考えてみます。かつてミディアン人は、モアブ人と結託して、イスラエルの民を淫行的なバアル・ペオル礼拝に引き込んだことがありました。その結果、イスラエルの民は神の怒りに触れ、2万4000人が死にました。つまり、この戦いはイスラエルに対して罪を犯したミディアン人を裁くためのものでした。この戦いを最後に、モーセは地上生涯を終えることになります。約束の地に入る前にイスラエルの民がなすべき最後の準備が、ミディアン人との戦いだったのです。

この戦いは、主の戦いです。このような性質を持った戦いは、カナン入国前後の状況においてのみあり得たことで、今の時代に聖戦の概念を適用することはできません。

各部族から1000人の兵士が集められ、合計1万2000人のイスラエル兵がミディアン人を襲いました。戦いの先頭に立つ指揮官は、祭司エルアザルの子ピネハスでした。彼は、バアル・ペオルの事件の時に、異教的習慣を除去するために大胆に行動した人物です。処女を除くすべてのミディアン人たちが殺されました。その中には、5人のミディアンの王たちと、ベオルの子バラムも含まれていました。バラムは、かつてモアブの王の要請を受けてイスラエルを呪おうとした人物です。

この戦いから学ぶべき教訓を列挙します。（1）

神は聖なるお方であり、罪はいつか裁かれます。神が聖なるお方であることを忘れていては、この戦いの本質を理解することはできません。（2）ミディアン人が滅びたことで、将来イスラエルの民を偶像礼拝へと誘う要因が取り除かれました。ヨルダン川の東に定住する部族にとっては、これは朗報でした。（3）この戦いによって、イスラエルの民の霊的必要と物質的必要が満たされました。

戦後処理

戦いに参加した兵士たちは、宿営の外で7日間の清めの期間を過ごします。それは、人を殺した者、あるいは死体に触れた者はすべて祭儀的に汚れており、清めの儀式に与る必要があったからです。戦利品もまた、火と水で清められました。それには、衛生上の理由と宗教上の理由がありました。

本来、創造されたものはすべて清いものです。しかし、罪や偶像礼拝のために用いられたものは、汚れたものとなっています。汚れたものを神のために回復することは、クリスチャンの使命です。偶像礼拝に供されていたために、回復することが不可能と判断されるものは、破壊しなければなりません。

人や牛やロバや羊などの清められた戦利品は、兵士たちと、戦いの後ろ盾となった全会衆との間で2分されました。兵士たちは戦利品の2分の1を受け、さらにその500分の1を「主への奉納物」として祭司に渡しました。全会衆もまた戦利品の2分の1を受け、その中から50分の1をレビ人に与えました。ちなみに、羊を例に取ると、兵士たちと全会衆が受け取ったのは、33万7500頭でした。そして祭司は675頭、レビ人は6750頭を手に入れています。祭司の数よりレビ人の数のほうが多かったからです。

注目すべきは、指揮官たちの自発的なささげ物です。彼らは、帰還兵の数を点呼し、戦死者のなかったことに感謝して、自発的にささげ物をモーセとエルアザルに差し出しています。生きて帰れたということは、新しい命を得たのと同じことです。彼らは、その新しい命に対して「人頭税」に相当する程度のささげ物をすることは当然だと感じたのでしょう。

クリスチャンもまた、新しい命をいただいた人たちです。「あなたがたは、代価を払って買い取られたのです。ですから自分のからだをもって、神の栄光を現わしなさい」（1コリ6・20）。私たちのささげ物とは、自分の人生そのものです。自分の命は代価を払って買い取られたということを思い出し、神の栄光を現わすような生き方を目指しましょう。

民数記32章

ルベン族とガド族は、多くの家畜を持っていた。それは、おびただしい数であった。彼らがヤゼルの地とギルアデの地を見ると、その場所は家畜に適した場所であった。（民数記32・1）

この章から、以下のことを学びましょう。（1）12部族分裂の危機は、モーセの賢明な判断によって回避されました。（2）ルベン族とガド族は、過ちを指摘されたとき、直ちに悔い改めました。（3）最後まで主に忠実に生きたモーセは、私たちにとっての良き手本です。

ルベン族とガド族の要求

ヨルダン川の東側はすでに制圧されました。今イスラエルの民は、ヨルダン川を渡り、カナンの地の征服に向かおうとしています。民の一致団結が不可欠な場面ですが、利己的な判断を下す部族が出てきました。

ルベン族とガド族は非常に多くの家畜を持って

いたため、牧畜に適したヨルダン川東岸地域を相続地にしたいとモーセに願い出ました。彼らは、全体の祝福よりも、自分たちの利得を優先させました。目の欲、暮らし向きの自慢に心を奪われたのです。これを聞いたモーセは驚き、大いに怒ります。モーセは、カデシュ・バルネアの悲劇を再度取り上げ、不信仰のゆえに40年間荒野を放浪した事実を確認します。もしその時と同じような態度を取るなら、全イスラエルは再び、同じような呪いを受け、荒野に見捨てられることになります。

モーセによる問題処理

モーセの警告を聞いた2部族の人々は、恐らく対応策を話し合ったのでしょう。時間を置いて、再びモーセの元に来て、次のような提案をします。（1）ヨルダン川東岸地域に定住することを決心し、そこに放牧のための囲い、人が住むための町々を建設する。（2）しかし、2部族の兵士たちは、他の部族とともにヨルダン川を渡り、カナンの地を征服するまで先頭に立って戦う。（3）ただし、婦人と子どもたちは、ヨルダン川の東に留まる。（4）自分たちは、ヨルダン川の西には相続地を持たない。

彼らは、モーセの叱責を受け止め、自らの罪を認めた上で、それを修正する提案を行いました。直ちに自らの過ちを認め、それを修正してきたこの2部族の姿勢には、学ぶべきものがあります。

彼らの提案に対して、モーセは次のように答えました。（1）もし提案通り、ヨルダン川西岸の約束の地を征服するまで他の部族とともに戦い、その後、東側に帰って来るなら、責任を全うしたことになる。（2）責任を全うして初めて、彼らが要求した地は彼らのものとなる。（3）もし約束を破るなら、それはイスラエルに対してだけでなく、主に対して罪を犯したことになる。そして、その罪の刈り取りを必ずすることになる。（4）口に出した約束は、実行しなければならない。

ヨルダン川東岸の配分

ガド族とルベン族が約束した内容について、モーセは自らの後継者たちに申し送りをします。モーセは、祭司エルアザル、ヌンの子ヨシュア、イスラエル人の部族の諸氏族のかしらたちを呼び寄せ、次のように命令を下します。（1）ガド族とルベン族は、カナンの地すべてを征服するまで協力して戦うことを誓約した。それが実現した暁には、彼らにギルアデの地を所有地として与えるように。（2）もしその誓約が守られないなら、ガド族とルベン族はヨルダン川の東側で所有地を得てはならない。

ガド族とルベン族は、再度、約束を実行すると誓い、自分たちの所有地はヨルダン川の東側であると宣言します。そこでモーセは、ガド族とルベン族に所有地を与えます。ここで初めて、マナセ族の名が挙がっています（氏族名でマキル族とヤイル族のこと）。その結果、マナセ族は、半分がヨルダン川の東に、残りの半分が西に所有地を得ました。これを、マナセの半部族と言います。ヨルダン川の東に所有地を得た人々は、破壊された町々を再建し、さらに、その町々に新しい名を付けました。恐らく、偶像礼拝の記憶を地上から抹消しようとしたのでしょう。

かくして、イスラエルの民を襲った内部分裂の危機は、モーセの指導力によって回避することができました。モーセは、余命いくばくもない状態にありましたが、最後の息を引き取るまで、自らの使命に忠実に生きました。誰にとっても、人生の夕暮は地上生涯の総仕上げの時ですが、特に、クリスチャンにとってはそうです。生かされている限り使命が与えられていることを認識し、モーセのように最後まで輝き続けましょう。

民数記33章

モーセとアロンの指導のもとに、その軍団ごとにエジプトの地から出て来たイスラエルの子らの旅程は次のとおりである。モーセは主の命により、彼らの旅程の出発地点を書き記した。その旅程は、出発地点によると次のとおりである。

（民数記33・1～2）

この章から、以下のことを学びましょう。（1）エジプトからモアブの草原までの旅程が確認されます。（2）イスラエルの不信仰と神の恵みの対比は、実に劇的です。（3）神の恵みの体験を記録することは、信仰の成長に役立ちます。

旅程の回顧（1）

約束の地を目前にして、モーセはエジプトを出て以来の旅程を回顧しています。新しい世代に、歴史的事実を伝えることは重要なことです。

1～15節までで、エジプトからシナイまでの旅程が確認されています。イスラエルの民は、部族ごと、氏族ごとに、まとまって行動しました。主な事件を挙げてみます。（1）イスラエルは、ラメセスから旅立ちました。その日、エジプトは初子を埋葬していました。主がエジプトの神々を裁かれた結果、エジプト中の初子が打たれたからです。（2）イスラエルは、神の奇跡的な介入によって、海の真中を通って荒野に向かうことができました。（3）マラでは、苦い水が甘い水に変えられるという経験をしました。（4）シンの荒野では、神に食物の欠乏を訴えて、マナと肉（うずら）の供給を受けました。（5）レフィディムでは、岩から流れ出た水によって渇きを癒すことができました。(6)同じくレフィディムで、アマレク人との戦いが起こり、これに勝利しました。（7）シナイ山麓において、神との契約関係に入りました。

旅程の回顧（2）

次に、シナイからカデシュまでの、およそ37年間の旅程が語られます。その記録の中には、21の宿営地が登場します。ハツェロテは、アロンとミリアムがモーセに反抗した場所です。12～30節には、ドフカやアルシュなど、他の箇所には見られない地名が多く出てきます。エツヨン・ゲベル（35～36節）は、アカバ湾に面する地です。このことから、イスラエルの民が広い地域を放浪していたことがわかります。女預言者ミリアムは、カデシュで死にました。

最後に、カデシュからモアブの草原までの旅程が語られます。アロンはホル山で死にました。彼はエジプトを出た時は83歳でしたが、この時は１２３歳になっていました。この箇所で述べられているルートは、概ねアラバの道から王の道に出て、それを北上するものです。

約束の地を前にした警告

モアブの草原から対岸を見ると、エリコを初めとする町々が眺望できます。しかし、これらの町々は偶像礼拝で汚れていました。カナンの地は敵の土地ですが、同時に、神の所有する土地であり、イスラエルの民に約束された土地でもあります。この２つの理解を持ちながら、民は約束の地の征服に向かいました。

主から次の３つの警告が下ります。（1）その地の住民をことごとく追い払うように。彼らが異教的慣習を悔い改める可能性はなかったからです。（2）石像や鋳像などの偶像をすべて破壊するように。カナン人たちは、偶像を造り、バアル礼拝を行っていました。（3）高き所をみな破壊するように。「高き所」とは、カナン人たちが淫行の伴う儀式を行っていた聖所のことです。これを破壊する理由は、イスラエルの民をバアル礼拝の悪影響から守るためでした。

相続地の分割はくじ引きで行われ、土地の規模は部族の人数に応じて決められました。カナンの地は、無条件に平和と繁栄が約束された地ではありません。そこは、いわば「信仰を訓練する地」でした。もし主の命令（モーセの律法）に忠実に生きるなら、祝福が保障されますが、偶像礼拝に陥るなら、自らの身に呪いを招き、約束の地から追い出されることになります。

神の忍耐と恵み深さに注目しましょう。神は、イスラエルの民に約束されたとおりに、彼らを守り導かれました。もし罪がなければ、彼らは直ちに約束の地に入ることができていたのですが、不信仰の罪のゆえに、40年もの時間を浪費してしまいました。それでも神は彼らを見捨てず、ここまで導かれました。神は、私たちをも天のカナンに導いてくださいます。そのためには、神のことばに信頼を置き、神が示される道を歩まねばなりません。私たちは、この地上にあっては旅人です。天に国籍を持つ者として、地上生涯を全うしようではありませんか。

民数記34章

主はモーセに告げられた。「イスラエルの子らに命じて彼らに言え。あなたがたがカナンの地に入るときには、あなたがたへのゆずりとなる地、カナンの地とその境界は次のとおりである。」

（民数記34・1〜2）

この章から、以下のことを学びましょう。（1）土地の分割は、くじ引きで行われました。これは、神の御心を反映させた方法です。（2）各部族は、自分に与えられた場所で、自らの使命を果たすように召されました。このことは、そのまま私たちに適用される真理です。

相続地の境界

この章では、神ご自身がカナンの地の境界線を確認されます。カナンの地の征服は、神の主権と許可のもとに行われるものだからです。（1）南の境界線は、塩の海（死海）の南端から始まり、カデシュ・バルネアを通過して、エジプト川（ガザの南西を走るワディ・エル・アリシュ）に進み、海（地中海）に至る線。（２）西の境界線は、大海（地中海）がそのまま境界線。（３）北の境界線は、ホル山（レバノン山脈の北西の峰）から東進し、レボ・ハマテを経て、ハツァル・エナン（ダマスコの北東１２０kmにあるオアシスの町）に至る線。預言者エゼキエルは、千年王国の北の境界線はこれと同じものであると預言しています（エゼ47・15〜17）。（４）東の境界線は、ハツァル・エナンから南に下り、キネレテの海（ガリラヤ湖）の南東岸からヨルダン渓谷を下って塩の海（死海）に至る線。ここには、ルベン、ガド、マナセの半部族に分割されたヨルダン川の東（トランス・ヨルダン）の土地は含まれていません。

今この境界線に関する記述を読んでも、特に何も感じないかもしれませんが、実は、この境界線は、古代において「カナンの地」と呼ばれていた領域と一致しています。エジプトの文書に出てくる「カナンの地」は、ここにある領域と同じです。イスラエルの民が、この領域のすべてを征服し、そこに定住したことは歴史上一度もありません。ダビデやソロモンの時代でさえも、領土はここまで広がりませんでした。イスラエルがこの章に書かれたカナンの地の全領域に定住するのは、千年王国が到来した時です。そういう意味では、民数記34章は、キリストの再臨と千年王国の到来を予表したものと言えます。

相続地分割の指示

土地の分割はくじ引きで決められました。くじ引きは、全部族が納得できる方法です。そのために、いわば執務委員会のようなものが招集されました。祭司エルアザル、ヌンの子ヨシュア、各部族から族長ひとりずつが、代表として選ばれました。公正を期すためです。

（１）リストアップされているのは、10部族のみです。ヨルダン川東岸にすでに相続地を得たルベン族とガド族は除かれているからです。（２）リストアップされている順番は、実際の分割の記録であるヨシュア記13〜19章に出てくるものと同じです。（３）さらに、この順番は、概ね地理的な順番をも表わしています。南の地区の４部族は、ユダ族、シメオン族、ベニヤミン族、ダン族。中央の地区の２部族は、マナセ族、エフライム族。北の地区の４部族は、ゼブルン族、イッサカル族、アシェル族、ナフタリ族です。

カナンの地の分割から、次のような教訓を学ぶことができます。カナンの地を征服する前から、神はイスラエルの民に土地の分割を約束しておられました。これは、イスラエルの民に、戦いの勝利を約束されたことと同じです。民は大いに励まされたことでしょう。次に、神がご自身の民イスラエルに約束されたのは、全世界の面積から見ると実にちっぽけな土地でした。契約の民イスラエルは、その狭い空間の中で、神の栄光を現す民として生きるように召されました。私たちも、地上での所有物が小さいことに失望してはなりません。持てるものを用いて、神の栄光を現わすことができるからです。今、自分に与えられた使命が何であるか、黙想しましょう。最終的な勝利を信じて、どんなに小さなものでも、積極的に用いることを心がけましょう。

民数記35章

「イスラエルの子らに命じ、その所有となる相続地のうちから、居住のための町々をレビ人に与えよ。また、その町々の周りの放牧地はレビ人に与えなければならない。その町々は彼らが住むためのものであり、その放牧地は彼らの家畜、群れ、そしてすべての動物のためのものである。」

（民数記35・2〜3）

この章から、以下のことを学びましょう。（1）レビ人の町々は、イスラエル全土に散らばっていました。生活の中で、民に**主**の律法を教えるためです。（2）逃れの町は、キリストの型です。いかなる罪人でも、信仰によってキリストの内に逃げ込むことができます。

レビ人の居住地

レビ人には相続地は与えられませんでした。（1）**主**ご自身がレビ人の相続地です。つまり、レビ人は祭司的部族として聖別され、**主**に仕える特権を与えられたということです。（２）イスラエル人のささげ物の10分の1が、レビ人の取り分となります。レビ人は、それによって生活を維持しました（レビ人の住むために必要な町々が与えられました。（３）町）。これは、所有権ではなく、居住権が与えられたということです。（４）町の外側に、家畜を飼うための放牧地が与えられました。放牧地は、町を中心に縦横900メートル（2000キュビト）の正方形の土地です。

祭儀が行われるのは幕屋（後には神殿）のある場所においてでしたが、レビ人たちの居住区は、全イスラエルの中に散らばっていました。レビ人たちは、イスラエルの各部族とともに生活したのです。レビ人には、民に主の律法を教えるという使命と、実際生活を通して、民に主の民がいかに生きるべきかという手本を示す使命が与えられました。

逃れの町の定め

レビ人の町は合計48あり、その中の6つが「逃れの町」と定められました。逃れの町とは、過失によって人を殺害した者が、正当な裁判を受けるまでの期間、「血の復讐をする者」から逃れるための避難所です。「血の復讐をする者」とは、ヘブル語でゴエル（近親者）です。ゴエルに相当する者には、失われた家族の命を贖う責任があり、それは殺人者の血を流すことによって全うされます。逃れの町は、ヨルダン川東方に3つ、西方に3つ置かれました。故意に殺人を犯した者には、逃れの町に避難する特権は与えられていません。

裁判は、殺人現場で行われました。会衆は、殺人犯と復讐する者の間に立って裁きを行います。過失殺人と認められた場合は、殺人犯は逃れの町まで戻され、そこで安全に住むことができました。もし逃れの町の外に出た場合は、復讐する者が彼を殺しても、その血の責任は問われません。殺人犯は、大祭司が死ぬまで逃れの町に留まり、その後自由の身となって自分の所有地に帰ることができました。

大祭司の死にどのような意味があるのかを考えてみましょう。過失で殺人を犯した人には、法律上の罪はありますが、倫理的な罪はありません。それ故、その者は逃れの町に住むことを許されるのです。その人の法律上の罪を贖うのは、大祭司の死です。

大祭司が死んだ時に、その殺人者の法律上の罪は贖われたと見なされ、彼は完全に自由の身となります。逃れの町も、大祭司の死も、新約時代になって完全に啓示されるイエス・キリストの贖いの死を予表しています。

逃れの町の補足規定

（1）死刑の判決を下す場合は、最低2人以上の証人が必要。これは、誤審を防ぐための規定です。
（2）死刑に当たる罪を犯した殺人犯を贖う道は、その人自身の血を流すこと以外にはない。贖い金を受け取って、その人を解放することは許されません。
（3）過失殺人で逃れの町に住むようになった者からも、贖い金を受け取ってはならない。その人は、大祭司の死によって自由の身となるからです。

逃れの町に関する原則が、33節と34節に書かれています。殺人を犯すということは、血でその土地を汚すことです。従って、その土地を贖い清める方法は、殺人者の血を流すこと以外にはありません。また、過失による殺人を犯した場合は、大祭司の死によって贖われます。これら一連の規定は、人間の命の尊厳を教えるためのものです。

逃れの町の規定には、神の義と恵みが表現されています。罪は処罰されますが、同時に、神の恵みの御手も伸ばされています。神の義、聖、恵みが合流したところに、キリストの十字架が立ちました。キリストの死によって啓示された神の愛を受け取る人は、幸いです。

民数記36章

これらは、エリコをのぞむヨルダン川のほとりのモアブの草原で、主がモーセを通してイスラエルの子らに命じられた命令と定めである。

（民数記36・13）

この章から、以下のことを学びましょう。（1）新たな課題が与えられたとき、主の御心を求めることを習慣とする人は幸いです。（2）ツェロフハデの娘たちは、主の命令に従ったため、祝された人生を送ることができました。（3）信仰の人は、荒野をさ迷うような人生を送ることがありません。

婦人による相続の規定

民数記27章で、男子の相続人がいない家の相続問題が取り扱われていました。その際モーセは、ツェロフハデの娘たちが土地を相続することを許していました。この裁定に関して、マナセ族のかしらたちが、新たな問題提起を行いました。その内容は次のとおりです。（1）この娘たちが他の部族の男のもとに嫁いだ場合、移してはならないはずの所領の地境が変わり得る。（2）ヨベルの年（50年に一度やってくる、借財の赦免、売却地の回復などを定めた年）になれば、売却した土地は元の所有者に戻されるが、相続した土地にはそのような規定は適用されない。（3）このままでは、主によって与えられた各部族の所有地の増減が起こり、将来の争いの種となり得る。

モーセは、この訴えは正当なものであると判断し、主の指示を仰ぎます。主からの答えはこうでした。（1）相続権を持つ女性は、婚姻の相手を同族内の男性に限定すること。（2）そうすることで、相続地が、一つの部族から他の部族に移ることが防げる。11節には、「ツェロフハデの娘たち、マフラ、ティルツァ、ホグラ、ミルカおよびノアは、おじの息子たちに嫁いだ」とあります。ツェロフハデの娘たちが従順にこの命令に従い、その結果、彼女たちの相続地は、父の氏族に属する部族の内に残りました。

彼女たちの信仰から、教訓を学ぶことができます。主が命じられるなら、それは私たちにとっては最善の計画です。彼女たちは、きっと幸せな結婚生活を送ったことでしょう。主から与えられた相続地を放棄するような結婚をしてはなりません。私たちにとっての「相続地」とは、イエス・キリストにある救いであり、永遠の命です。

民数記のまとめ

「主が命じた命令と定め」（13節）とは、民数記22章1節以降に語られた内容を指しています。このことばをもって、民数記の記述が終わります。ここで、民数記の内容を復習してみましょう。

民数記は、シナイ山からエリコの対岸のモアブの草原に至るまでのイスラエルの民の旅程を描いています。この旅は、主に対する信頼と従順が要求される旅でした。もし主に従うなら、数週間で終わった旅でしたが、イスラエルの民は不信仰のゆえに、40年間荒野をさ迷うことになりました。この間に、古い世代の者たちは死に絶えました。モアブの草原に来たイスラエルの民は、数名の古い世代のリーダーたちとともに約束の地の征服に向かおうとしています。ここには、新しい希望があります。彼らが勝利を確信してヨルダン川を渡ることができたのは、主が「この地はあなたがたに与える」（民10・29）と約束しておられたからです。

ヘブル人への手紙4章11節には、このようにあります。「ですから、だれも、あの不従順の悪い例に倣って落伍しないように、この安息に入るように努めようではありませんか」。この聖句は、民数記に言及したものです。イスラエルの民には安住の地であるカナンの地が約束されていましたが、その安住の地は、究極的には天にあるカナンを予表するものです。イスラエルの民は、不従順によって神の恵みから落伍してしまいましたが、これは新約時代に生きる私たちへの警告です。私たちも、不従順によって落伍することのないように（救いを失うという意味ではなく、神の矯正的裁きを受けるという意味）注意する必要があります。

ヘブル人への手紙4章の続きを読むと、私たちの大祭司である主イエスは、私たちと同じように試練を通過されたので、私たちの弱さに同情してくださると書かれています。それゆえ私たちは、大胆に神の御前に近づき、時宜に適った助けを受けることができるのです。天のカナンに入る時が、ますます近くなっています。信仰によって約束の地に入る者とならせていただきましょう。大祭司イエスは、今も私たちのために執りなしの祈りをしていてくださいます。

申命記1章

ヨルダンの川向こう、モアブの地で、モーセは次のように、みおしえの確認を行うことにした。（申命記1・5）

この章から、以下のことを学びましょう。（1）神のことばを信じないなら、悲劇的な結果を招くことになります。（2）カデシュ・バルネアで不信仰に陥った民は、その刈り取りをすることになりました。40年間の荒野での放浪がそれです。（3）新しい世代は、過去の世代の失敗から教訓を学ぶべきです。

申命記の本質

モーセの五書（トーラー）は、本来は1つの書として書かれました。申命記は、単なる「律法の繰り返し」ではありません。モーセは、今まさに約束の地に入ろうとしている新しい世代に対して、律法の解説を行います。申命記を律法の注解書として読めば、理解は深まります。

話者、聞き手、場所、時

語り手はモーセで、聞き手はイスラエルの民です。場所は、約束の地を目前にしたモアブの野です。時は、第40年の第11月の1日です。つまり、荒野の放浪の最後の年です。6節では、「私たちの神、主」ということばが主語になっています。申命記には、「私たちの神、主」ということばがおよそ50回出てくるのですが、これは、主こそ歴史の導き手であり、イスラエルと契約を結んだお方であることを示しています。イスラエルが約束の地に向かう理由は、主がその地を与えると約束してくださったからです。

指導者の任命

モーセは、「指導者の任命」の部分を挿入句として書いています。その理由は2つあります。(1)モーセは、神が約束に忠実なお方であることを教えようとした。事実、イスラエルの民は、モーセひとりでは指導し切れないほどに数が増えました。(2)神は、イスラエルの民が約束の地で義なる民として住み、増え広がることを期待された。約束の地の征服も、その地で義なる民として生活することも、信仰による業です。

カデシュ・バルネアにて

約束の地を征服するための最初のステップは、荒野の旅でした。主がイスラエルの民を荒野へと導かれた理由は、荒野での厳しい生活を通して、民の心に約束の地への渇望を与えるため、また、民の心に神への信頼を植え付けるためでした。この２つの要素は、約束の地を征服するために不可欠なものです。

次のステップは偵察隊の派遣でした。民数記13章では、主の命令で偵察隊を派遣したことになっていますが、申命記1章では、民が偵察隊の派遣を要求したとなっています。これは矛盾ではありません。実際に起こったのは、こういうことです。①民が偵察隊の派遣をモーセに求め、②モーセが了承し、③主もそれに同意された。偵察隊が持ち帰った報告は、結果的には民を落胆させました。不信仰な民は、約束の地の征服が不可能である理由を並べ立て、「主は私たちを憎んでおられる」とまで言いました。神の愛を曲解するとは、なんという悲劇でしょうか。

モーセは、この不信仰の民に励ましのことばを語りました。彼は、荒野の旅の間に示された神の守りを、「父親が子どもを抱く」という言葉で表現しています。また、偵察隊が派遣される前から、神はその地を探り、民の進む道を用意しておられた、とも語っています。神を信じないことは罪であるばかりか、実に愚かなことです。民は、幼子たちが略奪されるという口実を設けて、約束の地に入ることを拒みましたが、神は、その幼子たちこそ約束の地に入る新しい世代であると宣言されました。モーセがこの約束をここで強調している理由は、それから40年後に、まさにその新しい世代が約束の地の玄関口に立っているからです。

　不信仰な世代に対して神の裁きが宣言されます。その直後、主の心変わりを期待した民は、警告を無視して敵の領域である山地に上って行きました。彼らは、主の助けがなくても敵に勝てると考えたのです。しかしこれは、傲慢による反逆の罪です。無謀な行動の結果、イスラエルの民はエモリ人に打ち負かされました。

「モーセは次のように、みおしえの確認を行うことにした」(5節)。この聖句は、本書の目的がなんであるかを教えています。モーセは、律法の内容を分かりやすく解説しました。ヘブル語の「律法(トーラー)」は、命を与えるための教えであり、規定です。人に対する神の御心を示すのが、「トーラー」なのです。私たちもまた、自分に与えられた使命がなんであるか、黙想しようではありませんか。

申命記2章

「彼らに戦いを仕掛けてはならない。わたしは彼らの地を、足の裏で踏むほどさえも、あなたがたには与えない。わたしはエサウにセイルの山を、彼の所有地として与えたからである。」

（申命記２・５）

この章から、以下のことを学びましょう。（１）イスラエルの民は、親戚の民（エドム人、モアブ人、アンモン人）との戦いを避けるように命じられました。（２）**主**は、それぞれの民にその領地を与えておられます。それを無視する者は、自らの身に滅びを招くことになります。

新しい出発

イスラエルの民は、38年間、荒野を放浪しましたが、神は、彼らを見捨ててはおられませんでした。新しい世代のイスラエルは、約束の地に向かって北上するように命じられます。そのまま北上すれば、エサウの子孫（エドム人）が住んでいるセイルを通過することになりますが、彼らに戦いを仕掛けてはなりません。なぜなら、その地はエドム人に与えられていたからです。エドム人は、大人数の民が移動すると、貯蔵していた水が大量に消費され、水不足になることを心配しました。結局イスラエルの民は、食糧と水のために金を支払い、エドムの地を迂回して（東側を通って）、モアブの平原に向かいました。

モアブ人とアンモン人への敬意

エドムの地を迂回したイスラエルの民は、モアブ人（ロトの子孫）の地に近づきます。民は、モアブに対しても敬意を表し、戦争を避けるように命じられました。その理由は、**主**がその地(アルの町を含む)をロトの子孫に与えておられたからです。モアブ人は、強力な先住民エミム人をその地から追い出し、そこに住んでいました。エミム人を追い出せた理由は、**主**がその地をモアブ人に与えておられたからです。モアブ人もエドム人も、同じ理由で自らの土地を手に入れることができました。**主**がそれぞれの地を彼らの所有として与えておられたというのが、その理由です。

主は、アンモン人（もう1つのロトの子孫の民）にも敬意を表するようにと命令されました。なぜなら、アンモン人の土地は主が彼らに与えたもので、イスラエルの民のものではないからです。エドム人、モアブ人、アンモン人、さらにカフトル人（クレテ人のこと）たちが、力のある民を撃破することができた理由は、主が彼らにそれぞれの土地を与えておられたからです。これらの事例は、これから約束の地に入ろうとしているイスラエルの民には、大きな励ましとなりました。

エモリ人の王シホンとの戦い

主はイスラエルの民に、シホンと戦い、その国を征服するようにお命じになりました。勝利は保障されていました。なぜなら、主が「ヘシュボンの王エモリ人シホンとその国とを、あなたの手に渡す」と約束しておられたからです。

エモリ人の王シホンに対し、モーセはまず、平和的な提案をしています。①シホンの国を通過する許可をもらえたなら、それで十分だと言います。②中央の主要道路を通過するだけで、脇道には入らないと約束します。つまり、農産物の略奪はないという意味です。③食物と水は、金で買うと約束します。これは、エドム人やモアブ人に対する提案と同じものです。④最後にモーセは、自分たちの目的地はヘシュボンではなく、ヨルダン川の西の「約束の地」であると告げます。

しかしシホンは、この平和的な提案を拒否しました。主が彼の心を頑なにされたからです。これは、すでに彼の心の中にあった傲慢な態度を、主が認定されたという意味です。この状態は、エジプトのパロに起こったのと同じことです。

シホンとその民は、イスラエルの民を迎え打つために出て来ましたが、神の御手がともにあったために、イスラエルの民は大勝利を収めることができました。モーセは、「アルノンの渓谷の縁にあるアロエル、およびその渓谷の中の町からギルアデに至るまで、私たちの力が及ばない町は一つもなかった」と記しています。これは、「城壁が高すぎるという町はなかった」という意味です。古い世代のイスラエル人たちは、カナン人の町々は城壁が高すぎて征服できないと言っていましたが、なんという対比、変化でしょうか。

視点を変えて信仰を働かせると、不可能が可能になります。「私たちの神、主が、それらをみな、私たちの手に渡されたのである」(36節b)というのが、信仰者の体験になります。神の御心に叶っているなら、恐れずに前進すべきです。

申命記3章

「ヨシュアに命じ、彼を力づけ、彼を励ませ。彼がこの民の先頭に立って渡って行き、あなたが見るあの地を彼らに受け継がせるからだ。」

(申命記３・28)

この章から、以下のことを学びましょう。（1）イスラエルの民は、主の励ましによってバシャンの王オグを滅ぼすことができました。（2）ルベン族、ガド族、マナセの半部族は、自らが誓ったことを実行するように命じられました。（3）リーダーシップがモーセからヨシュアに移行しますが、主の働きはそのまま継続します。

バシャンの王オグとの戦い

ヨルダン川を渡る前に、北方からの急襲に備えて、どうしてもバシャンの王オグを滅ぼしておく必要がありました。エデレイで戦いが始まると、主から励ましのことばがかかりました。①主がともにいるから、オグを恐れてはならない。②エモリ人の王シホンに勝利したことを思い出せ。この2つの励ましは、そのまま私たちへの教訓となります。

ヨルダン川の東の土地の分与

オグとの戦いによってヨルダン川の東の地が征服され、それがルベン族、ガド族、そしてマナセの半部族に分与されました。マナセの子孫であるヤイルが取り上げられていますが、それは、彼が勇敢に戦い、アルゴブの全地域を征服したからです。マナセ族に属するマキルも勇敢に戦ったために、ギルアデの地を与えられました。

民数記32章と申命記3章は同じ出来事を扱っていますが、両者の視点は微妙に異なります。前者は、民がいかにして土地を征服したかを記録しています。後者は、主がその地を与えてくださったので征服することができた、という点を強調しています。私たちも、「努力する」という視点と、「神の助けによってそれが可能になる」という視点の両方を持つことが大切です。

ルベン族、ガド族、マナセの半部族の約束

ルベン族、ガド族、マナセの半部族は、ヨルダン川を渡って約束の地に入り、他の部族がそれぞれの地を領有するまでともに戦うとモーセに誓っていました。モーセは、この2部族半に、誓いの内容を思い出させます。（1）ヨルダン川東岸の地は、主が2部族半のために与えたものである。（2）妻と子どもと家畜は、その地にとどまってもよい。（3）しかし、成人男子は、民の先頭に立ってヨルダン川を渡って行かなければならない。（4）残された妻と子どもと家畜のことは心配する必要はない。なぜなら、その地には主の守りがあるから。

2部族半は、ともに戦うという義務を果たした後に、ヨルダン川東岸の自分の所有地に帰ることができるようになります。

リーダーシップの移行

テーマは、「土地の分割」から「リーダーの交代」へと移行します。カナンの地を征服するための戦いにおいて民を導くのは、新しくリーダーとなったヨシュアです。ヨシュアは、モーセからの励ましのこ

とばを必要としていました。モーセが語った励ましの内容は、主がこれまでにしてくださったことを思い出せ、というものです。主は「ふたりの王」（ヘシュボンの王シホンとバシャンの王オグ）との戦いに勝利されました。これからの戦いにおいても、主は同じことをされます。これらのことばは、ヨシュアにとっては大きな励ましとなったはずです。

モーセの懇願

モーセは、メリバの水事件（岩を2度打った）のために、約束の地に入ることを禁じられていました。これは、モーセにとっては大変辛いことでした。そこでモーセは、なおも主に食い下がり、懇願します。モーセの執拗な祈りに、主は怒られましたが、モーセがピスガの頂から約束の地を眺望することだけは許可されました。ここには、主のあわれみが表現されています。

主は、「ヨシュアに命じ、彼を力づけ、彼を励ませ。彼がこの民の先頭に立って渡って行き、あなたが見るあの地を彼らに受け継がせるからだ」とモーセにお語りになりました。後継者がヨシュアになったことが示されるのは、これで3回目です（申１・38、３・21、３・28）。これは、ヨシュアを励ますと同時に、イスラエルの民に世代交代の事実を告げるためのものです。

神の御心を行う人は、「主の戦い」に参加している人です。自分の生活が、「主の戦い」の一翼を担うものとなっているかどうか、吟味してみましょう。主がともにいて戦ってくださるなら、私たちにとっては、恐れるものは何もなくなります。

申命記4章

「今、イスラエルよ、私が教える掟と定めを聞き、それらを行いなさい。それはあなたがたが生き、あなたがたの父祖の神、主があなたがたに与えようとしておられる地に入り、それを所有するためである。」（申命記4・1）

この章から、以下のことを学びましょう。（1）主の恵みによって、イスラエルの民は偉大な国民とされました。（2）イスラエルの民はホレブで、神は霊であり、聖なるお方であることを体験しました。それゆえ、偶像を造ることは愚かなことです。（3）律法を守るのは、神の恵みに対する応答です。（4）逃れの町は、キリストの型です。

律法の目的

イスラエルの民が主の恵みに対して示すべき唯一の応答は、主の「掟と定め」に忠実に生きることです。律法が与えられた目的は、それによって生きるためですが、それ以外にも理由があります。神の律法を持った民は、道徳的、倫理的に、他の民族とは区別されるユニークな民となります。これによって地上の諸国は、イスラエルについて以下のように考えるようになります。①イスラエルは、知恵と悟りを持った偉大な国民である。②イスラエルは、主なる神がそばにいて守っておられる偉大な国民である。③イスラエルは、正しい掟と定めを持った偉大な国民である。

ホレブで体験したこと

「主への恐れ」とは、主が全能者であり、完全に聖なる方であることを認識し、主に従わないことを心から恐れることです。この認識を得て初めて、民は主との契約を結ぶ準備ができたことになります。主の顕現に伴う超自然現象（シャカイナグローリー）は、「主への恐れ」を民に植え付けるためのものです。姿は見えず、声しか聞こえなかったのは、神は霊であり、「パーソン（人格）」であることを示すためでです。さらに、神が聖であることを教えるために、十戒が与えられました。イスラエルの民がホレブ（シナイ山）で体験したことは、「超自然的な体験」

です。

モーセは、ホレブで神の声を聞いた時、その姿が見えなかったという事実から、ある適用を導き出します。その適用とは、神は霊であるので、自分のためにいかなる形の像も造ってはならないということです。偶像礼拝をしてはならないもう一つの理由は、彼らが主によってエジプトから連れ出された民だからです。主の民は、偶像の奴隷となってはいけません。イスラエルの民が体験する自由は、主の所有の民とされたという自己認識から生まれるものです。

将来の預言

モーセは、やがて民が偶像礼拝に巻き込まれるようになることを予見します。そこで彼は、天と地を証人に立て、「もし偶像礼拝に陥れば、神の裁きが下る」と宣言します。この預言は、アッシリア捕囚とバビロン捕囚の時に部分的に成就しましたが、最終的には、紀元70年に、全世界への離散という形で成就しました。しかし、アブラハム契約のゆえに、イスラエルの民は滅びから守られます。彼らは、患難期の終わりにイエスをメシアとして受け入れるようになります。

イスラエルの民が特別な民である理由は、神が彼らとともにおられるからです。このような恵みの体験をしたのは、イスラエルの民だけです。彼らの「先祖たち」は、主の恵みに対して信仰によって応答しました。新しい世代のイスラエルも、主が唯一の神であることを認め、神の恵みへの応答として、その命令を守らなければなりません。これらのことを行うなら、彼らは約束の地で繁栄することができるのです。

逃れの町 ―ヨルダン川の東側―

「逃れの町」に関する記述は、第1の説教と第2の説教の間に置かれた挿入句となっています。ここで、ヨルダン川の東側にある3つの町が特記されている理由は、これまでにモーセが、ヨルダン川の東側の土地の征服について語ってきたからです。もう1つの理由は、次の5章に出てくる殺人禁止令に対する重要な補足説明となるからです。逃れの町の規定は、イスラエルの神の義とあわれみを示すものとなりました。

44～49節の内容は、申命記1～3章の要約になっており、「歴史の回顧」と「5章から始まる律法の解説」をつなぐ連結器の役割を果たしています。律法に従順に生きるのは、それによって救いを得るためではなく、すでに救われた者として神に忠実に生きるためです。私たちがキリストの律法に忠実に生きようとするのも、それと同じ理由です。

申命記5章

「これらのことばを、主はあの山で火と雲と暗黒の中から、あなたがたの集会全体に大声で告げられた。ほかのことは言われなかった。そして主はそれを二枚の石の板に書いて、私に授けてくださった。」（申命記5・22）

この章から、以下のことを学びましょう。（1）新しい世代のイスラエルは、シナイ契約の条項を再確認させられます。（2）シナイ契約の条項の中心にあるのが十戒です。（3）モーセは、神とイスラエルの民の間に立つ仲介者として奉仕をしています。モーセは、キリストの型です。

従順への招き

今モーセが語りかけているのは、第2世代のイスラエルの民です。出エジプト当時は子どもだった彼らでも、シャカイナグローリーを目撃したことを鮮明に覚えていました。そこでモーセは、シナイ契約は彼らの父親とではなく、彼ら自身と結ばれたものであることを強調します。そして、今の世代の者たち（第2世代）には、モーセの律法を守り偶像礼拝を避けることの重要性を、次の世代に伝える責任があると教えます。

第1戒～第10戒

（１）第1戒―「あなたには、わたし以外に、ほかの神があってはならない」。この命令は、偶像に魅かれて行く傾向のある第2世代の者には、より切実で的を射たものとなっています。

（２）第2戒―これは、芸術活動を禁止したものではなく、主を象徴するものとして偶像を作ることを禁止したものです。もし偶像を作るなら、偶像礼拝の影響をいつの間にか受けることになります。

（３）第３戒―「主の御名をみだりに唱える」とは、意味なく主の御名を口にすることです。軽々しい誓約や、偽善的な礼拝を献げることも第３戒の違反となります。また、クリスチャンだと言いながら、生き方を通してその信仰を示していないなら、これも第３戒の違反に当たります。

（４）第４戒―異教の民の中にあって、イスラエルの民は安息日を守ることによって、自分たちは天地創造の神、また個人的にかかわってくださる神を信じていることを表明しました。十戒の規定の９つまでメシアの律法でも登場しますが、安息日の規定だけは例外です。安息日はシナイ契約のしるしですから、シナイ契約が終了した時点でその役割は終わります。

（５）第5戒―両親を敬うとは、彼らの存在を高く評価することです。この命令は、家族制度の保持と契約の伝達という視点から理解する必要があります。

（６）第6戒―人は神の「かたち」に造られていますので、その命を奪うことは大罪に値します。この規定は、死刑制度や戦争に行くことを禁止したものではありません。死刑や戦争に関しては、モーセの律法の他の箇所が、内容を詳細に規定しています。

（７）第7戒―男女の結婚関係は、信者と神の関係を反映させたものでなければなりません。それゆえ、婚外の性的関係は禁止されているのです。この命令に違反することは、神とイスラエルの民の関係（契約関係）を否定することであり、約束の地での平安な生活を危うくすることです。

（8）第8戒―物品を盗むことに関しては、第10戒が実際の行為に至る前の段階で歯止めをかけています。ここで使われている「盗む」（ガナブ）という動詞は、物品の盗みにも使用されますが、無形のものを奪うことも、その範疇に入ります。個人の尊厳、自由、人権などを奪う場合がそれです。さらに、他人を騙して利益を得る場合も、これに含まれます。

（9）第9戒―正義を保持するためには、法廷での証人の証言が真実であることが要求されます。それゆえ、嘘、誇張、省略などを含んだ証言は、罪とされるのです。しかし、この戒めの適用は、より広く社会生活全般に及ぶものと考えられます。隣人の評判を落とすような噂話や作り話は、この命令に違反するものです。

（10）第10戒―この戒めは、他人に属するものを欲しがることを禁止しています。第10戒は、他の9つの戒めとは異なります。なぜなら、特定の行為ではなく、感情的、心理的罪を問題にしているからです。イエスの教えは、この内面の罪を問題にしたものです（マタ5・21～32参照）。他人のものを欲しがるのは、神への信頼が不足しているからです。

主の御声を聞いた民は恐れを覚え、モーセが仲介者になってくれるようにと要請しました。律法を守り行う最大の動機は、「主への恐れ」です。真実な恐れは行動を生み出し、神の御心に忠実な信者を育てます。

申命記６章

「これは、あなたがたの神、主があなたがたに教えよと命じられた命令、すなわち掟と定めである。あなたがたが渡って行って所有しようとしている地で、それらを行うようにするためである。」

（申命記６・１）

この章から、以下のことを学びましょう。（1）「主を恐れる」ということが、申命記全体のテーマです。（2）「シェマ（聞け）」と呼ばれる信仰告白は、ユダヤ教の中心にある告白です。（3）信仰の継承は、家庭の中で行われるべきです。

従順に伴う祝福

申命記６～11章は、神との契約関係にある者への個人的な教えです。その教えを要約すると、「心を尽くし、精神を尽くし、力を尽くして、あなたの神、主を愛しなさい」（6章5節）という一文になります。「主を恐れる」ということが、申命記全体を貫くテーマであることを覚えましょう。

聞け、イスラエル

「聞け、イスラエルよ。主は私たちの神。主は唯一である」。これは、ユダヤ教で「シェマ」（聞けという意味）と呼ばれている聖句です。この聖句は、唯一の神を信じるユダヤ教の中心的な信仰告白です。この告白が、イスラエルの民を古代中近東の諸民族から区別する最大の特徴となりました。イスラエルの民が信じている神は、唯一の神、契約の神、ご自身の御心を啓示される神です。

モーセが民に伝えようとした内容を要約すると、以下のようになります。（1）「主はただひとりである」。これは、三位一体という神概念を否定するものではありません。「ひとり」、「唯一」、「ｏｎｅ」などと訳された言葉は、ヘブル語で「エハッド」ですが、これは、神の三位格の一体性を暗示する言葉です。父、子、聖霊がそれぞれの位格を保持しつつ、同時に、唯一の神として存在しておられるのです。（2）「主を愛する」とは、この方を自分の神として選び、この方との親密な関係を求め、この方の命令に従うことを意味します。この命令は、申命記に何度も出てきますので、これが律法の神髄であることが分かります。（3）主のみことばを記憶せよ。ヘブル的には、宗教教育は家庭で行われます。日常的な文脈の中で、両親が神への信頼を会話や行動で示すことが、子どもにとって最高の教育となります。後のユダヤ教は、申命記6章8～9節の内容を、文字通り実行するようになります。経札の中に聖句を記した超小型の巻物を入れて着用したり、メズーサと呼ばれる小箱に巻物を入れ、それを部屋の扉のところに打ち付けたりするのがそれです。しかし、モーセが最も伝えたかったのは、常に主のことばを覚える必要があるということです。

繁栄の約束と警告

イスラエルの民は、短時間のうちに、自分たちがそのために労することのなかった町々、家々、井戸、オリーブ畑などを得るようになります。これは、主が彼らに与える大いなる祝福です。しかし、人は、繁栄を経験すると、感謝の心を失くしたり、神を忘れたりするものです。繁栄の時こそ、主を恐れることを学ぶ必要があります。主への恐れは、従順な生活となって表れますが、主を忘れるなら、偶像礼拝に陥ることになります。なぜなら、人間は礼拝する対象を必要としているので、自分で神々を作り出してしまうからです。隣人のものを欲しがったり、うらやましがったりするのは罪ですが、神が、ご自身に属する権威や威光を他のいかなるものにも渡さないのは、罪ではなく、当然のことです。「ねたむ神」とはそういう意味です。偶像礼拝が罪である理由は、神だけに属するものを偶像の神々に渡す行為だからです。

契約の継承

モーセは再び、主との契約内容を子孫に教えることの重要性に言及します。親には、契約内容を子どもたちに教える責任があります。息子の質問に対する父親の回答は以下のものです。①自分たちは、エジプトで奴隷であった（民族の歴史の回顧）。②主は奇跡的な方法で自分たちをエジプトから導き出された。③土地が与えられるのは、主が父祖たちと結ばれた契約のゆえである。④主は、民の繁栄のために、掟と定めを与えられた（繁栄の秘訣は、主の命令に従うことである)。

ユダヤ人たちが迫害を生き延びていく原動力は、宗教的確信と伝統の継承にあることを覚えましょう。クリスチャンをこの世の人たちから区別する最大の要素は、私たちが唯一の神を愛しているということです。

申命記7章

「あなたの神、主が彼らをあなたに渡し、あなたがこれを討つとき、あなたは彼らを必ず聖絶しなければならない。彼らと何の契約も結んではならない。また、彼らにあわれみを示してはならない。」（申命記7・2）

この章から、以下のことを学びましょう。（1）カナンの地の住民を聖絶するのは、その地の汚れを取り除くためです。（2）イスラエルの民は、「主の戦い」の器として召されました。（3）偶像礼拝に対して厳しい警告のことばが与えられます。もし偶像礼拝に陥るなら、イスラエルの民自身が聖絶の対象となるからです。

その地の民を滅ぼせ

冒頭（1節）に列挙された7つの民は、カナンの地の住民の代表です。この戦いは、主がカナンの地から罪を取り除くための戦いです。聖絶の命令は、愛なる神の性質と調和しないと考える人がいますが、以下の点を考慮に入れる必要があります。(1)カナンの地の諸民族は、自らの罪のために裁きを受けます。考古学の発展により、彼らは当時の世界で最も道徳的に堕落した生活を送っていたことが明らかになっています。(2)彼らは、神に対して敵意を抱いていました。もし彼らが悔い改めていたなら、ニネベの人々のように赦されていたでしょう。

彼らをそのまま放置するなら、不道徳な影響がイスラエルの民にも広がります。それゆえ、子どもでさえも滅ぼす必要があったのです。仮に、子どもが生き延びたとしても、やがて罪ある大人となり、神の裁きを受けることになります。そういう意味では、子どもの時に神の御許に召されるのは、神の視点からは必ずしも悪いことではないのです。

選びの目的

神は、カナン人たちが悔い改めるのを400年間も待たれましたが、それは無駄でした。イスラエルは、「聖なる民」、つまり神の御業を行うために選び分けられた民であり、「神の宝の民」です。イスラエルが選ばれた理由は、彼らに何か取り柄があったからではありません。事実彼らは、地上で最も弱小な民でした。主が彼らを選ばれた理由は、彼らを愛されたからです。この愛は、神秘的な愛で、説明が不可能です。もう一つの理由は、主が先祖たち(アブラハム、イサク、ヤコブ)と契約を結ばれたからです。

選びの民であるイスラエルは、次の2つのことを知りました。①主だけが神であること。②主は誠実な神であること。民の責務は、主の命令に忠実に歩むことです。そうするなら、祝福が待っています。しかし、命令に違反する(主を憎む)なら、カナン人と同様に裁きに遭うことになります。それゆえ、各人が注意深く主の命令に従う必要があるのです。

従順への報酬

従順には祝福が伴います。その祝福の本質は、「契約に基づく愛」です。聖書を読み解く鍵は、この契約関係にあります。民がこの契約を守るなら、彼らはあらゆる国々の民の中で、最も祝福された民となるのです。祝福の主な内容は、豊作と多産、そして病気からの守りです。その中には、エジプトの疫病からの守りも含まれます。

　イスラエルの民は、カナンの地に住むすべての民を滅ぼし尽くすように命じられました。これは、現代人には抵抗感を覚える命令ですが、人間的な温情を発揮すると、危険な結果を招くことになります。カナン人の偶像礼拝に影響され、主から離れる危険性が出てくるからです。もし偶像礼拝の「罠」にかかるなら、契約が約束する祝福を失うことになります。

戦いを目前にした民への励まし

　カナン征服戦争は、地上から悪を除き去るための「主の戦い」です。それゆえ民は、敵の力ではなく、神の力に焦点を合わせるべきです。主はイスラエルの民に、敵に対する勝利を約束されました。しかしその敵は、一挙にではなく、徐々に滅ぼされて行きます。その理由は、人が住まなくなった地に、野獣が繁殖することのないようにするためです。主は、民に勝利を与えるタイミングまで支配しておられます。

　偶像礼拝（性的堕落が伴っていた）に対して厳しい警告が与えられていますが、それは、もし偶像を礼拝するなら、今度はイスラエルの民が聖絶の対象になってしまうからです。民にとっての最大の敵は人間ではなく、偶像です。カナン征服戦争の実態は、物理的な戦いではなく、霊的戦いであることを覚えましょう。私たちもまた、日々霊的戦いに巻き込まれています。勝利の秘訣は、神にのみ目を向けることです。

申命記8章

「あなたの神、主がこの四十年の間、荒野であなたを歩ませられたすべての道を覚えていなければならない。それは、あなたを苦しめて、あなたを試し、あなたがその命令を守るかどうか、あなたの心のうちにあるものを知るためであった。」

（申命記８・２）

この章から、以下のことを学びましょう。（１）イスラエルの民は、主の恵みによって荒野の旅を終えることができました。（２）イスラエルの民にとって、過去に経験した主の恵みを振り返ることは、自らを滅びから守る知恵となります。（３）人生の荒野で経験する試練は、私たちの信仰を試す機会となります。

荒野の体験を記憶せよ

約束の地の所有とその地における平安な生活は、自動的にイスラエルの民に与えられるものではありません。民は、主の命令に従順でなければなりません。主への従順が、祝福をもたらすのです。

神は荒野で、イスラエルの民を試されました。荒野では、神に信頼するか、神に不平を言うか、そのいずれかの選びしかありません。イスラエルの民は、荒野でマナを食べて生き延びました。マナは神の命令によって天から下ったものです。つまり、イスラエルの民は、神のことばとは無関係にパンを食べたのではなく、神のことばそのものを食べたと言えます。神のことばから独立して、自分でパンを食べようとするのは、危険なことです。

荒野を旅する民には、水も、食物も、着物もありませんでした。必需品の欠乏は、イスラエルの民に主への信頼を教えるためのものでした。主は恵みによって、40年間、民を訓練し守られました。主の守りを体験した民が示すべき唯一の正当な応答は、従順です。「主を恐れなさい」とは、主に対して不従順になることを恐れよという意味なのです。

良い地

モーセは、荒野での厳しい生活と、約束の地での祝された生活を対比させ、イスラエルの民が向かおうとしている約束の地は、「良い地」であり、「豊かな地」であると教えます。（１）その地には水が豊富にある。水は、人間の生活に、動物の生存に、また農作物の成長に必要不可欠なものです。（２）約束の地には、地下の水源が多く存在します。モーセは、この地の主要な産物を７つ上げています。①小麦 ②大麦 ③ぶどう ④いちじく ⑤ざくろ ⑥オリーブ ⑦蜜（蜂蜜ではなく、なつめやし）。（３）約束の地は、地下資源が豊富な地である。鉄と青銅の鉱脈は、死海よりも南に位置する地方（ネゲブ）で発見されています。鉄は地表を掘ると採収できますが、青銅の場合は、地中深く掘る必要があります。

約束の地では、欠けたものが何もありません。このような良い地が与えられているのですから、主をほめたたえるのは当然のことです。

主をたたえよ

荒野の生活とは異なり、約束の地での生活は物質的に豊かな生活となります。しかしそこには、ある危険性が潜んでいます。それは、豊かな生活→高ぶり→主の恵みを忘れる→主の命令に反抗する→偶像礼拝に走る、という危険性です。その危険性を回避する最善の方法は、主をほめたたえることです。心から主をたたえるためには、主が過去にしてくださったことと、将来してくださることを、思い出す必要があります。

主がイスラエルの民を守られた理由は、アブラハム、イサク、ヤコブと結んだ契約にあります。主は契約に忠実なお方です、それゆえ、イスラエルの民も同じ忠実さをもって主に応答する必要があります。そうしないなら、人の心は傲慢になってしまいます。そして、傲慢の行きつく先は偶像礼拝です。偶像礼拝に陥った民を待っているのは、滅びです。以上のような理由で、イスラエルの民は、先に滅ぼされた国々（シホンとオグの王国）のことを思い起こす必要があるのです。

クリスチャンにとっても、豊かさは祝福であると同時に、危険なものでもあります。傲慢にならないために、自分がどこから救われたかを常に覚えようではありませんか。過去に経験した神の恵みを思い出すことは、謙遜な歩みをするための知恵です。

申命記9章

私は主に祈って言った。「神、主よ、あなたのゆずりの民を滅ぼさないでください。彼らは、あなたが偉大な力をもって贖い出し、力強い御手をもってエジプトから導き出された民です。あなたのしもべ、アブラハム、イサク、ヤコブを思い起こしてください。そして、この民の頑なさと悪と罪に御顔を向けないでください。」

(申命記9・26〜27)

この章から、以下のことを学びましょう。(1)イスラエルの民は、過去の失敗例を思い出すように命じられました。(2)イスラエルの民が滅びを免れたのは、モーセの執りなしの祈りがあったからです。(3)神は今も、真実な執りなしの祈り手を求めておられます。

傲慢への警告

モーセは、カナンの地の住民たちがどれほど強力な人々であるかを、民に思い起こさせます。町々は大きく、城壁は高くそびえ（要塞都市）、住民は大きくて背が高いのです。確かに、カナン征服の戦いに勝利するのは、人間的な視点からは不可能なことです。しかし、この戦いは「主の戦い」ですので、勝利は主によって与えられます。傲慢にならないためには、以下のことを思い起こす必要があります。①主は、カナン人たちの罪を裁こうとしておられる。②主は、アブラハム、イサク、ヤコブに与えた誓いを果たすために、カナンの地をイスラエルの民に与えようとしておられる。③主は、恵みのゆえにこの地をイスラエルの民に与えようとしておられる。

イスラエルの民の背信

イスラエルの民は、エジプトを出た日から一貫して主に逆らい続けてきました。その一例が、金の子牛事件です。モーセは山頂で、40日40夜、断食をしていましたが、民は麓にいて、自分たちのために金の子牛を作り、宴会を催していました。モーセは山頂で、十戒が書き記された石の板2枚を授けられましたが、民は麓で、その十戒を破っていました。なんという対比でしょうか。

２枚の板を持って山を下りてきたモーセが見たものは、鋳物の子牛を礼拝している民の姿でした。モーセは、２枚の石の板を投げつけ、民の面前でそれを粉々に打ち砕きました。これは、主が民との契約を破棄されたことを示しています。モーセは断食をしましたが、それは、民と自分を一体化させ、罪を深く悲しむためです。モーセは、民が滅ぼされることのないようにと主に懇願し、その祈りは聞き入れられました。また、モーセはアロンのためにも執りなしをしました（申命記９章だけに出てくる情報）。

モーセが、金の子牛を跡形もなく破壊したのは、イスラエルの民も同じような罰を受けるに値するということを教えるためです。モーセは、必死の執りなしの祈りによって、民を破滅から救いました。

その他の反抗の事例

モーセは、それ以外の出来事も列挙します。（１）タブエラでは、民は主に不平を言い、主を怒らせました。主の火が宿営の端をなめ尽くしましたが、モーセの祈りによって火は消えました。（２）マサでは、民は水がないのでモーセと争い、主を試みました。（3）キブロテ・ハタアワでは、民はマナに飽きたと不平を言い、うずらが与えられました（その後、民は疫病で打たれた）。（4）カデシュ・バルネアでは、集団として主に背きました。彼らは、神の約束より人間（偵察隊）の報告を聞いて怖気づき、約束の地に侵入して戦うことを拒んだのです。最後にモーセは、「私があなたがたを知った日から、あなたがたは主に逆らい続けてきた」と総括しました。

民が滅びなかったのは、モーセの執りなしの祈りがあったからです。その祈りは、旧約聖書に記された模範的な祈り（祈りのモデル）です。彼は、神の栄光が表れることだけを求めて祈りました。もし神が、エジプトから連れ出したご自身の民を滅ぼすなら、それは神にとって不名誉なことです。またモーセは、神がアブラハム、イサク、ヤコブに与えた約束を覚えてほしいと懇願していますが、これは、神の真実な性質に訴えかける祈りです。さらにモーセは、神の力に訴えかけています。神には、イスラエルの民を救う力があります。もし神がイスラエルの民を滅ぼすなら、諸国の民が、神には約束したことを実行する力がないのだと言って、神を冒涜することでしょう。

神は、神の栄光だけを求める真実な執りなしの祈り手を求めておられます。「私がここにいます」と、応答しようではありませんか。

申命記10章

「イスラエルよ。今、あなたの神、主が、あなたに求めておられることは何か。それは、ただあなたの神、主を恐れ、主のすべての道に歩み、主を愛し、心を尽くし、いのちを尽くしてあなたの神、主に仕え、あなたの幸せのために私が今日あなたに命じる、主の命令と掟を守ることである。」

（申命記10・12～13）

この章から、以下のことを学びましょう。（１）執りなしの祈りには、力があります。（２）執りなしの祈りによってイスラエルの民を救ったモーセは、キリストの型です。（３）祝された人生を歩む秘訣は、主への全的献身です。（４）神の恵みに対する唯一の正当な応答は、「神への愛」と「隣人への愛」です。

聞かれた祈り

モーセの執りなしの祈りを聞いた主は、イスラエルの民を滅ぼすことを思いとどまり、再度石の板２枚に十戒を書いてモーセにお授けになりました。これは、主が契約の再締結を認めたことを示しています。ここでモーセは、一連の出来事を「ひとかたまりのもの」として記録しています。しかし、厳密に時間の流れを追うと、以下のようになります。①契約の箱を作れという命令は、金の子牛事件の前に与えられていた。②それから金の子牛事件が起こった。③事件の後に、幕屋が建設された。契約の箱は、幕屋完成後に作られた。④幕屋の清めが終わってから、契約の箱は至聖所に安置された。⑤その箱の中に、石の板２枚が納められた。

挿入句

申命記10章６～９節は挿入句で、アロンの死とレビ族の役割を取り上げています。新世代のイスラエル人にとって、レビ族や祭司に関する規定は、極めて重要な情報です。アロンは、モセラで死にました（民数記20章の記述によれば、アロンが死んだのはホル山の頂です。モセラはホル山の地区にあった地名でしょう）。アロンの後継者は、エルアザルです。祭司の援助者として奉仕するレビ族には、３つの役割が与えられました。①主の契約の箱を運ぶ。②主の前に立って仕える。③御名によって祝福する。

聞かれた祈り

モーセは、2度目にシナイ山にとどまった出来事を再度取り上げます。主は、モーセの祈りに応え、イスラエルの民を滅ぼすことを思いとどまられました。主がイスラエルの民に約束の地を与える理由は、アブラハム、イサク、ヤコブにそのように誓われたからです。その約束に基づいて約束の地を占領するのは、イスラエルの民の使命です。民は、過去に体験した主の恵みを思い起こし、そこに示された霊的原則（主は約束に忠実なお方である）に従って行動を起こす必要があります。

主への献身

モーセはイスラエルの民に、主への全的献身を勧めます。生存のために残された道は、主への全的献身だけです。①主を恐れること ②主のすべての道に歩むこと ③主を愛すること ④心を尽くし、精神を尽くして主に仕えること、などがその内容です。これらの命令は、民を束縛するためではなく、彼らを幸せにするためのものです。主は地上の諸民族の中から、イスラエルの民の先祖たち（族長たち）を選び、彼らを愛されました。その愛のゆえに、イスラエルの民は選びの民、神に愛された民となりました。この関係に基づけば、愛の応答だけが意味あるものとなります。

主の選びと主権への正しい応答は、心の割礼です。イスラエルの民は、「うなじを固くする者（頑固である）」と何度も呼ばれています。主への反抗的な態度を悔い改めることが、「心の包皮に割礼を施しなさい」という言葉の意味です。主は、わいろや貢物を喜ばれるお方ではありません。内的に変化した人だけが、真に主を喜ばせることができます。主はみなしご、やもめ、在留異国人をも愛しておられます。かつてイスラエルの民もエジプトでは奴隷だったのですから、彼らはその時の苦しかった生活を思い起こし、在留異国人に愛を示すべきであるとモーセは語ります。

主は出エジプトの出来事を通して、その偉大な力を啓示されました。それを目撃した民は、主を恐れ、全身全霊を込めて主を賛美すべきです。主の約束の一部がすでに成就したことは、イスラエルの人口が空の星のように多くされたことから分かります。私たちも、自分にとって「心の割礼」とはどういうものであるか、黙想してみましょう。神に対して愛の応答をする人は幸いです。

申命記11章

あなたはあなたの神、主を愛し、主への務めを果たし、主の掟と定めと命令をいつも守りなさい。（申命記11・1）

この章から、以下のことを学びましょう。（1）主に従えば従うほど、主との関係は親密なものとなり、従順な生活が喜びに満ちたものとなります。（2）イスラエルの民の前には、祝福への道と呪いへの道が置かれました。どちらを選ぶかは、民に委ねられました。（3）命に至る道を選ぶ人は幸いです。

主を愛せよという勧め

主を愛するとは、親密な関係を持つ相手として主を選び、御心に忠実に生きることによって、その選びを証明することです。

イスラエルの民は、出エジプト体験を通して主の偉大さを学びました。モーセは彼らにそのことを思い起こさせ、両親には子どもたちに主の御業を伝える責任があると教えます。さらにモーセは、歴史を回顧しながら、主への従順が祝福を受ける秘訣であると教えます。

かつて、ダタンとアビラムがモーセに反抗するという事件がありました（民16章）。この2人は、エジプトのことを「乳と蜜の流れる地」と言いました。それを記憶していたモーセは、エジプトではなくカナンの地こそ「乳と蜜の流れる地」であると説明します。エジプトの農業は人力に依存した灌漑農業ですが、カナンの地の農業は、主への信頼によって成り立つ信仰による農業です。雨を降らせるのは、主ご自身です。雨には秋の雨（9月〜10月）と春の雨（3月〜4月）があります。秋の雨は種蒔きの時期に、春の雨は収穫の時期に降ります。この雨によって、穀物、ぶどう、オリーブ、野の草などが育ちます。家畜も、そこから飲み水を得ます。

偶像礼拝への警告

モーセは、偶像礼拝の罪に対する裁きは、「干ばつ」だと語ります。イスラエルの民は、豊かな雨を得るためにカナンの偶像（バアル）を礼拝するようになりますが、主は彼らを罰するために、干ばつをもたらされます。なんという皮肉でしょうか。偶像礼拝を避けるための最高の方法は、主のことばを記憶し、常にそれについて黙想することです。具体的な方法として、①心とたましいに刻み付ける、②しるしとして手に結びつける、③記章として額の上に置く、などがあります。さらに、子どもたちにそれを教え、生活のあらゆる局面において、それを唱えることも大切です。

従順による勝利

戦いにおける勝利は、主への従順によってもたらされます。主は敵の心に、おびえと恐れをもたらされます。ヨシュア記2章9節で、エリコの遊女ラハブは、イスラエル人のスパイにこう語っています。「主がこの地をあなたがたに与えておられること、私たちがあなたがたに対する恐怖に襲われていること、そして、この地の住民がみな、あなたがたのために震えおののいていることを、私はよく知っています」。これは、申命記11章25節の約束が成就したことの一例です。もしイスラエルの民が主に忠実であり続けたなら、より多くの土地を獲得できていたはずです。しかし、今に至るまで、イスラエルの民がアブラハムに約束されていた土地をすべて所有したことは一度もありません。それが成就するのは、メシア的王国（千年王国）においてです。

祝福と呪い

イスラエルの民の前に、２つの選択肢が置かれました。１つは、従順とそれに伴う祝福、もう1つは、主への反抗（偶像礼拝）とそれに伴う呪い（裁き）です。カナンの地の中央部、シェケムという町の近くにゲリジム山とエバル山があります。ここでは、この２つの山が、祝福と呪いの象徴となっています。ゲリジム山（南側の山）に6部族が立つと、祭司が彼らに向かって祝福を宣言します。エバル山（北側の山）に残りの6部族が立つと、祭司が彼らの上に呪いを宣言します。２つの山の間を狭い谷（ワジ）が走っていますが、これは、双方が呼びかける形の儀式（交唱の儀式）には好都合な地形です。

古代中近東の宗主権契約では、契約条項を守るかどうかによって、祝福か呪いが下ることが宣言されました。申命記は、宗主権契約の形式で書かれた書です。祝福か呪いかの選択は、民に委ねられています。私たちもまた、命に至る道(キリストを信じる道)は狭いものであることを覚え、常に正しい選択ができるように細心の注意を払う必要があります。イスラエルの民の歴史から教訓を学ぶ人は、幸いです。

申命記12章

「あなたがたが追い払おうとする異邦の民がその神々に仕えた場所は、高い山の上でも、丘の上でも、また青々と茂るどの木の下でも、それをことごとく破壊しなければならない。」（申命記12・2）

この章から、以下のことを学びましょう。（1）幕屋の規定は、純粋な礼拝と契約の民の一致を目的としたものです。（2）私たちも、礼拝の純粋性と聖徒の一致をクリスチャン生活の目標とすべきです。

祝された生活の秘訣

約束の地を目前にして、モーセは、祝福された生活を体験するための秘訣を語りました。①生活のあらゆる領域において主に従うこと。②主への従順を妨害する要因があれば、直ちにそれを取り除くこと。この2点が、ポイントです。

「あなたがたの父祖の神」ということばは、申命記にしばしば登場するものです。イスラエルの民に約束の地を与えてくださるお方は、契約の神、生きておられる神です。主は、先祖たち（アブラハム、イサク、ヤコブ）と契約を結ばれました。主が約束されたことは、必ず成就します。これは、そのまま私たちにも適用される真理です。

幕屋の建設

山や丘は、中近東の偶像礼拝では、極めて重要な場所でした。モーセは、偶像礼拝の場（高きところ）をことごとく破壊するように命じました。完全な破壊を命じた理由は、偶像礼拝の誘惑を取り除くためであり、真の礼拝に不純な要素が混入しないようにするためでもあります。

カナンの地に入ったなら、主は民に、幕屋を設置する場所を示されます。幕屋は、シャカイナグローリーが現れる場所です。荒野の放浪期間においては、イスラエルの民は、自分で正しいと思える方法でささげ物を献げていました。しかし、カナン入国後は、そのような身勝手な行動は許されません。約束の地では、あらゆるささげ物を、主が選ぶ場所に来て献げなければなりません。この命令は、イスラエルの民に祝福をもたらすためのものです。彼らは、神が唯一であることを学び、偶像礼拝の悪影響から守られます。その結果、礼拝の純粋性が保証されます。彼らは、契約の民として、政治的、霊的に一致を保つことができるのです。

食用の獣

ささげ物でない獣（狩猟動物や家畜）に関しては、町の中でそれを屠って食べることができました。主へのささげ物の肉が、主の前での宴会に供される場合は、（儀式的に）汚れた人は、それを食べることができませんでした。しかし、最初から食用に屠られたものは、汚れた人も、清い人も、ともに食べることができました。ただし、血を食べることは禁じられました。その理由は、「血はいのちだからである」というものです。

モーセは、主へのささげ物は、主が選ぶ場所で食べなければならないと繰り返し命じます。また、レビ人への配慮を再度強調します。なぜなら、幕屋で仕えるレビ人を支えるのは、イスラエル人にとっては当然の義務だからです。

偶像礼拝への警告

カナン定住は、神の恵みによって可能となります。もし偶像礼拝に陥るなら、それは神の恵みに背を向ける行為です。偶像礼拝の始まりは、単なる好奇心によるものですが、このような心の動きは、人間の罪性がいかに深いものであるかを示しています。偶像礼拝を排除すべき理由は、その道を進めば究極的な堕落に至るからです。究極的な堕落とは、自分の息子や娘をいけにえとして偶像に献げるようになるということです。この恐ろしい偶像は、アンモン人の神モレクです。息子や娘を偶像に献げる者は、死刑に処せられます（レビ20・2～5）。しかし、このような命令があるにもかかわらず、後の時代になると、ソロモン、アハズ、マナセなどがモレク礼拝を行うようになります。北王国イスラエルがアッシリア捕囚（前8世紀）を体験する理由の1つが、このモレク礼拝です。

幕屋の規定は、新約時代になって廃棄されました。今の時代は、信者1人ひとりが「神の宮」です

（2コリ6・16）。しかし、幕屋の規定が示している霊的ゴールは、私たちにも適用可能です。神は、純粋な礼拝を求めておられます。また信徒が一致することを喜ばれます。モーセは申命記の中で、「気をつけて、○○しなさい」と何度も繰り返していますが、これは、約束の地での生活が子孫の代に至るまで祝されるための警告です。私たちも、その警告に耳を傾け、礼拝の純粋性と信徒の一致を求めていこうではありませんか。

申命記13章

「その預言者、夢見る者のことばに聞き従ってはならない。あなたがたの神、主は、あなたがたが心を尽くし、いのちを尽くして、本当にあなたがたの神、主を愛しているかどうかを知ろうとして、あなたがたを試みておられるからである。」（申命記13・3）

この章から、以下のことを学びましょう。（1）偽預言者を見分ける方法は、「奇跡（しるし）」ではなく、みことばです。（2）愛する者たちからの誘惑には、毅然とした態度で臨む必要があります。（3）よこしまな者たちの影響を受けた町は、聖絶すべきです。

偽預言者の欺き

この章では、民を偶像礼拝へといざなう3種類の人たちが取り上げられています。①偽預言者たち、②愛する者たち、③よこしまな者たち。

まず、偽預言者たちについて考えてみましょう。

キリスト教以外の宗教でも、奇跡的なことは起こります。なぜなら、サタンや悪霊も、奇跡をもたらすことができるからです。しかし、「奇跡（しるし）」だけでは、その教えが真実であることの証明にはなりません。私たちの責務は、自分の体験が神のことばと合致しているかどうかを、全力で吟味することです。もし合致していないなら、神のことばに従うべきです。偽預言者や夢見る者は、死刑に処せられます。民を偶像礼拝にいざなうことは、神がエジプトから連れ出した民を破滅に導くことです。さらに、彼らを厳しく罰する理由は、民の間から悪を除き去るためです。

愛する者たちからの誘惑

愛する者たちからの誘惑は密かにやってきます。愛する者たちとは、①兄弟たち、②息子や娘たち、③愛妻、④無二の親友、などです。彼らは、私たちの人生を支えてくれている人たちです。その人たちが偶像礼拝を勧めた場合、それに抵抗するのは容易なことではありません。「あなたも先祖たちも知らなかった神々」とは、その存在について無知であったということではなく、体験的知識がなかったということです。それらの神々は、イスラエルの民のために何1つしてくれたことはありません。ここに、偶像礼拝の不条理があります。

偶像礼拝を勧める者がいた場合、誘惑を受けた本人が、まず手を下さなければなりません。愛する者を助けたいという思いになるでしょうが、共同体の中から汚れを取り除くために、断固とした態度で対処する必要があります。誘惑を受けた本人が最初に石を投げ、その後、民がみな石を投げます。

「彼を石で打ちなさい。彼は死ななければならない。彼は、……主から、あなたを迷わせようとしたからである。イスラエルはみな聞いて恐れ、二度とこのような悪をあなたがたのうちで行わないであろう」（10～11節）。誘惑を受けた本人の断固とした献身の姿勢を見て、民の間に主への恐れが生じます。ここでのポイントは、私たちのために大いなることをしてくださった神に、大いなる献身をもって応答するということです。

よこしまな者たちの惑わし

ある町に「よこしまな者たち」が現れ、その町全体が背信の町となった場合は、次のように対応すべきです。(1)まず事実関係を慎重に調査する。背信の事実が明らかになって初めて、処罰の段階に移行します。(2)その町に下る裁きは、「聖絶」である。つまり、住民、家畜、略奪物などすべてを、神への全焼のささげ物として火で焼くのです。(3)その結果、その町は永久に廃墟となる。「廃墟」と訳されていることばは、「テル」ですが、この言葉は現在、遺跡の丘を指すものとして使用されています。

　聖絶のものを取ることは許されていません。それゆえ、利己的な理由で町を罪に定めたり、攻撃したりすることはあり得ないのです。これらの対処法は厳しすぎると感じるかもしれませんが、神はイスラエルの民を祝福するために、この命令を与えていることを見落としてはなりません。

　偶像礼拝への警告と対応は、新約時代の私たちに適用される命令ではありませんが、罪に対して毅然とした態度を取るべきであるという点は、教訓となります。パウロはこう教えています。「新しいこねた粉のままでいられるように、古いパン種をすっかり取り除きなさい。あなたがたは種なしパンなのですから。私たちの過越の子羊キリストは、すでに屠られたのです」(1コリ5・7)。偽預言者や夢見る者の存在は、神から与えられた信仰のテストです。テストに合格するたびに、神に対する私たちの愛は成長します。

申命記14章

あなたは、あなたの神、主の聖なる民だからである。主は地の面のあらゆる民の中からあなたを選んで、ご自分の宝の民とされた。（申命記14・2）

この章から、以下のことを学びましょう。（1）食物規定は、イスラエルの民に与えられたもので、異邦人のための律法ではありません。（2）什一献金には3種類のものがあります。（3）新約時代の信者は、恵みにより、喜んで献げるように命じられています。

異教的葬儀の習慣の禁止

他の民族はすべて、祭司の民であるイスラエルを通して主に近づきます。それゆえ、イスラエルの民は、異教の民の習慣（特に、葬儀の習慣）を真似てはならないのです。死者のために自らの体を傷つけるのは、忌むべき習慣です。その行為は、死者は生者になんらかの影響力を持っているという「迷信」に基づくもので、主への信仰とは相容れないものです。

「主の聖なる民」とは、「主のご用のために選び分けられた民」という意味です。「聖なる」とは、他から区別された状態（俗からの区別）を言います。イスラエルの民は、異教の民とは異なった習慣や特徴を身に付けることによって、自らが聖なる民であることを諸国民に示すのです。

清い動物と汚れた動物

動物界が3区分されています。①陸上に住むもの、②水中に住むもの、③空中に住むもの。この3区分がさらに形状や食生活によって、清い動物と汚れた動物に2分されています。食べてよい獣は、「ひづめが分かれ、完全に二つに割れているもので、反芻するものすべて」で、それ以外は汚れた動物です。食べてよい水中動物は、「ひれとうろこのあるものすべて」で、それ以外のものは汚れています。鳥の場合は、肉食や雑食のものは汚れたものとされ、草食（穀物食）のものは食べてもよいとされました。昆虫は汚れたものに入っています。

自然に死んだものを食することは禁止されまし

た。町囲みにいる寄留者（異邦人）にそれを与えることは許可されましたので、この禁止令は衛生上の理由から出たものではないことが分かります。「子やぎをその母の乳で煮てはならない」という規定は、カナン人の偶像礼拝の習慣に巻き込まれないためのものです。後に律法学者たちは、この規定を拡大解釈し、肉類と乳製品を同時に食することを禁じる口伝律法を作り上げることになります。

食物規定の目的について、様々な議論があります。①衛生上の理由、②偶像礼拝との分離、などを上げる人もいます。しかし、新約聖書には食物規定は出てきませんので、①と②がその理由だとは考えにくいです。食物規定は、イスラエル人に自分たちが「聖なる民」であることを教えるために与えられたものです。彼らは異邦人と異なる食習慣を継続することで、この世と同化することから守られました。

3種類の什一献金

モーセの律法では、3種類の什一献金が命じられています。

第1の什一は、レビ人を支えるためのものです。

第2の什一は、什一を捧げた残り90%のさらに什一を献げるものです。これは、主の祭りといけにえを継続するためのもので、献げる場所は、エルサレムです。主の祭りは、過越の祭り、五旬節の祭り、仮庵の祭りの3回です。この什一は、献げる者が食べることのできるものです。この食事によって、イスラエルの民は農業的な収穫が主によって与えられたものであることを確認し、御名を恐れました。食べて余った物は、レビ人のものとなりました。この命令には、禁欲と放縦を戒めるバランスがあります。禁欲によって自分を苦しめるのでもなく、放縦によって堕落するのでもない、バランスの取れた生活こそクリスチャンライフです。

第3の什一は、3年に一度、貧しい人を支えるために献げるものです。主の関心は常に、ご自身のしもべたち（レビ人）と貧しい人たち（社会的弱者）に向けられていることを覚えましょう。

マラキ書3章8〜10節を根拠に、什一は教会に献げるべきものだと教えられる場合があります。しかしこの命令は、モーセの律法が機能していた時代のものです。新約時代の信者は、聖霊に導かれており、律法の下にはいません（ロマ6・14）。新約時代の献金は、什一の原則に基づいて献げるのではなく、自分に与えられている経済的能力に応じて、喜んで献げるということです。恵みによって献げる者とならせていただきましょう。

申命記15章

「あなたは七年の終わりごとに、負債の免除をしなければならない。」（申命記15・1）

この章から、以下のことを学びましょう。（1）主から祝福を受けた者は、喜んで貧しい者たちを助けるべきです。（2）安息年やヨベルの年は、福音がもたらす解放を予表しています。（3）自発的奴隷は、自らの意志で神のしもべとして生きるクリスチャンの姿を予表しています。（4）初子を献げる儀式は、出エジプトの出来事を思い出すためのものです。

負債の免除

安息年に関する教えは、出エジプト記23章やレビ記25章に出ていました。これらの規定では、耕作地は7年目に休ませる必要がありましたが、負債の免除に関する言及は、ここで初めて登場します。神はイスラエルの民に恵みを施されました。それゆえ、恵みを受けた者は、貧しい人たちに恵みを示す必要があります。

7年ごとの負債の免除によって、イスラエルの民の中から貧しい者がいなくなります（この規定は外国人には適用されません）。負債を免除しても、免除した人が貧しくなることはありません。なぜなら、主に従順な人を、主は祝福されるからです。7年ごとに負債を免除することは、50年目のヨベルの年に行う土地の返却のための心の準備となりました。ヨベルの年になると、土地が元の所有者に戻されます（レビ25・8～17参照）。

奴隷の解放

奴隷は6年間働くと、7年目には自由にされました。これは、申命記15章1～6節の「安息年の規定」とは別のものです。つまり、奴隷は働き始めて6年が経つと、7年目には自由にされたということです（出21・2参照）。

ここでモーセは、出エジプト記にはなかった命令を加えます。それは、奴隷を自由にするときは、財産を分与するということです。主人は、羊、穀物、ぶどう酒などを奴隷に与えなければなりません。それがないと、その奴隷は再び身売りをしなければならなくなるからです。主人がこのような恵みを与える根拠は、主が彼らをエジプトから贖い出されたからです。主が彼らに恵みを与えたように、彼らも奴隷に恵みを与えるべきです。

もし解放直前の奴隷が、解放後も奴隷としてその家にとどまることを願ったなら、それは許可されます。その場合、主人はきりを取って、その奴隷の耳を戸に刺し通します。これは、その奴隷が主人の所有物となったことを示す儀式です。

主人は気前の良い態度で、奴隷を自由の身にしてやる必要があります。なぜなら、同じ働きを雇い人に任せたなら､倍の賃金がかかるからです。さらに、気前の良い主人は、主から祝福を受けるようになるからです。

初子の規定

「初子の規定」が出てきます。その理由は、負債の免除、奴隷の解放などと同様に、この規定が自分の所有物を手放す行為だからです。この規定が最初に登場したのは、出エジプト記13章11～15節でした。

家畜の群れの中の雄の初子はみな、主のものです。所有者は、家畜の中の初子から益を得てはなりません。牛の初子を使って耕作したり、羊の初子の毛を刈ったりすることは、禁止されました。

雄の初子は、毎年祭り（3大祭りのどれか1つ）の時期にエルサレムに上り、そこで献げなければなりません。このささげ物は、献げる人が主の前で家族とともに食することができました。余ったものは、祭司たちの生活を支えるために用いられました。

欠陥がある初子を主へのささげ物としてはならない理由は、主へのささげ物は、完全なものでなければならないからです。もし欠陥があれば、その初子の家畜は狩猟動物と同様の扱いをすることになります。つまり、町囲みのうちで（自分の家で）食べるということです（ただし、ここでも血を食べることは禁止されました）。ちなみに「汚れた人もきよい人も」というのは、儀式的な汚れを指しています。

初子の規定は、教育的な意味を持ったものです。初子を主に献げる行為は、イスラエル人たちに、「エジプトからの贖い」を想起させました。エジプトを出る夜、エジプト中の初子が主に打たれて亡くなったからです。イスラエル人たちは、初子の規定を用いて、神がイスラエルの民をエジプトから贖ってくださったことを子どもたちに教えました。一方、現在の私たちが行う聖餐式は、キリストの贖いの死を記念するためのものです。神がしてくださった数々の恵みを記憶している人は、幸いです。

申命記16章

「アビブの月を守り、あなたの神、主の過越を祝いなさい。アビブの月に、あなたの神、主が夜のうちにエジプトからあなたを導き出されたからである。」（申命記16・1）

この章から、以下のことを学びましょう。（1）年に3回巡ってくる巡礼祭は、イスラエルの民の信仰を矯正する役割を果たしました。（2）種なしパンは、心に罪や汚れのない状態で祭りを祝うべきだということを指し示しています。（3）イスラエルの祭りは、メシアの生涯の予表となっています。

過越の祭りと種なしパンの祭り

申命記16章には、3大巡礼祭の記述があります。①過越の祭り、②七週の祭り、③仮庵の祭りがそれです。過越の祭りの期間は1日ですが、その直後に7日間の種なしパンの祭りが続きます。「種を入れないパン」とは、発酵させていないパンのことですが、それを食べるのは、エジプトを出た夜、急いで食事をしたことを思い出すためです。ささげ物として屠った肉は、翌朝まで残してはなりません。残りそうな場合は、火で焼き尽くします。これは、ささげ物が「聖なるもの」であることを教えるためでしょう。

最初は、過越の祭り（種なしパンの祭り）は各家庭で祝いましたが、最終的には、幕屋（神殿）が建つ場所に行って祝うことになります。

7週の祭り

7週の祭りという名称は、初穂の収穫の時から7週間を数えるという命令からきています。後の時代になると、ギリシア語のペンテコステ（50日という意味）という名称が用いられるようになります。この祭りは、主が与えてくださった豊かな収穫に感謝するものなので、各人が自由意思によって献げるささげ物の量は、主から受けた恵みに比例するものとなります。恵みを味わった者たちは、恵まれない人々（在留異国人、みなしご、やもめ）に愛を示すように命じられています。

仮庵の祭り

その年の収穫が終わると、仮庵の祭りを祝います。これは、7日間の祭りです。仮庵の祭りという名称は、その祭りの期間、木の枝や葉で作られた仮の宿（仮庵）に住むことから来ています。これは、第7の月の15日（ティシュリの月）に始まります。この祭りの特徴は「喜び」です。主が与えてくださった収穫を喜ぶだけでなく、出エジプトによって奴隷状態から解放されたことも喜ぶのです。仮庵に住む理由は、40年間の荒野の生活を記念するためです。40年間、主はイスラエルの民を守られました。そして今も守っていてくださいます。民は、そのことを喜ぶのです。

正義の確立

申命記16章18節から18章22節には、約束の地における「純粋な礼拝と正義の維持」に関する命令が書かれています。まず、指導者の任命が取り上げられます。彼らは、「さばきつかさ」と「つかさ」と呼ばれています。裁判人は裁判をする人、役人はその補佐役（書記）です。彼らは、約束の地における正義の確立のために立てられたリーダーたちです。

裁判に関して、次のことが命じられます。（1）裁きを曲げてはならない。啓示された義の基準に反する判決を出してはならないという意味です。（2）人を偏って見てはならない。これは偏見やえこひいきを禁止する規定です。（3）賄賂を取ってはならない。聖書は、賄賂は知者を愚か者にすると教えています。

指導者たちには、正義の確立ということ以外に、純粋な礼拝を維持するという責務もありました。「主の祭壇のそばに、どんな木のアシェラ像をも立ててはならない」、「主の憎む石の柱を立ててはならない」などの命令は、混合宗教を禁じたものです。次の17章に入ると、欠陥のあるささげ物の禁止令が出てきます。欠陥のあるささげ物は礼拝を汚す要素となります。純粋な礼拝の維持は、本来は祭司の役割ですが、もしその祭司が使命に忠実でないなら、最終的な責任者である裁判人や役人がその状況に介入することになります。

将来、約束の地に入ると、イスラエルの男子はみな、年に3度エルサレムに上って3大巡礼祭を祝うようになります。仮庵の祭りの預言的側面は、いまだに成就していませんが、それは、千年王国が地上に設立された時に成就します（ゼカ14・16参照）。仮庵の祭りは、将来起こるメシアの再臨と千年王国の設立を指し示しています。この預言が将来必ず成就することを確信し、メシアの再臨を待ち望む人は、幸いです。

申命記17章

「死刑に処するには、まず証人たちが手を下し、それから民全員が手を下す。こうして、あなたがたの中からその悪い者を除き去りなさい。」

（申命記17・1）

この章から、以下のことを学びましょう。（1）偶像礼拝者や主の権威に逆らう人は、死刑に処せられます。そのような人は、国の存続を脅かす人です。（2）王は、主以外のものに信頼を置いてはなりません。この原則は、現代の霊的指導者にも適用されます。

死刑と証人の制度

偶像礼拝者は、死刑に処せられました。なぜなら、そのような行為は国の存続を脅かすものであり、「主の目の前に悪を行い、主の契約を破る」行為だからです。偶像だけでなく、天体を礼拝することも禁じられました。創造主を被造物と取り換えることは、大きな罪です。

偶像礼拝者がいるという情報が伝えられたなら、裁きを実行する前に、慎重に調査する必要があります。調査の結果、それが事実であることが判明したなら、偶像礼拝者を町の広場に連れ出し、石打ちの刑に処します。誤審を防ぐために、複数（2人か3人）の証人が立てられます。死刑の執行は、証人たちが石を投げるところから始まります。もし証人が偽証していたなら、その人は殺人を犯したことになり、後で殺人の罪を追及されます。証人に続いて民がみな手を下す理由は、民全体として偶像礼拝を拒否したことを示すためです。

困難な訴訟

約束の地においても、判断が困難な事件（殺人事件、所有権に関する争い、傷害事件など）が持ち上がります。その場合、裁判人は助けを求めて、「主の選ぶ場所」に上ります。そこは、幕屋のある場所、後には神殿のある場所です（つまり、エルサレムです）。そこには上級裁判所（今でいう最高裁判所）が存在します。構成員は、祭司たちと最高位のさばきつかさです。その上級裁判所に尋ねれば、判決のことばを出してもらえるというのです。

上級裁判所の判決が下れば、それが最終決定となり、地方の裁判人は、判決通りに刑を執行します。上級裁判所の決定に従わない者がいれば、その者は死刑に処せられます。これによって、民は主を恐れることを学ぶのです。

王に関する規定

モーセが死ぬと、ヨシュアが次のリーダーとなって、イスラエルの民を約束の地に導きます。そのヨシュアが死ぬと、次は、士師たちと祭司たちが民を統治するようになります。もし彼らが不従順に陥れば、国は滅びに向かいます（士師記は、そのような状況を記録しています）。そういう彼らのために、神は王政を用意しておられました。この統治形態は、外敵に対してより強い防御力を発揮するものです。イスラエルの民の失敗を予感したモーセは、この時点で、王に関する預言を語ります。

王の資格は2つあります。（1）王は、主の選ぶ者でなければならない。（2）同胞のイスラエル人でなければならない。幼少の頃から律法を学び、先祖たちの歴史について話を聞かされてきた人物なら、より確実に民を統治することができます。

王に関して、３つの禁止事項が宣言されます。(1)馬を増やしてはならない。この命令に従えば、イスラエルの戦力は敵のそれよりは、はるかに劣ったものになります。この命令は、主への信頼を試すためのものです。さらに、馬を増やすためには、エジプトに下らなければなりません。かつて奴隷となっていた国に戻ることなど、考えられないことです。(2)多くの妻を持ってはならない。王たちは、政略結婚を通して隣国と同盟を結ぶようになります。しかし、主に信頼するなら、そのような政治的策略は不要です。多くの妻を迎えることは、彼女たちが持ち込んでくる偶像礼拝と関わることにもなります。(3)自分のために金銀を非常に多く増やしてはならない。裕福になれば、金銀に信頼を置くようになるからです。王は常に、自らをしもべの立場において、主と民に仕える必要があります。

王の責務は、律法の教えを手元に置き、生涯これを読んで学び、その命令を実行することです。王が主を恐れ、謙遜に統治するなら、その王座は末永く続き、国も繁栄を経験するようになります。

霊的リーダーに与えられている神からの命令について、黙想してみましょう。キリストのしもべである私たちに与えられている禁止令とは、どのようなものでしょうか。神以外のものを誇りとする人は、霊的に危険な状態にあります。

申命記18章

「あなたの神、主はあなたのうちから、あなたの同胞の中から、私のような一人の預言者をあなたのために起こされる。あなたがたはその人に聞き従わなければならない。」（申命記18・15）

この章から、以下のことを学びましょう。（1）レビ人には土地が与えられませんでした。主ご自身が彼らの相続地となられたからです。（2）レビ人は、イスラエルの民が主に献げる物の中から生活の糧を得ました。（3）モーセは、「私のような一人の預言者」の到来を預言しました。イエス・キリストは、その預言の成就です。

レビ人と祭司に関する規定

レビ族は、ゲルション族、ケハテ族、メラリ族の3氏族から成っており、それぞれに異なった役割が与えられました。ケハテ族は、アロンの子孫とそうでない者に2分され、アロンの子孫だけが祭司として奉仕をしました。レビ族の中の祭司でない者たちを総称して、レビ人と言います。

レビ人の役割は、①祭司に仕えること、②イスラエルの民に律法を教えること、でした。祭司の役割は、より多岐に渡りました。①幕屋での奉仕、②裁判人としての奉仕、③律法の巻物の管理、④皮膚病に関する判定を下すこと、⑤契約更新の儀式を行う際にモーセの補助役を務めること。

レビ族は、誰も相続地（農業を営む土地）を受けませんでした（48の町々が割り当てられましたが、その目的は、国中に散らばって住むためです）。レビ族が相続地を受けなかったのは、主ご自身が彼らの相続地だからです。彼らは、イスラエルの民が主に献げるささげ物の中から自分たちの取り分を受けました。ここには、主の約束が人間の献身によって成就するという原則が見られます。

もしレビ人が、主の選ぶ場所（エルサレム）に上って、そこで仕えたいと願うなら、それは許可されました。その場合、そのレビ人は、他のレビ人が受けるのと同量の分け前に与ることができました。自分の居住地を離れる際に相続財産を売ったとしても、それによって分け前が減じるわけではありません。

パウロはこの原則を、新約聖書の働き人に適用しています。みことばの奉仕に当たっている献身者たちが、その働きに見合う「割り当て分」を受けることは、神の御心です（1テモ5・17〜18）。

忌みきらうべきならわし

主がイスラエルの民にカナンの地を与えるのは、その地から汚れを除き去るためです。もし民が異邦の民の影響を受けるなら、本来の目的から逸脱することになります。自分の子どもたちを偶像に献げるのは、忌むべきことです。「占い、卜占、まじない、呪術、呪文」などはすべて、未来の出来事を変えようとする行為です。魔術的手法に依存するなら、自らの道徳的責務を無視することになります。

カナン征服戦争は、侵略戦争ではありません。これは、主がイスラエルの民を用いてカナン人の罪を裁かれる「主の戦い」なのです。カナン人たちが追い払われる理由は、彼らの罪が満ちたからであり、その彼らの罪とは、「主が忌みきらわれることを行っている」ということです。

預言者の約束

イスラエルの民は、モーセ以降も預言者の系譜が続くという確約を主から得ました。本来モーセが預言者として立てられたのは、ホレブの山で、民が神の声を直接聞くことを恐れたからです。

「あなたの神、主はあなたのうちから、あなたの同胞の中から、私のような一人の預言者をあなたのために起こされる。あなたがたはその人に聞き従わなければならない」（15節）。主が起こされる預言者は、イスラエル人です。民は、その預言者が語ることばに耳を傾けなければなりません。その預言者が真の預言者であるかどうかを見分ける方法は、その預言が成就するかどうかを見ることです。もしその預言が成就しないなら、その人は主の預言者ではないということになります。

「私（モーセ）のような一人の預言者」とは、メシア、つまり、イエス・キリストのことです。紀元1世紀のユダヤ人たちは、この預言者の出現をずっと待ち望んでいました（ヨハ1・21参照）。しかしペテロは、もはや、モーセのような1人の預言者を探す必要はなくなったと語っています（使3・22～23参照）。イエスこそ、神のことばを語るモーセのような1人の預言者です。それゆえ、私たちはイエスのことばに聞き従う必要があります。イエスは、「いのちのことば」を持っておられます。

申命記19章

「これは、その場所に逃れて生きることができる場合、すなわち、前から憎んでいたわけではない隣人を、意図せずに打ち殺してしまった殺人者に関する規定である。」（申命記19・4）

この章から、以下のことを学びましょう。（1）逃れの町は、イスラエルの地のどこにいても、すぐに逃げ込める場所に置かれました。（2）逃れの町は、イエス・キリストの型です。主イエスは、すぐそばにいてくださいます。（3）主は、偽りの証人を忌み嫌われます。主ご自身が、真実な神だからです。（4）主イエスは、日常の人間関係においては、復讐を実行すべきではないと教えられました。

逃れの町

神は、6つの逃れの町を置くように命じておられました（民35・9～34参照）。ヨルダン川の東側には、すでに3つの逃れの町が設置されましたが、モーセは、自分がヨルダン川を超えて行くことができないのを知っていたので、ヨルダン川の西側にも3つの逃れの町を設けるように命じます。逃れの町を設ける際に距離を測定する目的は、どこにいても容易に逃れの町の1つに避難できるようにするためです。

殺意があったかなかったかで、逃れの町に身を寄せることができるかどうかが決まります。過失によって殺人を犯した者だけが、逃れの町に避難することができます。過失の例として、斧が柄から抜けて隣人に当たった場合が上げられています。当時、こういう事故がよくあったのでしょう。

逃れの町を置く目的は、悲劇的状況が繰り返されることを防ぐためです。「血の復讐をする者」とは、殺された人に最も近い血縁にある男子です。逃れの町に逃げ込んだ者は、大祭司が死んで新しい大祭司が立てられるまで、その町に留まりました。町の長老たちには、その者を守る義務がありました。

逃れの町の規定は、命の尊さをイスラエルの民に教えるためのものです。過失とは言え、人を殺した者は、相当な期間、自由を拘束されます。それによって民は、神の目には人の命が尊いものであることを学ぶのです。

地境と証人に関する規定

当時は、土地の境界線を示すために、地境の石が置かれていました。ここでは、その石を動かすことが禁じられました。なぜなら、その石を動かすことは、隣人の土地を盗むのと同じことになるからです。古代中近東では、地境の石を動かすことが頻繁に行われていたようです（ヨブ24・2参照）。イスラエルの地も例外ではありませんでした（箴22・28、23・10、ホセ5・10参照）。

裁判が行われる時は、複数の証人がいることが普通ですが、証人が1人しかいない場合もあり得ます。その場合は、中央に設置される裁判所に訴えることになります。もしその証人が偽りの証言をしていることが明らかになれば、その人は、同胞に対して企んだのと同じ内容のものを、罰として受けることになります。偽りの証人に関する規定が設けられている理由は、「ほかの人々も聞いて恐れ、このような悪を、あなたがたのうちで再び行わないであろう」（20節）というものです。

「あわれみをかけてはならない。いのちにはいのち、目には目、歯には歯、手には手、足には足」（21節）。これは同態復讐法と呼ばれるもので、過剰な罰や、過小な罰を避けるための規定です。聖書の規定では、1つの例外を除いて（申25・11～12）、体の一部を切り取ることは奨励されていません。上記の規定の中で実行されるのは、「いのちにはいのち」という部分だけです。

主イエスは、法廷においてこの規定が実施されることに反対はされませんでしたが、日常の人間関係においては、これを実行すべきではないと教えられました（マタ5・38～42参照）。復讐は、神ご自身が行われることです。もし今、自分の心の中に何かしらの怒りの感情があるのなら、その感情が取り去られるように祈りましょう。主にある平和を求める人は幸いな人です。

申命記20章

「あなたが敵と戦おうと出て行くとき、馬や戦車や、あなたよりも多い軍勢を見ても、彼らを恐れてはならない。あなたをエジプトの地から連れ上ったあなたの神、主があなたとともにおられるのだから。」（申命記20・1）

この章から、以下のことを学びましょう。（1）戦いに勝利する秘訣は、主がともにおられることを信じて戦うことです。（2）人道的な配慮が必要な者たちは、兵役を免除されました。（3）遠隔地の町々を攻める際には、まず降伏勧告が出されました。（4）カナンの地の町々に対しては、より厳しい対応が求められました。神が厳しい命令をお出しになる理由は、イスラエルの民を堕落から守るためです。

敵を恐れてはならない

イスラエルの民は、敵の馬や戦車、強力な軍勢を見ても、恐れたり、弱気になったりしてはいけません。なぜなら、主がともにおられるからです。出エジプトの出来事を通して、主がどれほど力ある神であるかは、すでに証明済みです。

戦いに際して、祭司は重要な役割を果たしました。契約の箱を運び、それを管理するのは、祭司たちの役割です。契約の箱は、主の臨在の象徴です。また、みことばに基づいて民を励ますことも、祭司たちの重要な役割です。強大な敵を前にして怯えるのは人間の自然な感情ですが、戦いの前に心がくじけてしまうと、敗北するしかありません。そこで祭司は、真理のことばを用いて民を励まします。真理のことばとは、主ご自身が彼らの敵と戦い、勝利を得させてくださるというものです。

従軍を免除される者たち

イスラエルの民の中には、戦闘にふさわしくない者もいました。①人道的な配慮が必要な者、②戦意を喪失させる可能性のある者、などがそれです。つかさたちは、人道的な理由で、以下の者たちを兵役から免除しました。（1）新しく家を建てて、まだそこに住み始めていない者。（2）ぶどう畑を作ったが、まだ収穫したことのない者。この場合は、最大5年まで免除が認められました。（3）婚約したが、まだ結婚していない者。この場合は、結婚後1年間の免除が認められました。兵役免除には、人道的な配慮以外に、戦意を喪失している者たちを軍から取り除くという目的もありました。

この戦いは、主が戦われる戦いです。その目的は、約束の地での平安な生活を保証することです。平安な生活とは、家を建て、ぶどう畑を作り、家族を成すということです。たとえ戦時であっても、平安な生活という目的に沿って、兵役を免除される者たちが選ばれました。ここには、神の目から見た人生の優先順位が啓示されています。

戦争のルール

古代戦争は、極めて残忍なものでした。しかし、神が契約の民であるイスラエルに与えた命令は、古代戦争のルールとは大いに異なります。「町を攻略しようとしてその町に近づいたときには、まず降伏を勧めなさい。」（10節）。この原則は、カナンの地以外の遠隔地での戦いに適用されるものです。遠隔地の町々は、直接的な脅威にはなりませんので、滅ぼすのではなく、降伏を勧めるのです。もし敵がそれに同意する（宗主権契約を締結する）なら、彼らはみな生き延びることができます（イスラエルの神を知る機会が与えられる）。彼らは、イスラエルのしもべとして働くようになります。もし降伏しない場合は、その町を包囲し、男を皆殺しにします。ただし、女、子どもは、イスラエル共同体の中で生きることが許されます。

カナンの地の町々は、直接的な脅威となります。それゆえ、カナン地の住民は、全員生かしておいてはならないのです。それは、彼らの生活が堕落しきっており、イスラエルの民にとって脅威となるからです。その地の住民の代表として、6つの民族の名が上げられます。①ヒッタイト人、②アモリ人、③カナン人、④ペリジ人、⑤ヒビ人、⑥エブス人。

愛なる神が、どうしてこのような厳格な命令をお与えになるのでしょうか。カナン人を聖絶せよという命令は、イスラエルの民を愛する神の愛から出たものです。罪をそのまま放置すれば、悪影響が広がり、最後は手を付けられないような状態になります。

この命令の霊的原則は、私たちにも適用できます。「新しいこねた粉のままでいられるように、古いパン種をすっかり取り除きなさい。あなたがたは種なしパンなのですから。私たちの過越の子羊キリストは、すでに屠られたのです」（1コリ5・7）

申命記21章

「このようにして、あなたは、主の目にかなうことを行うとき、咎のない者の血を流す罪をあなたがたの中から除き去ることができる。」

(申命記21・9)

この章から、以下のことを学びましょう。(1)主は、人間のいのちの尊厳を教えようとしておられます。(2)安定した家族の存在が、国の力の源泉です。(3)十字架の死は、神に呪われた死です。キリストは、自ら呪われた者となることによって、私たちを呪いから救ってくださいました。

犯人不明の殺人

主が与えてくださった地で殺人が起こったなら、中央から長老たちとさばきつかさたちが調査のために派遣されます。これは、殺人現場から最も近い町を確定するためです。最も近い町の長老たちは、使役に供したことのない雌の子牛を谷に連れて下り、そこでその首を折ります。その谷は、まだ耕作されたことのない、常に水の流れている谷でなければなりません。さらにその場には、レビ族の祭司たちが同席します。町の長老たちは、自らの無罪を証言し、「咎のない者の血を流す罪を、御民イスラエルのうちに負わせないでください」と祈ります。雌の子牛の命を献げ、長老たちが祈ることによってのみ、神の怒りが取り去られるのです。

家族法(1)捕虜の女を妻とする場合

カナン人の女以外なら、捕虜の中の美しい女性を娶《めと》ることが許されました(他国の兵士たちがするような略奪婚は禁止)。しかし、捕虜の女をすぐに妻にできるわけではありません。その前に、イスラエルの民の一員となるために必要なプロセスを通過させる必要があります。結婚後に、夫が彼女のことを好まなくなったなら、離婚することが許されました。これは、彼女がイスラエル人の信仰になじまなかったということでしょう。離婚する場合は、彼女を奴隷としてではなく、自由人として扱わなければなりません。主の御心は、女性の尊厳を認めることです。

家族法（2）長子の権利

聖書は、一夫一婦制を理想として描いていますが、一夫多妻制を実行する人たちがいたのも事実です（創2・20～24参照）。とは言え、長子の権利に関する規定は、妻に対する夫の偏愛が、子どもたちに損害をもたらさないようにするためのものです。

愛されている妻も、嫌われている妻も、ともに男の子を産みました。その場合夫は、愛されている妻の子を長子扱いしてはなりません。長子は、嫌われている妻の子であっても、長子には、2倍の分け前を受ける権利がありました。この規定は、あくまでも、長子の権利の順守を教えたもので、一夫多妻制を容認したものではありません。

神ご自身が例外的に弟を優先させることがあります。エサウよりもヤコブが、マナセよりもエフライムが祝されたのは、その好例です。これは、神の主権に基づく選びであり、神の恵みを示すものです。

家族法（3）逆らう息子

両親に逆らうことは、十戒の第5戒に違反しています。警告を受けても態度を改めない息子がいた場合、両親は厳しく対応します。両親は、反逆する息子を町の門に連れて行き、自らが証人となります。その息子を裁くのは、町の長老たちです。石を投げるのは両親ではなく、町の人たちです。これは、共同体で取り組む「罪の除去」です。両親に逆らうことは、神の権威に逆らうことです。そのような人物を放置することは、契約の民の存続に対する脅威となります。

諸々の律法――木につるされた死体

木につるすとは、犯罪人を木につるして殺すという意味ではなく、別の方法（ほとんどの場合が石打の刑）で死刑に処せられた犯罪人の死体を木につるすことです。これは、イスラエルの民への見せしめです。つまり、神に反抗するとどういう結果になるかという警告なのです。木につるされた者は、神に呪われた者であり、その死体を放置することは、神から与えられた相続地を汚すことになります。死体は、その日のうちに（日没までに）、必ず埋葬する必要があります。

キリストの死は、神に呪われた死です（木にかけられた死）。キリストは、ご自身が呪われた者となり、私たちを律法の呪いから贖い出してくださいました。ユダヤ人にとって、十字架上で悲惨な死を遂げた人物を救い主と認めるのは容易なことではありません。しかし、キリストの死が「身代わりの死」であることを理解するなら、霊の目が開かれます。今、信仰の目を上げ、十字架で死に、墓に葬られ、3日目に甦られたキリストを礼拝しましょう。

申命記22章

あなたの同族の者の牛または羊が迷っているのを見て、見ぬふりをしていてはならない。あなたの同族の者のところに、それを必ず連れ戻さなければならない。（申命記22・1）

この章から、以下のことを学びましょう。（1）日常生活の細かな事柄の中に、隣人愛を実践する可能性が隠されています。（2）神に仕えようと願うなら、清いものと汚れたものを混在させてはなりません。（3）社会の最小単位である家庭を破壊することのないように、細心の注意を払わなければなりません。

諸々の律法

22章1～12節には、様々な規定が出て来ます。（1）迷っている家畜、（2）なくした着物、（3）服装倒錯、（4）母鳥とひな鳥、（5）屋上の手すり、（6）異なるものの混合、（7）着物のふさ。

（1）迷っている家畜に関する規定は、隣人愛の具体的表現について教えたものです。同族の者の牛や羊が迷っているのを見たなら、知らないふりをしてはなりません。知らない人の家畜を見つけた場合は、一時的に自分の家で保護し、所有者が探しに来るまで世話をします。家畜が道で倒れていたり、穴に落ち込んだりしているのを見た場合は、所有者の手助けをしなければなりません。

（2）着物を見つけた場合も、家畜の場合と同様の対応をします。所有者が誰か分からない場合は、その着物を持ち帰り、自宅で保管します。この規定も、隣人愛の具体的表現について教えたものです。

（3）男が女の服を着ることも、女が男の服を着ることも、ともに禁止されています。その理由は、創造の秩序として与えられている男女の役割が「あいまい」にされてしまうからです。男女に上下関係はありませんが、役割の違いはあります。服装倒錯は、同性愛を助長する危険性も宿しています。もう1つ考えられる理由は、服装倒錯が偶像礼拝と関係していたという事実です。

（4）巣の中にひなか卵があった場合、母鳥とひな鳥をいっしょに取ってはなりません。これは、自然界の秩序の保護、また、食物確保の安定を目指した規定と考えられます。母鳥は生き延びるわけですから、また卵を産み、ひな鳥を育てる可能性があります。

（5）手すりを設けよとの規定は、隣人愛の実践を勧めたものです。古代中近東においては、家の屋上を多目的スペースとして利用する習慣がありました。人の出入りが多いので、屋上に手すりを付けることは、隣人愛の実践、いのちの尊厳を認める行為となります。家の設計に気配りする人は、血の責任を負うことがなくなるので、結果的に自分を守ることになります。

（6）ぶどう畑に2種類の種を蒔くことが禁じられています。これは、聖い神のことばに混ぜ物をしてはならないということを教えた規定だと思われます。牛とロバをひとくびきにして耕してはならないとも命じられています。牛は清い家畜であり、ロバは汚れた家畜です。これは、不信者とくびきをともにしてはならないということを教えた規定だと思われます。最後に、羊毛と亜麻糸の混紡が禁じられます。これは、実際生活において、義と不義とが混合していてはならないということを教えたものでしょう。
（7）着物の4隅に付ける「ふさ」は、主の命令を思い出し、それを実行するための視聴覚教材です（民15・38〜40）。イスラエルの民は、「ふさ」を見るたびに、自分たちが契約の民であることを思い出しました。

結婚に関する規定

13節から22節には、結婚に関する規定が出てきます。①結婚してから処女性を疑われた女、②処女でなかったことが明らかになった女、③既婚の女との姦淫、④婚約中の女と町で寝た男、⑤婚約中の女と野で寝た男、⑥処女と寝た男、⑦父の妻との結婚などが取り上げられています。これらの規定が与えられている目的は、健全な家庭を維持するためです。神は、健全な家庭を土台として人類の生活を祝福しようとしておられます。

律法違反に対して厳しい罰が設けられている理由は、契約の民の間から悪を除き去るためです。結婚に関する7つの規定は、すべて家庭を破壊する罪に関するものです。これらの規定は、現代に生きる私たちにとっても教訓となります。この世の基準に倣えば、家庭が崩壊する危険に直面することになります。私たちに関しては、時流に乗るのではなく、聖書的価値観に立ち続けようではありませんか。神を正しく恐れる人は、幸いな人生を歩むことができます。

申命記23章

「睾丸のつぶれた者、陰茎を切り取られた者は主の集会に加わってはならない。」（申命記23・1）

この章から、以下のことを学びましょう。（1）礼拝者は、儀式的に清くなければなりません。なぜなら、主は聖いお方だからです。（2）陣営の中の清さが重視される理由は、そこに主が臨在されるからです。（3）律法は、それを守る人に豊かな生活を保証しますが、律法主義は人を束縛します。

礼拝から排除される人たち

（1）睾丸のつぶれた者、（2）不倫の子、（3）アンモン人とモアブ人、（4）エドム人とエジプト人は、主の集会から排除されました。

（1）偶像礼拝のために睾丸を切除した者や宦官などは、神に創造された「かたち」が不完全であるため、「清さ」も不完全だと見なされました。

（2）不倫の子とは婚外子のことですが、近親相姦で誕生した子、神殿娼婦から生まれた子、雑婚から生まれた子なども、そこに含まれます。礼拝に参加することは大いなる特権ですが、自分の子どもがその特権に与れないとしたら、親にとっては耐えがたいことです。「その十代目の子孫さえ」とは、永遠にという意味です。この規定は、イスラエルの民を雑婚から遠ざける効果がありました。

（3）アンモン人とモアブ人は、イスラエルの民が荒野を放浪している期間、彼らに対して敵対的な態度を取りました。その罪のゆえに、礼拝への参加が禁じられました。

（4）エドム人は、ヤコブの兄エサウの子孫であり、イスラエルの民とは親戚関係にありました。エジプト人は、イスラエルの民がエジプトに移住したときに、イスラエルの民を歓迎しました。エドム人とエジプト人の子孫は、曾孫（3代目）の代になると、主の礼拝に参加することが許されました。

陣営の中の聖さ

戦場の陣営における規定（身を汚した者と用便に関する規定）は、儀式的汚れを扱ったものです。人間の体から出たものはすべて、儀式的に汚れていると見なされました。恐らく、人間の全的堕落を教えるためだと思われます。これらの規定は、従軍する兵士達に、自らを清く保つ必要があることを教えました。イスラエルの民は、この規定を守りながら、主の臨在を常に意識したのです。

逃げて来た奴隷

逃げてきた異邦人の奴隷を、元の主人に引き渡してはなりません。通常は国同士が条約を結び、亡命者や逃亡奴隷の返還を約束し合っていました。しかしイスラエルの民は、主との宗主権契約があるので、他国と契約を結ぶ必要はありません。エジプトで奴隷生活を経験した民は、抑圧されている者たちの避難所となるべきなのです。

神殿娼婦の禁止

神殿娼婦と神殿男娼を容認してはなりません。この規定は、高い基準の性道徳を保持するためのものですが、民を偶像礼拝から守るという役割も果たしました。誓願のためのささげ物は、売春行為によって得た利益であってはなりません。そのような利益は、主が彼らに与えたものではないからです。「犬」というのは男娼のことです。女娼であっても男娼であっても、主は売春行為を忌み嫌われます。

利息

同胞のイスラエル人から利息を取ってはなりません。その人は、生活のために借金をするのですが、利息を取ると、彼の生活状況はますます悪くなります。さらに利息は、金を貸す人の貪欲を助長することにもなります。一方、非イスラエル人（外国人）から利息を取ることは許可されました（商売に投資するための借金だと思われます）。

誓願と隣人の畑での作法

誓願は、主の前で自発的にするものです。いったん誓願をしたなら、遅れることなく、その誓いを果たさなければなりません。もしそれが実行されないなら、神はその人の罪を問われます。「誓願をやめる場合、あなたに罪責は生じない」とは、誓願をしなくても罪にはならないという意味です。

農夫は、神の恵みによって収穫を得ますので、自分の畑を通り抜ける旅人に恵み深くあるように命じられました。旅人は、空腹を覚えた時には、思う存分ぶどうを食べ、麦の穂を摘んでもよいのです。しかし、ぶどうを畑の外に持ち出したり、麦を収穫したりすることは禁止されました。

律法は人生を豊かにするために与えられていることを覚えましょう。律法の精神を無視した律法主義は、人を束縛します。今はキリストの律法（愛の律法）が有効に働く恵みの時代です。聖霊に導かれ、愛の律法を実行しようではありませんか。

申命記24章

「あなたは、自分がエジプトの地で奴隷であったことを覚えていなければならない。それゆえ私はあなたに、このことをせよと命じる。」

（申命記24・22）

この章から、以下のことを学びましょう。（1）離婚状は、離婚を奨励するものではなく、妻の権利を守るためのものです。（2）いかなる場合でも、弱者や貧しい者たちの尊厳を踏みにじってはなりません。（3）罪を犯した者は、自分自身の罪の責任を負わされます。

離婚と再婚

古代中近東では、離婚は頻繁に行われていました。モーセの律法は、その習慣に一定の歯止めをかけようとしています。「妻に何か恥ずべきことを見つけた」とありますが、それがどういう内容であるかは、これだけでは分かりません。夫が妻に不満を持った場合、彼は離婚状を書いて妻を去らせることができました。離縁状があれば、彼女は他の男と再婚することが許可されました。ただし、再婚した彼女が再び離婚された場合、あるいは、夫と死別した場合、元の夫が彼女と復縁することは許されませんでした。神はそれを、「姦淫」と見なされます。

新婚の者、質物

新婚の男性を戦場に送るのは、配慮のないことです。もし彼が戦死したなら、彼には子孫が残らないことになります。新婚の男性は、妻との新しい生活を構築し、妻を喜ばせるように努力すべきです。この規定は、人道的な配慮から出たものです。

次に、質物に関する規定が出て来ます。ひき臼は、穀物を粉にするために用いる生活用具です。製粉されたものを買えるのは金持ちだけで、庶民は、毎日ひき臼で粉を引き、それをパンに焼いて食事をしていました。それゆえ、ひき臼を質に取ることが禁じられました。

誘拐、皮膚病

誘拐事件は、古代中近東では頻繁に起こっていました。モーセの律法では、誘拐犯も奴隷商人も、死刑に処せられました。

「ツァラアト」と訳されているヘブル語は、広範囲の皮膚病を指すことばです。もし皮膚病が出た場合は、祭司の教えに従わなければなりません。ミリアムの例（民12・1～16）が上げられていますが、これは、人々に教訓を与えるためです。ミリアムは、モーセに反抗したために、ツァラアトに冒されました。福音書の中で、イエスはツァラアト患者を癒し、モーセの律法の規定に従って祭司に見せるように命じておられます。

担保、労働者への賃金

隣人に何かを貸すときは、借りる人の尊厳を尊重しなければなりません。その人の家に踏み込んで担保を取り上げたりせず、相手が自ら差し出すのを待ちます。自分の上着しか担保に差し出すことができない人の場合は、日没までにその担保を返さなければなりません。なぜなら、彼は夜寝るときに、上着を毛布として使用するからです。

モーセの律法は、裕福な者が貧しい者を虐げることを戒めています。その具体的な例が、賃金の支払いです。貧しい者は、日当をあてにして生きています。かつてイスラエルの民は、エジプトで奴隷状態にありました。苦難が満ちた時、彼らは主に助けを求め、その結果、エジプトのファラオが裁かれました。それと同じように、貧しい者たちを苦しめる者は、主によって懲らしめを受けることになります。

父親の罪、弱者の権利

古代中近東では、本人の罪は本人が責めを負うというのが法的原則ですが、例外的に、父の罪をかぶって子どもが殺されるということがありました。しかしモーセの律法は、そのことを禁じています。罪を犯した場合は、その本人が責任を負うのです。

在留異国人、みなしご、やもめなどは、社会的弱者です。彼らは、法廷で不当な扱いを受けたり、金持ち階級から搾取されたりすることがありました。神は、弱者の権利を侵してはならないと厳しく命じておられます。イスラエルの民は、自分たちがエジプトで奴隷であったことを常に覚えておく必要がありました。

穀物、オリーブ、ぶどうなどは、すべてを収穫してはならないという命令が与えられました。貧しい人のために、少し残しておくのです。そうすれば、彼らは自分で労働して食料を集めることができるので、物乞いをしたり、他者の慈善にすがったりする必要がなくなります。農夫にとっては、収穫の一部を放棄することは、主が豊かに与えてくださったことへの感謝の表現となります。

自分に与えられている富を、主への感謝と隣人愛の実践のために用いる方法を考えてみましょう。そこから、ダイナミックな生活が開けてくるはずです。

申命記25章

「こう言うのは、このようなことをして不正を行う者すべてを、あなたの神、主が忌み嫌われるからである。」（申命記25・16）

この章から、以下のことを学びましょう。（1）むち打ちの刑に関する規定は、罪人であっても、人間の尊厳は守られなければならないことを教えています。（2）主は、ご自身の働き人の生活を守られます。（3）買い戻し婚には、亡くなった親戚の名を残すという意味があります。

むち打ち、脱穀している牛

2人の人の間に争いがあり、当事者間でその問題を解決できない場合、両者は法廷でさばき人の裁定を仰ぎます。さばき人は両者の言い分を聞き、裁定を下します。その裁定に基づいて、加害者は、その罪の重さに応じた数のむち打ちを受けます。むちの回数が最大40回に制限されています。それを超えてむちを打つのは、罪人を辱めることであり、律法違反です。その後、39回を限度とすることが定着しました（誤って40を越えて打たないよう）。

労働している家畜には、穀物を食べる権利があります。パウロはこの聖句を、コリント人への手紙第一9章9節で引用しています。その意味は、「神は、家畜のことでさえ心配しておられる。ましてや、神の国の働き人のことを心配しておられないはずがない」ということです。

家名の継承

原則的には、男が義理の姉妹と結婚することは、禁じられていました（レビ18・16参照）。しかし、唯一の例外が、買い戻し婚の規定です。人が子を残さないで死んだ場合は、亡くなった者の兄弟（血縁関係が最も近い者）が未亡人を娶ります。これは、未亡人の生活を守るための規定であり、亡くなった夫の名前と財産を守るための規定でもあります。経済的負担が大きいという理由で、買い戻しの権利を持つ者が、結婚を拒否する場合があります。その場合、未亡人は町の長老たちに訴えることができます。つまり、法的に未亡人の権利が保証されていたということです。と同時に、死んだ者の兄弟には、結婚を拒否する権利が認められていました。その権利を行使した場合、彼には社会的制裁が加えられました。彼の家は、「履き物を脱がされた者の家」という名で呼ばれます。

妻への禁止令、正しい重り石

夫を守るために、争いの相手の「隠しどころ」（急所）をつかんだ妻への罰が命じられています。なんとそれは、「その手を切り落とせ」というものです。申命記19章21節に出てくる「同態復讐法」は、そのまま実行されたわけではありませんが、唯一の例外がこの箇所です。この規定の目的は、子孫を残す能力を守ることにあります。すでに取り上げた「買戻し婚」に関する規定も、子孫を残すためのものでした。従って、一見奇妙に思えるこの規定がここに登場するのは、意味あることです。

契約の民は、商売を行う際に不正を働いてはなりません。正直さは、主への信頼の外的表現です。旧約聖書には、偽りの重り石や枡への言及が多くあります（箴11・1、20・10、23、アモ8・5、ミカ6・11など）。正直な商売は、その人の信仰の度合いを測るバロメーターとなります。

アマレクの抹殺

アマレク人は、イスラエルを苦しめた民です。彼らは、エサウ→エリファズ→アマレク（創36・12）の家系に連なります。シナイ半島からアラビア半島にかけて居住していた彼らは、約束の地に向かうイスラエルの民を攻撃しました。イスラエルの民が弱っている時に落伍者たちを襲ったことは、彼らの陰険で臆病な性質を示しています。そのアマレクを抹殺せよとの命令が、主から与えられます。アマレクは、イスラエルの民にあわれみの心を示さなかったので、あわれみを受ける資格がないのです。主は、「このことを忘れてはならない」と言われました。しかし、イスラエルの民はこの命令を忘れたようです。サウルは、アマレクを滅ぼすことを忘れました。ダビデはアマレクに勝利しましたが、それでもアマレクが抹殺されたわけではありませんでした。それから約３００年後のヒゼキヤの時代に、ようやくアマレクは抹殺されました（1歴4・41～43）。

私たちにも、忘れてはならないものが多くあります。「わがたましいよ。主をほめたたえよ。主が良くしてくださったことを何一つ忘れるな」（詩103・2）。「わが子よ、私の教えを忘れるな。心に私の命令を保つようにせよ」（箴3・1）。日々のデボーションによって、神から受けた恵みと、神の教えを思い起こそうではありませんか。

申命記26章

「あなたは今日、この主をあなたの神とし、主の道に歩み、主の掟と命令と定めを守り、御声に聞き従うと誓約した。」（申命記26・17）

この章から、以下のことを学びましょう。（1）イスラエルの民は、定住生活に移行したことを祝うために、初物奉献の儀式を一度だけ行います。（2）3年目に10分の1を献げる儀式も、一度だけ行います。（3）イスラエルの民は、主と契約を結んだ民です。彼らは、主への従順を条件に祝福を受けます。

初物奉献の儀式

申命記26章には、2つの儀式が出てきます。①初物奉献の儀式と②3年目の10分の1の儀式です。この2つの儀式は、約束の地に入ってから一度だけ行うものです。これらの儀式は、遊牧生活から農業共同体としての定住生活に移行したことを祝うためのものです。

初物奉献の儀式は、約束の地で収穫した最初の産物の初物の一部を取り、主が選ばれた場所（幕屋がある場所）に持ち運ぶことから始まります。献げる人は、それを祭司に手渡します。初物のかごを受け取った祭司は、それを主の祭壇の前に供えます。献げる人は祭司に向かって、「今日、あなたの神、主に報告いたします。私は主が私たちに与えると父祖たちに誓われた地に入りました」と言わなければなりません。

主は、数々の奇跡をもって、イスラエルの民をエジプトから導き出されました。長年の苦難を経て約束の地に入国したのですから、イスラエルの民が喜ぶのは当然のことです。その喜びを、土地を持たないレビ人や、貧しい在留異国人と分かち合うのです。

3年目の10分の1の儀式

3年ごとのささげ物に関しては、すでに申命記14章28～29節で規定されていました。従って、この箇所の命令は、カナンの地に入国してから3年目に、一度だけ実行するものです。このささげ物は、各家庭で献げられるもので、貧しい人たちにも分け与えられました。

「私は聖なるささげ物すべてを家から取り分け、それをレビ人、寄留者、孤児、やもめに与えました。……」（13節b）。これは、積極的な告白です。自分は主の命令を忘れていないという内容の告白です。

「その一部でも、喪中に食べたり、また汚れているときに取り分けたりしませんでした。また、その一部でも死者に供えたこともありません……」（14節）。これは、否定的な告白です。①喪の期間にそのささげ物を食べなかった。②儀式的な汚れがある時に、それを食べなかった。③それを死者に供えることもなかった。

「あなたの聖なる住まいの天から見下ろして、御民イスラエルと、あなたが私たちの父祖たちに誓われたとおり私たちに下さった土地、乳と蜜の流れる地とを祝福してください」（15節）。これは、民と土地のための祝福の祈りです。主は天に座しておられますが、地上に住む私たちの近くにいて、私たちの祈りを聞いてくださるお方です。

神との契約

「あなたは今日、この主をあなたの神とし、主の道に歩み、主の掟と命令と定めを守り、御声に聞き従うと誓約した」（17節）。「誓約した」とは、古代中近東で契約締結に際して用いられた用語です。つまり、イスラエルの民は主との契約に同意したのです。これ以降彼らは、契約の民としての自覚を持って歩むことになります。これは、大いなる特権です。

「今日、主は、あなたに約束したとおり、あなたが主のすべての命令を守り主の宝の民となること、あなたを、主が造られたすべての国々の上に高く上げて栄誉と名声と栄えとし、約束のとおり、あなたが、あなたの神、主の聖なる民となることを誓約されたのである」（18～19節）。この聖句は、主はイスラエルの民に対する責務を保証されたということを伝えています。イスラエルの民は、自分たちに与えられた特権的地位は、主への従順が前提になっていることを覚える必要があります。

先に行くと、イスラエルの民は主への反抗を繰り返し、諸国民よりも高く上げられるという祝福を失うことになります。しかし、イスラエルの民の反抗が永遠に続くわけではありません。終わりの日に、主は信仰のある世代を起こされます。イザヤは、千年王国においてイスラエルの民が祝福に与ることを預言しています（イザ60～62章）。私たちもまた、キリストにある希望を告白し、「新しい契約」の民として、父なる神に従順に歩むことを決意しようではありませんか。

申命記27章

「渡ったら、それらの上に、このみおしえのすべてのことばを書き記しなさい。それは、あなたの父祖の神、主があなたに約束されたとおり、あなたの神、主があなたに与えようとしておられる地、乳と蜜の流れる地にあなたが入るためである。」

（申命記27・3）

この章から、以下のことを学びましょう。（1）石に律法を書き記すのは、イスラエルの民が自らの使命を確認するためです。（2）全焼のささげ物は、主への全き献身を象徴しています。（3）エバル山とゲリジム山から呪いと祝福を宣言する儀式が行われます。これは、契約更新の際に行う儀式です。

律法を石の上に書き記せ

27章から、モーセの3番目の説教が始まります（申28・68まで）。内容は、主との契約の更新と再献身の勧めです。

モーセは、カナンの地に入国した時に行うべき儀式について命令を与えます。長老たちが登場しているのは、モーセ亡き後、彼らが責任をもって民を指導することになるからです。カナンの地に入ったなら、大きな石（複数）を立て、それに石灰を塗り、その上に律法（申命記全体）を書き記します。神が土地を与えるという約束を守られたことを証言するためです。石を立てる場所は、エバル山です（エルサレムの北約55キロ。麓にシェケムの町がある）。そこは、主が約束の地で初めてアブラハムに現れた地、アブラハムが最初の祭壇を築いた地です。大きな石に申命記全体を書き記す理由は、自らの使命を確認するためです。彼らは、カナン人の文化に染まってはならないのです。

いけにえを捧げよ

石の祭壇を築く際には、自然のままの石を用います。加工のために鉄器が必要だということになれば、文明が発達した他の民族の助けを求めるようになります。さらに、神が命じた律法といけにえは完全なものなのですが、そこに人間の手を加えると、それは完全なものではなくなるという含意もあります。

全焼のささげ物は、祭壇の上ですべてを焼き尽くすささげ物です。これは、全き献身と、主への全面的信頼を示すものです。交わりのいけにえは、共同体の食事に供されるもので、家族や隣人と共に食し、喜ぶものです。これは、主への感謝と喜びを表現するためのささげ物です。

イスラエルの民は、再献身の決意をもって、自分たちが「主の民」であることを確認します。

祝福と呪い

ゲリジム山（南側の山）に、シメオン、レビ、ユダ、イッサカル、ヨセフ、ベニヤミンの6部族が立ちます。その目的は、民の上に祝福を宣言するためです（実際は、山の前に立ちました。ヨシ8・33参照）。残りの6部族、ルベン、ガド、アシェル、ゼブルン、ダン、ナフタリは、エバル山（北側の山）に立ちます。民の上に呪いを宣告するためです。レビ人は、2つの山の間に立って、祝福と呪いを宣言します（ヨシ8・33参照）。

呪いの掟

12の呪いの掟が宣言され、その都度民は、「アーメン」と応じます。これは、禁止令の内容を理解し、それに同意したという意味です。以下のことが禁止令として宣言されました。①偶像を造る（第2戒違反）、②両親を軽んじる（第5戒違反）、③隣人との地境を移す（第8戒違反）、④盲人に誤った道を教える（不親切の罪）、⑤社会的弱者を搾取する、⑥父の妻やそばめと寝る（第7戒違反）、⑦獣姦、⑧近親相姦（自分の姉妹と寝る）、⑨近親相姦（妻の母と寝る）、⑩密かに隣人を殺す、⑪賄賂を受け取って人を殺す（いずれも第6戒違反）。12番目の禁止令は、みことばを守らない者は呪われるという総括的な禁止令です。これによって、①～⑪の禁止令が例示的なものであることが分かります。

申命記27章26節は、総括的な禁止令です。「このみおしえのことばを守ろうとせず、これを実行しない者はのろわれる」。パウロは、ガラテヤ人への手紙第3章10節でこの聖句を引用しています。「律法の行いによる人々はみな、のろいのもとにあります。

『律法の書に書いてあるすべてのことを守り行わない者はみな、のろわれる』と書いてあるからです」。神は、イスラエルの民に全的献身をお求めになりましたが、律法の下にある者にとっては、それは不可能なことです。これは、救われる前の私たち自身の姿でもあります。新生体験と聖霊の内住がないなら、神の律法を完全に行うことは不可能です。恵みの時代に生かされていることを、神に感謝しようではありませんか。

申命記28章

「もし、あなたが、あなたの神、主の御声に確かに聞き従い、私が今日あなたに命じる主のすべての命令を守り行うなら、あなたの神、主は、地のすべての国々の上にあなたを高く上げられる。あなたが、あなたの神、主の御声に聞き従うので、次のすべての祝福があなたに臨み、あなたについて行く。」（申命記28・1〜2）

この章から、以下のことを学びましょう。（1）約束の地で祝された生活を送るための条件は、主への従順です。（2）主への不従順は、呪いをもたらします。（3）呪いには、イスラエルの民を主に呼び戻すという役割があります。（4）今イスラエルの民は、不従順のゆえに滅びに向かっていますが、患難期の最後に霊的新生を体験することになります。

祝福の約束

申命記28章は、約束の地に入って以降の生活について教えたものです。モーセは、最初の14節で従順への祝福について語り、それ以降の54節で不従順に対する呪いについて語っています。祝福よりも呪いに関する内容が多い理由は、イスラエルの民の背教を見越して、警告を発しているからです。

神はイスラエルの民を、ご自身との契約に招かれました。この契約をシナイ契約（あるいは、モーセ契約）と言います。この契約が与えられた理由は、彼らが神と交わり、神からの祝福を受けるためです。祝福の具体例として、地上のどの民族よりも高く上げられるということが啓示されています。ただし、シナイ契約は条件付き契約ですので、神の祝福を受けるためには、神に従順であることが要求されます。

6つの祝福

モーセは、従順な者に下る祝福を列挙していま す。これらを一言で要約すると、「生活のあらゆる面で祝福を受ける」ということです。①町では商人が、②野では農夫が祝福される。③人も家畜も、多産の祝福を受ける。④飢餓から守られ、食物が豊かに与えられる。⑤日々の生活、⑥労働が祝される。

約束の地で受ける祝福の内容は、多産、豊作、経済的繁栄、国力の増加、などです。しかし、これらの祝福を受けるためには、イスラエルの民は次のことを守らなくてはなりません。①申命記に記された内容から外れてはならない。②偶像に仕えてはならない。

イスラエルの民が祝される姿を見た諸国の民は、イスラエルを恐れ、イスラエルの神を恐れるようになります。これは、恐怖心でもあり、畏怖の念でもあります。イスラエルの民がカナンの地に置かれる目的は、諸国の民にイスラエルの神の素晴らしさを伝えるためなのです。

呪いの宣言

次にモーセは、不従順がもたらす呪いを宣言します。28章16～19節の内容は、先に出て来た6つの祝福の裏返しになっています。呪いの内容を要約すると、以下のようになります。①イスラエルの破滅の予告、②疫病の予告、③干ばつの予告、④敗戦の予告、⑤エジプトの疫病の予告、⑥抑圧と略奪の予告、⑦捕囚の予告、⑧不作と経済不況の予告、⑨呪いが下る理由、⑩包囲された町の恐怖の予告、⑪疫病と捕囚による破滅の予告。

かつて主は、エジプト人たちを種々の病で打たれました。もしイスラエルの民が主に背を向けるなら、主はこれらの「エジプトの病」でイスラエルの民を打たれます。そのとき民は、精神的に錯乱し、日常の仕事を行う体力、気力、判断力がなくなります。彼らは、外敵に虐げられ、略奪されます。呪いがもたらす結果は、実に悲惨なものです。

呪いの役割について、考えてみましょう。呪いとは、神の怒りの表現であると同時に、教育的目的を有しています。つまり、呪いは神の義の本質を教え、イスラエルの民を主に立ち返らせる力となるということです。イスラエルの民は不従順のゆえにバビロン捕囚を体験しますが、結果的に、偶像礼拝から解放されます。また、イエス時代にはイエスを拒否したことにより、再び国を追われますが、将来、黙示録に預言された患難期を通過することによって、救いへと導かれます。

私たちクリスチャンは、栄誉ある使命に召されています。神を正しく恐れ、またその恵みを味わいながら、与えられた使命を全うしようではありませんか。試練の時こそ、神に立ち返る時です。

申命記29章

これらは、モアブの地で、主がモーセに命じて、イスラエルの子らと結ばせた契約のことばである。ホレブで彼らと結ばれた契約とは別である。

（申命記29・1）

この章から、以下のことを学びましょう。（1）土地の契約とシナイ契約は、別の契約です。（2）神は、モアブの地でイスラエルの新しい世代と、土地の契約を締結されました。（3）土地の契約は、イスラエルの民が不従順の故に約束の地から追放されることを預言しています。

モアブの地で結ばせた契約

申命記29章には、土地の契約が出て来ます。「ホレブで彼らと結ばれた契約」とは、シナイ契約（モーセ契約）のことで、「モアブの地で結ばせた契約」とは、土地の契約のことです（かつては「パレスチナ契約」とも呼ばれましたが、最近はその呼び名は使われなくなっています）。神はこの契約を、カナンの地に入国する直前に、イスラエルの民と結ばれました。

出エジプトを体験した世代の者たちは、荒野で死に絶えました。今生きているのは、子どものときにエジプトを出た者たちで、最年長者は60歳に近づいていました（それ以上の高齢者は、ヨシュアとカレブだけです）。彼らは主の奇跡を目撃しましたが、それでも、主に信頼することはありませんでした。なぜなら、彼らの心が最初から閉ざされていたからです。それゆえ主は、彼らの心を頑なままに放置されました。「あなたがたに、悟る心と、見る目と、聞く耳を、下さらなかった」とは、そういう意味です。

土地の契約（1）―歴史の回顧―

契約条項の内容に入る前に、3つの重要な項目が確認されています。①歴史の回顧、②契約締結の勧め、③不従順に下る呪い。これは宗主権契約のパターンでもあります。

モーセは、40年間の歴史を回顧し、主がいかに忠実な方であるかを民に再確認させています。歴史の回顧は、契約を履行するための動機となります。イスラエルの民は40年間荒野を放浪しましたが、衣服も靴もすり切れることはありませんでした。40年間も同じ靴を履き続けることができるのは、奇跡以外の何ものでもありません。また彼らは、人間が用意したパンや飲み物によってではなく、天から下ったマナによって生き延びました。これらの奇跡は、主がどのようなお方であるかを教えるためのものでした。また、イスラエルの民は、ヨルダン川東岸の地で2つの戦いを経験し、ヘシュボンの王シホンとバシャンの王オグに勝利しました。彼らの領地は、ルベン族、ガド族、マナセの半部族に分与されました。これもまた、主の守りと忠実さの証明となりました。

土地の契約（2）―契約締結の勧め―

契約の当事者は、主の前に立っている者たち全員です。さらに、将来誕生してくる子孫たちも契約の当事者となります。民は、この契約に忠実であれば祝福を、不従順であれば呪いを受けます。今の世代が主に従順であるかどうかは、将来の世代に大きな影響を与えます。

偶像礼拝を決して甘く見てはなりません。それは民を破滅へと導くものだからです。少数の者が偶像礼拝に陥ると、多数の者に影響を与えます。「毒草や、苦よもぎを生ずる根」とは、その少数者のことです。偶像礼拝を行う者がいれば、約束の地の全地が呪いを受けます。また、偶像礼拝をもたらした者には、特に厳しい裁きが下ります。

土地の契約（3）―不従順に下る呪い―

偶像礼拝をもたらす者だけが裁かれるのではありません。それを受容したり、黙認したりする者たちも、同時に裁かれます。かつて、ソドムとゴモラは主の裁きによって滅ぼされました。ソドムとゴモラと契約を結んでいたアデマとツェボイムも、ともに滅ぼされました。もし、イスラエルの民が契約条項に違反するなら、将来約束の地も同じ方法で滅ぼされます。その時の荒廃の激しさは、諸国民が「何のために、主はこの地にこのようなことをされたのか」と問うほどのものとなります。

モーセの警告のことばは、まるで預言のように聞こえてきます。なぜならイスラエルの民は、ここで警告されていることをそのまま行い、最後は約束の地から追放されるようになるからです。私たちに関しては、イスラエルの民を反面教師とし、神の命令を守ることによって祝福を受けようではありませんか。「もしわたしを愛しているなら、あなたがたはわたしの戒めを守るはずです」（ヨハ14・15）

申命記30章

「あなたの神、主を愛し、御声に聞き従い、主にすがるためである。まことにこの方こそあなたのいのちであり、あなたの日々は長く続く。あなたは、主があなたの父祖、アブラハム、イサク、ヤコブに与えると誓われたその土地の上に住むことになる。」（申命記30・20）

この章から、以下のことを学びましょう。（1）イスラエルは離散の民となりますが、やがて約束の地に帰還するようになります。（2）イスラエルの回復は、物理的回復と霊的回復という2段階で成就します。（3）メシア再臨のときに、イスラエルは自分に約束された土地のすべてを所有するようになります。

土地の契約（4）―約束の地への回復―

この箇所では、イスラエルが離散の民となることが預言されています。モーセは彼らに警告を発しましたが、彼はすでに、偶像礼拝のゆえに民が諸国に離散することを知っていました。しかし同時に、遠い将来の希望も見ていました。それは、離散の先にある回復の希望です。

約束の地をイスラエルの民に与えるという約束は、無条件契約の故に取り消されることがありません。イスラエルの回復は、2段階で起こります。まず主の恵みが働き、約束の地への帰還が可能になります。これは物理的回復です。それから、民の回心が起こります。これは、霊的回復です。この順番が重要です。なお、イスラエルの回心というテーマは、エレミヤ書、ホセア書、ローマ人への手紙の中で取り上げられています。

イスラエルの回心が、「あなたの心と、あなたの子孫の心に割礼を施し、」ということばで表現されています。将来起こるイスラエルの回心については、モーセの時代から数百年後に登場するエレミヤやエゼキエルによって、新しい契約として詳細に預言されるようになります（エレ32・39以降、エゼ36・24以降）。新しい契約は、キリストの死によって締結されます。キリストの血は、新しい契約の「しるし」です。

土地の契約（5）―命令は明快である―

神の命令（律法）は天から下ったものですが、神はそれを実に明快にイスラエルの民に啓示されました。それ故、それは難しすぎたり、遠くかけ離れたりしたものではありません。パウロは、ローマ人への手紙10章6～8節で、申命記30章14節を引用しています。「……『あなたは心の中で、だれが天に上るのか、と言ってはならない。』それはキリストを引き降ろすことです。また、『だれが深みに下るのか、と言ってはならない。』それはキリストを死者の中から引き上げることです。……『みことばはあなたの近くにあり、あなたの口にあり、あなたの心にある。』これは私たちが宣べ伝えている信仰のことばのことです」

土地の契約（6）―いのちと死―

「あなたの神、主を愛し、御声に聞き従い、主にすがるためである。まことにこの方こそあなたのいのちであり、あなたの日々は長く続く。あなたは、主があなたの父祖、アブラハム、イサク、ヤコブに与えると誓われたその土地の上に住むことになる」（20節）。モーセが「業による救い」を教えたことは、一度もありません。モーセは常に、「信仰による救い」を教えていました。従順はいのちと幸いをもたらし、不従順は死と災いをもたらします。もし不従順な生活を続けるなら、偶像礼拝の誘惑に陥り、短命に終わるか、捕囚に引かれて行きます。つまり、約束の地で長く生きることができないということです。

将来、回心したイスラエルの民は、彼らに約束された祝福のすべてを体験するようになります。祝福の理由は、新生体験をしたイスラエルが、主に従順に歩むからです。しかし、モーセのこの預言は、現在のイスラエル国家の独立によって成就したわけではありません。これは、将来のある時点で、イスラエルの民が霊的に生まれ変わった時に成就するものです。

キリストは、律法の要求を満たされました。キリストこそ、神の律法の完璧な啓示です。キリストの福音は明快で、そのまま理解可能なものです。信じるために、天に上ったり地に下ったりして調べる必要はありません。なぜなら、すでにキリストが死んで地に下り、復活して天に上られたからです。それほどに、福音は明快です。もし、この福音を信じない人がいるならば、それはその人の心に問題があるからです。救いは、信仰と恵みによって与えられます。

申命記31章

それからモーセはヨシュアを呼び寄せ、全イスラエルの目の前で彼に言った。「強くあれ。雄々しくあれ。主がこの民の父祖たちに与えると誓われた地に、彼らとともに入るのはあなたであり、それを彼らに受け継がせるのもあなたである。
（申命記31・7）

この章から、以下のことを学びましょう。（1）指導者が死んでも、神の働きは継続されます。（2）神は、罪人たちの悪意と悪行をすべてご存じです。（3）神は、背教のイスラエルに対して何度も恵みを施されます。

ヨシュアの任命

イスラエルの民は、ヨシュアの指導のもとにカナンの地を占領しようとしています。戦いに対する民の不安を取り去るために、シホンとオグに勝利した出来事が取り上げられます。恐れに打ち勝つ方法は、主がともにおられることを確認することです。モーセは、民の前でヨシュアを任命し、民に語ったのと同じ内容の勧めを語ります。これは、神がヨシュアをリーダーに選んだことを公に知らせるための行為です。神の計画は、指導者の死によって中断されるものではありません。神がアブラハムに約束されたことは、すべて成就します。

律法の朗読

モーセは、口頭で語った内容を書き記しました。そして、その書の保管を祭司たちと長老たちに委ねました。仮庵の祭り（秋の祭り）は、3大巡礼祭の1つです。イスラエルの成人男子は全員、この祭りを祝うために幕屋（神殿）がある場所に上らなければなりません。特例として、7年の終わり（安息年）になると、成人男子だけでなく、すべての人（男も、女も、子どもも、在留異国人も）がその場所に上るように命じられました。当時、旅には大きなリスクが伴いました（留守宅の管理、旅に要する時間や費用の問題、道中の事故など）。従って、巡礼の旅に出ること自体が信仰の実践となりました。7年目の祭りでは、すべての民を前にして、律法の読み聞かせが行われました。これには、子どもたちを教育するという目的もありました。この経験は、子どもたちに深い印象を与えたに違いありません。

主によるヨシュアの任命

公の場でのヨシュアの任命が終わり、次に私的空間での任命が行われました。モーセとヨシュアが幕屋に立つと、主が雲の柱のうちに現れました。この雲の柱は、主の臨在を示すシャカイナグローリーです。その時モーセは、将来起こる民の堕落について、主から次のような警告を受けました。①民はカナンの地で異国の神を慕い、主との契約を破る。②主の御怒りが彼らの上に下る。③民は神から見捨てられたことに気づく。④民は苦難の中で、主の恵みを見いだすようになる。

主はモーセに、1つの歌を書き記すようにお命じになりました。この歌は、イスラエルの民に対して主を証しするものとなります。やがてイスラエルの民は、わざわいと苦難の中で、この歌を思い出して歌うようになります。そのとき民は、カナン定住のはるか前から、主が自分たちのために確固たる計画を持っておられたことを悟るようになります。

モーセに歌を書き記すように命じたあと、主は、ヨシュアに励ましのことばをお与えになりました。「わたしが、あなたとともにいる」という主の約束は、どれほどヨシュアを力づけたことでしょうか。このことばを常に黙想するなら、私たちのクリスチャン生活も劇的に変化するはずです。

律法の書の保管

一般の宗主権契約では、契約書の保管という条項が記されますが、申命記でも同じ事が起こっています。「このみおしえのことば」とは、申命記全体のことです。モーセはレビ人に、この教えが記された巻物を契約の箱のそばに置くように命じました。契約の箱の中ではなく、そばです。この巻物は、イスラエルの民が主に反抗した時に、彼らが律法に違反したことを証しするものとなります。

次章に登場する「モーセの歌」は、裁きの理由と悔い改めの道を民に教えたものです。私たちの心の中には、神に反抗したいという性質（原罪）が宿っています。その性質を抑制し、神の御心に沿った歩みをするためには、御霊に聞き従うことが大切です。「私は言います。御霊によって歩みなさい。そうすれば、肉の欲望を満たすことは決してありません」(ガラ5・16)。このことばを常に心にとどめようではありませんか。そういう人は、神に喜ばれる歩みをすることができます。

申命記32章

「天よ、耳を傾けよ。私は語ろう。地よ、聞け。私の口のことばを。」（申命記32・1）

この章から、以下のことを学びましょう。（1）神からの勧告は、モーセの歌を通してイスラエルの民の心に染み込みました。（2）神によって天に召された者は、幸いな最期を迎えることになります。

モーセの歌（1）―序文―

モーセの歌は、イスラエルの民に2つの教訓を与えました。（1）約束の地に住む者には、主に対する責務がある。（2）背信の民に下る裁きは、確実で義なるものである。

冒頭に出てくる天と地への呼びかけは、この歌の内容が被造世界全体に影響を及ぼすものであることを示しています。呼びかけの内容は、主の御名の栄光を告げ知らせよ、つまり、主のご性質の素晴らしさを宣言し、そのご性質に信頼せよということです。

モーセの歌（2）―真実な神と不真実な民―

「主は岩」という表現は、主は移り変わりのない方、信頼できる方であるという意味です。主の性質が列挙されます。①正しい、②真実、③偽りがない、④直ぐな方、などなど。一方、主の忠実さと対照的なのが、民の堕落した性質です。主は、出エジプトの出来事を通してイスラエルの民を一大国家へと造り上げたお方です。それを忘れるなら、恩を仇で返すことになります。

モーセの歌（3）―イスラエルに注がれた神の愛―

主は、荒野の地（エジプト）でイスラエルを守り、育てられました。「ご自分の瞳」、「鷲の雛」というとことばで、イスラエルの民に対する主の守りが描写されています。主の導きによって、イスラエルの民は「地の高い所」（カナンの地の高原）に上り、その地の住民たちとの戦いに勝利するようになります。「主は岩からの蜜と、堅い岩からの油で、これを養い」とは、荒廃した地が肥沃な地に変わる様子を歌ったものです。

モーセの歌（4）―繁栄がもたらす罠―

繁栄は時として罠にもなり得ます。イスラエルの民が肥え太るとは、物質的な繁栄を体験し、怠惰で傲慢な民になるということです。その結果、民は「救いの岩」を軽んじるようになります。「軽んじる」とは「蹴飛ばす」という意味で、家畜が飼い主を蹴飛ばす様子を描写したものです。イスラエルの民は、偶像礼拝を行うことによって、主を「蹴飛ばす」民になります。

モーセの歌（5）―背信の民に下る主の裁き―

主の怒りは、聖なる怒り、愛に基づく怒りです。イスラエルの民は、神でないもの（偶像）で神のねたみを引き起こしたので、今度は神が、約束の民ではない国民を用いて、イスラエルの民のねたみを引き起こされます。火と炎の比喩は、神の裁きが徹底したものとなることを示しています。この裁きは、生活の全分野に、また全世代に及びます。

モーセの歌（6）―思慮の欠けた国民―

罪がもたらす結果を予見できない者は、愚か者です。民が主を捨てて偶像に走ったので、主も民をお見捨てになります。もし主が、イスラエルの民を敵に渡さなかったなら、敵がイスラエルを敗走させることなどないのです。イスラエルの敵は、ソドムとゴモラのように堕落していますが、イスラエルの民はそれ以上に堕落します。

モーセの歌（7）―神のあわれみと復讐―

時が来れば、神は敵を用いてご自身の民を裁かれます。しかしだからと言って、敵が責任を免れるわけではありません。その時が来るまで、神は「復讐と報い」を、いわば「倉に」閉じ込めておられるのです。主が敵の攻撃から御民を守るのは、彼らが自分の力に頼るのを止めた時、また、偶像に信頼するのを止めた時です。ここでモーセは皮肉を込めて、無力な偶像に自分たちを守らせよと呼びかけています。

モーセの死の準備

「モーセの歌」は、子どもたちに主の命令を教えるための道具となりました。モーセが最後の言葉を語ったその日、主から「アバリム高地のネボ山に登って、カナンの地を見よ」という命令が与えられました。ネボ山は、モーセが死ぬ場所です。彼がカナンの地に入国できない理由は、彼が犯した不信の罪にあります。モーセは、岩に命じる代わりに、杖で岩を2度叩きました。

今の私たちは、モーセの歌ではなく、キリストの十字架によって神の義と愛が啓示されていることを大いに喜んでいます。この喜びの環の中に、イスラエルの民も加わるように祈りましょう。

申命記33章

「幸いなイスラエルよ、だれがあなたのような、主に救われた民であろうか。主はあなたを助ける盾、あなたの勝利の剣。敵はあなたに屈し、あなたは彼らの背を踏みつける。」（申命記33・29）

この章から、以下のことを学びましょう。（1）モーセの祝福の祈りは、遺言でもあります。（2）モーセは、各部族の特徴と将来の姿をよく理解し、それにふさわしい祈りを献げました。（3）神は、私たちの過去、現在、未来をよく知っておられます。

モーセの祝福

出エジプトのリーダーであり、律法の仲介者となったモーセは、ある意味ではイスラエルの父です。彼が死を前にしてイスラエル人を祝福するのは、当然のことです。12部族を数える際には、通常はレビ族が省かれ、ヨセフ族が2部族（マナセ族とエフライム族）として数えられますが、この章ではシメオン族が省かれています。シメオン族の領地はユダ族の領地に吸収されるからだと思われます。

12部族への祝福の言葉

（1）ルベン族が所有するヨルダン川東岸の領地は、外敵に襲われやすい危険な地です。モーセは彼らのために、主の守りを祈りました。ルベン族には優柔不断という欠点があり、それが将来、士師記の時代に表面化します（士5・15～16）。

（2）ユダ族は、12部族の中で指導的立場に立ちます。王たちもメシアも、この部族から出ます。ユダ族は、カナンの地征服戦争において、先陣を切って戦う部族です。それゆえモーセは、戦いにおける守りを祈りました。

（3）レビ族の使命は、祭司の部族として民に律法を教え、幕屋（神殿）で主に仕えることです。もし、レビ族が滅亡すれば、イスラエルの民の祭司的使命が破壊されることになります。それゆえモーセは、レビ族のために特別な守りを祈りました。

（4）ベニヤミンは、寵愛されたヤコブの末子です。モーセの祈りには、そのことがよく反映されています。神殿はベニヤミン族の領地（エルサレム）

に設置されることになります。それゆえ、「彼は安らかに、主のそばに住まい」と語られています。

(5)ヨセフ族は長子の権利を得た部族です。モーセは彼らのために、物質的祝福を祈っています。①天からの露と、地からの泉によって潤い、産物が豊かに実るようになる。②息子エフライムとマナセは、諸国を征服するようになる。長子の祝福は弟のエフライムに与えられましたので、エフライム族に「幾万」、マナセ族に「幾千」という人数が付与されています。

(6)ゼブルン族とイッサカル族については、「彼らはもろもろの民を山に招き、そこで義のいけにえを献げる」と預言されています。つまり、ゼブルン族とイッサカル族は、異邦人諸国を礼拝のためにエルサレムに招くというのです。これは、千年王国において成就する預言だと思われます。

(7)ガド族は、「雌獅子」という言葉で表現される有能な戦士たちです。彼らが得たヨルダン川の東の領地は、牧畜に最適な地です。その地は「指導者」が得るような地だと言われていますが、実際、ガド族は先頭に立って戦い、指導的役割を果たしました。

(8)ダン族は勇敢で、戦いに長けた部族です。「獅子の子」という表現は、ダン族がさらに強力な部族になる可能性を持っていることを示唆しています。彼らはカナンの地の南西部（地中海沿いの地）に領土を得ますが、後に北に移住し、バシャン（現在のゴラン高原）に面した土地を得ます。

(9)ナフタリ族はカナンの地の北西に領地を得、その南端はガリラヤ湖です。この地域は肥沃な農業地帯です。ナフタリ族は、主の恵みと祝福が約束されました。

(10)アシェル族は、他の部族との平和な関係を維持するようになり、その領土は豊かなオリーブ油を産出するようになります。鉄と青銅は安全を暗示する言葉で、これは敵に対する防衛が万全であることを示しています。

まとめのことば

モーセは、イスラエル12部族への祝福を、神への賛美で終えます。「エシュルン（義なる者）」とは、イスラエルの民のことです。彼らはどのような敵が襲ってきても、平安の内に住まうことができます。

なぜなら神が、イスラエルの民を攻撃する者を滅ぼされるからです。イスラエルの民は、なんとしあわせな民でしょうか。

新約時代に生きる私たちも、まことに幸いな神の民です。「……神が私たちの味方であるなら、だれが私たちに敵対できるでしょう。……」（ロマ8・31）。

申命記34章

こうしてその場所で、主のしもべモーセは主の命によりモアブの地で死んだ。主は彼を、ベテ・ペオルの向かいにあるモアブの地の谷に葬られたが、今日に至るまで、その墓を知る者はいない。

（申命記34・5〜6）

この章から、以下のことを学びましょう。（1）神の友であった（顔と顔を合わせて語り合った）モーセは、喜びながらこの世を去りました。（2）主ご自身がモーセの遺体を葬られました。その墓がどこにあるのか分からないのは、イスラエルの民を偶像礼拝から守るための神の知恵です。（3）モーセの肉体は死にましたが、その霊は今も生きています。

約束の地を見るモーセ

申命記34章はモーセ以外の誰かによって書かれていますが、そのことは、「モーセの五書がモーセの作である」という事実に何ら影響を与えるものではありません。モーセは主の命令どおりに、1人でネボ山に登りました。そこは、アバリム山脈の峰で、標高約1000メートルの地です。北の頂がピスガの頂、南の頂がネボ山です。

山の頂に立ったモーセは、約束の地を見ることが許されました。モーセが見た地は、まだ12部族に分割されていませんが、すでに分割されたものとして描写されています。モーセは、北から南に、時計の針とは逆回りに視線を移動させています。ダンは北端の地ですが、ピスガの頂からは、晴天の日にはヘルモン山まで見ることが出来ます。南に下ると、ガリラヤの山地、サマリヤの山地が見えます。「西の海」とは地中海のことです。ピスガの頂から地中海は見えませんが、恐らくモーセは、超自然的な力によってそれを見せていただけたのでしょう。そして南に下ると、エリコと死海が見えます。目視できるのは、エン・ゲディ辺りまでです。

モーセは約束の地に入ることはできませんでしたが、神は、その地を必ずイスラエルの民に与えると約束されました。その約束は、神が「アブラハム、イサク、ヤコブ」に約束されたがゆえに、必ず成就します。

モーセの死

モーセは、犯した罪のゆえに、約束の地に入ることが許されませんでした。しかし彼は、信仰の人、忠実な主のしもべとして死んでいきました。モーセの遺体を葬ったのは、主ご自身です。モーセの墓がどこに設けられたかは、「今日に至るまで」（この部分が書かれている時点まで）誰も知りません。主がモーセの墓を隠した理由は、人々がそこにやって来てモーセを礼拝する危険性があるからです。

モーセがイスラエルの民を導けなくなったのは、体力の問題ではなく、霊的問題です。モーセの役割は、そこまでだったのです。彼は、死の直前まで気力も体力も衰えてはいませんでした。イスラエルの民は、モーセの死を悼み、30日間の服喪の期間を設けました（通常は7日間）。喪の期間が終わると、いよいよ約束の地に向けて出発することになります。

新しい指導者

モーセが死ぬと、ヨシュアが新しい指導者（総指揮官）となりました。ヨシュアは「知恵の霊に満たされていた」とあります。これは、モーセの按手によって与えられた聖霊です。今後、ヨシュアは超自然的な力によって民を導くようになります。イスラエルの民は、ヨシュアがモーセの後継者であることを認め、彼に聞き従うようになりますが、これは、民が神の権威に服従したということです。

　モーセに関する神の評価は、「モーセのような預言者は、もう再びイスラエルには起こらなかった。彼は、**主**が顔と顔を合わせて選び出したのであった」（10節）というものです。これは事実ですが、しかしそれは、イエス・キリストが登場するまでのことです。主イエスは、それ以上のお方、メシアです。「**主**が顔と顔とを合わせて選び出された」とは、最高のほめことばです。モーセの選びの目的は、イスラエルの民を超自然的な力でエジプトから導き出すためでした。モーセは、その使命を全うしたのです。

　モーセの死は、孤独な死ではありません。彼は神によって葬られ、変貌の山で再度姿を現すことになります。彼は死んでも生きており、やがて復活の体をいただくようになります。私たちも、同じ希望をもって生きる民です。死は人生の終わりではないのです。この希望を持つ人とは、なんと幸いなことでしょうか。

おわりに

「はじめに」にも書かせていただきましたが、『中川牧師の一日一章』は、全5巻のシリーズになる予定です。内訳は、旧約聖書が「モーセの五書」、「歴史書」、「文学書」、「預言書」の4巻、「新約聖書」が1巻、合計5巻です。

２０２１年12月に「モーセの五書」を上梓し、それ以降、半年毎に1巻を上梓し続けるという計画を立てていました。第５巻「新約聖書」は、２０２３年12月に上梓する予定です。およそ3年にわたる大プロジェクトとなりますが、その第1巻がようやく完成し、神様とイーグレープ社の関係者の皆様に感謝しています。

ここまでの作業の中で感じたのは、膨大な情報量を限られた字数に要約することの難しさです。章によっては、内容が豊富すぎて、どこをカットしてよいか分からず、立ち往生したこともありました。そもそも「一日一章」という設定そのものが不自然なものなので、戸惑いを覚えるのは当然のことです。とにかく祈りながら、情報の軽重を吟味し、削ぎ落としていく作業を続けました。結果としての解説文は、私の主観的判断に基づくものですので、読者の皆様には、該当箇所の聖句を熟読し、ご自身でも吟味していただくようにお願いしたいと思います。

皆様の聖書通読と日々のデボーションが、大いに祝されますように。

感謝。

中川健一

中川健一 プロフィール

ハーベスト・タイム・ミニストリーズ代表

1970 年一橋大卒。6 年間のサラリーマン生活の後、米国トリニティ神学校留学。1979 年同校卒。1979 年から、東京都町田市において開拓伝道開始。1986 年から、福音テレビ放送団体『ハーベスト・タイム・ミニストリーズ』を設立し、テレビ伝道を展開。2010 年 3 月、テレビ伝道終了。それ以降、インターネット上で弟子訓練プログラムを中心とした種々の働きを展開。著書に「日本人に贈る聖書ものがたり」（文芸社）シリーズ（全 4 巻）がある。イスラエルを何度も訪問し、聖書の世界を探求し続けている。

中川牧師の一日一章　―第 1 巻 モーセの五書―

2021 年 12 月 20 日　初版発行
2024 年　2 月　1 日　3 刷発行

著　　者　中川健一
発 行 者　穂森宏之
編集協力　高井　透（ベル・プランニング）
装 丁 者　三輪義也（yme graphics）
発 行 所　イーグレープ
〒 277-0921　千葉県柏市大津ヶ丘 4-5-27-305
TEL: 04-7170-1601　FAX: 04-7170-1602
E-mail　p@e-grape.co.jp
ホームページ　http://www.e-grape.co.jp

ISBN 978-4-909170-34-7